द्रौपदी

एक लोक चेतना

रागनी, समीक्षा और पुनर्पाठ

लेखक / Writer
आनन्द कुमार आशोधिया
Anand Kumar Ashodhiya
(कवि, लोकसंस्कृति संरक्षक, साहित्यिक विश्लेषक)

प्रकाशक / Publisher
स्वप्रकाशित – आनन्द कुमार आशोधिया
"Avikavani Publishers" इम्प्रिंट के अंतर्गत
(Self-published under the imprint
"Avikavani Publishers")

प्रथम संस्करण – अक्टूबर 2025
स्थान – शाहपुर तुर्क, हरियाणा

AF741081

द्रौपदी : एक लोक चेतना - रागनी, समीक्षा और पुनर्पाठ

कवि, संकलक, विश्लेषक
आनन्द कुमार आशोधिया
(शाहपुर तुर्क, सोनीपत, हरियाणा)

प्रकाशक:
आनन्द कुमार आशोधिया,
"Avikavani Publishers" इम्प्रिंट के अंतर्गत
Publisher: Self-published by Anand Kumar Ashodhiya under the imprint "**Avikavani Publishers**"

ISBN: 978-93-344-4058-4

प्रस्तुतकर्ता:
Anand Kumar Ashodhiya
प्रकाशन वर्ष: **2025**
स्थान: **शाहपुर तुर्क, सोनीपत, हरियाणा**
संस्करण: **प्रथम**

कॉपीराइट पृष्ठ (Copyright Page)

द्रौपदी: एक लोक चेतना – रागनी, समीक्षा और पुनर्पाठ
लेखक: **आनन्द कुमार आशोधिया**
Writer: **Anand Kumar Ashodhiya**

प्रकाशक: **स्वप्रकाशित – आनन्द कुमार आशोधिया,**
“Avikavani Publishers” इम्प्रिंट के अंतर्गत
Publisher: Self-published by Anand Kumar Ashodhiya under the imprint “**Avikavani Publishers**”

प्रथम संस्करण: **अक्टूबर 2025**
स्थान: **शाहपुर तुर्क, हरियाणा**

ISBN: 978-93-344-4058-4
प्रकाशक (Imprint) ID: Avikavani Publishers
प्रस्तुतकर्ता (Author-Publisher): Anand Kumar Ashodhiya

समर्पण पृष्ठ

यह ग्रंथ समर्पित है **गुरु चरणों में, जिन्होंने मेरी चेतना को प्रकाशित किया।**

मेरे परम पूज्य गुरु जी, **श्री गुरु पालेराम दहिया हलालपुरिया** जी को,

गुरु वर, आपकी वाणी में हरियाणा की माटी की निष्कपट **लोक-ध्वनि** समाहित है, जिसके सान्निध्य में बैठकर मुझे यह बोध हुआ कि काव्य का सत्य जनमानस की चौपालों पर जीवित रहता है। आपके चरण केवल मार्गदर्शक नहीं, अपितु **छंदों की साधना** के पवित्र तीर्थ हैं, जहाँ मेरी काव्य-दृष्टि को लय और तुक का सच्चा ज्ञान मिला।

आपकी निर्मल दृष्टि में धर्म की वह **अखंड ज्योति** है, जिसने मुझे द्रौपदी के चरित्र के जटिल विरोधाभासों—उसके क्रोध, उसके संयम और उसके अंतिम आत्म-बोध—को लोक-रागनी की आत्मा में पहचानने की क्षमता दी। आपकी **मौन प्रेरणा** और **अविरल आशीर्वाद** के बिना, यह रचना संभव नहीं थी।

यह ग्रंथ, जो द्रौपदी की पीड़ा और चेतना को समर्पित है, आपके **आशीर्वाद** के बिना एक स्वप्न मात्र रहता।

आपका नाम इस ग्रंथ के पृष्ठों पर छपा नहीं है, बल्कि मेरे हर शब्द, मेरी हर पंक्ति की **धड़कन** बनकर विद्यमान है।

गुरु चरणों में कोटि-कोटि प्रणाम और विनम्र समर्पण।

आनन्द कुमार आशोधिया
कवि, संकलक, विश्लेषक

आभारोक्ति (Acknowledgements)

यह साहित्यिक काव्य **"द्रौपदी: एक लोक चेतना – रागनी, समीक्षा और पुनर्पाठ"** केवल एक साहित्यिक काव्य विश्लेषण नहीं, अपितु हरियाणवी लोक-रागनी की परम्परा के प्रति मेरा सांस्कृतिक समर्पण और वर्षों की रचनात्मक साधना का प्रतिफल है। द्रौपदी के चरित्र की गहनता को छंदों में उतारने की यह यात्रा मेरे लिए एकाकी नहीं थी, बल्कि यह अनेक स्नेहिल हाथों, गुरुजनों के आशीर्वाद और सहकर्मियों की अविरल प्रेरणा का परिणाम है।

मेरा कृतज्ञ हृदय उन सभी आधार स्तंभों के समक्ष नतमस्तक है, जिनके सहयोग और विश्वास से यह कृति मूर्त रूप ले सकी:

I. परिवार: स्नेह और सहनशीलता का संबल

सर्वप्रथम, मैं अपनी **धर्मपत्नी श्रीमती पुष्पा आनन्द आशोधिया** के प्रति असीम आभार व्यक्त करता हूँ, जिन्होंने मेरी रचनात्मक एकाग्रता के क्षणों को अपनी निस्वार्थ सहनशीलता और गहरी संवेदना से पोषित किया। उनका सहयोग मेरे लिए लेखन की एक शांत पृष्ठभूमि था।

मेरे पुत्र **विपिन आनन्द आशोधिया**, पुत्री **पूजा आनन्द**, पुत्रवधू **प्रीती आशोधिया**, और मेरी पोतियाँ **अवनी विपिन आशोधिया** व **अविका विपिन आशोधिया**—आप सबने मेरी साहित्यिक व्यस्तताओं को मेरे स्वप्न के रूप में स्वीकार किया। यह ग्रंथ मेरे परिवार के धैर्य और विश्वास का भी एक प्रतीक है।

II. गुरु और परंपरा: लय और शब्दों की विरासत

रागनी की अमर परंपरा, जिसने मेरे मन में इस काव्य के **लय के बीज** बोए, उनके चरणों में मेरा सर्वप्रथम आभार है। **स्व. बाजे भगत सिसाना, पंडित लख्मीचन्द, पंडित माँगेराम, शहीद कवि मेहर सिंह, पंडित महोर सिंह, दीपचंद बाहमन, रामकिशन व्यास, मुंशीराम जांडली, धनपत सिंह, चन्द्र लाल, चन्दगी राम भगाना** और **स्व. दयाचन्द मायना**— आप सभी की अमर रचनाएँ मेरी लेखनी की अविचल प्रेरणा बनी रहीं।

मैं अपने **गुरुदेव, स्व. पालेराम दहिया जी** का चिर ऋणी हूँ, जिनसे मैंने रागनी मंच की गरिमा, शब्दों की ऊष्मा और छंदों की आत्मा सीखी। यह काव्य ग्रन्थ उन्हीं के ज्ञान और आशीर्वाद को समर्पित है।

III. सांस्कृतिक, अकादमिक और तकनीकी मार्गदर्शन

उन सभी सांस्कृतिक संस्थानों का धन्यवाद, जिन्होंने हरियाणवी साहित्य के **अकादमिक क्षितिज** को विस्तृत किया: **म्हारी संस्कृति म्हारा स्वाभिमान संगठन उमरावत भिवानी, निस्वार्थी समूह ढाणा झज्झर,** और **हरयाणवी साहित्य संस्था रोहतक**। इन संस्थाओं ने हरयाणवी रागनी संस्कृति के निमित्त नए शोध और नए प्रयोगों के द्वार खोले। **आकाशवाणी रोहतक** व अन्य सांस्कृतिक प्रसारण माध्यमों का आभार, जिन्होंने रागनी की ध्वनि को मेरी चेतना तक पहुँचाया।

मेरे तकनीकी सहयोगियों का विशेष आभार, जिन्होंने छंदों की ताल और तर्ज़ की आत्मा को समझने में सहायता प्रदान की: संगीत शिक्षक **आदरणीय विजय भास्कर (सोनीपत)**, गायक **श्री अशोक मरीचि (सिरसा)**, **गज़ेटेड अफसर अशोक शर्मा (चण्डीगढ़)**, गायक **श्री विनोद कुमार बालियान (मुज़फ्फरनगर)**, साहित्यकार **श्री लेखराज चौहान (रोहतक)**, **सतपाल फौजी (फौजी कैसेट सोनीपत)** और पिंगल कवि **श्री कृष्ण चन्द्र रोहणा**।

IV. मित्र, आलोचक और पाठक वर्ग

यह रचना मेरे साथी साहित्यकार मित्रों और कलाकारों की **बेबाक आलोचना** के बिना पूर्ण नहीं हो सकती थी।

- **साहित्यकार / दोस्त:** श्री अशोक कुमार ढाणा झज्झर, डॉ. चन्द्र दत्त शर्मा रोहतक, कवि दिनेश शर्मा, श्रीमती सरोज दहिया, श्रीमती व्यंजना आनंद दिव्यालय (एक साहित्यिक यात्रा), और आदरणीय रामबीर सिंह प्राचार्य ब्रह्मशक्ति स्कूल थाना कलां।
- **संस्कृति संरक्षक एवं गायक/गायिकाएँ:** श्री विकास सातरोड, श्री जोगेन्द्र मलिक, बहिन गीता सिंह, रवि खरकिया, श्री रणबीर धनखड़ फौजी (लेखक), कैप्टन सतपाल, श्री जयभगवान कंकरवाल (संयोजक बाजे भगत समिति बहादुरगढ़), श्री रविन्द्र कौशिक (महासचिव) व श्री हनुमान कौशिक (अध्यक्ष म्हारी संस्कृति म्हारा स्वाभिमान उमरावत)।
- **समस्त कवि, कलाकार और मित्रगण** कवि सन्दीप राणा, कवि महेन्द्र सिंह बिलोटिया, कवि शेखर शर्मा, श्री हनु पंडित, मिंटू फरमाणिया, बहिन संगीता गौतम, बिल्लू शर्मा सिंगर, दीप धुल्ल, कवि विजय बजीणा, राजपाल छिकारा, डॉ. सुनील वत्स निठारी, गायक विकास पाहसोर, सिंगर जयसिंह रोहिल्ला, सोहन बागी, प्रेम पंडित, राइटर सिंगर परविंदर जाहिदपुरिया, कवि कपीन्द्र शर्मा, कवि रघुवीर शर्मा मदीना, अशोक कौशिक बोहर, कवि विनोद सिल्ला, कवि सन्दीप बावरा, मास्टर श्रीनिवास शर्मा, बलराज शर्मा HR रागनी, सोनू दहिया, सुनील सेन, दीपक कुमार माण्डलोई, कवियत्री कमलेश गोयत, राजेश मेहरा, संजय भारद्वाज, वी एम बेचैन, सिंगर मन्दीप मलिक, विकास निंदाणा, गायक कर्मपाल निरोजपुरिया, गायक नरेंद्र खरकराम जी, गायक सुरेश भाणा, मास्टर मोहन लाल कुरैशी, गायक दीपेश शर्मा धिराणिया, राँझा बेगपुरिया, आरती जाँगड़ा, फौजी तहलान जसौर खेड़ी, रोशन वर्मा, मनोज वर्मा, नारायण दत्त, नरेंद्र बोबी भैंसवालिया, गायक राजेश वत्स, गायक कमल

सिंह चाँग आदि) **जिन्होंने हर नई रचना को पढ़ा, सुना और अपनी बेबाक टिप्पणी** दी।

अंत में, **फेसबुक, इंस्टाग्राम व यूट्यूब पर मेरे सभी फॉलोवर्स/प्रशंसकों** और उन सभी **पाठकों** का आभार, जो इस पुस्तक को केवल पृष्ठ नहीं, बल्कि **परंपरा** समझकर देखेंगे।

यह पुस्तक मेरी एकाकी साधना नहीं, अपितु सामूहिक समर्पण का प्रतिफल है। यदि मैंने रचना की—तो आप सबने इसे जीवंत किया। जहाँ आभार होता है, वहाँ रचना केवल शब्दों की नहीं, **संबंधों की भी होती है।**

आनन्द कुमार आशोधिया
कवि, संकलक, विश्लेषक

प्रस्तावना

(प्रोफेसर पुष्पा, हिन्दी विभागाध्यक्ष, महर्षि दयानंद विश्वविद्यालय (M.D. University), रोहतक)

द्रौपदी: लोक चेतना का ज्वलंत प्रतिरूप

महाभारत का कथा-सागर अनंत है, किंतु इसकी केंद्रीय धुरी यदि कोई एक पात्र है, तो वह निस्संदेह **द्रौपदी** हैं। युगों-युगों से द्रौपदी को केवल 'पाँच पतियों की पत्नी' या 'अपमानित नारी' के रूप में देखा गया, परंतु वे मात्र एक विवश पात्र नहीं, अपितु क्षत्रिय धर्म, प्रतिशोध, आत्मसम्मान और अंततः मानवीय अपूर्णता का एक ज्वलंत प्रतीक हैं।

प्रस्तुत साहित्यिक काव्य (**"द्रौपदी: एक लोक चेतना – रागनी, समीक्षा और पुनर्पाठ"**) की यह रागणियों की श्रृंखला द्रौपदी के चरित्र का एक अभिनव और संपूर्ण विश्लेषण है। यह काव्य ग्रन्थ न केवल हिंदी साहित्य की मुख्यधारा को हरियाणवी लोक-काव्य **(रागनी)** की ओजस्वी शक्ति से परिचित कराता है, बल्कि द्रौपदी के व्यक्तित्व के उन **अस्पृश्य और विरोधाभासी** आयामों को भी सफलतापूर्वक उभारता है, जिन्हें अक्सर उपेक्षित कर दिया जाता है।

लोककाव्य की परंपरा में एक गर्जना

लोककाव्य की परंपरा में द्रौपदी का स्वर प्रायः मौन रहा है — वह या तो अपमानित होती है, या प्रतीक्षारत। किंतु इस ग्रंथ में, "द्रौपदी: एक लोक चेतना – रागनी, समीक्षा और पुनर्पाठ", कवि आनन्द कुमार आशोधिया ने उस मौन को गर्जना में रूपांतरित किया है। यह केवल रागनी संग्रह नहीं, बल्कि हरियाणवी लोकध्वनि में **स्त्री चेतना, धर्म की पुकार और प्रतिरोध की संस्कृति** का साहित्यिक पुनर्पाठ है।

यहाँ द्रौपदी केवल एक पौराणिक पात्र नहीं, बल्कि हरियाणा की बेटी, रणचण्डी, और न्याय की उद्घोषिका है। कवि ने 32 रागणियों के माध्यम से द्रौपदी के जीवन के विभिन्न सोपानों को लोकछंद, सांस्कृतिक प्रतीकों और भाव-संवेदना के साथ प्रस्तुत किया है।

द्रौपदी: क्रोधी-अहंकारी से तपस्विनी-धर्मज्ञ तक

यह साहित्यिक काव्य द्रौपदी के चरित्र को तीन मुख्य सोपानों में विभाजित कर उनकी यात्रा को मूर्त रूप देता है:

मर्यादा और प्रतिशोध की अग्नि (Raudra Roopa)

इस काव्य ग्रन्थ के आरंभिक छंद द्रौपदी के तीखे अहंकार और राजसी आत्मसम्मान को दर्शाते हैं। कर्ण को स्वयंवर में रोकना और दुर्योधन का अपमान करना, वे निर्णायक क्षण थे जिन्होंने भविष्य के सारे विनाश की नींव रखी। यह काव्य ग्रन्थ इस बात को स्थापित करता है कि द्रौपदी का अपमान एक सामूहिक प्रतिशोध था, जिसकी शुरुआत स्वयं उनके तीखे शब्दों से हुई थी।

उद्धरण-1 (दुर्योधन का अपमान - रागनी 8):

"हँसी हँसी में हसनगढ़ बसग्या देवर का मखौल उड़ावै थी" और **"बैर का बीज बो दिया री भाभी, इबके समझै लागै फूल"** यह पंक्ति महाभारत के युद्ध की जड़ को लोकभाषा में उजागर करती है।

संयम, नियम और तप की शक्ति (Sanyami Roopa)

वनवास के दौरान, द्रौपदी के चरित्र का सबसे विरोधाभासी पहलू सामने आता है। चीर हरण के बाद जहाँ युधिष्ठिर निष्क्रियता दिखाते हैं, वहीं द्रौपदी

न केवल उन्हें धर्म-युद्ध के लिए प्रेरित करती हैं, बल्कि कठोर तपस्विनी का जीवन भी जीती हैं। उनकी 7वीं रागनी, जिसमें वह कुत्ते को श्राप देती हैं, उनके आत्म-सम्मान की चरम सीमा को दर्शाती है, जबकि ऋषियों की सेवा और कृष्ण से संवाद उनके अटूट आत्मिक बल को दर्शाता है।

उद्धरण-2 (कृष्ण से आत्मिक संवाद - रागनी 18):

**"जंगळ में काँट्यां पै चालूँ, यो किसनै म्हारे भाग खिण्या
मन में धीरज धार लिया पर, मन में क्यूँ भरै जहर घण्या"**

यह अंश द्रौपदी के भीतर के द्वंद्व—क्षमा और प्रतिशोध की अग्नि—को स्पष्ट करता है।

मानवीय अपूर्णता और अंतिम सत्य (Philosophical End)

यह काव्य ग्रन्थ द्रौपदी के जीवन को केवल विजय या पराजय पर समाप्त नहीं करता, बल्कि उनके **शोक, प्रायश्चित और अंतिम मानवीय दोष** को भी दर्शाकर उन्हें पूर्णता देता है।

मातृत्व का विलाप और रणचण्डी का रूपांतरण: पुत्र वध का दुख (रागनी 30) और गांधारी के साथ साझा विलाप (रागनी 31) उनकी प्रतिशोध की आग को शांत करता है। इस क्षण रणचण्डी की भावना समाप्त होकर केवल शोकाकुल माँ का हृदय शेष रहता है, जो युद्ध की निरर्थकता पर अंतिम सत्य का उद्घोष है।

उद्धरण-3 (पुत्र वध के बाद - रागनी 30):

"मेरे सूते लाल मार दिए जिसनै उस अश्वथामा नै गिरफ्तार करो" यहाँ द्रौपदी केवल माँ की चीत्कार नहीं, बल्कि धर्म की अंतिम पुकार बन जाती है।

उद्धरण-4 (गांधारी से साझा विलाप - रागनी 31):

"कौरव पाण्डव की लाशां पै, मनै अपणा काळजा कूट लिया" यह पंक्ति इतिहास की सबसे गहरी पीड़ा को लोक भाषा में सजीव करती है, और विजय के भीतर छिपी पराजय को उजागर करती है।

महाप्रस्थान में मानवीय दोष: महाप्रस्थान के दौरान उनका पतन (रागनी 32), युधिष्ठिर के अंतिम निर्णय के साथ, उनके जीवन की सबसे बड़ी सच्चाई को उजागर करता है।

उद्धरण-5 (हिमालय यात्रा में अंतिम पतन - रागनी 32):

"मैं हाड़-मांस की नारी थी, मन्नै मन का मोल चुकाणा था" द्रौपदी की मानवीय स्वीकारोक्ति है — जो उसे देवी नहीं, एक संवेदनशील स्त्री बनाती है। और **"धर्मराज का इसा फैसला, चाह कै भी ना मोड़या जाता"** यह पंक्ति धर्म की कठोरता और नियति की अपरिवर्तनीयता को दर्शाती है।

निष्कर्ष: लोकछंद में स्त्री चेतना का उद्घोष

हर रचना में एक विशिष्ट तर्ज है — "जोहड़ के किनारै बैठी", "कजरा मोहब्बत वाला", "ओ मेरी मेहबूबा" — जो भाव के अनुकूल छंद को जन्म देती है। उदाहरणस्वरूप, रागनी 4 में द्रौपदी माता कुंती से प्रश्न करती है:

"ना मैं रोटी, ना मैं भिक्षा, ना भीख का कटोरा री, जो पाँचों पाण्डु बैठकै मेरा, भोग लगा ले" यह पंक्ति

स्त्री के वस्त्रीकरण पर करारा प्रहार है — लोकभाषा में,
परंतु वैश्विक स्त्रीवादी स्वर के साथ।

काव्य-आलोचना का नवीन सोपान और हार्दिक बधाई

इस काव्य पुस्तक की रचनात्मक विशिष्टता यह है कि कवि ने प्रत्येक रागनी को केवल कथा के रूप में प्रस्तुत नहीं किया, बल्कि उसके साथ-साथ **छंद-विधान का सूक्ष्म विश्लेषण, रस और अलंकार की पहचान**, और महाभारत के मूल पाठ के संदर्भ में एक **सांस्कृतिक पुनर्पाठ** भी प्रस्तुत किया है। यह साहित्यिक विन्यास लोक-काव्य को केवल मनोरंजन के माध्यम के बजाय एक गंभीर **आलोचनात्मक पाठ** (Critical Text) के रूप में पढ़ने की नवीन परंपरा का सूत्रपात करता है।

कवि ने इस काव्य पुस्तक में प्राचीन महाकाव्य परंपरा को आधुनिक लोक-चेतना से सफलतापूर्वक जोड़ा है। **हरियाणवी लोक-शैली** का प्रयोग करते हुए भी, यह ग्रन्थ गंभीर विद्वता और **शोधपरक दृष्टिकोण** को बनाए रखता है। यह संतुलन इस बात को सिद्ध करता है कि **लोक-भाषाएँ** भी उच्चतम स्तर की **साहित्यिक आलोचना** और **वैचारिक गहराई** को वहन करने में पूर्णतः सक्षम हैं, जिससे यह कृति केवल एक क्षेत्रीय दस्तावेज़ न बनकर, **भारतीय काव्यशास्त्र** के अध्ययन में एक महत्वपूर्ण योगदान देती है।

"द्रौपदी: एक लोक चेतना" मात्र एक पुस्तक नहीं, बल्कि हरियाणवी लोक-ध्वनि में महाभारत की नायिका का एक सशक्त और मार्मिक **पुनर्रचना** है। यह कृति साहित्य-मनीषियों, लोक-कला के प्रेमियों, और स्त्री-विमर्श के अध्येताओं के लिए एक अपरिहार्य **साहित्यिक दस्तावेज़** बन सकती है।

मैं, लेखक **आनन्द कुमार आशोधिया** को इस अद्वितीय और श्रमसाध्य **काव्य-सृजन** के सफल प्रकाशन के लिए हार्दिक बधाई देती हूँ, और आशा करती हूँ कि यह ग्रंथ लोक-साहित्य के **आलोचनात्मक अध्ययन** और उसमें **स्त्री चेतना के पुनर्पाठ** की दिशा में एक **मील का पत्थर** सिद्ध होगा।

प्रोफेसर पुष्पा
हिन्दी विभागाध्यक्ष
महर्षि दयानंद विश्वविद्यालय (M.D. University),
रोहतक

भूमिका

(डॉ. बाबू राम (D.Litt.), प्रोफेसर एवं अध्यक्ष, हिंदी विभाग, बाबा मस्तनाथ विश्वविद्यालय, रोहतक, हरियाणा)

हरियाणवी लोककाव्य की परंपरा में महाकाव्य का पुनर्पाठ

हरियाणवी लोककाव्य की समृद्ध परंपरा में **रागनी** केवल मनोरंजन का माध्यम नहीं है, बल्कि यह जनमानस की आत्मा है। यह छंदों में गूँजती हुई वह जीवंत चेतना है, जो खेतों की माटी की सौंधी महक से लेकर राजसभा की दार्शनिक गूँज तक, समूचे जीवन दर्शन को समेट लेती है। किंतु इस परंपरा में नारी शक्ति का स्वर—विशेषकर महाकाव्य की ज्वलंत नायिकाओं का स्वर—प्रायः या तो सौंदर्य का प्रतीक रहा है, या फिर मौन पीड़ा का। **द्रौपदी**—जो महाभारत की सबसे निर्णायक और विरोधाभासी स्त्री पात्र है—हरियाणवी रागनी की चेतना में अब तक केवल एक भव्य, अप्रस्तुत **छाया** बनी रही।

कवि **आनन्द कुमार आशोधिया** ने इस छाया को रागणियों की दीप्ति से **चेतना में रूपांतरित** किया है। उनकी पुस्तक **"द्रौपदी: एक लोक चेतना – रागनी, समीक्षा और पुनर्पाठ"** केवल रचनाओं का संग्रह नहीं, बल्कि हरियाणवी लोकध्वनि में स्त्री चेतना, धर्म की पुकार, और **प्रतिरोध की संस्कृति** का एक गहन **सांस्कृतिक और वैचारिक दस्तावेज़** है। यह ग्रन्थ काव्य के चरित्र-विश्लेषण को लोक-विधा की ज़मीनी शक्ति से जोड़कर एक **ऐतिहासिक साहित्यिक उपकार** करता है।

रागनी की माटी में द्रौपदी की अग्नि

हरियाणवी लोक-साहित्य और संस्कृति में महाभारत केवल एक कथा नहीं, बल्कि हमारी माटी का इतिहास, हमारा दर्शन और हमारी चेतना है।

प्रस्तुत ग्रंथ इस तथ्य को स्थापित करता है कि द्रौपदी हरियाणा के जनमानस की आँखों से **न्याय माँगने वाली पुत्री** है। कवि ने द्रौपदी को केवल पाँच पतियों की पत्नी या चिर-अपमानित रानी के रूप में नहीं देखा, बल्कि उसे **32 अलग-अलग मनोभावों** की अग्निपरीक्षा में तराशते हुए, उसके जीवन के प्रत्येक जटिल मोड़ को लोकछंद में ढाला है।

यह काव्य ग्रन्थ द्रौपदी के चरित्र के तीन महत्त्वपूर्ण आयामों को गहनता से प्रस्तुत करता है:

शौर्य, अहंकार और प्रतिशोध की अनिवार्यता (Raudra Swaroop)

द्रौपदी का चरित्र वहाँ से शुरू होता है जहाँ राजसी अहंकार और आत्म-गौरव अपने चरमोत्कर्ष पर होते हैं। स्वयंवर में कर्ण का तिरस्कार हो या सभा में दुर्योधन का उपहास—ये क्षण केवल घटनाएँ नहीं, बल्कि कर्म की वह नींव हैं जिस पर महायुद्ध की इमारत खड़ी हुई। लेखक ने यहाँ द्रौपदी को कर्मफल के केंद्र में रखा है।

उद्धरण-1 (कर्ण का तिरस्कार और परिणाम - रागनी 2):

"भरी सभा में उस यज्ञसेनी नै, कहकै सूत पुकारा था
घूँट खून की पीकै रहग्या, यो माड़ा बखत बिचारा था"

वस्त्रहरण के अपमान के बाद, द्रौपदी का क्रोध मात्र मानसिक वेदना नहीं रहता, बल्कि एक **धार्मिक संकल्प** बन जाता है। उनकी 14वीं रागनी में प्रतिशोध की घोषणा, स्त्री की लज्जा को शक्ति में बदलने का उद्घोष है:

उद्धरण-2 (प्रतिशोध का संकल्प - रागनी 14):

"जिस जँघा का करया इशारा, वा तन तै अलग धराऊँगी
तेरी छाती का रक्त काढ़कै, उस रक्त में केश रँगाऊँगी"

धर्माज्ञा को चुनौती और आत्मिक शक्ति (Tapasvini Swaroop)

वनवास के दौरान द्रौपदी का **तपस्विनी** रूप सामने आता है। वह केवल कष्ट नहीं भोगती, बल्कि निष्क्रियता में डूबे अपने पतियों को धर्म-युद्ध के लिए प्रेरित करती हैं। उनकी 18वीं रागनी, धर्मराज युधिष्ठिर की निष्क्रियता पर एक दार्शनिक, मर्मभेदी प्रश्नचिह्न लगाती है:

उद्धरण-3 (युधिष्ठिर की निष्क्रियता पर प्रश्न - रागनी 21):

"इब जंगळ में तूँ बण्या तपस्वी, तनै राजधर्म का नाश करया
तेरा धीरज ना किसे काम का, पहलम ना अहसास करया"

यह अंश द्रौपदी को केवल क्षत्रिय धर्म की संरक्षिका नहीं, बल्कि धर्म की **व्याख्याता** के रूप में स्थापित करता है, जो लोक-चेतना में न्याय की धुरी है।

दार्शनिक विलाप और नियति की स्वीकारोक्ति

काव्य ग्रन्थ का अंत, जहाँ विजय के बाद पुत्र-वध का शोक और महाप्रस्थान का दार्शनिक सत्य है, इस कृति को उच्च साहित्यिक मानक प्रदान करता है। 31वीं रागनी में गांधारी के साथ उनका **साझा विलाप**, प्रतिशोध की विजय को युद्ध की निरर्थकता में विलीन कर देता है:

उद्धरण-4 (गांधारी से साझा शोक - रागनी 31):

"तेरे सौ पुत्र थे पाप के भागी, अरी मत रोवै गन्धारी माता

घोर अधर्मी रहया पाप में सांझा, ना तेरी समझ में आता"

और अंत में, महाप्रस्थान की 32वीं रागनी में उनका पतन, युधिष्ठिर के कठोर न्याय को स्वीकार करता हुआ दार्शनिक निष्कर्ष देता है:

उद्धरण-5 (अंतिम सत्य और नियति - रागनी 32):

"द्रोपदी धरती पै पड़ गई, इब आखिरी न्याय सुणाणा था।
मैं हाड़-मांस की नारी थी, मन्नै मन का मोल चुकाणा था।"

यह स्वीकारोक्ति द्रौपदी को देवी से पुनः मानव बना देती है—एक ऐसी स्त्री, जिसमें मानवीय अपूर्णता थी, पर जिसका संघर्ष अनंत था।

शास्त्रीय अनुशासन और सांस्कृतिक पुनर्मूल्यांकन

यह काव्य ग्रन्थ न केवल हरियाणवी रागनी की ओजस्वी शक्ति को हिंदी साहित्य की मुख्यधारा के लिए एक **अकादमिक सेतु** के रूप में प्रस्तुत करता है, बल्कि इसमें **छंदशास्त्र (पिंगल)** के आधार पर **छंद, ताल और गति** का अत्यंत **सूक्ष्म और गहन शास्त्रीय विमर्श** समाहित है। कवि ने प्रत्येक रागनी के लिए जिस **लोक-प्रचलित धुन** (जैसे "कजरा मोहब्बत वाला", "ओ मेरी मेहबूबा" आदि) का चुनाव किया है, वह काव्य के गंभीर प्रसंगों को भी जन-मानस की ज़ुबान पर सरल और मार्मिक बना देता है—यह उनकी **अद्वितीय कलात्मक दूरदर्शिता** है।

यह कृति हरियाणवी लोक-काव्य की उस सशक्त परंपरा को बल देती है, जिसने जीवन और धर्म की जटिलताओं को कभी नज़रअंदाज़ नहीं किया। **"द्रौपदी: एक लोक चेतना"** केवल एक रचना-संग्रह नहीं, अपितु हरियाणवी लोकध्वनि में **स्त्री-चेतना के पुनर्पाठ की एक युगांतरकारी पहल** है।

मैं विश्वास करता हूँ कि यह ग्रन्थ लोककाव्य में स्त्री के **सांस्कृतिक पुनर्मूल्यांकन** की दिशा में एक **अविस्मरणीय और दिशा-निर्देशक कृति** सिद्ध होगा।

डॉ. बाबू राम (D.Litt.)
प्रोफेसर एवं अध्यक्ष, हिंदी विभाग, बाबा मस्तनाथ विश्वविद्यालय, रोहतक, हरियाणा
पूर्व अधिष्ठाता, मानविकी संकाय, प्रोफेसर एवं पूर्व अध्यक्ष, हिंदी विभाग, तथा स्वामी विवेकानन्द व्यक्तित्व विकास केंद्र, चौधरी बंसी लाल विश्वविद्यालय, भिवानी
पूर्व प्राचार्य एवं अध्यक्ष, हिंदी विभाग, कुरुक्षेत्र विश्वविद्यालय, कुरुक्षेत्र, हरियाणा
मोबाइल: 7027400041, 9315844906
ईमेल: drbabuji1958@gmail.com
पता:1733/8, सपरा कॉलोनी, सलारपुर रोड़, कुरुक्षेत्र - 136118

साहित्यिक समीक्षा

(डॉ. पूर्णमल गौड़, सेवा-निवृत्त निदेशक, हरियाणा साहित्य अकादमी, पंचकूला (हरियाणा सरकार))

हरियाणवी लोक-रागनी में महाकाव्य का पुनराख्यान

हरियाणवी लोककाव्य की परंपरा में **रागनी** एक ऐसा माध्यम है, जिसमें जनमानस की संवेदना, संघर्ष और सांस्कृतिक स्मृति सदियों से गूँजती रही है। किंतु इस परंपरा में स्त्री का स्वर प्रायः या तो सौंदर्य का प्रतीक रहा है, या केवल मौन पीड़ा का। कवि आनन्द कुमार आशोधिया ने इस अकादमिक मौन को तोड़ा है — और द्रौपदी के माध्यम से हरियाणवी लोकध्वनि में **स्त्री चेतना, धर्म की पुकार और प्रतिरोध की संस्कृति** को एक अभिनव आयाम दिया है।

उनकी पुस्तक **"द्रौपदी: एक लोक चेतना – रागनी, समीक्षा और पुनर्पाठ"** मात्र रचनाओं का संग्रह नहीं, बल्कि हरियाणवी लोक-कला की रचनात्मक मेधा का एक **सांस्कृतिक दस्तावेज़** है। यह कृति सिद्ध करती है कि लोक-विधाएँ केवल मनोरंजन का साधन नहीं, बल्कि गंभीर **साहित्यिक समालोचना** और चरित्र के **मनोवैज्ञानिक विच्छेदन** का एक सशक्त मंच हैं। इस ग्रंथ की संरचनात्मक कुशलता यह है कि यह द्रौपदी के चरित्र के विविध और जटिल **मनोवैज्ञानिक आयामों** को लोक-रागणियों के सहज माध्यम से प्रस्तुत करता है, जो स्वयं में एक **अद्वितीय साहित्यिक चमत्कार** है।

चरित्र विच्छेदन और साहित्यिक अभिनवता

इस काव्य ग्रन्थ की सबसे बड़ी उपलब्धि यह है कि इसने द्रौपदी की कथा को 'अग्निकन्या' के क्रोधी प्रतिरूपण से परे ले जाकर, उनके **मानवीय दोषों और आध्यात्मिक संघर्षों** को सामने रखा है। यह केवल घटनाओं

का पुनर्कथन नहीं, बल्कि घटनाओं के पीछे छिपी द्रौपदी की चेतना का उद्घाटन है।

आत्म-गौरव से उपजे संघर्ष का बीजारोपण

कवि ने द्रौपदी को केवल पीड़ित नहीं, बल्कि कर्मफल की कारक के रूप में भी स्थापित किया है। ग्रंथ के आरंभिक सोपानों में, द्रौपदी के राजसी अहंकार और आत्म-गौरव को निर्णायक रूप से दर्शाया गया है। स्वयंवर में कर्ण का तिरस्कार इस बात का प्रमाण है कि द्रौपदी की जिह्वा का तीखापन ही महाभारत की विभीषिका की नींव बना।

उद्धरण-1 (स्वयंवर में तिरस्कार - रागनी 1):

"सूत पुत्र की उपमा देकै, उका सभा में मान घटाया था"

उद्धरण-2 (वस्त्रीकरण पर सीधा प्रहार - रागनी 4): रागनी 4 में द्रौपदी का आत्म-सम्मान केवल अपमान के विरुद्ध नहीं, बल्कि स्त्री के **वस्त्रीकरण** की प्रवृत्ति के विरुद्ध मुखर होता है। जब वह माता कुंती से प्रश्न करती है:

"ना मैं झरना, ना मैं दरिया, ना नदिया की धारा री,
जो पाँचों पाण्डु मेरे अन्दर, डुबकै नै नहा ले"

यह पंक्ति द्रौपदी को मात्र पौराणिक पात्र नहीं, बल्कि लोक चेतना में **स्त्रीवादी प्रतिरोध** का स्वर बनाती है।

नैतिक अभियोग और धर्म की असफलता

वस्त्रहरण के क्षण, द्रौपदी का स्वर धर्म की विफलता पर नैतिक अभियोग बन जाता है। उनकी 11वीं रागनी में धर्मराज युधिष्ठिर से उनका प्रश्न आज भी प्रासंगिक है। वे केवल वस्त्रों की रक्षा नहीं चाहतीं, बल्कि **न्याय की धुरी** को चुनौती देती हैं।

उद्धरण-3 (धर्म की विफलता पर प्रश्न - रागनी 11):

"जब खुद को हार गया जुए में, फिर मेर पै दांव लगाया
खुद हारे हुए का के हक मेर पै, बस इसै बात का धोह सै"

तत्पश्चात, वह केवल प्रतिशोध की घोषणा नहीं करती, बल्कि अपने अपमान को युद्ध के अनिवार्य कर्मकांड के रूप में स्थापित करती है:

"जिस जँघा का करया इशारा वा तन तै अलग धराऊँगी
तेरी छाती का रक्त काढ़कै उस रक्त में केश रँगाऊँगी"

मातृत्व का उपालंभ और युद्ध की निरर्थकता

युद्ध की समाप्ति पर, द्रौपदी का चरित्र प्रतिशोध की अग्नि से **शोकाकुल माँ** के हृदय में रूपांतरित होता है। यह काव्य ग्रन्थ इस भाव को मार्मिकता से दर्शाता है। अभिमन्यु के वध के उपरांत, उनका उपालंभ (शिकायत) पांडवों की नपुंसकता पर सीधा प्रहार है।

उद्धरण-4 (अभिमन्यु वध पर उपालंभ - रागनी 28):

"पाण्डव खड़े देखते रहगे, उस जयद्रथ ने उन्हें रोक लिया
जिसमें दर्द ना हो पूत मरण का, जा ऐसी कोए कोख लिया"

और पाँचों पुत्रों के वध के बाद (रागनी 30), उनका विलाप युद्ध की भयावहता का चरम बिंदु है:

"उस अश्वथामा निष्ठुर पापी नै, कल रात में रोप दिए चाळे
मेरे पाँच पुत्र धोखे तै मारकै, उनै बाह दिए रक्त नदी नाळे"

यहाँ द्रौपदी का शोक, विजय के अहंकार पर लगा अंतिम और अनिवार्य विराम है।

अंतिम पतन का दार्शनिक सत्य

इस काव्य ग्रन्थ का निष्कर्ष इसे उत्कृष्ट साहित्यिक कोटि में रखता है। महाप्रस्थान के दौरान उनका पतन (32वीं रागनी) उनकी मानवीय अपूर्णता को स्वीकार करता है, जहाँ युधिष्ठिर बताते हैं कि उनके मन में **अर्जुन के प्रति आंशिक झुकाव** शेष रहा। यह पतन उन्हें देवी नहीं, बल्कि प्रेम और पक्षपात के मानवीय दोषों से युक्त एक संवेदनशील स्त्री बनाता है।

उद्धरण-5 (महाप्रस्थान में अंतिम स्वीकारोक्ति - रागनी 32):

"मरते मरते द्रोपदी बोली, हाँ मनै अर्जुन सबतै प्यारा था
उस वीर पुरुष नै सदा, मेरे दुःख-सुख में साथ सँवारा था"

यह अंश द्रौपदी के चरित्र को एक त्रासद और सत्यनिष्ठ अंत प्रदान करता है, जो उसे काव्य के पात्रों में अद्वितीय बनाता है।

निष्कर्ष: लोककाव्य का नवीन साहित्यिक मानदंड

कवि **आनन्द कुमार आशोधिया** ने हरियाणवी लोक-भाषा की ओजस्विता (जो अधिकतर 'चुकलिया' तर्जों पर आधारित है) का केवल उपयोग ही नहीं किया है, बल्कि उन्होंने प्रत्येक रागनी के साथ **छंदशास्त्र (पिंगल)**, **रस**, और **अलंकार** का गहन **शास्त्रीय-विश्लेषण** प्रस्तुत किया है। यह अभूतपूर्व कार्य लोककाव्य को विशुद्ध **अकादमिक गरिमा** प्रदान करता है।

"द्रौपदी: एक लोक चेतना" केवल एक रचना-संग्रह नहीं है, बल्कि हरियाणवी लोकध्वनि के माध्यम से स्त्री-चेतना के **पुनर्पाठ का एक ऐतिहासिक साहित्यिक प्रयास** है।

मैं कवि आनन्द कुमार आशोधिया को इस अद्वितीय **रचनात्मक और शास्त्रीय प्रयास** के लिए हार्दिक बधाई देता हूँ। यह ग्रंथ निश्चित रूप से अध्येताओं, साहित्यप्रेमियों और लोकसंस्कृति के मर्मज्ञों के लिए एक **अपरिवर्तनीय संदर्भ ग्रंथ** सिद्ध होगा, जो हरियाणा की समृद्ध साहित्यिक परंपरा में एक गौरवपूर्ण अध्याय जोड़ता है।

डॉ. पूर्णमल गौड़, सेवा-निवृत्त निदेशक, हरियाणा साहित्य अकादमी, पंचकूला (हरियाणा सरकार)। राज्यपाल नोमनी,
राष्ट्रीय संरक्षक, मानवाधिकार संरक्षण संघ भारत।
प्रान्तीय मार्गदर्शक, अखिल भारतीय साहित्य परिषद् हरियाणा।
संरक्षक, स्वदेशी जागरण मंच व स्वावलम्बन भारत अभियान।

लेखकीय वक्तव्य: रागनी के स्वर में युग-सत्य की खोज

यह पुस्तक **"द्रौपदी: एक लोक चेतना – रागनी, समीक्षा और पुनर्पाठ"** मेरे लिए मात्र एक साहित्यिक कृति नहीं, अपितु वर्षों की **साधना**, एक **सांस्कृतिक संकल्प** और हरियाणवी लोक-रागनी की अमर परंपरा के प्रति मेरा **ऋण-निवेदन** है। एक अनुशासित सैनिक के रूप में राष्ट्र की सेवा करने के उपरांत, मैंने अपनी लेखनी को अपनी माटी की ध्वनि—**रागनी**—की सेवा में समर्पित किया है।

मेरा ध्येय स्पष्ट रहा है: काव्य के सबसे ज्वलंत और जटिल चरित्र **द्रौपदी** को उसके सभी आयामों के साथ लोक-विधा के माध्यम से पुनर्स्थापित करना।

द्रौपदी: अग्नि से चेतना तक की यात्रा

हम द्रौपदी को प्रायः 'अपमानित नारी' या 'प्रतिशोध की अग्निशिखा' के रूप में देखते हैं। पर मेरे लिए, रागणियों की यह यात्रा **द्रौपदी की लोक-चेतना** को समझने का प्रयास है—एक ऐसी चेतना जो अन्याय के विरुद्ध **प्रतिरोध की आग** जलाती है (जैसी उसने कर्ण और दुर्योधन के प्रति जलाई) और प्रतिशोध की पूर्ति के बाद **करुणा** और **संयम** धारण करती है (जैसी उसने पुत्रों के वध पर गांधारी के साथ साझा शोक में दिखाई)।

इस ग्रंथ में, मैंने द्रौपदी को उनके **दैवीय आवरण** से मुक्त करके, उनके **मानवीय सत्य** के साथ प्रस्तुत किया है।

- उनका **अहंकार** (माया सभा में दुर्योधन का उपहास) उनके दुर्भाग्य का बीज बोता है।

- उनका **तप** (वनवास में कृष्ण से आत्मिक संवाद) उन्हें युद्ध सहने का बल देता है।
- और उनका **पतन** (महाप्रस्थान में अर्जुन के प्रति आंशिक **मोह**), उन्हें 'देवी' नहीं, बल्कि एक **त्रुटियुक्त और संवेदनशील मानव** के रूप में स्थापित करता है—एक ऐसा सत्य जो किसी भी पाठक को अपने भीतर झाँकने को प्रेरित करता है।

लोक-रागनी की ओजस्विता और साहित्यिक ध्येय

हरियाणवी रागनी की **ज़मीनी लय** और **ओजस्विता** ही इस गंभीर दार्शनिक निष्कर्ष को जन-जन तक पहुँचाने का सबसे सशक्त माध्यम है। यह कृति सिद्ध करती है कि हमारी लोक-विधाएँ केवल मनोरंजन नहीं, बल्कि **उच्च कोटि के छंदशास्त्रीय और साहित्यिक विश्लेषण** के लिए भी सर्वथा उपयुक्त हैं।

यह ग्रंथ उन सभी महान गुरुओं और सांगियों की परम्परा को समर्पित है, जिनकी ध्वनि आज भी हमारी चौपालों में गूंजती है। मेरा अंतिम आह्वान यही है:

यह द्रौपदी की अग्नि-गाथा है जो आने वाली हर नई पीढ़ी को आत्म-सम्मान और धर्म के लिए संघर्ष करने की **अविस्मरणीय प्रेरणा** देती रहे।

पाठकों के लिए आह्वान और व्यक्तिगत समर्पण

इस कृति में रागनी के छंदों और उनकी लय-संरचना (पिंगल शास्त्र के आधार पर) का जो गहन विश्लेषण प्रस्तुत किया गया है, वह पाठकों को संभवतः कुछ अधिक ही दृढ़ या घोषणात्मक लग सकता है। मैं स्वीकार करता हूँ कि पारंपरिक साहित्यिक शालीनता में लेखक से यह अपेक्षा नहीं की जाती कि वह अपनी रचना की महत्ता का बखान स्वयं करे। परंतु, हरियाणवी लोक-साहित्य और रागनी परंपरा के संदर्भ में, जहाँ आलोचना

तथा व्यापक साहित्यिक विमर्श का मंच सीमित है, वहाँ लेखक के लिए यह अनिवार्य हो जाता है कि वह अपनी कृति के 'नएपन' और 'मौलिक दृष्टिकोण' की घोषणा दृढ़ता से करे। उदाहरण के लिए, द्रौपदी के चरित्र को केवल भावनात्मक पात्र के बजाय एक नियम-बद्ध और समझौतावादी शासक के रूप में प्रस्तुत करना—यह एक ऐसी विशिष्ट व्याख्या है जिसकी महत्ता को रेखांकित करना आवश्यक था। अतः यह दृढ़ता किसी आत्म-प्रशंसा का नहीं, बल्कि मेरे द्वारा नई व्याख्या और चिंतन की विशिष्टता को स्थापित करने का एक प्रयास मात्र है।

मेरे लिए हरियाणवी रागनी केवल गीत नहीं — वह संस्कृति की **धड़कन**, जनता की **आवाज़**, और सत्य की **अभिव्यक्ति** है। इस संग्रह में भक्ति, विरह, प्रतिरोध, स्मृति, और सामाजिक चेतना — सब एक साथ बहते हैं। यह संग्रह **गुरु पालेराम जी** की वाणी को लोकभाषा में पुनः जीवंत करने का प्रयास है। यह शाहपुर की मिट्टी, मेरे माता-पिता के संस्कार, और हरियाणवी लोककवियों की परंपरा को एक साथ समर्पित है।

मैं जानता हूँ कि यह काव्य ग्रन्थ पूर्ण नहीं है — पर यह सत्य की ओर एक यात्रा है। यदि कोई पंक्ति किसी पाठक को सोचने पर मजबूर करे, किसी रचना से किसी का मन शांत हो, या किसी आलोचना से कोई आत्ममंथन करे — तो मेरी लेखनी सफल मानी जाएगी।

आप सभी पाठकों, श्रोताओं और सुधी समीक्षकों से यही अपेक्षा है — कि आप इस काव्य ग्रन्थ को केवल पढ़ें नहीं, **जीएं, महसूस करें, और समझें**।

सादर,

आनन्द कुमार आशोधिया
(लेखक, कवि एवं लोक-संस्कृति संरक्षक)

परिचय - द्रौपदीः एक लोक चेतना - रागनी, समीक्षा और पुनर्पाठ

लोक-रागनी में महानायिका का ओजस्वी स्वर

"द्रौपदीः एक लोक चेतना – रागनी, समीक्षा और पुनर्पाठ" मात्र एक रचना-संग्रह नहीं, यह महाभारत की अग्नि से जन्मी द्रौपदी के व्यक्तित्व का एक **मार्मिक और क्रांतिकारी पुनर्पाठ** है। कवि एवं साहित्यिक विश्लेषक **आनन्द कुमार आशोधिया** ने हरियाणवी लोक-रागनी की ओजस्विता और मिठास में काव्य के गंभीर प्रसंगों को ढालकर एक **अद्वितीय काव्य सेतु** का निर्माण किया है।

यह कृति द्रौपदी को केवल 'अपमानित नारी' के रूप में नहीं देखती, बल्कि उसे **प्रतिरोध की ज्वाला, आत्म-सम्मान की अदम्य शक्ति** और **आध्यात्मिक रूपांतरण** के ज्वलंत प्रतीक **'लोक चेतना'** के रूप में पुनः प्रतिष्ठित करती है। कवि की यह कलात्मक दूरदर्शिता है कि उन्होंने लोक-प्रचलित धुनों ("कजरा मोहब्बत वाला", "ओ मेरी मेहबूबा" "जोहड़ के किनारे बैठी" ओ मजनू के नाना" और "ये गोटेदार लहँगा" आदि) का उपयोग कर, छंदशास्त्र के गूढ़ नियमों का पालन करते हुए भी, काव्य के गहन दर्शन को जन-मानस की ज़ुबान पर सरल बना दिया है।

द्रौपदी की चेतना-यात्राः तीन काव्यात्मक पड़ाव

यह काव्य-पुस्तक द्रौपदी के व्यक्तित्व के तीन भावनात्मक और दार्शनिक मोड़ों का विच्छेदन करती है:

प्रथम पड़ाव: राजसी दर्प और कर्म का बीज

आरंभिक रागनियाँ द्रौपदी के **तीव्र आत्म-गौरव** और राजसी अहंकार को स्वर देती हैं। कर्ण का तिरस्कार हो या माया सभा में दुर्योधन का अपमान, ये दर्शाते हैं कि वह नियति की शिकार नहीं, बल्कि महायुद्ध के बीज बोने वाली **शक्तिशाली नियंता** भी थीं। जूती प्रसंग में एक निर्दोष पर दिया गया कठोर श्राप, उनके **अटूट मर्यादा बोध** और कठोर राजसी अहंकार का प्रमाण है।

द्वितीय पड़ाव: वनवास – अग्नि से आत्म-शुद्धि

वनवास का कठोर एकांत काल द्रौपदी के भीतर के **क्रोध को तपस्या** में बदलता है। वह निष्क्रियता में डूबे पांडवों के समक्ष खड़ी होकर, उन्हें **राजधर्म की याद** दिलाती हैं और प्रतिकार हेतु उत्प्रेरित करती हैं। यहाँ उनकी करुणा की शक्ति सामने आती है, जब वह जयद्रथ जैसे शत्रु को भी 'नणदेऊ' कहकर क्षमा कर देती हैं। यह सोपान उनके **आध्यात्मिक उत्थान** का शिखर है।

अंतिम मोड़: मानवीय सत्य और दार्शनिक मौन

अंतिम खंड द्रौपदी के चरित्र को **मानवीय अपूर्णता** के साथ पूर्णता प्रदान करता है। पुत्रों के वध पर माँ की चीत्कार और गांधारी के साथ उनका साझा शोक, प्रतिशोध की **भयावह निरर्थकता** पर एक दार्शनिक वक्तव्य है। महाप्रस्थान की बेला में, युधिष्ठिर द्वारा किया गया उनका अंतिम न्याय—प्रेम में अर्जुन के प्रति आंशिक झुकाव—उन्हें देवी की जगह एक **संवेदनशील, त्रुटियुक्त मानव** के रूप में स्थापित करता है।

क्यों पढ़ें यह काव्य?

"द्रौपदी: एक लोक चेतना" लोक-रागनी की मिठास और द्रौपदी के चरित्र की जटिलता का एक ऐसा **सफल काव्य-मंथन** है, जो पाठकों को द्रौपदी के हर भाव—क्रोध, करुणा, आत्म-सम्मान और शोक—के साथ जोड़ता है।

यह पुस्तक हर भारतीय पाठक के लिए **लोक-स्वर में गूँजती स्त्री-शक्ति का एक अमर, दिशा-निर्देशक आह्वान** है।

द्रौपदी: एक लोक चेतना - रागनी, समीक्षा और पुनर्पाठ का केंद्रीय विमर्श

परिचय और केंद्रीय सिद्धांत

शास्त्रीय विमर्श की सीमाएँ और लोक-विधा का औचित्य

महाभारत के शास्त्रीय पाठ और टीकाएँ (विशेषकर नीलकंठ चतुर्धर की 'भारतभावदीप'), जैसा कि 'माहाभारत और शास्त्रीय टीकाएँ' नामक खंड में उल्लेख किया गया है, द्रौपदी को मुख्यतः दैवीय विधान, धर्म-निष्ठा और नियति के प्रतीक के रूप में स्थापित करती हैं। इस पारंपरिक दृष्टिकोण में, द्रौपदी के व्यक्तिगत अहंकार, क्रोध और मोह जैसे मानवीय भावों को या तो गौण कर दिया गया है, या उन्हें किसी बड़े, अलौकिक उद्देश्य का हिस्सा मानकर 'निर्विवाद' सिद्ध किया गया है।

प्रस्तुत काव्य पुस्तक **"द्रौपदी: एक लोक चेतना"** इस शास्त्रीय मर्यादा की सीमा को चुनौती देती है। हरियाणवी सांग परंपरा की ओजस्वी लोक-विधा रागनी, पात्रों को उनके मानवीय सत्य के साथ, 'माटी के निकट' लाकर खड़ा करती है। लोक-चेतना केवल पात्रों का गुणगान नहीं करती, बल्कि उनके दोषों और अपूर्णताओं पर भी न्याय करती है।

2. केंद्रीय सिद्धांत

इस काव्य पुस्तक का **केंद्रीय सिद्धांत** यह है कि:

यह पुस्तक यह सिद्ध करती है कि द्रौपदी का चरित्र केवल अपमान का परिणाम नहीं, बल्कि अहंकार, आत्म-सम्मान और मोह के टकराव से

उपजा एक **जटिल मनोवैज्ञानिक सत्य** है, जिसे लोक-कवियों ने सबसे अधिक साहस के साथ अभिव्यक्त किया है।

3. पुनर्पाठ के तीन निर्णायक आयाम (Pillars of Reinterpretation)

यह काव्य निम्नलिखित तीन निर्णायक आयामों के माध्यम से अपने केंद्रीय सिद्धांत को स्थापित करता है:

अ. अहंकार का सक्रिय बीज (The Active Seed of Conflict)

रागनियाँ द्रौपदी को युद्ध की निष्क्रिय पीड़ित (Passive Victim) नहीं, बल्कि **सक्रिय उत्प्रेरक (Active Catalyst)** के रूप में देखती हैं। महाभारत का बीज उनके अपमान (चीर हरण) में नहीं, बल्कि उनके द्वारा किए गए दो राजसी अपमानों में है:

1. **कर्ण का तिरस्कार (रागनी 1, 2):** स्वयंवर में सूतपुत्र कहकर कर्ण को रोकना, जहाँ उनका राजसी अहंकार स्पष्ट रूप से वैर का बीज बोता है।
2. **दुर्योधन का अपमान (रागनी 8):** माया सभा में 'अंधे का अँधा' कहकर हँसना, जो दुर्योधन के प्रतिशोध की इच्छा को स्थायी बनाता है।

यह पुस्तक स्थापित करती है कि द्रौपदी का दुर्भाग्य केवल भाग्य या नियति नहीं, बल्कि उनके **राजसी आत्म-गौरव और कठोर वाणी** का भी परिणाम था।

ब. धर्म की कसौटी पर नियति (Challenging Passive Dharma)

लोक-रागनियाँ युधिष्ठिर के निष्क्रिय धर्म पर सीधा प्रहार करती हैं (रागनी 21: युधिष्ठिर से संवाद)। इस विधा में द्रौपदी शांत होने के बजाय, युधिष्ठिर को राजधर्म और क्षुद्र धर्म के बीच का अंतर समझाती हैं। उनका वनवास केवल कष्ट सहना नहीं है, बल्कि क्रोध को तपस्या में रूपांतरित करने की प्रक्रिया है, जहाँ वह अपनी अग्नि का उपयोग प्रतिकार की प्रेरणा देने के लिए करती हैं (रागनी 21,26)।

स. अंतिम सत्य: मोह और मानवीय अपूर्णता (The Final Truth: Moh)

काव्य का सबसे मार्मिक और अकादमिक रूप से साहसिक निष्कर्ष महाप्रस्थान की कथा (रागनी 32) में है। शास्त्रीय पाठ में उनका पतन केवल 'आंशिक मोह' कहा गया, परंतु लोक-चेतना इसे **मानवीय सत्य** के रूप में देखती है। द्रौपदी का पतन यह सिद्ध करता है कि अपने जीवन के चरम तप और पवित्रता के बावजूद, वह प्रेम और आसक्ति के अंतिम बंधन को नहीं तोड़ पाई। यह निष्कर्ष उन्हें देवी नहीं, बल्कि **सम्पूर्ण मानवीय चेतना का पात्र** बनाता है।

इस प्रकार, यह काव्य पुस्तक हरियाणवी रागनी की छंदशास्त्रीय शक्ति का उपयोग करते हुए, द्रौपदी के चरित्र को **नैतिक रूप से जटिल, मनोवैज्ञानिक रूप से गहरा और पूर्ण रूप से मानवीय** पात्र के रूप में पुनर्स्थापित करती है।

महाभारत के शास्त्रीय पाठ और टीकाएँ: विभिन्न संस्करण एवं स्त्री-पात्रों का विमर्श

प्रस्तुत काव्य ग्रन्थ **"द्रौपदी: एक लोक चेतना"** जहाँ महाभारत का लोक-पुनर्पाठ प्रस्तुत करता है, वहीं शास्त्रीय संदर्भ में महाभारत के विभिन्न संस्करणों और स्त्री-पात्रों पर हुई टीकाओं का ज्ञान होना आवश्यक है। ये टीकाएँ सदियों से चली आ रही द्रौपदी के चरित्र की पारंपरिक और **आधिकारिक समझ** को उजागर करती हैं।

1. महाभारत के प्रमुख संस्करण (Recensions of the Mahabharata)

महाभारत की कथा सदियों तक मौखिक परंपरा और क्षेत्रीय पाठ-भेद (Recensions) के रूप में प्रचलित रही है। गंभीर साहित्यिक विमर्श के लिए तीन प्रमुख पाठ-भेद माने जाते हैं:

अ. भांडारकर ओरिएंटल रिसर्च इंस्टीट्यूट (BORI) का समालोचनात्मक संस्करण (Critical Edition)

- **स्वरूप:** यह आज महाभारत का सबसे मानक और अकादमिक रूप माना जाता है। पुणे स्थित BORI ने 13,000 से अधिक पांडुलिपियों की तुलना करके, एक एकीकृत पाठ तैयार किया।
- **महत्व:** इस संस्करण में लगभग 74,000 श्लोक हैं (जो पारंपरिक एक लाख श्लोकों से कम हैं)। इसने उन सभी श्लोकों को हटा दिया जो बाद के काल में कथा में जोड़े गए थे (**Interpolations**), जिससे महाभारत का मूल स्वरूप सामने आया।

- **उपयोग:** किसी भी गंभीर साहित्यिक या दार्शनिक विश्लेषण में इसी संस्करण को आधार बनाया जाता है।

ब. क्षेत्रीय पाठ-भेद (Regional Recensions)

BORI के संस्करण से पहले, दो मुख्य भौगोलिक पाठ-भेद प्रचलित थे, जिनमें कथाओं और उपदेशों में अंतर था:

1. **उत्तरी पाठ-भेद (Northern Recension):** कश्मीर, नेपाल और उत्तरी भारत में प्रचलित।
2. **दक्षिणी पाठ-भेद (Southern Recension):** दक्षिण भारत में प्रचलित।
3. **अन्य:** ओडिया महाभारत (सारला दास द्वारा रचित) जैसे लोक-रूपांतरण क्षेत्रीय चेतना का उत्कृष्ट उदाहरण हैं।

2. स्त्री-पात्रों पर शास्त्रीय टीकाएँ और द्रौपदी का विमर्श

शास्त्रीय टीकाएँ मुख्य रूप से संस्कृत के विद्वानों द्वारा लिखी गईं, जिनका उद्देश्य कथा को धर्मशास्त्र, नीतिशास्त्र और व्याकरण के दृष्टिकोण से समझना था।

अ. प्रमुख टीकाकार और शास्त्रीय दृष्टिकोण

- **नीलकंठ चतुर्धर (17वीं सदी):** नीलकंठ की **'भारतभावदीप'** महाभारत पर सबसे महत्वपूर्ण टीका मानी जाती है।
    - **द्रौपदी पर दृष्टिकोण:** नीलकंठ ने द्रौपदी के चरित्र को **पवित्रता, धर्म-निष्ठा और नियति के प्रतीक** के रूप में देखा। उन्होंने चीर हरण प्रसंग को दैवीय विधान

और द्रौपदी के पूर्वजन्म के तप के परिणाम के रूप में व्याख्यायित किया।

- **माध्व संप्रदाय की टीकाएँ:** इन टीकाओं में द्रौपदी को प्रायः **लक्ष्मी का अवतार** या उच्च कोटि की भक्त के रूप में स्थापित किया गया, जो धर्म की स्थापना में भगवान कृष्ण की सहायक बनीं।

ब. आधुनिक/समकालीन विमर्श: द्रौपदी की स्वायत्तता और विद्रोह

बीसवीं शताब्दी के मध्य से, द्रौपदी के चरित्र की व्याख्या का केंद्र धर्म-मर्यादा से हटकर **मानवीय मनोविज्ञान, सामाजिक न्याय और नारीवादी चेतना** पर आ गया।

लेखक/विमर्श	मुख्य दृष्टिकोण
इरावती कर्वे (युगान्त विमर्श)	द्रौपदी को **देवत्व से मुक्त** कर विशुद्ध मानवीय धरातल पर स्थापित किया। उनके अनुसार, द्रौपदी एक जटिल, साधारण महिला है जिसमें अहंकार, ईर्ष्या और पक्षपात जैसे मानवीय दोष मौजूद हैं।
प्रतिभा राय (याज्ञसेनी)	यह आधुनिक विमर्श द्रौपदी को एक **विद्रोही और सवाल पूछने वाली नायिका** के रूप में चित्रित करता है। यह कृति द्रौपदी के अंतर्मन, उसके भावनात्मक संघर्षों और समाज तथा धर्म के नियमों पर उसके प्रश्नों को प्रमुखता देती है।

नारीवादी पुनर्पाठ	इस दृष्टिकोण में, द्रौपदी **पितृसत्ता के विरुद्ध प्रतिरोध** की प्रतीक है। चीर हरण का प्रसंग केवल एक अपमान नहीं, बल्कि एक पुरुष-प्रधान समाज द्वारा स्त्री की अस्मिता को नकारने का कृत्य बन जाता है।
मनोविश्लेषणात्मक अध्ययन	इन अध्ययनों में द्रौपदी का पंच-पतित्व मनोवैज्ञानिक तनाव और पहचान के संकट (**Identity Crisis**) का विषय बनता है।

3. शास्त्रीय दृष्टि, आधुनिक दृष्टि और लोक-पुनर्पाठ (Synthesis)

- **शास्त्रीय टीकाओं की सीमा:** शास्त्रीय टीकाएँ द्रौपदी को प्रायः निर्विवाद (**Infallible**) रूप में देखती हैं, जो केवल धर्म और नियति का पालन करती है। वे द्रौपदी के अहंकार या क्रोध जैसे मानवीय दोषों को कम महत्व देती हैं।
- **लोक-पुनर्पाठ और आधुनिक विमर्श का समन्वय:** यह उल्लेखनीय है कि हरियाणवी सांग परंपरा और आधुनिक साहित्यिक टीकाओं में एक **वैचारिक समानता** है। सांग कवि भी शास्त्रीय सीमाओं को तोड़ते हुए द्रौपदी को एक त्रुटियुक्त मानव के रूप में देखते हैं (जैसे उनके अहंकार या मोह का वर्णन)।

प्रस्तुत काव्य ग्रन्थ **"द्रौपदी: एक लोक चेतना"** के द्वारा इस महान शास्त्रीय परंपरा में लोक-साहित्य के माध्यम से एक नई और साहसिक मानवीय टीका जोड़ने का कार्य किया गया है, जो **आधुनिक मानवीय दृष्टिकोण** को पुष्ट करता है।

द्रौपदी: एक लोक चेतना - रागनी, समीक्षा और पुनर्पाठ: द्रौपदी के पुनर्पाठ की यात्रा

पुनर्सृजन के लिए उर्वर भूमि या पुनर्व्याख्या का आधार

महाभारत की केंद्रीय स्त्री पात्र द्रौपदी का चरित्र भारतीय साहित्य के लिए निरंतर प्रेरणा का स्रोत रहा है। उनकी नियति—पांच पतियों की पत्नी, एक साम्राज्य की रानी, और सार्वजनिक अपमान की शिकार—ने हर युग के साहित्यकारों को अपनी दृष्टि से इस चरित्र का विश्लेषण करने के लिए प्रेरित किया है।

प्रस्तुत अध्याय का उद्देश्य द्रौपदी पर पूर्व में लिखे गए महत्वपूर्ण कार्यों की समीक्षा करना है, ताकि हमारी कृति (**'द्रौपदी: एक लोक चेतना'**) के अभिनव आयाम को स्थापित किया जा सके। हम देखेंगे कि किस प्रकार आधुनिक लेखन ने द्रौपदी को केवल 'नियति की शिकार' से उठाकर 'प्रश्न पूछने वाली चेतना' में बदल दिया है।

1. मनोवैज्ञानिक और आत्म-कथात्मक पुनर्पाठ

आधुनिक भारतीय साहित्य में द्रौपदी को केंद्र में रखकर लिखे गए सर्वाधिक महत्वपूर्ण कार्यों ने उनके आंतरिक द्वंद्व, अकेलेपन और भावनात्मक यात्रा पर बल दिया है।

(अ) याज्ञसेनी (प्रतिभा राय)

ओड़िया लेखिका प्रतिभा राय द्वारा रचित उपन्यास **'याज्ञसेनी'** (हिन्दी अनुवाद) इस चरित्र के मनोवैज्ञानिक अध्ययन का शिखर माना जाता है।

इस कृति की विशेषता यह है कि यह द्रौपदी के पूरे जीवन को **आत्म-कथात्मक शैली (First-Person Narrative)** में प्रस्तुत करती है।

- **समीक्षा बिंदु:** राय की द्रौपदी नियति पर प्रश्न करती है, अपने पांचों पतियों के साथ अपने रिश्तों की जटिलताओं को स्वीकार करती है, और स्वयं को "अकेली रानी" (lonely queen) मानती है। यह कृति एक स्त्री के आंतरिक दुःख, उपेक्षित होने की भावना और कर्मों के फल को दार्शनिक गहराई से देखती है।
- **निष्कर्ष:** 'याज्ञसेनी' ने द्रौपदी के चरित्र को शास्त्रीय नैतिकता के बंधन से मुक्त कर उसे आधुनिक संवेदनशीलता से युक्त किया।

(ब) द पैलेस ऑफ इल्यूज़न्स (चित्रा बनर्जी दिवाकरुनी)

यह अंग्रेजी उपन्यास (मूलतः 2008) द्रौपदी के जीवन को एक अत्यधिक सुलभ और भावुक (sentimental) दृष्टिकोण से प्रस्तुत करता है, जिसने वैश्विक पाठकों के बीच इस चरित्र को लोकप्रिय बनाया।

- **समीक्षा बिंदु:** दिवाकरुनी की द्रौपदी अत्यधिक मानवीय है। इस कृति में, कृष्ण के साथ उनकी दोस्ती (friendship) और कर्ण के प्रति उनका अव्यक्त आकर्षण (unexpressed attraction) केंद्रीय विषय बनते हैं। लेखक ने द्रौपदी के राजनीतिक जीवन के बजाय उनके भावनात्मक जीवन, विशेष रूप से उनकी असुरक्षा और ईर्ष्या, पर अधिक ध्यान केंद्रित किया।
- **निष्कर्ष:** यह कृति द्रौपदी के चरित्र को पौराणिक सीमाओं से निकालकर समकालीन पॉप-संस्कृति (Pop Culture) के नायक के रूप में स्थापित करती है।

2. दार्शनिक और युद्धोत्तर समीक्षा (Philosophical and Post-War Critique)

कुछ कृतियों ने द्रौपदी के चरित्र को युद्ध की विभीषिका, दार्शनिक शून्यता और नैतिक पतन के प्रतीक के रूप में उपयोग किया।

(अ) अंधा युग (धर्मवीर भारती)

धर्मवीर भारती का प्रसिद्ध काव्य नाटक **'अंधा युग'** (1954) सीधे तौर पर द्रौपदी को नायक नहीं बनाता, लेकिन युद्ध के पश्चात उनके 'श्राप' और उनकी 'उपस्थिति' को नैतिक पतन के केंद्रीय कारण के रूप में स्थापित करता है।

- **समीक्षा बिंदु:** इस नाटक में द्रौपदी युद्ध के बाद लगभग मूक, लेकिन शक्तिशाली उपस्थिति हैं। उनका चीत्कार और अपमान की स्मृति ही उस 'अंधे युग' को जन्म देती है, जिसमें न्याय और धर्म की सारी परिभाषाएँ टूट चुकी हैं। उनकी पीड़ा को व्यक्तिगत न रखकर, उसे पूरे समाज के पतन का दार्शनिक आधार बना दिया गया है।
- **निष्कर्ष:** 'अंधा युग' में द्रौपदी का दर्द न्याय की विफलता और अपूर्ण प्रतिशोध का प्रतीक है।

3. सामाजिक-राजनीतिक और प्रतिरोध का स्वर (Socio-Political and Resistance Voice)

साहित्य के एक अत्यंत महत्वपूर्ण वर्ग ने द्रौपदी के चरित्र को उसके पौराणिक संदर्भ से पूरी तरह अलग करके आधुनिक अन्याय और प्रतिरोध का हथियार बनाया।

(अ) द्रौपदी (महाश्वेता देवी)

बांग्ला लेखिका महाश्वेता देवी की कहानी **'द्रौपदी'** (Dopdi Mejhen) द्रौपदी पर आधारित सबसे क्रांतिकारी पुनर्पाठ है।

- **समीक्षा बिंदु:** यह कहानी पौराणिक द्रौपदी की बजाय एक समकालीन आदिवासी विद्रोही **'दौपदी मेंझन' (Dopdi Mejhen)** की कहानी है। दौपदी को नक्सली होने के संदेह में पुलिस पकड़ती है और उसका क्रूरतम अपमान करती है। लेकिन, अंत में, वह वस्त्रहीन होकर भी अपमानित नहीं होती, बल्कि सत्ता के सामने एक चुनौती बनकर खड़ी हो जाती है।
- **निष्कर्ष:** महाश्वेता देवी की द्रौपदी पूंजीवादी, पितृसत्तात्मक और राज्य-जनित शोषण के विरुद्ध प्रतिरोध की चेतना है। यह कृति द्रौपदी के अपमान को समकालीन राजनीतिक विमर्श से जोड़कर उसे एक सार्वभौमिक 'प्रतिरोध की आवाज' बनाती है।

4. समीक्षा का सार और हमारी कृति का स्थान (Synthesis and the Place of Our Work)

उपर्युक्त साहित्यिक समीक्षा से यह स्पष्ट होता है कि द्रौपदी के पुनर्पाठ में अब तक मुख्य रूप से तीन आयामों पर काम हुआ है:

आयाम	उदाहरण कृति	प्रमुख बल
मनोवैज्ञानिक/व्यक्तिगत	याज्ञसेनी	द्रौपदी का आंतरिक द्वंद्व और अकेलापन।
दार्शनिक/उत्तर-युद्ध	अंधा युग	युद्ध की विफलता और नैतिक पतन का प्रतीक।

सामाजिक/राजनीतिक	महाश्वेता की द्रौपदी	समकालीन शोषण और प्रतिरोध की चेतना।

हमारी कृति, **'द्रौपदी: एक लोक चेतना – रागनी, समीक्षा और पुनर्पाठ'**, इन सभी आयामों को एक साथ समेटते हुए एक चौथा और अभिनव आयाम प्रस्तुत करती है: **लोक चेतना (Folk Consciousness)**।

यह पहली बार है जब हरियाणवी **'रागनी'** को न केवल अभिव्यक्ति का माध्यम बनाया गया है, बल्कि **शास्त्रीय-समीक्षा की एक प्रविधि (Methodology)** के रूप में स्थापित किया गया है। लोक-विधा की यह शक्ति ही इस काव्य ग्रन्थ को पूर्ववर्ती सभी समीक्षात्मक कार्यों से अलग और विशिष्ट बनाती है, क्योंकि यह उच्चवर्गीय साहित्यिक विमर्श से हटकर सीधे जन-सामान्य की सांस्कृतिक-चेतना से संवाद स्थापित करती है।

द्रौपदी: पाँच पतियों की नियति

द्रौपदी, जो पांचाल देश के यज्ञकुंड से अग्नि की ज्वाला के रूप में अवतरित हुईं, उनका जीवन आरंभ से ही **अलौकिक विरोधाभासों** से भरा था। उन्हें 'कृष्णा' (साँवली) और 'याज्ञसेनी' (यज्ञ से जन्मी) जैसे दिव्य नामों से पुकारा गया, परंतु उनकी नियति ने उन्हें मानवीय संबंधों के सबसे जटिल ताने-बाने में उलझा दिया।

पाँच पांडवों को पति के रूप में स्वीकार करने की यह घटना, भारतीय महाकाव्य की सबसे विवादास्पद कथाओं में से एक है, जिसके पीछे **दो निर्णायक कारण** कार्यरत थे—एक दैवीय विधान, और दूसरा, धर्म की मर्यादा में बँधा एक अनजाना वचन।

1. धर्म-मर्यादा: माता कुंती का अनजाना वचन

द्रौपदी के पाँच पतियों की कथा का तात्कालिक कारण **वचन की शक्ति** में निहित है।

स्वयंवर और अनजाने में बँधा भाग्य

राजा द्रुपद द्वारा आयोजित अत्यंत कठिन स्वयंवर को भेदकर, जब धनुर्धर **अर्जुन** ने द्रौपदी को प्राप्त किया, तो वे उत्साहपूर्वक अपने भाइयों के साथ भिक्षाटन से लौटे। घर के द्वार से उन्होंने अपनी माता कुंती को पुकारा, "माता! देखो, हम आज क्या अनुपम 'भिक्षा' लाए हैं!"

कुंती उस समय गृहकार्य में व्यस्त थीं। बिना भीतर झाँके, उन्होंने सहज भाव में जो आदेश दिया, वह सदियों के इतिहास को बांधने वाला बन गया: **"जो कुछ भी लाए हो, तुम पाँचों भाई आपस में बाँट लो।"**

वचन का अपरिवर्तनीय भार

जब कुंती ने द्रौपदी को देखा, तो उन्हें अपनी चूक का बोध हुआ; परंतु **धर्मराज युधिष्ठिर** ने माता के मुख से निकले वचन की मर्यादा को धर्म से ऊपर माना। उनके लिए, एक बार दिए गए वचन को असत्य करना, द्रौपदी के भविष्य से कहीं बड़ा धर्मसंकट था।

यह क्षण द्रौपदी के जीवन का सबसे महत्वपूर्ण मोड़ बना, जहाँ एक **राजसी जीत** (अर्जुन की विजय) **राजसी वचन** (माता का आदेश) के समक्ष गौण हो गई, और द्रौपदी को पाँचों पांडवों की पत्नी बनना स्वीकार करना पड़ा।

2. दैवीय विधान: पूर्वजन्म का वरदान और शिव की इच्छा

इस मानवीय घटना को पौराणिक पृष्ठभूमि देने के लिए, महर्षि वेदव्यास ने हस्तक्षेप किया और द्रौपदी के पूर्वजन्म की कथा सुनाई, जिसने यह सिद्ध किया कि यह कोई दुर्घटना नहीं, बल्कि एक **ईश्वरीय नियति** थी।

नलायनी की कठोर तपस्या

द्रौपदी अपने पूर्वजन्म में **नलायनी** (या कहीं-कहीं इंद्रासेना) नामक एक तपस्विनी थीं। उन्होंने भगवान शिव की कठोर आराधना की और एक ऐसे पति की कामना की, जो **धर्म, बल, पराक्रम, रूप और धैर्य** जैसे पाँच दिव्य गुणों से युक्त हो।

जब शिव प्रसन्न होकर प्रकट हुए, तो नलायनी ने आवेग में आकर **पाँच बार** अपने पति की इच्छा दोहराई: "**मुझे ऐसा पति चाहिए!**"

वरदान की अनिवार्यता

भगवान शिव ने मुस्कुराते हुए कहा कि एक ही पुरुष में ये पाँचों गुण समाहित होना असंभव है। अतः, पाँच बार की याचना के परिणाम स्वरूप, उन्हें अगले जन्म में उन **पाँच गुणों के अंश** से युक्त पाँच दिव्य पतियों की प्राप्ति होगी।

ये पाँच अंश पांडवों में समाहित हुए:

- **युधिष्ठिर:** धर्म का अंश।
- **भीम:** बल का अंश।
- **अर्जुन:** पराक्रम का अंश।
- **नकुल एवं सहदेव:** रूप और धैर्य का अंश।

इस प्रकार, द्रौपदी का यह संबंध दो स्तंभों पर टिका था: **धरती पर माता का वचन** और **आकाश में भगवान शिव का वरदान**। यह उनकी नियति थी, जो उन्हें व्यक्तिगत मोह और आत्मसम्मान के जटिल संघर्ष में आजीवन उलझाए रखती है।

द्रौपदी: चरित्र के सप्त आयाम

(आनन्द कुमार आशोधिया कृत 32 हरयाणवी रागनियों के सार पर आधारित पुनर्पाठ)

यह आलेख काव्य की 32 हरयाणवी रागनियों के संग्रह के गहन विश्लेषण पर आधारित है, जो द्रौपदी के चरित्र को केवल एक पीड़ित रानी के रूप में नहीं, बल्कि एक जटिल, प्रभुत्वशाली और अडिग प्रतिज्ञा की स्वामिनी के रूप में स्थापित करता है। द्रौपदी का चरित्र संदेह, तर्कशीलता, कठोर न्याय और अटूट प्रतिशोध के सात निर्णायक सोपानों से गुज़रता है, जिसने महाभारत के कथानक को अपरिहार्य बना दिया।

आलेख का केंद्रीय तर्क

द्रौपदी का क्रोध कोई क्षणिक भावुकता नहीं था, बल्कि **वनवास की 13 वर्षों की अवधि में ढोया गया, और रागनी के अनुसार तेरह वर्षों तक हृदय में गड़ा रहा**, एक कठोर व्रत था, जिसने शांति की हर संभावना को ध्वस्त किया। वह केवल अपमान की शिकार नहीं, बल्कि **राजनीतिक कठोरता, नियति, स्वाभिमान और निर्णायक न्याय की अटल स्वामिनी** थी।

सोपान 1: दैविक अहंकार और राजसी दर्प

द्रौपदी, अग्निकुंड से प्रकट हुई **'याज्ञसेनी'** थीं। इस दैविक उत्पत्ति के कारण उनके व्यक्तित्व में अदम्य साहस और एक स्वाभाविक **राजसी दर्प (Aura of Royalty)** समाहित था। उनका प्रचंड सौंदर्य अग्नि की लपटों जितना ही तीखा था, जिसने दूर-दूर के 12 शक्तिशाली पुरुषों को मोहित किया। उनके चरित्र की आधारशिला उनके इस उच्च कुल-अभिमान में

निहित थी, जिसने उन्हें सामान्य मानवीय नियमों और नैतिकता से ऊपर रखा, जो आगे चलकर उनके कठोर निर्णयों का कारण बना।

सोपान 2: स्वयंवर का निर्णायक प्रहार (कर्ण की अस्वीकृति)

द्रौपदी के उच्च राजसी दर्प (क्षत्रिय अभिमान) का सबसे कठोर और महाभारत के लिए दुर्भाग्यपूर्ण निर्णायक पहलू स्वयंवर में कर्ण को 'सूतपुत्र' कहकर अस्वीकृत करना था। यह उस अहंकार की अभिव्यक्ति थी, जो निम्न कुल के व्यक्ति को स्वीकार नहीं कर सकता था। यह प्रहार इतना तीखा था कि कर्ण के भीतर प्रतिशोध की जो गाँठ बँधी, वह आजीवन दुर्योधन का वफादार सहयोगी बना रहा और अंततः द्रौपदी के चीरहरण का मूल कारण बनी।

सोपान 3: धर्म का बंधन और राजनीतिक शर्तों पर जीवन

द्रौपदी कभी भी परिस्थितियों की मूक शिकार नहीं बनीं। स्वयंवर के बाद, माता कुंती के वचन के कारण जब उन्हें पंचपतियों की पत्नी बनना पड़ा, तो उनके तर्कशील मन ने तुरंत प्रश्न किया (**रागनी 4**)। उन्होंने अपनी नियति को चुपचाप स्वीकार करने के बजाय, **अखंड कौमार्य** (प्रत्येक वर्ष अग्निकुंड में स्नान द्वारा शुद्धि) और **पतिव्रत** जैसी कठोर शर्तें रखीं (**रागनी 6**)। यह सिद्ध करता है कि वह भावनाओं से नहीं, बल्कि **अपनी गरिमा और आत्म-सम्मान की राजनीतिक शर्तों** पर जीवन जीती थीं।

सोपान 4: नियम की कठोरता और व्यक्तिगत न्याय

द्रौपदी के लिए धर्म और न्याय का अर्थ कोमलता नहीं, बल्कि अटल दण्ड था। उनकी न्याय की यह कठोरता व्यक्तिगत रिश्तों से ऊपर थी। यह उनके चरित्र का क्रोधी आयाम है जो **'कुत्ते को श्राप'** देने की घटना में दिखता है (**रागनी 7**)। गोपनीयता और नियमों के उल्लंघन पर उन्होंने एक निर्दोष कुत्ते को भयानक श्राप दिया और अप्रत्यक्ष रूप से अर्जुन को 12 वर्ष का

कठोर दण्ड दिलवाया। यह दर्शाता है कि नियम-भंग को क्षमा न करने की उनकी प्रवृत्ति पांडवों के विरुद्ध भी समान रूप से लागू होती थी।

सोपान 5: सत्ता का ताना और प्रतिशोध का बीजारोपण

रानी द्रौपदी के मुख से निकला व्यंग्य तलवार से अधिक धारदार था। इन्द्रप्रस्थ के मायावी महल में दुर्योधन को **'अंधे का पुत्र अंधा'** कहकर ताना मारना केवल एक मज़ाक नहीं था। यह राजसी दर्प का वह विस्फोट था जिसने कौरवों के हृदय में ईर्ष्या और प्रतिशोध की आग भड़काई (**रागनी 8**)। यह ताना ही वह पहला कदम था जिसने दुर्योधन को द्यूतक्रीड़ा (जुआ) की योजना बनाने और द्रौपदी को दासी बनाकर अपमानित करने के लिए प्रेरित किया।

सोपान 6: रणचण्डी की गर्जना और पौरुष पर कठोर धिक्कार

चीरहरण के क्षण में, द्रौपदी केवल रोई नहीं; वह **विद्रोह और आत्मसम्मान की गर्जना** बनीं। उनका क्रोध पहले कौरवों पर नहीं, बल्कि अपने पतियों और भीष्म-द्रोण जैसे महारथियों की निष्क्रियता पर बरसा (**रागनी 11,12**)। उनका धिक्कार **"चूड़ी पहर लो पाँचों भाई, इब के रहगी कसर करण में" (**रागनी 28**) उन सभी पुरुषों की कायरता पर सबसे तीखी राजनीतिक गाली थी, जिन्होंने धर्म की वेदी पर एक स्त्री को अपमानित होते देखा और मौन रहे। श्रीकृष्ण द्वारा लाज बचाए जाने के बाद, उन्होंने अपने खुले बालों की अटल प्रतिज्ञा ली, जो तेरह वर्ष के क्रोध-व्रत का आधार बनी।

सोपान 7: प्रतिशोध का अटल व्रत और युद्ध की अनिवार्यता

वनवास के 13 वर्ष द्रौपदी के क्रोध को समाप्त नहीं करते, बल्कि उसे और परिपक्व बनाते हैं।

1. **प्रेरक पुकार:** वह युधिष्ठिर के धर्म-संशय को भंग करती हैं, याद दिलाती हैं कि अपमान का बदला न लेना सबसे बड़ा अधर्म है **(रागनी 21)**।
2. **शांति का तिरस्कार:** जब श्रीकृष्ण शांति दूत बनकर जाते हैं, द्रौपदी हर प्रस्ताव को कठोरता से ठुकराती हैं: **"तूँ पाँच गाम माँग कै कृष्ण, मेरी इज्जत का मौल धरै मतन्या।" **(रागनी 25)** उनका क्रोध सिंहासन नहीं, केवल दु:शासन का रक्त माँगता है।
3. **मातृत्व का रौद्र रूप:** पुत्रों के वध के बाद, वह अश्वत्थामा की मणि माँगती हैं। यह न्याय की वह कठोर माँग है जो पूर्ण और दृश्यमान दण्ड चाहती है।
4. **रक्त का अनुष्ठान:** युद्ध की समाप्ति पर, दु:शासन के रक्त से केश धोकर वह अपनी प्रतिज्ञा पूरी करती हैं। यह **'आत्मिक शुद्धिकरण'** है, जिससे 'रणचण्डी' शांत होकर 'राजमाता' में परिवर्तित होती हैं: **"जो तेरह सालां तै कील गड़ी थी, वा शूल काळजे तै कढ़गी।" **(रागनी 29)**

निष्कर्ष: इस काव्य ग्रन्थ की रचनाओं में, द्रौपदी केवल 'एक अपमानित स्त्री' नहीं, बल्कि कुल-अभिमान, राजनीतिक चातुर्य, और अटूट न्याय-बुद्धि का मिश्रण है। उसका चरित्र सिखाता है कि न्याय की कीमत कठोर होती है, और वह महाभारत में न्याय की अनिवार्य नैतिक चेतना है।

सांग परंपरा: महाभारत के विमर्श का लोक आधार

यह साहित्यिक विमर्श ("द्रौपदी: एक लोक चेतना") हरियाणवी सांग परंपरा की उस महान विरासत का एक अंग है, जिसने महाभारत की कथा को सदियों तक लोक-जन के हृदय में जीवंत रखा है। सांग परंपरा, लोक-नाट्य का वह सशक्त माध्यम है, जिसके ज़रिए लोक-सांगियों ने संस्कृतनिष्ठ श्लोकों को सरल, ओजस्वी हरियाणवी छंदों में रूपांतरित कर धर्म, नीति और दर्शन को गाँवों की चौपालों तक पहुँचाया है। यह एक ऐसा **जन-पुनर्पाठ** है, जो मौलिक महाकाव्य के विमर्श को आम आदमी की चेतना का आधार बनाता है।

महाभारत के संदर्भ में हरियाणवी लोक-साहित्य और सांग परंपरा में कई साहित्य-चिन्तकों, कवियों और सांगियों ने महत्वपूर्ण योगदान दिया है। इनमें से कुछ प्रमुख नाम और उनके योगदान इस प्रकार हैं:

प्रमुख सांगी और कवि: लोक-चेतना के सूत्रधार

- **पंडित लख्मीचंद (सूर्यकवि):** उन्हें "हरियाणा का सूर्यकवि" और "सांग सम्राट" कहा जाता है। उन्होंने अनेक पौराणिक कथाओं पर सांग लिखे, जिनमें महाभारत की कहानियाँ भी शामिल थीं। उनके सांग अपनी गहरी धार्मिक और सामाजिक चेतना के लिए जाने जाते हैं। उन्होंने 'कृष्ण लीला' और 'राजा भोज' जैसे सांगों में महाभारत के कई प्रसंगों को प्रस्तुत किया। इनके सांगों में कथा से अधिक **दर्शन और वैराग्य** का महत्व था। द्रौपदी के चरित्र के माध्यम से जीवन के 'मायावी' स्वरूप को समझाना इनके सांगों की प्रमुख साहित्यिक विशेषता रही।

- **बाजे भगत (नाटकीय शैली के प्रवर्तक):** वे हरदेवा स्वामी के शिष्य थे। उनकी शैली अत्यंत **नाटकीय** (Dramatic), सरल और प्रभावी थी। वे मंच पर भावों को जीवंत करने में सिद्धहस्त थे। बाजे भगत की 'रंगकाट' (मंच पर दृश्यों को तीव्र गति से बदलने की तकनीक) शैली ने महाभारत के युद्ध दृश्यों और उपदेशात्मक प्रसंगों को भी मंच पर प्रभावी ढंग से दर्शाया। उनके कार्य समकालीन सांगों में महाभारत के उपदेशात्मक प्रसंगों के सरल लोक-रूपांतरण के साक्षी हैं।
- **फौजी मेहर सिंह (वीर रस के वाहक):** ये पंडित लख्मीचंद के शिष्य थे। मेहर सिंह जी ने महाभारत के **वीरतापूर्ण युद्ध दृश्यों** को अपने सांगों का विषय बनाया, जैसे अभिमन्यु वध और अर्जुन की वीरता। वे इन दृश्यों के माध्यम से सैनिकों और युवाओं में राष्ट्रप्रेम और बलिदान की भावना जगाते थे, जो उनके गुरु के दार्शनिक मार्ग से अलग था।
- **झंडू मीर और दीपचंद बाहमन:** इन्होंने भी कृष्ण-लीला और महाभारत के उपकथाओं को सांगों में ढालकर परंपरा को समृद्ध किया।
- **मुंशीराम जांडली:** इन्होंने रामायण और महाभारत के पात्रों को **सामाजिक चेतना** और **समसामयिक समस्याओं** से जोड़ा।

महाभारत के महत्वपूर्ण लोक-प्रसंग

इन हरियाणवी कवियों और सांगियों ने महाभारत की विभिन्न कथाओं को रागिनी और सांग के रूप में प्रस्तुत कर विमर्श के कई आयाम खोले हैं:

- **धर्म-अधर्म का संघर्ष:** सांग के माध्यम से महाभारत युद्ध में धर्म की जीत और अधर्म के पतन की कथाओं को नैतिक शिक्षा के रूप में जन-जन तक पहुँचाया गया।

- **पांडवों का संघर्ष और द्रौपदी:** पांडवों के वनवास, द्रौपदी के चीरहरण और उनके संघर्ष की कहानियों को सांग में शामिल किया गया, जहाँ द्रौपदी का चरित्र केवल एक पात्र न रहकर **सामाजिक अन्याय के विरुद्ध चेतना** का प्रतीक बन जाता है।
- **भगवान कृष्ण का नीति-विधान:** कृष्ण के जीवन और महाभारत युद्ध में उनकी निर्णायक भूमिका को भी हरियाणवी लोक-साहित्य में विशेष स्थान मिला है।
- **वीरता और आत्म-बलिदान:** नरदेव बेनीवाल जैसे कवियों ने अर्जुन के क्रोध और अन्य युद्ध प्रसंगों पर आधारित रागिनियाँ लिखकर वीरता के भाव को स्थापित किया।

निष्कर्ष: परंपरा से गहन विमर्श तक

इन महान साहित्य-चिन्तकों और सांगियों ने महाभारत को हरियाणवी सांस्कृतिक पहचान का आधार बनाया। उन्होंने महाकाव्य को केवल सुनाया नहीं, बल्कि उसे **लोक-जीवन का दर्पण** बना दिया।

प्रस्तुत कृति **"द्रौपदी: एक लोक चेतना"** इसी समृद्ध परंपरा में एक महत्वपूर्ण **समीक्षात्मक कदम** है। यह मात्र कथा का पुनर्कथन नहीं करती, बल्कि द्रौपदी के चरित्र का मनोवैज्ञानिक, सामाजिक और छंदशास्त्रीय विश्लेषण प्रस्तुत करती है, जैसा कि वह इन लोक-रागिनियों में उभरकर आया है। यह इस बात का प्रमाण है कि हरियाणवी रागनी आज भी गहन साहित्यिक विमर्श का सशक्त और **प्रासंगिक माध्यम** है।

पिंगल शास्त्र: हरियाणवी रागनी में चुकलिया तर्ज़ का विश्लेषण

प्रस्तुत साहित्यिक काव्य **"द्रौपदी: एक लोक चेतना"** में द्रौपदी के चरित्र के प्रतिरोध, क्रोध और स्वाभिमान की तीव्र भावनाओं को मुखर करने के लिए हरियाणवी सांग परंपरा की सबसे प्रभावी 'चाल'—**चुकलिया तर्ज़**—का चयन किया गया है।

रागनी में 'तर्ज़' (या 'चाल') का अर्थ केवल धुन नहीं होता, बल्कि यह छंद की वह आत्मा है जो पात्र के भाव को श्रोता तक पहुँचाने के लिए आवश्यक लय, ताल और गति का निर्धारण करती है। चुकलिया तर्ज़, अपनी द्रुत (Fast) गति और ऊर्जावान विन्यास के कारण, द्रौपदी के 'रणचण्डी' स्वरूप को लोक-मंच पर पूरी शक्ति के साथ स्थापित करने का आदर्श छंदशास्त्रीय माध्यम है।

1. द्रौपदी की लय: छंदशास्त्रीय विन्यास (The Poetic Structure)

चुकलिया तर्ज़ की नींव शास्त्रीय पिंगल शास्त्र के **मात्रिक छंद** पर टिकी है, किन्तु लोक-गायन की आवश्यकताओं के अनुरूप इसमें अद्भुत लचीलापन है।

विशेषता	**विवरण**	**काव्य में कार्य**
मूल आधार	**मात्रिक छंद** (मात्राओं की गणना पर आधारित)। यह गति में चौपाई (अरिल्ल) छंद से साम्यता रखता है।	यह छंद की दृढ़ता और स्पष्टता सुनिश्चित करता है, जो गंभीर विषयों के लिए आवश्यक है।

विन्यास की इकाई	यह चार-चार पंक्तियों के **बंद** (Couplets) में गाया जाता है, जहाँ पहली दो पंक्तियाँ लय की एक संपूर्ण इकाई बनाती हैं।	कथा-प्रवाह को गति देता है और नाटकीय संवादों को प्रभावी बनाता है।
मात्रा संयोजन	प्रति पंक्ति में मात्राओं की संख्या प्रायः **16 से 28** के बीच होती है। इसका सबसे प्रचलित और ऊर्जावान विन्यास **(8+8 की यति)** है।	द्रौपदी के लंबे और आवेशपूर्ण वक्तव्यों को बिना लय तोड़े, एक ही साँस में पूरा करने की शक्ति प्रदान करता है।
यति (विश्राम)	हर चरण में 8 या 16 मात्राओं के बाद एक स्पष्ट विश्राम (यति) होता है।	यह गायक को साँस लेने के लिए नहीं, बल्कि **आवेश को साधने** और अगले प्रहार के लिए **लय में एक विशिष्ट 'झटका'** उत्पन्न करने का अवसर देता है।
अंतिम स्वरूप	पंक्ति का अंत प्रायः गुरु-लघु (S-I) या लघु-गुरु (I-S) के संयोजन से होता है।	यह हरियाणवी रागनी में एक विशिष्ट उत्साह और उत्तेजना पैदा करता है, जो श्रोताओं को तुरंत भाव से जोड़ता है।

उदाहरण की कलात्मकता:

जंगल में तूँ तपस्वी बणग्या / राजधर्म का नाश करया

लय का प्रभाव: यहाँ 8+8 की यति द्रौपदी के तर्क को खंडों में विभाजित करती है, जिससे प्रत्येक खंड (जंगल में तपस्वी/राजधर्म का नाश) एक-दूसरे पर चोट करता है और संवाद में बल पैदा होता है।

2. लय और ताल का सम्मोहक वेग (The Alluring Velocity of Tempo)

चुकलिया को 'चुकलिया' (चलने वाली) इसलिए कहा जाता है क्योंकि यह सांग के कथा-प्रवाह को एक **तीव्र वेग** देती है।

- **लय (Tempo):** यह द्रुत लय (Fast Tempo) की मांग करती है। शांत, दार्शनिक चिंतन के बजाय, यह लय **कार्य (Action)** और **टकराव (Conflict)** की ओर प्रेरित करती है। काव्य में यह वेग द्रौपदी के आंतरिक उबाल और उनके त्वरित निर्णय लेने की क्षमता का प्रतीक है।
- **ताल (Rhythm):** यह ताल आमतौर पर कहरवा या तीन ताल की द्रुत गति पर आधारित होती है। यह श्रोताओं में तत्काल उत्तेजना और उत्साह का संचार करती है, जो लोक-नाटक की जान है।
- **वाचन (Delivery):** इस तर्ज़ को गाते समय शब्दों का उच्चारण तीव्र, स्पष्ट और **आवेशपूर्ण** होता है। यह शैली विशेष रूप से द्रौपदी के तीखे संवादों, युधिष्ठिर को दिए गए उलाहनों, और भीष्म पर किए गए नैतिक प्रहारों के लिए उपयुक्त है।

3. रस-संचार: रौद्र और वीर की उद्घोषणा (Rasa: The Voice of Rage and Heroism)

चुकलिया तर्ज़ स्वभाव से ओज गुण से भरी है, जो इसे निम्नलिखित रसों के संचार में अत्यधिक प्रभावी बनाती है:

1. **रौद्र रस (Rage/Anger):** यह तर्ज़ द्रौपदी के अपमान, लाचारी और अन्याय के प्रति उनके क्रोध को लोक-मंच पर गूँज देती है। यह केवल व्यक्तिगत क्रोध नहीं, बल्कि उस पूरी **लोक-चेतना का क्रोध** है जो अन्याय को स्वीकार नहीं करती।
2. **वीर रस (Heroic Sentiment):** जब द्रौपदी राजधर्म का पालन करने के लिए पतियों को ललकारती हैं, या जब वह अपने आत्म-सम्मान की रक्षा के लिए चुनौती देती हैं, तब चुकलिया की लय उनके भीतर छिपी **वीरांगना** को प्रकट करती है।
3. **विस्मय रस (Astonishment):** यह तर्ज़ अद्भुत, चमत्कारी या अचानक हुई घटनाओं का वर्णन करते समय भी ऊर्जा का संचार करती है।

साहित्यिक काव्य का सार: द्रौपदी के चरित्र के लिए 'चुकलिया तर्ज़' का चयन शांत, तपस्विनी रूप (शांत रस) के बजाय, उनके **प्रश्नकर्ता, प्रतिरोधी और रणचण्डी** स्वरूप (रौद्र और वीर रस) को उजागर करने के लिए एक आदर्श काव्य-शास्त्रीय निर्णय है।

छंदशास्त्र में मात्राओं का विश्लेषण (Prosody Analysis)

यह खंड पुस्तक के मुख्य अध्याय में उपयोग किए गए छंदशास्त्रीय प्रतीकों (Laghu/Guru) को समझने के लिए एक आवश्यक कुंजी है। लोक-रागनी और कविता के छंदशास्त्र को समझने के लिए L और S का प्रयोग मात्राओं के भार को दर्शाने के लिए किया जाता है।

प्रतीक	नाम	मात्रा (भार)	उच्चारण का नियम
L	**लघु** (Laghu)	**1 मात्रा**	छोटे स्वर वाले अक्षर (जैसे: अ, इ, उ, क, कि, कु)।
S	**गुरु** (Guru)	**2 मात्राएँ**	**1.** बड़े स्वर वाले अक्षर (जैसे: आ, ई, ऊ, ए, ऐ, ओ, औ)। **2.** अनुस्वार/विसर्ग के साथ आने वाले अक्षर (जैसे: कं, निः)। **3.** संयुक्त व्यंजन से ठीक पहले वाला अक्षर।

मात्रा संयोजनों (Patterns) का अर्थ

ये संयोजन छंद के भीतर विशिष्ट ताल खंडों (Metrical Segments) को दर्शाते हैं। रागनी में इन्हीं समूहों का बार-बार उपयोग करके एक विशिष्ट लय बनाई जाती है।

संयोजन	मात्रा भार	सरल अर्थ	अर्थ और भाव	उदाहरण (काव्यात्मक)

SLS	2 + 1 + 2 = **5** गुरु - लघु - गुरु **मात्रा**	लय खंड की शुरुआत और अंत खींचा हुआ (गुरु) होता है, जबकि मध्य का अक्षर छोटा (लघु) होता है। यह अक्सर किसी महत्वपूर्ण शब्द को बल देने के लिए प्रयोग होता है।	"रा-ग-नी" (रा=S, ग=L, नी=S)
LSS	1 + 2 + 2 = **5** लघु - गुरु - गुरु **मात्रा**	लय की शुरुआत हल्की (लघु) होती है, लेकिन उसके बाद के दोनों अक्षर बड़े या खींचे हुए (गुरु) होते हैं। यह गति को धीमा और स्थिर करता है।	"अ-बा-ला" (अ=L, बा=S, ला=S)
SS	2 + 2 = **4** गुरु - गुरु **मात्रा**	यह 4 मात्राओं का सबसे सरल और सुदृढ़ समूह है। इसका उपयोग अक्सर छंद के चरण को मज़बूती से समाप्त करने के लिए किया जाता है।	"आ-शा" (आ=S, शा=S)

LS	1 + 2 = **3** **मात्रा** लघु - गुरु	पहला अक्षर जल्दी से उच्चारित होता है, और दूसरा अक्षर खींचकर या लंबा उच्चारित किया जाता है।	"नि-शान" (नि=L, शान=S)

छंद विश्लेषण में इन प्रतीकों का महत्व

रागनी विश्लेषण में, इन प्रतीकों का बार-बार उपयोग करके ही यह निर्धारित किया जाता है कि गायक ने रागनी की पारंपरिक लय का पालन किया है या उसमें नवीनता लाई है। ये मात्रा समूह (गण) ही लोक-रागनी के **'चाल' (Tempo)** और **'ठहराव' (Rhythm Breaks)** का आधार बनते हैं।

मात्रा-गणना के शास्त्रीय नियम (छंद के लयबद्ध शिल्प का आधार)

भारतीय छंदशास्त्र (पिंगल) में मात्रा-गणना केवल वर्णों की गिनती नहीं है, बल्कि भाव की लय, शब्द की आत्मा, और रागनी के गायन की गति का निर्णायक तत्त्व है। छंद रचना में मात्राओं की यह सूक्ष्म समझ आवश्यक है ताकि काव्य संरचना शास्त्रीय, गेय और छंद-बद्ध बनी रहे। किसी भी वर्ण के उच्चारण में लगने वाला समय ही उसकी 'मात्रा' (Metric Weight) कहलाता है।

1. मात्राओं के प्रकार एवं संकेत चिह्न

प्रकार	**मात्रा भार**	**उच्चारण प्रकृति**	**संकेत चिह्न (पुस्तक में प्रयुक्त)**
लघु मात्रा	**1**	ह्रस्व स्वर (Short Vowel)	**L** (Laghu)
गुरु मात्रा	**2**	दीर्घ स्वर (Long Vowel)	**S** (Guru)

- **अपवाद:** हिन्दी छंदशास्त्र में प्लुत (3 मात्राएँ) प्रायः स्वीकार्य नहीं होती हैं। मात्रा केवल स्वर की गिनी जाती है, क्योंकि व्यंजन का उच्चारण स्वर के बिना संभव नहीं है।

2. लघु (L) एवं गुरु (S) स्वरों का वर्गीकरण

मात्रा निर्धारण का आधार अक्षर में निहित स्वर होता है:

अक्षर (वर्ण)	निहित स्वर	मात्रा (भार)	संकेत	उदाहरण
लघु	अ, इ, उ, ऋ	1	L	**क, कि, कु, कृ**
गुरु	आ, ई, ऊ, ए, ऐ, ओ, औ	2	S	**का, की, कू, के, कै, को, कौ**

3. मात्रा निर्धारण के विशेष नियम (अपवाद)

निम्नलिखित नियम हरियाणवी रागनी के छंदात्मक विश्लेषण में अत्यंत महत्त्वपूर्ण हैं:

नियम	स्थिति	मात्रा निर्धारण	संकेत	उदाहरण
अनुस्वार (अं)	अनुस्वार (ं) से युक्त अक्षर।	**गुरु (2)**	S	**हं**स (S-L), **कं**स (S-L)
विसर्ग (अः)	विसर्ग (:) से युक्त अक्षर।	**गुरु (2)**	S	**दुः**ख (S-L)
चंद्रबिंदु (ँ)	चंद्रबिंदु से युक्त अक्षर।	**लघु (1)**	L	अँगना (L-L-S), **कुँ**अर (L-L-L)
संयुक्ताक्षर (पूर्व)	संयुक्त व्यंजन से **ठीक पहले**	**गुरु (2)**	S	सत्य (**S**-L)

	वाला लघु वर्ण।			
'र' मिश्रित वर्ण	'प्र, क्र, श्र, ग्र' आदि वर्ण।	**स्वर के अनुसार**	L/S	**प्रथम** (**L**-L-L), **प्रीति** (**S**-L)
संयुक्ताक्षर (स्वयं)	संयुक्ताक्षर (क्ष, त्र, ज्ञ, श्र) स्वयं अपनी मात्रा।	**स्वर के अनुसार**	L/S	**यज्ञ** (L-L), **क्षमा** (L-S)

4. संयुक्ताक्षर एवं अर्ध-व्यंजनों की गणना

संयुक्ताक्षरों (जैसे 'क्त', 'ष्ण', 'क्य') की गणना छंद में सर्वाधिक जटिल होती है, और यह नियम रागनी की लय के लिए निर्णायक है:

नियम: अर्ध व्यंजन/संयुक्ताक्षर का प्रभाव

जब किसी शब्द में अर्ध व्यंजन या संयुक्ताक्षर आता है, तो वह अपने से ठीक पहले वाले **लघु वर्ण (1 मात्रा)** को **गुरु (2 मात्राएँ)** में बदल देता है।

उदाहरण	**मात्रा विभाजन**	**कारण**
सत्य	स (2) - त्य (1)	'स' लघु होते हुए भी 'त्य' (संयुक्ताक्षर) के कारण गुरु हो गया।

कर्म	क (2) - र्म (1)	'क' लघु होते हुए भी 'र्म' (रेफ/अर्ध र) के कारण गुरु हो गया।
हत्या	ह (2) - त्या (2)	'ह' लघु था, लेकिन 'त्य' के कारण गुरु हो गया; 'त्या' में दीर्घ स्वर 'आ' है, इसलिए यह स्वयं भी गुरु है।
स्नान	स्ना (2) - न (1)	यदि अर्ध व्यंजन शब्द के *आरंभ* में आए, तो वह पहले वर्ण को प्रभावित नहीं करता। यहाँ 'स्ना' में 'आ' स्वर है, इसलिए यह गुरु है।

उच्चारणजन्य जटिलताएँ

रागनी जैसे लोक-छंदों में मात्रा-गणना शुद्ध **उच्चारण** पर आधारित होती है। जिन शब्दों में उच्चारण के कारण 'द्वित्व' (Double Pronunciation) होता है, वहाँ मात्रा में भी परिवर्तन आता है:

- **नन्हें:** (नन्–न्हें) ⟶ यहाँ पहले 'न' का उच्चारण खींच कर होता है, अतः 'न' = **गुरु (S)**।
- **समस्या:** (सम्–सस्या) ⟶ यदि उच्चारण 'स' पर ज़ोर देता है, तो 'स' को गुरु माना जा सकता है।

समापन बिंदु: हरियाणवी रागनी की लय का सौंदर्य मात्रा की स्पष्टता और उच्चारण की शुद्धता में निहित है। इस नियम संग्रह का अभ्यास करके ही छंद की लय को पहचाना और विश्लेषित किया जा सकता है।

पिंगल शास्त्र का सांस्कृतिक एवं संरचनात्मक आधार (छंद की लय में हरियाणवी संस्कृति)

इस पुस्तक में हरियाणवी रागनी के विश्लेषण के लिए पिंगल शास्त्र (भारतीय छंदशास्त्र) को एक आवश्यक कसौटी के रूप में अपनाया गया है। यह खंड रागनी की छंदात्मक शुद्धता और शास्त्रीय गरिमा को उजागर करता है, जो इसे केवल मनोरंजन का साधन नहीं, बल्कि एक परिष्कृत लोक-कला के रूप में स्थापित करती है।

1. पिंगल शास्त्र: लोक-कला का अनुशासन

पिंगल शास्त्र भारतीय काव्य संरचना की वह आधारभूत विधा है जो मात्राओं, लघु–दीर्घ वर्णों, यति–गति (विराम और प्रवाह) और तुकान्त समता के नियमों पर आधारित है।

यद्यपि यह विधा मुख्य रूप से संस्कृत और ब्रज-काव्य परंपरा (जैसे: दोहा, चौपाई, सवैया) में उपयोग में लाई जाती है, हरियाणवी रागनी जैसी ओजपूर्ण लोक-रचनाओं में भी पिंगल के नियमों का गहन और सहज अनुपालन होता है। यह अनुपालन ही रागनी की गेयता और मंचीय प्रभाव को निर्धारित करता है।

2. रागनी की शास्त्रीयता के मुख्य तत्त्व

पिंगल शास्त्र, हरियाणवी रागनी को निम्न तकनीकी और सौंदर्यपरक आधार प्रदान करता है:

तत्त्व	विवरण	रागनी में प्रासंगिकता

मात्रा और भार (L/S)	लघु वर्ण (1 मात्रा) और दीर्घ/गुरु वर्ण (2 मात्राएँ) का अनुपात।	यह रागनी की प्रत्येक पंक्ति की निश्चित अवधि (समय-सीमा) को सुनिश्चित करता है।
यति–गति	छंद में आवश्यक विराम (यति) और उच्चारण के प्रवाह (गति) का निर्धारण।	गायक कहाँ ठहरेगा और कहाँ त्वरित गति से गाएगा—इसका निर्धारण यति से होता है, जो श्रोता की समझ को स्पष्ट करती है।
अनुप्रासिक सौंदर्य	ध्वनियों या वर्णों की पुनरावृत्ति जो कर्ण-प्रियता को बढ़ाती है।	रागनी के ओज, वीर रस या हास्य की अभिव्यक्ति को 'क' या 'र' जैसे अक्षरों के प्रयोग से बल मिलता है (जैसे: "कंकण खनके कपोल पे...")।
छंद–बंध एवं तुकान्त	पंक्तियों का समरूप संतुलन और अंत में शब्दों की लयबद्ध समता (Rhyme/Tukaant)।	यह सुनिश्चित करता है कि रागनी का एक चरण दूसरे चरण के समान गेय हो, जिससे वह 'मंचीय कला' के रूप में स्थिर हो पाती है।

लोक-छंद प्रकार	रागनी, सोरठा, कहरवा, बारवै या स्थानीय तर्ज़ (जैसे 'चुकलिया') का प्रयोग।	यह शास्त्रीय छंदों के नियमों का प्रयोग करते हुए लोक-संरचनाओं के निर्माण की ओर संकेत करता है।

3. रागनी में पिंगल की अपरिहार्य भूमिका

रागनी एक मंचीय एवं श्रवण कला है, जहाँ श्रोता की श्रवण–लय और गायक की वाणी–लय के बीच सटीक सामंजस्य आवश्यक होता है। पिंगल नियमों की कठोर अनुपालना से ही लोक-रचना:

1. **गायन योग्य बनती है:** एक निश्चित ताल और मात्रा समूह में बंधकर, इसे किसी भी लोक-वाद्य यंत्र (ढोलक, सारंगी) पर सटीकता से गाया जा सकता है।
2. **भावों की अभिव्यक्ति स्पष्ट होती है:** उचित स्थानों पर यति (विराम) लगने से भावार्थ की स्पष्टता बनी रहती है, चाहे वह "किस्सा पूरण भगत" का गहन वर्णन हो या "वीर रस की गर्जना"।

पाठकों के लिए संदेश

इस पुस्तक में प्रयुक्त हरियाणवी रागनी की सभी रचनाएँ केवल भाव-प्रधान नहीं हैं, बल्कि छंदशास्त्रीय दृष्टिकोण से भी परखी गई हैं। रागनी लेखन एक लोक–छंदीय साधना है, जिसमें भाव, लय और छंद का संतुलन अत्यंत आवश्यक होता है। यही संतुलन पिंगल शास्त्र द्वारा प्राप्त होता है, जो शब्दों में हरियाणा की आत्मा को सजीव करता है।

हरियाणवी रागनी लेखन के शास्त्रीय सिद्धांत (पिंगल और लोक-ध्वनि का सामंजस्य)

हरियाणवी रागनी लेखन केवल शब्दों का भावपूर्ण संयोजन नहीं है, बल्कि यह पिंगल शास्त्र के अनुशासन, ठेठ हरियाणवी भाषा की मिठास और मंचीय गेयता की मांग का संतुलित मिश्रण है। एक रागनी तब पूर्ण होती है जब उसमें लोक-मन की ध्वनि को शास्त्रीय छंद में बाँधने की कला साकार होती है।

1. रागनी की अनिवार्य संरचना (The Raagni Form)

रागनी का एक विशिष्ट, अनुशासित ढाँचा होता है, जिसके मुख्य रूप से तीन अंग होते हैं:

A. टेक (मुखड़ा / Refrain)

टेक रागनी की आत्मा, पहचान और स्थिरता है।

- **परिचय:** यह रागनी की पहली पंक्ति या पंक्तियों का समूह है, जिसे पूरी रचना के दौरान दोहराया जाता है।
- **कार्य:** यह रागनी के मुख्य भाव, संदेश या विषय-वस्तु को स्थापित करता है।
- **तुकांत स्थिरता:** पूरी रागनी में **टेक का तुकांत स्थिर** रहना चाहिए। कली का अंतिम भाग ('तोड़') अनिवार्य रूप से टेक के तुकांत से मेल खाना चाहिए।

B. कली (अंतरा / Stanza)

कली रागनी के कथानक का विस्तार करती है।

- **परिचय:** ये मुख्य छंद या पद होते हैं, जो कहानी या भाव को आगे बढ़ाते हैं।
- **पंक्ति संख्या:** प्रायः कली में दो या चार मुख्य पंक्तियाँ होती हैं।
- **तुकांत नियम:** कली की सभी पंक्तियों का तुकांत (Rhyme) आपस में एक समान होना चाहिए, जिससे एक सुगठित गेयता उत्पन्न हो। (जैसे: 'धाम', 'नाम', 'गाम', 'चाम')।

C. तोड़ (Break/Link Line)

तोड़ कली को टेक से जोड़ने वाली कड़ी है।

- **परिचय:** यह कली की अंतिम पंक्ति होती है (चार पंक्ति वाली कली में 5वीं, दो पंक्ति वाली कली में 3री)।
- **कार्य:** 'तोड़' पिछली पंक्तियों के भाव या विचार का सार प्रस्तुत करती है।
- **अनिवार्य तुकांत: 'तोड़' का तुकांत हर हाल में 'टेक' के तुकांत से मेल खाना चाहिए।** यह शास्त्रीय नियम गायक को एक कली से वापस टेक पर आने का संकेत देता है और श्रोता को लय में बनाए रखता है।

2. छंद और गेयता (Pingal Integration)

रागनी की गेयता और मंचीय लय पिंगल शास्त्र के नियमों पर निर्भर करती है:

शास्त्रीय तत्त्व	अनुप्रयोग	उदाहरण और प्रभाव

छंद-संरचना	मात्रा गणना (लघु/गुरु) के आधार पर प्रचलित लोक-छंद (चौपाई - 16 मात्रा, रोला - 24 मात्रा, दोहा - 13+11) का प्रयोग करना।	छंद के माध्यम से रागनी में लय और सामंजस्य पैदा होता है, जिससे वह वाद्य यंत्रों पर सटीक रूप से सध पाती है।
यति–गति (विराम)	हर पंक्ति में अर्थ की स्पष्टता के लिए उचित स्थानों पर विराम (यति) और प्रवाह (गति) का निर्धारण।	सही यति से भाव का भटकाव रुकता है, और रागनी का गायन सहज एवं स्पष्ट होता है।
तर्ज़ का चयन	रचना को किसी लोकप्रिय लोक या फिल्मी धुन (तर्ज़) पर ढालना, बशर्ते तर्ज़ का भाव रचना के विषय (जैसे वीर रस या विरह) से मेल खाता हो।	यह गेयता को सुनिश्चित करता है और रागनी को श्रोता समाज में तुरंत लोकप्रिय बनाता है।

3. भाषागत एवं सांस्कृतिक अनुबंध

रागनी केवल तकनीकी रूप से ही नहीं, बल्कि भावात्मक और सांस्कृतिक रूप से भी हरियाणवी होनी चाहिए:

1. **ठेठ हरियाणवी भाषा:** रागनी में ठेठ (शुद्ध) हरयाणवी शब्दों का प्रयोग अनिवार्य है, जो रचना को क्षेत्र की सांस्कृतिक पहचान प्रदान करता है (जैसे: "म्हारा", "तेरै", "कै", "गाम", "बेरा")।

2. **भाव एवं संदेश:** रागनी मनोरंजन के साथ-साथ सामाजिक चेतना, वीरता, धार्मिक उच्चता या सामाजिक बुराइयों पर व्यंग्य जैसे गंभीर संदेश देने का सशक्त माध्यम है।
3. **मंचीय प्रस्तुति की सहजता:** शब्दों का उच्चारण सहज होना चाहिए ताकि मंच पर गायक को प्रस्तुति में कठिनाई न हो। रचना में श्रोता की प्रतिक्रिया के अनुरूप हास्य, ओज या भावुकता का समावेश किया जाता है।
4. **संवाद शैली:** कई सफल रागनियाँ प्रश्न–उत्तर या पात्रों के बीच संवाद शैली में लिखी जाती हैं, जो मंचीय नाटक का प्रभाव उत्पन्न करती हैं।

सारांश (शोधार्थियों एवं पाठकों के लिए): हरियाणवी रागनी की सफलता उसके छंद, गेयता, तुकांत और तोड़ के सही मेल में निहित है। जब हर शब्द में छंद की साँस होती है और हर चरण में ताल पर थिरकने की क्षमता होती है, तभी रचना लोक–ध्वनि बनकर अमर हो जाती है।

वृत्तांत रागनी 1

वृतांत: द्रौपदी के सौंदर्य को केंद्र बनाकर, उस पर मोहित हुए योद्धाओं के पतन की कथा

द्रौपदी का रूप—मोह की अग्नि और विनाश का मूल

यह वृत्तांत महाभारत के **आदि पर्व** से लेकर **विराट पर्व** तक फैली उस केंद्रीय चेतना को दर्शाता है, जिसके केंद्र में द्रौपदी का अलौकिक रूप है।

द्रौपदी का जन्म स्वयं किसी गर्भ से नहीं, बल्कि एक महायज्ञ की **'रूप-अग्नि'** से हुआ था, जिसका उद्देश्य अधर्म और अहंकार का भस्म करना था। वह केवल कृष्णा (श्यामवर्णा) नहीं थीं, बल्कि एक ऐसी रणचण्डी का आवरण थीं, जिसके सौंदर्य को भोग की वस्तु समझने वाले हर योद्धा का अंत निश्चित था।

स्वयंवर में, राजा **शल्य** का बल और **कर्ण** का पराक्रम उस दिव्य रूप के सम्मुख निष्फल हो गया। कर्ण को सूतपुत्र कहकर अस्वीकार करना द्रौपदी का सबसे बड़ा 'अहम' था, जिसने उनके हृदय में अपमान का ऐसा घाव दिया जो कुरुक्षेत्र तक नहीं भरा।

यह अग्नि आगे चलकर उन सभी योद्धाओं के लिए घातक सिद्ध हुई, जिनका मन द्रौपदी के प्रति मोह या तिरस्कार से भरा था। **शिशुपाल** को अपने अपमानजनक शब्दों के कारण राजसूय यज्ञ की भरी सभा में श्रीकृष्ण के सुदर्शन चक्र से तत्काल दंड मिला। द्यूत-क्रीड़ा में, **दुर्योधन** और **दुःशासन** ने वस्त्रहरण का जघन्य पाप किया, जिससे द्रौपदी की अग्नि शांत होने के बजाय और भी प्रचंड हो उठी।

वनवास के दौरान, सिंधुराज **जयद्रथ** और मत्स्य देश के सेनापति **कीचक** दोनों ही द्रौपदी के रूप पर मोहित हुए और उन्होंने अभद्रता का दुस्साहस किया। जयद्रथ को पांडवों ने अपमानित कर प्राणदान दिया, जबकि कीचक का वध भीम ने छिपकर ऐसे किया कि वह मांस का एक गोला मात्र रह गया।

यह सम्पूर्ण गाथा इस संदेश को स्थापित करती है कि द्रौपदी का सौंदर्य केवल एक स्त्री का श्रृंगार नहीं था—वह एक **'दैवीय परीक्षा'** थी। जिन योद्धाओं ने उन्हें केवल रूप समझा, वे उनकी प्रतिशोध-अग्नि में जलकर नष्ट हो गए। द्रौपदी स्वयं कहती हैं: **"मैं सौंदर्य नहीं, चेतना हूँ। मैं स्त्री नहीं, शक्ति हूँ।"** उनके माध्यम से ही कुल, अहंकार और अधर्म की पराजय हुई।

द्रोपदी : रागनी 1

वृतांत : द्रोपदी के रूप के ऊपर किन किन योद्धाओं का अंत हुआ।
तर्ज : चुकलिया

उस दुरपद सुता के रूप के ऊपर, कौण कौण जग में मरगे
ल्यो आज गिणां दूँ बलशाली जो, नार तकण का दण्ड भरगे

राजा दुरपद के हवनकुण्ड तै, एक अगन लपट सी लहराई
अग्नि की लपटां के बीच तै, एक सुन्दर कन्या घर आई
बेटी की ज्यूँ पाळी दुरपद नै, वा तै द्रोपद नाम धराई
जवान अवस्था हुई कन्या की, फेर ब्याह की फ़िक्र सताई
ज्योतिष योग विचार कै बाहमण, स्वयंवर की तारीख धरगे

नकुल सहदेव का मामा शल्य, उके रूप का हुया दीवाना था
उठा सका न धनुष स्वयंवर में, वो तै घणी बेइज्जती माना था
दुर्योधन नै मैं पहलम टोक्या, इसा युद्ध में घड़या बहाना था
इस महाभारत में उस द्रोपद के, रूप का घमंड मिटाना था
उस द्रोपद के चक्कर में आकै, उकी छाती में बाण उतरगे

रूप देखकै उस द्रोपद का, कर्ण भी बहुत उम्हाया था
स्वयंवर में ल्यूं जीत हूर नै, न्यू सोच कै कदम बढ़ाया था
उसके हाव भाव समझकै, वो तै द्रोपद नै धमकाया था
सूत पुत्र की उपमा देकै, उका सभा में मान घटाया था
महाभारत में उके रथ के पहिए, जणू धरती में गड जरगे

द्रोपदी : रागनी 1(Cont'd)

दुर्योधन के जीजा जयद्रथ नै, वा द्रोपद धोखे तै ठा ली
नणदेऊ कह करी दुहाई, पर चीख पुकार गई खाली
पांडव भाज लिए उके पाछै, वा द्रोपद कैद तै छड़वाली
करकै नै गिरफ्तार भिणोई, उन्हनै मूँड दिया वो बलशाली
उस महाभारत के रक्तकुंड में, जयद्रथ के टुकड़े तिरगे

राजा विराट का साळा कीचक, उस शालिंद्री नै तकण लग्या
दारु पी कै अक्ल भंग हुई, फेर अंट शंट वो बकण लग्या
जब भीम बलि नै आ ललकारा, जो पाप करे वो ढकण लग्या
करकै अंत उस पापी का वल्लभ, जोर जोर तै हँसण लग्या
उस बेईमान कीचक के लोथड़े, चौगिरदै खिण्ड बिखरगे

दुर्योधन, शिशुपाल, वृहदबल, भला कौण ताप तै बच पाया
स्वयंवर में जब हार गए सब, घणा मन में रोष सा भर आया
उस पांचाली की कोप अगन तै, भष्म हुई सबकी काया
वे पाण्डव भी ना बच पाए थे, तन बर्फ नूण में गळवाया
अंत समय में हिमालय पै, वे तै बरफ में धँसकै गिरगे

खटक लगी थी दुर्योधन कै, कृष्णा के रूप लपट की
हाथ पैर लिए मार भतेरे, पर बात बणी ना घट की
फेर भरी सभा में वा नँगी करदी, ताल ठोंक कै पट की
महाभारत में लिए केश रँगा वा तै, रणचण्डी बण भटकी
गुरु पालेराम आनन्द शाहपुर पै ज्ञान की वर्षा करगे

विश्लेषण रागनी 1

द्रोपदी के रूप पर बलिदान हुए योद्धा

रागनी का शास्त्रीय एवं साहित्यिक विश्लेषण)

1. छंद-शास्त्रीय विश्लेषण (Pingal Shastra के अनुसार)

तर्ज "चुकलिया" हरियाणवी रागनी परंपरा में एक लोकप्रिय गायन शैली है, जो सामान्यतः *चार चरणों* में विभाजित होती है। प्रत्येक चरण में लगभग **15 से 22 मात्राएँ** पाई जाती हैं, जिनमें *लघु-गुरु का अनुपात* लय के अनुसार परिवर्तित होता है।

उदाहरण स्वरूप:

> "उस दुरपद सुता के रूप के ऊपर, कौण कौण जग में मरगे"

- इस पंक्ति में कुल 18 मात्राएँ हैं
- छंद संरचना: **चार पदों में समवृत्तीय लय**, जिसमें *अनुष्टुप* छंद की छाया मिलती है, परंतु यह पूर्णतः लोकछंद है

यह रचना **स्वतंत्र छंद-विकास** का उदाहरण है, जिसमें *वृत्त की शुद्धता से अधिक भाव की तीव्रता* को प्राथमिकता दी गई है — जो लोककाव्य की विशेषता है।

2. छंद का मूल स्वरूप: तर्ज़-आधारित आवर्ती छंद

यह रागनी भी हरियाणवी **'सांग'** परंपरा की **'चुकलिया' तर्ज़** पर आधारित है, लेकिन अपने आप में अधिक **कथात्मक (Narrative)** है।

2.1 छंद का प्रकार

- यह एक **अनियमित मात्रिक छंद** है, जहाँ मात्राओं की संख्या प्रत्येक पंक्ति में बदलती है (लगभग 15 से 22 के बीच)।
- **लय (Rhythm):** इसकी लय **कथावाचन (Storytelling)** के लिए उपयुक्त **मंद से मध्यम गति** की है, जो पात्रों और घटनाओं को विस्तार से प्रस्तुत करती है।
- **गेयता (Singability):** तर्ज़ के अनुरूप होने के कारण इसकी गेयता बहुत उच्च है।

2.2 खंड विन्यास (Stanza Structure)

प्रत्येक खंड का विन्यास समान है, जो इसकी आवर्ती प्रकृति को सिद्ध करता है:

- 4 पंक्तियाँ: कहानी, पात्र या घटना का विस्तृत वर्णन।
- 5वीं पंक्ति: छंद का **निष्कर्ष** या **स्थायी भाव**, जो पूरे खंड को समेटता है और अगली घटना से जोड़ता है।

> **उदाहरण:** 4 पंक्तियाँ शल्य के बारे में बताती हैं, और 5वीं पंक्ति बताती है कि उसके छाती में बाण उतरगे (बाण उतर गए)।

3. यति (विराम) और चरणांत गुरु लय

रागनी की संरचना में यति (विराम) और अंतिम गुरु लय की भूमिका यहाँ अत्यंत स्पष्ट है:

3.1 मध्य यति (भीतरी ठहराव)

- प्रत्येक लम्बी पंक्ति **मध्य** में 9 से 11 मात्राओं के बीच एक **स्वाभाविक यति** लेती है, जिससे गायक को श्वास लेने और वर्णन को स्पष्ट करने का अवसर मिलता है।

उदाहरण: नकुल सहदेव का मामा शल्य (यति) उके रूप का हुया दीवाना था

3.2 चरणांत में दीर्घ गुरु की स्थिरता

इस छंद की सबसे बड़ी छंदगत विशेषता हर खंड की 5वीं पंक्ति का **समापन** है, जो लय को स्थिरता देता है:

खंड	अंतिम निष्कर्ष	चरणांत शब्द	लय विन्यास (Guru/ Laghu)	छंदगत प्रभाव
परिचय	दण्ड भरना	दण्ड भरगे	SLS	कथन की शुरुआत को स्थिर करता है।
शल्य	बाण उतरना	बाण उतरगे	SSLS	वीरगति को एक दृढ़ ध्वनि प्रदान करता है।
कर्ण	रथ के पहिये गड़ना	गड जरगे	SLS	कर्ण की पराजय के अपमान को स्थायित्व देता है।

जयद्रथ	टुकड़े तिरना	टुकड़े तिरगे	SLS	जयद्रथ के वध की क्रूरता को स्थिर करता है।
कीचक	लोथड़े बिखरना	बिखरगे	SLS	कीचक के भयानक अंत पर एक ठहराव देता है।
निष्कर्ष	धँसकै गिरना	धँसकै गिरगे	SLS	पांडवों के अंत पर करुण स्थायित्व देता है।

इन सभी अंतिम शब्दों (भरगे, उतरगे, जरगे, तिरगे, बिखरगे, गिरगे) में **'रगे' या 'रगे'** की एक **समान ध्वनि आवृत्ति** है, जो SLS की स्थिर लय पर समाप्त होती है। यह पूरी रागनी को एक **लयबद्ध निष्कर्ष** प्रदान करता है, भले ही आंतरिक मात्राएँ बदलती रहें।

4. पिंगल के नियम और लोक काव्य का सौंदर्य

- **अनुप्रास और यमक:** इस रागनी में **अनुप्रास अलंकार** (वर्णों की आवृत्ति) का प्रचुर उपयोग है, जैसे: दुर्योधन के जीजा जयद्रथ नै, वा द्रोपद धोखे तै ठा ली (द्र-द्र की आवृत्ति)।
- **भाव का बंधन:** छंद की सारी पंक्तियाँ द्रौपदी के **रूप** को ही सभी युद्ध और मृत्यु का **मूल कारण (Focus)** मानती हैं। इस केंद्रीय विचार को बनाए रखने के लिए ही छंद की पुनरावृत्ति और स्थिरता का उपयोग किया गया है।

5. भाव-संरचना और प्रतीकात्मकता

यह रागनी *द्रौपदी के रूप* को एक **सांस्कृतिक प्रतीक** के रूप में प्रस्तुत करती है — नारी सौंदर्य नहीं, बल्कि **नारी चेतना की अग्नि**, जो युद्ध का कारण बनती है और योद्धाओं का पतन करती है।

- **द्रौपदी का रूप** यहाँ *कामना का केंद्र* नहीं, बल्कि *धर्म की परीक्षा* है
- शल्य, कर्ण, जयद्रथ, कीचक — सभी योद्धा *द्रौपदी के रूप के मोह* में पड़कर नष्ट होते हैं
- यह रचना *स्त्री को युद्ध की धुरी* बनाकर प्रस्तुत करती है — जो *पुरुष अहंकार और अधर्म* को चुनौती देती है।
- यहाँ द्रौपदी का रूप **अग्निकुंड से उत्पन्न** बताया गया है — यह *पौराणिक प्रतीक* नहीं, बल्कि *आध्यात्मिक चेतना* है। वह स्वयं अग्नि है, जो अधर्म को भस्म करती है।

6. रस, अलंकार और मनोवैज्ञानिक गहराई

- **वीर रस**: अभिव्यक्ति में स्पष्ट रूप से वीरता की गूंज है, विशेषकर जब योद्धाओं के पतन का वर्णन होता है
- **रौद्र रस**: द्रौपदी के रूप से उत्पन्न युद्ध और विनाश की छाया
- **विप्रलंभ श्रृंगार**: कर्ण और शल्य जैसे पात्रों के *अपूर्ण प्रेम और अपमान* की छाया

अलंकार:

- *उपमा*: "अग्नि की लपटां के बीच तै, एक सुन्दर कन्या घर आई"
- *रूपक*: द्रौपदी को अग्नि, रणचण्डी, चेतना के रूप में चित्रित किया गया है

- *अनुप्रास*: "घणी बेइज्जती माना था", "छाती में बाण उतरगे" — ध्वनि की पुनरावृत्ति से भाव की तीव्रता

7. सांस्कृतिक और स्त्रीवादी दृष्टिकोण

यह रचना *हरियाणवी लोकसंस्कृति* में स्त्री की भूमिका को पुनर्परिभाषित करती है। द्रौपदी यहाँ *मूक पात्र नहीं*, बल्कि **इतिहास की निर्णायक शक्ति** है।

- वह युद्ध का कारण है, परंतु *वह युद्ध की वस्तु नहीं*
- उसका रूप पुरुषों के लिए परीक्षा है — जो असफल होते हैं, वे नष्ट होते हैं
- यह रचना *स्त्री को शक्ति, चेतना और प्रतिशोध* के रूप में प्रस्तुत करती है — जो *लोककाव्य में दुर्लभ* है

8. विमर्श के नए आयाम

- यह रचना *लोकछंद और पौराणिक पुनर्पाठ* का संगम है
- इसमें *नारी चेतना*, *धर्म की परीक्षा*, और *पुरुष सत्ता की विफलता* को एक साथ बुना गया है
- जिज्ञासु पाठक इसे *स्त्रीवादी पुनर्पाठ*, *लोकछंद की स्वतंत्रता*, और *पौराणिक प्रतीकों की पुनर्रचना* के संदर्भ में विश्लेषित कर सकते हैं
- यह रचना एक चेतावनी नहीं, बल्कि *द्रौपदी के रूप में छिपी शक्ति, प्रतिरोध और न्याय की अग्नि* का उद्घोष है। इस रचना में जिस शैली में योद्धाओं के पतन को द्रौपदी के सौंदर्य के मोह और उसके आत्मसम्मान से जोड़ा है, वह पाठक को झकझोरता हुआ प्रतीत होता है। यह रागनी केवल वर्णन नहीं करती—यह *द्रौपदी की दृष्टि से इतिहास को पुनर्लिखती है।*

- यह रागनी एक उत्कृष्ट लोक छंद है जो SLS के समान **चरणांत लय** का उपयोग करके कई अलग-अलग कथाओं को एक सूत्र में पिरोता है। इसका मुख्य छंदगत कार्य **तेज कथावाचन** को **स्थिर गुरु लय** के माध्यम से **लयबद्ध निष्कर्ष** देना है।

वृत्तांत रागनी 2

वृतांत: द्रौपदी के स्वयंवर का दृश्य — उसकी दृष्टि से

राजा द्रुपद ने स्वयंवर रचाया, शर्त रखी जो थी अति दूभर। ऊँचाई पर घूम रहा था मत्स्य-यंत्र, नीचे जल में परछाईं थी सुंदर। पानी में देख निशाना साधो, मछली की आँख को भेद दिखाओ। जो धर्नुधर यह लक्ष्य साधेगा, वही मेरा स्वामी कहलाओ।

वृत्तांत: सौंदर्य नहीं, निर्णय की शक्ति

राजमहल में भीड़ जुटी थी, राजाओं का दर्प भरा था। सबके मन में रूप मोह था, हर कोई मुझ पर मोहित था। दुर्योधन, शल्य, जयद्रथ आए, धनुष उठाकर शर्मसार हुए। अहंकार और बल का प्रदर्शन, मेरे नैनों से सब चूर हुए। देख रही थी मैं वीरों को, बल नहीं, चेतना मैं तोल रही थी। वंश का गौरव नहीं, पुरुषार्थ की पहचान मैं खोज रही थी। फिर अंगराज कर्ण पधारे, उनका तेज अनोखा था। धनुष उठाया सहजता से, पर वंश का भेद तो बीच में रोका था।

कर्ण का अस्वीकार

जैसे ही वह प्रत्यंचा चढ़ाकर, लक्ष्य साधने को तैयार हुए। मेरे मन की आत्मा बोली, यह मेरा निर्णय अब होगा। "नाहं वरयामि सूतपुत्रम्!" मैंने दृढ़ता से उद्घोष किया। वंश का भेद था बीच में, पर मेरे निर्णय ने उसे रोका। अपमानित हो कर्ण गए, क्रोध की अग्नि हृदय में भर ली। यह मेरा सौंदर्य नहीं, यह मेरी निर्णय की शक्ति थी। राजकुमारों ने युद्ध छोड़ दिया, ब्राह्मणों पर सब क्रोधित हुए। जब क्षत्रियों में कोई न बचा, तब अर्जुन ब्राह्मण वेश में आए।

अर्जुन का वरण

साधारण वेश में खड़े हुए, हाथ में भिक्षा का पात्र था। पानी में देखा, ध्यान लगाया, जैसे कोई योगी बैठा था। एक ही बाण से आँख भेद दी, मत्स्य-यंत्र चकनाचूर हुआ। मेरा चयन था, मेरा निर्णय, मेरा वरण आज पूरा हुआ। मैंने वरमाला डाल दी, पांडव-दल में खुशी समाई थी। क्षत्रिय राजा क्रोधित होकर, ब्राह्मणों पर तब झपट पड़े।

नियति की ओर प्रथम चरण

भीम और अर्जुन ने फिर, अपनी शक्ति का प्रदर्शन किया। श्रीकृष्ण ने आकर सभा संभाली, और विरोध को शांत किया। अर्जुन से मेरा विवाह हुआ, हम माता कुंती के पास चले। पर नियति ने खेल रचाया, अगले मोड़ पर ले जाकर हमें फँसाया। कुटिया में जाकर अर्जुन बोले, "माता, भिक्षा हम लाए हैं।" माता ने भीतर से कह डाला, "पाँचों में बाँट लो भाई।" यह वचन था अनजाना, पर मेरे जीवन का बन गया विधान। मेरे स्वयंवर का चयन, अब धर्म-संकट का कारण था।

मेरा स्वयंवर एक निर्णय था, एक स्त्री की आत्म-घोषणा। पर माता का वचन सर्वोपरि था, धर्म-पथ पर मुझको चलना था। मैं बांटी नहीं गई थी, मैंने स्वयं को अर्पित किया, धर्म की रक्षा के लिए, मैंने हर पीड़ा को हँसकर जिया।

द्रोपदी : रागनी 2

वृतांत : द्रोपदी स्वयंवर का दृश्य
तर्ज : चुकलिया

राजा द्रुपद नै त्यारी करली, बेटी का स्वयम्बर करावण की
सब राजा दिए न्यौत गुजारिश, पाँचाल नगर में आवण की

उस द्रोपद के रूप हुशन पै, कइयां की बुद्धि भंग होग्यी
जबतै सुणी स्वयम्बर होण की, मन में घणी उमँग होग्यी
देश विदेश के राजा जुड़गे, उन्हें देखकै प्रजा दंग होग्यी
चौगिरदै नै बजैं ढोल नगाड़े, या तै नगरी रँगा रँग होग्यी
हर राजा का यशोगान हुया, धुन लहर छिड़ी इसी गावण की

मत्स्य योनि शिव धनुष मँगा कै, रख दिया बीच सभा में
स्वर्ण धात से बणी एक मछली, वा तै घुमण लगी हवा में
धृष्टधुमन चढ़ घोड़े पै आया, किसी शक्ति तेज जवा में
हाथी पै चढ़ आई किरशना, किसी खिल रही रूप छटा में
कमल नैनी, हंस पदमनी, इसी पतळी कमर ना पावण की

अंग नरेश करण बलि भी, सभा के बीच पधारा था
धनुष उठाकै चढ़ा प्रत्यन्शा, ज्यों ही निशाना साहरा था
भरी सभा में उस यज्ञसेनी नै, कहकै सूत पुकारा था
घूँट खून की पीकै रहग्या, यो माड़ा बखत बिचारा था
गई लाग कसूती चोट जिगर पै, उस द्रोपद के धमकावण की

द्रोपदी : रागनी 2 (Cont'd)

कौरव वंश के सौ पुत्र भी, स्वयंवर में आण पधारे थे
नौकर चाकर दास दासियाँ नै, उनके चरण पखारे थे
धनुष हिल्या ना टस तै मस भी, एक एक कर सब हारे थे
जयद्रथ, शल्य, शिशुपाल भी, लगा जोर हुए किनारे थे
मन में टीस दूखती रहगी, उस रूप खान नै ब्याहवण की

सबसे अंत में कुछ जवान ब्राह्मण, धड़ धड़ करते बड़गे
जब एक ब्राह्मण नै मारया निशाना, सबके चेहरे झड़गे
वरमाळा लिए हाथ द्रोपद के, उस ब्राह्मण के गळ पड़गे
क्षत्राणी नै एक ब्राह्मण ब्याहवै, सब राजा आगै अड़गे
श्रीकृष्ण बलराम भीम नै, करी कोशिश समझावण की

पाँचों ब्राह्मण यो मौका देखकै, लेकै द्रोपदी नै होगे पार
एक कुटी के दरवाजे पै जाकै, माता माता करी पुकार
जो कुछ ल्याए आज जीतकै, बाँट लियो पाँचों इकसार
माँ का हुक्म पाँचों भाइयाँ नै, खुशी ख़ुशी लिया सर पै धार
गुरु पालेराम आनन्द शाहपुर तै, सिखागे बात बतावण की

विश्लेषण रागनी 2

द्रौपदी स्वयंवर का दृश्य

तर्ज: चुकलिया
रागनी का शास्त्रीय एवं साहित्यिक विश्लेषण

1. छंद-संरचना और लय-गठन (Pingal Shastra के अनुसार)

तर्ज "चुकलिया" में रचित यह रचना **चार चरणीय समवृत्तीय छंद** में चलती है, जिसमें प्रत्येक चरण में औसतन **16–18 मात्राएँ** हैं। यह छंद *अनुष्टुप* और *पृथ्वी छंद* के लोक रूपों से प्रभावित है, परंतु पूर्णतः स्वतंत्र लोकछंद है।

उदाहरण:

> "राजा द्रुपद नै त्यारी करली, बेटी का स्वयम्बर करावण
> की"

- कुल मात्राएँ: 18
- लय: 4+4+4+6 (लघु-गुरु मिश्रित)
- वृत्त: *स्वतंत्र लोकवृत्त*, जिसमें *चरणांत में दीर्घ गुरु* का प्रयोग लय को स्थिरता देता है

यह छंद **गायन की प्रवृत्ति** के अनुसार ढला है, न कि शुद्ध शास्त्रीय अनुशासन के अनुसार — यही लोककाव्य की विशेषता है।

2. छंद का मूलभूत ढाँचा और प्रकृति

यह रचना हरियाणवी **'सांग'** परंपरा की **'चुकलिया' तर्ज़** पर आधारित एक **कथा-प्रधान, लय-आधारित छंद** है।

2.1 छंद का स्वरूप

- **प्रकार:** अनियमित अर्ध-सम मात्रिक लोक छंद।
- **उद्देश्य:** वर्णन (Description) और कथन (Narration) पर ज़ोर देना।
- **लय (Rhythm):** मध्य से द्रुत गति (Medium to Fast pace) की लय, जो स्वयंवर जैसे भव्य और भीड़ भरे आयोजन के वर्णन के लिए उपयुक्त है।

2.2 विन्यास (Structure)

यह छंद एक स्पष्ट 4+1 विन्यास का पालन करता है:

- **अस्थायी पंक्तियाँ (Stanzas - 4 lines):** ये पंक्तियाँ स्वयंवर की तैयारी, वातावरण, या किसी पात्र विशेष (जैसे कर्ण, कौरव) के बारे में बताती हैं।
- **स्थायी पंक्ति (Final line of stanza):** यह पाँचवीं पंक्ति पूरे खंड का **निष्कर्ष** देती है और छंद को **स्थिरता** प्रदान करती है।

3. यति (विराम) और चरणांत गुरु लय

इस रागनी की छंदगत सुंदरता इसकी नियमित यति और चरणांत में आने वाली समान लय में है।

3.1 मध्य यति (भीतरी ठहराव)

- प्रत्येक पंक्ति मध्य में 8 से 10 मात्राओं के बीच एक **स्पष्ट विराम (यति)** लेती है। यह यति कथानक को दो भागों में तोड़ती है, जिससे श्रोता को बड़े विवरण समझने में आसानी होती है।

  उदाहरण: मत्स्य योनि शिव धनुष मँगा कै (यति) रख दिया बीच सभा में

- यति का नियमित उपयोग गेयता को निर्बाध (Smooth) बनाता है।

3.1 चरणांत में दीर्घ गुरु की स्थिरता

हर खंड की अंतिम पाँचवीं पंक्ति एक विशिष्ट SS या SLS लय पर समाप्त होती है, जो कथन को एक निश्चित **स्थायित्व** प्रदान करती है:

खंड	अंतिम निष्कर्ष	चरणांत शब्द	लय विन्यास (Guru/ Laghu)	छंदगत प्रभाव
परिचय	तैयारी	आवण की	SS	छंद की नींव को स्थापित करता है।
भीड़	उत्साह और शोभा	गावण की	SS	स्वयंवर के माहौल को एक मधुर ठहराव देता है।

द्रौपदी	रूप का वर्णन	पावण की	SS	द्रौपदी के दुर्लभ सौंदर्य को रेखांकित करता है।
कर्ण	अपमान और हार	धमकावण की	SS	कर्ण के क्रोध और अपमान को स्थिर करता है।
कौरव	हार और निराशा	ब्याहवण की	SS	कौरवों की निराशा पर एक ठहराव देता है।
पांडव	जीत और पलायन	समझावण की	SS	राजाओं के विरोध पर बल देता है।
समापन	माँ का आदेश	बतावण की	SS	रागनी का सुखद अंत करता है।

सभी SS (गुरु-गुरु) पर समाप्त होने वाले ये शब्द (आवण की, गावण की, ब्याहवण की आदि) रागनी की **लय को हर खंड के बाद एक ही गति से रोककर**, उसकी आवर्ती सुंदरता को बनाए रखते हैं।

4. साहित्यिक सौंदर्य और अलंकार

- **अलंकार - अनुप्रास (Alliteration):** छंद में अनुप्रास का सहज प्रयोग है, जो लोक भाषा की विशेषता है।
  - मत्स्य योनि शिव धनुष मँगा कै में 'म' और 'श' की आवृत्ति।
  - नौकर चाकर दास दासियाँ नै में 'क' और 'द' की आवृत्ति।

- **उपमा (Simile):** द्रौपदी के रूप का वर्णन करते समय उपमा का सुंदर प्रयोग:
    - एक अगन लपट सी लहराई (अग्नि की लपट से तुलना)।
- **चित्रात्मकता (Imagery):** यह छंद दृश्य चित्रण में बहुत सफल है:
    - चौगिरदै नै बजैं ढोल नगाड़े, या तै नगरी रँगा रँग होग्यी (पूरे शहर के उत्सव का चित्रण)।

5. भाव-संरचना और प्रतीकात्मकता

यह रचना *द्रौपदी के स्वयंवर* को केवल एक विवाह दृश्य नहीं, बल्कि **राजनीतिक, सामाजिक और स्त्री चेतना के संघर्ष** के रूप में प्रस्तुत करती है।

- **सभा का वैभव**: ढोल-नगाड़े, यशोगान, राजा-महाराजाओं की उपस्थिति — यह सब *राज्य की शक्ति और पुरुष अहंकार* का प्रदर्शन है
- **द्रौपदी का रूप**: "कमल नैनी, हंस पदमनी" — यह सौंदर्य नहीं, *निर्णय की शक्ति* है
- **कर्ण का अपमान**: "सूत पुत्र की उपमा देकै, उका सभा में मान घटाया था" — यह *जातिगत राजनीति* और *स्त्री के विवेक* का टकराव है
- **ब्राह्मण का विजय**: अर्जुन का ब्राह्मण वेश में निशाना साधना — यह *कर्म की श्रेष्ठता* को *वंश की श्रेष्ठता* पर प्राथमिकता देना है

यह रचना द्रौपदी को *निर्णायक पात्र* बनाती है — वह केवल चुनी नहीं जाती, बल्कि *चयन करती है*, और यह चयन *धर्म, विवेक और साहस* पर आधारित है।

6. रस, अलंकार और मनोवैज्ञानिक गहराई

- **श्रृंगार रस**: सभा का वैभव, द्रौपदी का रूप — परंतु यह *संयमित श्रृंगार* है, जो *निर्णय की गरिमा* से जुड़ा है
- **वीर रस**: ब्राह्मणों का प्रवेश, अर्जुन का निशाना — *कर्म की वीरता*
- **विप्रलंभ रस**: कर्ण, दुर्योधन, शल्य जैसे पात्रों की *अपूर्ण आकांक्षा* और *अपमान*

अलंकार:

- *उपमा*: "हंस पदमनी", "कमल नैनी" — सौंदर्य की प्रतीकात्मकता
- *रूपक*: द्रौपदी को "शालिंद्री", "पतळी कमर" — परंतु यह *स्त्री की गरिमा* को दर्शाता है, न कि भोग की वस्तु
- *यमक और अनुप्रास*: "धुन लहर छिड़ी इसी गावण की" — ध्वनि की पुनरावृत्ति से लय की सघनता

7. सांस्कृतिक और स्त्रीवादी पुनर्पाठ

यह रचना *हरियाणवी लोकसंस्कृति* में स्त्री को *निर्णयकर्ता* के रूप में प्रस्तुत करती है — जो *जाति, वंश और बल* से ऊपर उठकर *कर्म और विवेक* को चुनती है।

- द्रौपदी यहाँ *मूक कन्या नहीं*, बल्कि **राजनीतिक चेतना** है
- वह कर्ण को अस्वीकार करती है — यह *जातिगत अस्मिता* का प्रश्न नहीं, बल्कि *सम्मान और स्वीकृति* का निर्णय है
- पाँच पतियों से विवाह — यह *नियति नहीं*, बल्कि *धर्म की परीक्षा* है, जो आगे की रचनाओं में विस्तार पाती है

यह रचना *स्त्री को सत्ता की धुरी* बनाती है — जो स्वयंवर में बैठी है, परंतु *स्वयं को वर रही है।*

8. विमर्श के नए आयाम

- यह रचना *लोकछंद, पौराणिक पुनर्पाठ और स्त्री चेतना* का संगम है
- इसमें *राजनीतिक प्रतीक*, *जातिगत विमर्श*, और *धर्म की पुनर्परिभाषा* के तत्व हैं
- जिज्ञासु पाठक इसे *स्त्रीवादी पुनर्पाठ*, *लोककाव्य में निर्णय की शक्ति*, और *कर्म बनाम वंशवाद* के संदर्भ में विश्लेषित कर सकते हैं
- यह रचना द्रौपदी के स्वयंवर को *लोकध्वनि की दृष्टि* से नहीं, बल्कि **द्रौपदी की आत्मदृष्टि** से कहती है। इस रचना में जिस तरह से सभा की भव्यता, राजाओं की आकांक्षा, और अंततः द्रौपदी के निर्णय को रागनी में पिरोया है, वह एक **नारी के आत्मसम्मान और विवेक की विजयगाथा** बन जाती है
- यह रागनी **सरल मात्रिक विन्यास, नियमित मध्य यति** और **चरणांत में SS की स्थिर गुरु लय** का उपयोग करती है। यह छंदगत संरचना द्रौपदी के स्वयंवर के **विशाल और नाटकीय** घटनाक्रम को लोक गायन के लिए पूरी तरह से उपयुक्त बनाती है।

वृत्तांत रागनी 3

वृतांत: माता कुंती का अंजाने में दिया आदेश — "जो भी भिक्षा मिली है, आपस में बाँट लो" — द्रौपदी की दृष्टि से

जब स्वयंवर का युद्ध जीत, संग आई पंचाल की कन्या। कुम्हार की कुटिया में पहुँचे, पांडव संग माता धन्या॥ द्रौपदी को साथ लिए, अर्जुन ने भीतर टेर लगाई। "माँ! भिक्षा में अद्भुत वस्तु, आज हम लेकर आए।" माता कुंती ने भीतर से ही, बिना देखे वचन सुनाया।

"जो कुछ भी लाए हो पुत्र, पाँचों मिलकर बाँट लो भैया। नहीं टूटनी चाहिए एकता, यह धर्म हमारा है।"

सुना यह वचन द्रौपदी ने, जैसे सिर पर वज्र गिरा हो। "मैं नारी हूँ, कोई भिक्षा नहीं," मेरी आत्मा चीख़ रही थी। नहीं मैं कोई रोटी-टुकड़ा, न ही वस्त्र, न मिट्टी का ढेला। मैं जीवित चेतना, एक स्त्री, कैसे मुझको बाँटा जाए? मन में उठा प्रश्न भीषण, मेरी इच्छा का क्या मोल? किसने छीना मेरा वरण, क्यूँ मौन खड़ी मैं रहूँ? प्रेम था मेरा अर्जुन से, पर अब धर्म-संकट आया। एक वचन पर मेरा जीवन, आज पाँचों में विभाजित हो गया।

जब कुंती ने आकर देखा, हुई व्याकुल और पछताई। "अनजाने में घोर अधर्म कर दिया," युधिष्ठिर से विनती लाई। "तुम धर्मराज हो पुत्र मेरे, इस संकट का हल बतलाओ। कैसे एक कन्या को, पाँच पुत्रों में बाँटा जाए?" धर्मराज युधिष्ठिर बोले, "माँ का वचन मिथ्या हो नहीं सकता। पांडवों की एकता खातिर, यह नियम अटल स्वीकारो।" अर्जुन ने भी त्याग दिखाया, बड़े भाई को आगे माना। द्रौपदी का मौन बलिदान, नियति को तब स्वीकार किया।

नियति का स्वीकार

आई वेदव्यास की वाणी, जिसने भेद सभी खोले। बताया पूर्वजन्म का वरदान, जो शिव ने उनको दिए थे। "तूने माँगे थे पाँच गुण, जो एक पुरुष में असंभव थे। पाँच पति मिलेंगे तुम्हें, यह पूर्वजन्म का विधान है।" द्रौपदी ने तब जाना, यह अपमान नहीं, नियति का उत्तर है। अपने अस्तित्व को पाँच भागों में, धर्म की ख़ातिर बाँट दिया। मौन में बँटी चेतना, उसने संघर्ष नया फिर साधा। वह बाँटी नहीं गई थी, उसने स्वयं को धर्म के लिए साधा। पाँच पतियों के साथ जिया, पर आत्मसम्मान नहीं खोया। इस वचन ने दिया था पीड़ा, पर धर्म की डोर भी थामे रखी। अखंडता पांडवों की खातिर, द्रौपदी ने स्वयं को सौंपा। एक स्त्री का मूक बलिदान, धर्म-संकट का समाधान। आज भी यह प्रश्न है भारी, क्या स्त्री केवल वस्तु थी? या थी वह धर्म की परीक्षा, जिसने इतिहास नया लिखा।

व्यास मुनि ने फिर नियम बताया, ताकि द्वेष बीच न आए। एक समय में एक पति संग, अन्य का कक्ष में प्रवेश निषेध। टूटा नियम तो बारह वर्ष, वनवास का दंड कठोर था। द्रौपदी ने धर्म का बोझ, अकेले ही फिर साधा।

यह वृत्तांत बताता है, कैसे कुंती का एक आदेश, द्रौपदी के जीवन को, एक धर्म-सूत्र में बाँट गया। वह बाँटी नहीं गई थी, उसने धर्म को था अपनाया, मौन में स्वीकार किया, पर चेतना को न झुकाया।

द्रोपदी : रागनी 3

वृतांत : माता कुंती का अन्जाने में यह कहना कि आज भिक्षा में जो कुछ मिला आपस में बाँट लो।
तर्ज : चुकलिया

आपस में लियो बांट प्यार तै, इसा मेळ बण्या रहो थारा रे
आज जो भी भिक्षा मिली दान में, करो आपस में बँटवारा रे

थारे बालकपन तै आज तलक मनै, कदे दुभात करी ना रे
सारी चीज बराबर बांटी, कदे माड़ी घाट करी ना रे
दिन की चीज बांट दी दिन में, कदे घड़ी स्यात करी ना रे
दोनों बखता थारा पेट भरा कदे, आधी रात करी ना रे
कदे ठा ठा चीज धरी ना रे, मनै थारे तै के प्यारा रे

दो पुत्र मेरी बाहण माद्री, गई छोड़ मेरी शरण में रे
मरती तै मनै वचन दिया मैं, बँधगी प्यार प्रण में रे
खुद वचनां तै फिरज्या दुनिया, होता कष्ट करण में रे
उस मालिक तै डरकै रहियो, फायदा रहै डरण में रे
आज्या ज्यान मरण में रे, जब बोझ घणा हो भारा रे

हस्तिनापुर के राज पुत्र थे, हुया जंगल में में आज डेरा रे
उस लाक्षागृह तै बचकै भाजे, दिया करड़ाई नै घेरा रे
भेष बदलकै भिक्षा माँगो, थारा इतना ए शान भतेरा रे
तुम पाँचों एकसार नज़र में, यो हे मकसद मेरा रे
यो तै म्हारी किस्मत का फेरा रे, इसा ईश्वर नै दुख डारा रे

द्रोपदी : रागनी 3 (Cont'd)

गुरु पालेराम हलालपुर आळा, थारी हरदम करो सहाई रे
सदा आपस में रहो प्यार प्रण तै, इब याहे एक दवाई रे
नेक कर्म करो सदा जगत में, या दुनिया करै बड़ाई रे
तम्ह पाँचों भाई रहो प्रेम तै, हो दिन दिन कला सवाई रे
आनन्द शाहपुर करै कविताई रे, जब लय का लागै लारा रे

विश्लेषण रागनी 3

माता कुंती का अनजाने में कहा वाक्य

तर्ज: चुकलिया

रागनी का शास्त्रीय एवं साहित्यिक विश्लेषण

1. छंद-संरचना और लय-गठन (Pingal Shastra के अनुसार)

तर्ज "चुकलिया" के अंतर्गत यह रचना **चार चरणीय समवृत्तीय लोकछंद** में रची गई है। प्रत्येक चरण में औसतन **16–18 मात्राएँ** हैं, जिनमें *लघु-गुरु का मिश्रण* भाव के अनुसार लय को गति देता है।

उदाहरण:

> "आपस में लियो बांट प्यार तै इसा मेळ बण्या रहो थारा
> रे"

- कुल मात्राएँ: 18
- लय संरचना: 4+4+4+6
- छंद प्रकार: *स्वतंत्र लोकवृत्त*, जिसमें *चरणांत में दीर्घ गुरु* लय को स्थिरता देता है

यह छंद *गायन की प्रवृत्ति* के अनुसार ढला है, न कि शुद्ध शास्त्रीय अनुशासन के अनुसार — यही लोककाव्य की विशिष्टता है।

2 छंद का मूलभूत ढाँचा और प्रकृति

यह रागनी भी हरियाणवी **'सांग'** परंपरा की **'चुकलिया' तर्ज़** पर आधारित एक **उपदेशात्मक (Didactic) और कथात्मक (Narrative) लोक छंद** है।

2.1 छंद का स्वरूप

- **प्रकार:** अनियमित मात्रिक कथा-प्रधान छंद।
- **लय (Rhythm):** इसकी लय **शांत और उपदेशात्मक** है, जो कुंती के मातृ-प्रेम और धर्म-पालन के भाव को दर्शाती है। गति पिछली रागणियों से थोड़ी धीमी (मंद-मध्यम) है।
- **मात्रा भार:** इस छंद की पंक्तियों में भी मात्राओं की संख्या 16 से 20 के बीच अनियमित है। यह अनियमितता गेयता और भाव पर बल देती है।

2.2 विन्यास (Structure)

यह रागनी 4+1 विन्यास का पालन करती है, जहाँ अंतिम पंक्ति पूरे खंड का निष्कर्ष देती है या भाव को दोहराती है:

- **अस्थायी पंक्तियाँ (Stanzas - 4 lines):** कुंती की माता के रूप में कर्तव्य, माद्री के प्रति वचन, या वर्तमान कठिनाइयों का वर्णन करती हैं।
- **स्थायी पंक्ति (Final line of stanza):** यह पाँचवीं पंक्ति निष्कर्ष के रूप में आती है।

3 यति (विराम) और चरणांत गुरु लय

इस छंद की गेयता और भाव-स्थिरता इसकी यति और चरणांत में निहित है।

3.1 मध्य यति (भीतरी ठहराव)

- प्रत्येक पंक्ति मध्य में 9 से 11 मात्राओं के बीच **स्पष्ट विराम (यति)** लेती है। यह यति कुंती के उपदेशों को धीमा और स्पष्ट बनाती है।

  उदाहरण: सारी चीज बराबर बांटी (यति) कदे माड़ी घाट करी ना रे

- यह ठहराव कुंती के हर कथन पर बल डालता है।

3.2 चरणांत में दीर्घ गुरु की स्थिरता

हर खंड की अंतिम पाँचवीं पंक्ति एक विशिष्ट **गुरु (S)** या **गुरु-लघु (SL)** संयोजन पर समाप्त होती है, जो कथन को एक निश्चित **स्थायित्व** प्रदान करती है:

खंड	अंतिम निष्कर्ष	चरणांत शब्द	लय विन्यास (Guru/Laghu)	छंदगत प्रभाव
परिचय	बाँटने का आदेश	बँटवारा रे	SSLS	छंद की नींव को स्थापित करता है।

मातृ-प्रेम	कोई भेद नहीं	के प्यारा रे	SS	कुंती के निष्पक्ष प्रेम को दृढ़ता देता है।
माद्री-वचन	धर्म का पालन	भारा रे	SS	वचन पालन के कष्ट को स्थायित्व देता है।
वर्तमान स्थिति	कष्ट सहना	दुख डारा रे	SS	पांडवों की वर्तमान दुर्भाग्यपूर्ण स्थिति पर बल देता है।
समापन	एकता का संदेश	लारा रे	SS	रागनी का समापन करते हुए लय को स्थिर करता है।

सभी अंतिम शब्द (प्यारा रे, भारा रे, डारा रे, लारा रे) SS (गुरु-गुरु) की स्थिर लय पर समाप्त होते हैं। यह **समान आवृत्ति** पूरी रागनी को एक **सुसंगत लयबद्धता** प्रदान करती है, जो लोकगीतों में भाव को बार-बार दोहराने में मदद करती है।

4. साहित्यिक सौंदर्य और अलंकार

- **अलंकार - अनुप्रास (Alliteration):** छंद में 'क' और 'थ' वर्णों की आवृत्ति कुंती के उपदेशात्मक स्वर को मजबूती देती है:
  - कदे ठा ठा चीज धरी ना रे, मनै थारे तै के प्यारा रे
  - तम्ह पाँचों भाई रहो प्रेम तै, हो दिन दिन कला सवाई रे
- **मुहावरे:** मुहावरों का सहज प्रयोग रागनी को लोक-संवाद के करीब लाता है:

- कदे दुभात करी ना रे (भेदभाव नहीं किया)
- बँधगी प्यार प्रण में रे (वचन से बंधना)

5. भाव-संरचना और प्रतीकात्मकता

यह रचना *माता कुंती के एक सहज वाक्य* को **नियति-निर्णायक घटना** के रूप में प्रस्तुत करती है। "जो भी भिक्षा मिली, आपस में बाँट लो" — यह वाक्य *द्रौपदी के पाँच पतियों से विवाह* का कारण बनता है।

- **मातृत्व की सहजता**: कुंती ने जीवन भर सब कुछ बाँटा — भोजन, प्रेम, संस्कार
- **वचनबद्धता**: माद्री के वचन को निभाना, पाँचों पुत्रों को समान दृष्टि से देखना
- **नियति की रचना**: यह वाक्य अनजाने में कहा गया, परंतु *महाभारत की धुरी* बन गया
- **संस्कार और सहज धर्म**: कुंती का जीवन *त्याग, समता और धर्म* का उदाहरण है

यह रचना कुंती को *नियति की वाहक* बनाती है — जो स्वयं नहीं जानती कि उसका एक वाक्य *इतिहास बदल देगा*।

6. रस, अलंकार और मनोवैज्ञानिक गहराई

- **शांत रस**: कुंती की वाणी में सहजता, समता और त्याग की गूंज
- **करुण रस**: माद्री की मृत्यु, जंगल का जीवन, लाक्षागृह की पीड़ा
- **विप्रलंभ श्रृंगार**: द्रौपदी का विवाह — जो प्रेम नहीं, *नियति का बंधन* है

अलंकार:

- *अनुप्रास*: "भिक्षा मिली दान में करो आपस में बँटवारा रे" — ध्वनि की पुनरावृत्ति
- *उपमा*: "भेष बदलकै भिक्षा माँगो" — *राजपुत्रों का साधु रूप*
- *रूपक*: "म्हारी किस्मत का फेरा रे" — *नियति का चक्र*

7. सांस्कृतिक और स्त्रीवादी पुनर्पाठ

यह रचना *हरियाणवी लोकसंस्कृति* में कुंती को *मातृत्व, धर्म और नियति की वाहक* के रूप में प्रस्तुत करती है।

- कुंती यहाँ *राजमाता नहीं*, बल्कि **संस्कारों की मूर्ति** है
- उसका वाक्य *स्त्री की सत्ता नहीं*, बल्कि *स्त्री की सहजता* से निकला है — जो *इतिहास की धुरी* बन गया
- यह रचना बताती है कि *स्त्री का वचन*, चाहे अनजाने में हो, *धर्म और समाज की दिशा तय कर सकता है*

यहाँ कुंती *नियति की मूर्तिमान शक्ति* है — जो स्वयं नहीं जानती कि वह *इतिहास रच रही है*।

8. विमर्श के नए आयाम

- यह रचना *लोकछंद, मातृत्व और नियति की रचना* का संगम है
- इसमें *स्त्री की सहजता, वचन की शक्ति*, और *धर्म की अनजानी दिशा* के तत्व हैं
- जिज्ञासु पाठक इसे *स्त्रीवादी पुनर्पाठ, नियति की भाषिक उत्पत्ति*, और *लोककाव्य में मातृत्व की भूमिका* के संदर्भ में विश्लेषित कर सकते हैं
- यह रचना *माता कुंती की सहजता, संस्कार और अनजाने में घटित नियति-निर्णायक वाक्य* को अत्यंत भावपूर्ण ढंग से प्रस्तुत करती है। इस रागनी में जिस शैली में कुंती के मातृत्व,

वचनबद्धता और सहज धर्म को रागनी में पिरोया है, वह केवल एक संवाद नहीं, बल्कि **नियति की चुपचाप रचना** है।

- यह रागनी SS (गुरु-गुरु) के **चरणांत गुरु लय** का नियमित रूप से उपयोग करती है, जो कुंती के **मातृ-प्रेम और वचनबद्धता** के भाव को एक स्थिर और मधुर आधार प्रदान करता है। छंद की यह आवर्ती संरचना इसे लोक मंच पर प्रभावी ढंग से प्रस्तुत करने के लिए उपयुक्त बनाती है।

वृत्तांत रागनी 4

वृतांत: द्रौपदी के सवाल माता कुंती से — "मैं बाँटने योग्य नहीं हूँ"

माता कुंती के आदेश के बाद कि "भिक्षा को बाँट लो", पांडवों के सामने एक असाधारण धर्म-संकट खड़ा हो गया। धर्म के प्रति समर्पित पांडवों ने तो इस वचन को स्वीकार करने का मन बना लिया, पर स्वयं द्रौपदी—जिसने स्वयंवर में अर्जुन का वरण किया था—इस असाधारण स्थिति से स्तब्ध थीं। यद्यपि वह धार्मिक आज्ञा का उल्लंघन नहीं करना चाहती थीं, लेकिन यह स्थिति उनकी व्यक्तिगत गरिमा और स्त्रीत्व पर एक असाधारण आघात थी।

द्रौपदी के मन में उठे उस भीषण आंतरिक संघर्ष को यह रागनी स्वर देती है। उन्होंने धर्मराज युधिष्ठिर और फिर महर्षि व्यास से यह प्रश्न किया कि क्या एक स्त्री को केवल एक 'भिक्षा' या 'बाँटने योग्य वस्तु' की तरह समझा जा सकता है? यह सवाल केवल एक स्त्री का नहीं, बल्कि सनातन संस्कृति में आत्म-सम्मान और निजता की चेतना का उद्घोष था।

द्रौपदी अपने भीतर उठी पीड़ा और आक्रोश को इस प्रकार व्यक्त करती हैं:

"ना मैं रोटी, ना मैं भिक्षा, ना भीख का कटोरा री... ना मैं वस्त्र, ना मैं कपड़ा, जो पाँचों में होवे समान। ना मैं वस्तु, ना मैं मुद्रा, ना कोई अनमोल खजाना री, मैं जीवित चेतना, एक स्त्री का स्वाभिमान।"

उन्होंने कहा कि मेरा स्वयंवर एक चयन था, एक प्रेम का बंधन, न कि एक वचन का दास होना। मेरी इच्छा, मेरी पसंद, क्या एक माता के शब्द के सामने गौण हो जाती है?

"पाँच गुणों की चाहत थी, पर वर तो एक ही चुना था, मेरी सहमति पर धर्म का पर्दा क्यूँ डाला जाता है? मैं पाँच पतियों की भिक्षा नहीं, पाँच दिशाओं की परीक्षा हूँ, मुझे बाँटना नहीं, मुझे समझना चाहिए था।"

द्रौपदी का यह तीखा प्रश्न किसी व्यक्ति पर आरोप नहीं था, बल्कि धर्म की जटिलता को चुनौती देना था। वह स्पष्ट कर रही थीं कि उनका अस्तित्व किसी भौतिक संपत्ति से परे है। वह पूछ रही थीं कि यदि पति स्वयं ही गुलाम बन गया (जैसा कि बाद में जुए में हुआ), तो क्या वह पत्नी (जो अब उनकी संपत्ति नहीं रही) को दाँव पर लगाने का कोई अधिकार रखता है? यह प्रश्न नारी गरिमा का प्रतीक बन गया।

इस धर्म-संकट के समाधान के लिए ही महर्षि व्यास को आमंत्रित किया गया। व्यास जी ने द्रौपदी के पूर्वजन्म का रहस्योद्घाटन कर बताया कि यह नियति पूर्व-निर्धारित थी। द्रौपदी ने अपनी व्यक्तिगत पीड़ा को धर्म के लिए दिया गया बलिदान माना, पर उनका यह आत्म-उद्घोष हमेशा जीवित रहा कि 'मैं वस्तु नहीं हूँ', और यही चेतना बाद में वस्त्रहरण और उद्योग पर्व में न्याय की मांग बनकर मुखर हुई। द्रौपदी ने मौन अस्वीकार कर दिया; उन्होंने अपनी पहचान के लिए सवाल किया और संस्कृति को चुनौती दी।

द्रोपदी : रागनी 4

वृतांत : द्रोपदी के सवाल माता कुंती से।
तर्ज : जोहड़ के किनारै बैठी

न्यूं तै बतादे मनै, सासु माई मेरी री, क्यूकर कहया पाँचो भाई,
बाँट कै नै खा ले
आई सूं अर्जुन की, ब्याहली मैं बणकै री, पाँचों पाण्डु बता मनै,
क्यूकर ब्याह ले

ना मैं रोटी, ना मैं भिक्षा, ना भीख का कटोरा री,
जो पाँचों पाण्डु बैठकै मेरा, भोग लगा ले

ना मैं चूना, ना मैं कत्था, ना पान की सुपारी री,
जो पाँचों पाण्डु पान में मनै दबा कै चबा ले

ना मैं बूँद, ना मैं पाणी, ना ठण्डे जल की झारी री,
जो पाँचों पाण्डु घूँट घूँट, प्यास नै बुझा ले

ना मैं झरना, ना मैं दरिया, ना नदिया की धारा री,
जो पाँचों पाण्डु मेरे अन्दर, डुबकै नै नहा ले

ना मैं वस्त्र, ना मैं कपड़ा, ना पहरण का शरारा री,
जो पाँचों पाण्डु धारण करकै, अंग कै लगा ले

ना मैं वस्तु, ना मैं मुद्रा, ना रास्ते की कौड़ी री,
जो पाँचों पाण्डु पड़ी चीज, रस्ते में तै ठा ले

द्रोपदी : रागनी 4 (Cont'd)

ना मैं मृदंग, ना मैं ढोलक, ना बाजणा मँजीरा री,
जो पाँचों पाण्डु मिलकै मनै, हाथ तै बजा ले

ना मैं रचना, ना गीत रागणी, ना सुर ताल की लहरी री,
जो पाँचों पाण्डु ऊँचें सुर तै, लय सुर में मनै गा ले

ना मैं गायक, ना मैं लेखक, ना आनन्द शाहपुर आळा री,
जो पालेराम गुरु चरणां में, अपणा शीश झुका ले

विश्लेषण रागनी 4

द्रौपदी के सवाल माता कुंती से

तर्ज: जोहड़ के किनारै बैठी
रागनी का शास्त्रीय एवं साहित्यिक विश्लेषण

1. छंद-संरचना और लय-गठन (Pingal Shastra के अनुसार)

तर्ज "जोहड़ के किनारै बैठी" में रचित यह रचना **विस्तारित मुक्तछंदीय लोकवृत्त** में चलती है। प्रत्येक पंक्ति में **18–20 मात्राओं** का लयात्मक प्रवाह है, परंतु यह छंद *शास्त्रीय वृत्तों से स्वतंत्र* है — यह *भाव की तीव्रता* के अनुसार लय को ढालता है।

उदाहरण:

> "ना मैं रोटी, ना मैं भिक्षा, ना भीख का कटोरा री"

- कुल मात्राएँ: 18
- लय संरचना: 6+6+6
- छंद प्रकार: *स्वतंत्र लोकवृत्त*, जिसमें *अनुप्रास और यमक* से लय की सघनता बनती है

यह छंद *प्रश्नात्मक शैली* में रचा गया है — हर पंक्ति एक *तर्कपूर्ण अस्वीकार* है, जो *स्त्री को वस्तु मानने की प्रवृत्ति* को चुनौती देता है।

यह रागनी, पिछली सभी रागणियों में **सबसे अधिक नाटकीय और सशक्त** है। यह सीधे **द्रौपदी के विरोध** और **मातृ-आदेश की अव्यावहारिकता (Impracticality)** पर केंद्रित है। द्रौपदी, कुंती के

आदेश को तर्क के आधार पर काटने के लिए उपमाओं (Similes) और रूपकों (Metaphors) का प्रयोग करती है।

चूँकि यह भी एक लोक रागनी है, इसका विश्लेषण भी उसी **तर्ज़-आधारित लोक छंद** के संदर्भ में किया गया है।

2. छंद का मूलभूत ढाँचा: प्रश्नोत्तरी (Question/Answer) स्वरूप

यह रचना हरियाणवी **'सांग'** परंपरा की एक **संवादात्मक (Dialogic) और व्यंग्यात्मक (Satirical) छंद** है, जो **'जोहड़ के किनारै बैठी'** तर्ज़ पर आधारित है।

2.1. छंद का स्वरूप

- **प्रकार:** प्रश्नोत्तरी पर आधारित अनियमित मात्रिक छंद।
- **लय (Rhythm):** इसकी लय **शांत शुरुआत** के बाद **द्रुत और आक्रामक** हो जाती है। द्रौपदी का प्रश्न शुरू में मधुर है, लेकिन जैसे-जैसे वह वस्तुओं की तुलना स्वयं से करती जाती है, लय में **आवेग** आता जाता है।
- **मात्रा भार:** पंक्तियों में मात्राएँ 16 से 19 के बीच अनियमित हैं, लेकिन **प्रत्येक खंड का मात्रा विन्यास समान** है, जो इसकी गेयता को बनाए रखता है।

2.2. विन्यास (Structure)

यह छंद एक **अद्वितीय 2+1 विन्यास** का पालन करता है, जहाँ हर खंड में एक **प्रमुख स्थायी भाव (Refrain)** होता है:

- **प्रारंभिक स्थायी (Initial Refrain):** पहले दो प्रश्न वाली पंक्तियाँ, जो पूरी रागनी का **मूल विषय** स्थापित करती हैं।

- **खण्ड पंक्तियाँ (Stanza Lines):** 2 पंक्तियाँ जहाँ द्रौपदी अपनी तुलना वस्तु से करती है।

    पहली पंक्ति (Negative Assertion): द्रौपदी बताती है कि वह क्या **नहीं** है (उदा: ना मैं रोटी, ना मैं भिक्षा)।

    दूसरी पंक्ति (Rhetorical Question): द्रौपदी व्यंग्य में पूछती है कि यदि मैं वह वस्तु नहीं हूँ, तो पांडव मुझे कैसे बाँट सकते हैं।

- **चरणांत गुरु लय:** प्रत्येक 2 पंक्तियों का खंड एक ही गुरु लय पर समाप्त होता है।

3. यति (विराम) और चरणांत गुरु लय

इस छंद की सबसे बड़ी छंदगत विशेषता **सघन यति (Dense Pauses)** और **स्थिर चरणांत** है।

3.1. मध्य यति (भीतरी ठहराव)

- प्रत्येक पंक्ति में **तीन स्पष्ट यति** हैं, जो पंक्ति को छोटे-छोटे टुकड़ों में विभाजित करती हैं। यह विभाजन छंद की **संवादात्मक प्रकृति** के लिए अत्यंत महत्वपूर्ण है, क्योंकि यह द्रौपदी के हर तर्क पर जोर डालता है।
    - ना मैं चूना (यति) ना मैं कत्था (यति) ना पान की सुपारी री
- यह तीन-गुना यति, लोक छंद में **'ताल'** को बनाए रखने और द्रौपदी के **आक्रोशपूर्ण कटाक्षों** को बारी-बारी से प्रस्तुत करने में सहायक है।

3.2. चरणांत में दीर्घ गुरु की स्थिरता

इस रागनी में SS (गुरु-गुरु) की स्थिर लय का प्रयोग नहीं होता, बल्कि एक विशिष्ट **गुरु-लघु (SL)** या S (गुरु) पर जोर दिया जाता है:

- **अंत का विन्यास:** 'खा ले', 'चबा ले', 'बुझा ले', 'नहा ले', 'लगा ले', 'ठा ले', 'बजा ले', 'गा ले', 'झुका ले'
- सभी क्रियापदों का अंत L (लघु) पर होता है, लेकिन उससे पहले S (गुरु) आता है (उदा: खाS लेL, चबाS लेL)।
- यह SL (गुरु-लघु) संयोजन एक **ठहराव** और **प्रश्नवाचक स्थिरता** प्रदान करता है। 'ले' ध्वनि का बार-बार आना एक **व्यंग्यात्मक आवृत्ति** का निर्माण करता है, जो द्रौपदी के तर्क को मजबूत करता है।

4. साहित्यिक सौंदर्य और अलंकार

- **अलंकार - उपमा और रूपक (Simile and Metaphor):** यह छंद उपमाओं की श्रृंखला का उत्कृष्ट उदाहरण है, जहाँ द्रौपदी अपने मानवाधिकारों (Dignity) को स्थापित करने के लिए स्वयं की तुलना वस्तुओं से करती है।
    - ना मैं रोटी... ना भीख का कटोरा री
    - ना मैं झरना... ना नदिया की धारा री
- **व्यंग्यात्मक तार्किकता (Satirical Logic):** छंद की मुख्य सुंदरता उसकी तार्किक व्यंग्य में है। वह एक वस्तु की परिभाषा (जो बाँटी जा सकती है) प्रस्तुत करती है, और फिर यह कहकर उस तर्क को काटती है कि वह स्त्री है, वस्तु नहीं।

5. भाव-संरचना और प्रतीकात्मकता

यह रचना *द्रौपदी के भीतर उठे प्रश्नों* को स्वर देती है — वह माता कुंती से पूछती है कि *मैं कोई वस्तु नहीं*, जिसे बाँटा जाए।

- **स्त्री का वस्त्रीकरण**: रोटी, पान, पानी, वस्त्र, मुद्रा — हर उपमा *स्त्री को उपभोग की वस्तु* मानने की प्रवृत्ति पर प्रहार है
- **नियति का प्रतिरोध**: द्रौपदी यहाँ *नियति को स्वीकार नहीं करती*, बल्कि *उसके विरुद्ध तर्क करती* है
- **मातृत्व से प्रश्न**: वह कुंती से पूछती है — "क्यूँ कहा पाँचों भाई बाँट लो?" — यह *संस्कारों की पुनर्परीक्षा* है

यह रचना द्रौपदी को *विवेकशील, तर्कशील और आत्मचेतन स्त्री* के रूप में प्रस्तुत करती है — जो *धर्म, परंपरा और वचन* को पुनर्परिभाषित करती है।

6. रस, अलंकार और मनोवैज्ञानिक गहराई

- **रौद्र रस**: द्रौपदी का प्रतिरोध, उसकी असहमति — यह *क्रोध नहीं*, बल्कि *चेतना का विस्फोट* है
- **करुण रस**: नियति की विडंबना, स्त्री की स्थिति — यह *असहायता नहीं*, बल्कि *संवेदना की तीव्रता* है
- **वीर रस**: अंत में द्रौपदी का स्वर *रणचण्डी* की तरह उठता है — "ना मैं लेखक, ना मैं आनन्द शाहपुर आळा री"

अलंकार:

- *यमक*: "ना मैं रचना, गीत रागणी, ना सुर ताल की लहरी री" — ध्वनि की पुनरावृत्ति से भाव की गहराई

- *रूपक*: "ना मैं रोटी, ना मैं भिक्षा" — *स्त्री को वस्तु मानने की प्रवृत्ति* पर व्यंग्य
- *अनुप्रास*: "जो पाँचों पाण्डु मिलकै मनै, हाथ तै बजा ले" — ध्वनि की लयात्मकता

7. स्त्रीवादी और सांस्कृतिक पुनर्पाठ

यह रचना *हरियाणवी लोकसंस्कृति* में स्त्री को *विवेकशील प्रतिरोधकर्ता* के रूप में प्रस्तुत करती है — जो *धर्म, वचन और परंपरा* को पुनर्परिभाषित करती है।

- द्रौपदी यहाँ *मूक पात्र नहीं*, बल्कि **तर्कशील नारी** है
- वह *मातृत्व से प्रश्न करती है*, परंतु *सम्मान के साथ* — यह *संवाद की संस्कृति है*
- यह रचना *स्त्री को वस्तु मानने की प्रवृत्ति* को *लोकध्वनि में चुनौती देती है* — जो विचार विमर्श के लिए अत्यंत मूल्यवान है

यहाँ द्रौपदी *नारी अस्मिता की मूर्तिमान* चेतना है — जो *संस्कारों से टकराकर भी गरिमा बनाए रखती है*।

8. विमर्श के नए आयाम

- यह रचना *स्त्रीवादी पुनर्पाठ*, *नियति के प्रतिरोध*, और *लोककाव्य में तर्कशीलता* का संगम है
- इसमें *संस्कृति, धर्म और वचन* के बीच *स्त्री की अस्मिता* को पुनर्परिभाषित किया गया है
- जिज्ञासु पाठक इसे *स्त्री का वस्त्रीकरण*, *लोककाव्य में प्रतिरोध*, और *संवादात्मक स्त्री* चेतना के संदर्भ में विश्लेषित कर सकते हैं

- यह रचना *द्रौपदी के भीतर उठे प्रतिरोध और प्रश्नों की ज्वाला* है। इस रचना में जिस शैली में माता कुंती के सहज वाक्य को चुनौती दी है, वह केवल भावनात्मक नहीं, बल्कि **दार्शनिक और सामाजिक पुनर्पाठ** है। यह रागनी *द्रौपदी की आत्मा की पुकार* है—जिसमें वह स्वयं को वस्तु बनाए जाने के विरुद्ध खड़ी होती है।
- यह रचना *द्रौपदी की आत्मचेतना और स्त्री अस्मिता की तीव्रतम अभिव्यक्ति* है। इस रागनी में जिस शैली में द्रौपदी को उसकी नियति के विरुद्ध बोलते हुए प्रस्तुत किया है, वह केवल प्रतिरोध नहीं, बल्कि **स्त्रीवादी पुनर्पाठ का क्रांतिकारी स्वर** है। यह रागनी *नारी को वस्तु समझे जाने की प्रवृत्ति* पर करारा प्रहार करती है — और वह भी हरियाणवी लोकध्वनि में, जो आमतौर पर स्त्री को मौन मानती है।
- यह रागनी SL (गुरु-लघु) के **चरणांत लय** का उपयोग करके द्रौपदी के **तार्किक विरोध** को एक सघन और लयबद्ध रूप देती है। छंद की यह संरचना **बहस (Argumentation)** और **संवाद** के भाव को प्रभावी ढंग से व्यक्त करने में अत्यंत सफल है।

वृत्तांत रागनी 5

वृतांत: महर्षि व्यास द्वारा द्रौपदी को उसके पिछले जन्म की स्मृति दिलाना

जब माता कुंती के वचन और धर्म-शास्त्र की मर्यादा के बीच पांडव और द्रौपदी एक भीषण धर्म-संकट में फँसे थे, तब युधिष्ठिर की विनती पर महर्षि वेदव्यास वहाँ प्रकट हुए। उन्होंने कहा कि यह घटना कोई साधारण दुर्घटना नहीं है, बल्कि यह अलौकिक विवाह पूर्वजन्म के एक महान वरदान का परिणाम है, जिसके बिना धर्म-संकट का निवारण संभव नहीं था। यह घटना आकस्मिकता नहीं, बल्कि नियति की परिणति है।

व्यास जी ने द्रौपदी को उसके पिछले जन्म की कथा सुनाई: "हे पुत्री, पूर्वजन्म में तुम इंदरसेना नामक एक अत्यंत धार्मिक और रूपवती ऋषि-कन्या थीं। तुम्हारा विवाह एक धर्मात्मा पति से हुआ, पर कालवश वह अल्पायु में ही मृत्यु को प्राप्त हो गया। पति वियोग से दुखी होकर, तुमने मोक्ष प्राप्ति के लिए संसार से विरक्त होकर घोर तपस्या करने का निश्चय किया।"

अपनी कठोर तपस्या के दौरान, इंदरसेना ने भगवान शिव की अनन्य भक्ति की। शिवजी, उसकी निष्ठा से प्रसन्न होकर, उसे दर्शन दिए और वरदान माँगने को कहा। इंदरसेना ने शिव से कहा कि उसे अगले जन्म में ऐसा पति चाहिए जो सर्वगुणसंपन्न हो, जिसमें सभी पाँच महान गुण समाहित हों। उसने शिव से पाँच बार एक ही इच्छा को अलग-अलग गुणों के रूप में दोहराया: वह पति धर्मज्ञ हो; वह बलवान हो; वह रूपवान हो; वह वीर और धनुर्धर हो; और वह धैर्यवान और विनम्र हो।

इंदरसेना द्वारा बार-बार पाँच अलग-अलग गुणों की माँग करने पर, भगवान शिव मुस्कुराए और बोले: "हे पुत्री, एक ही पुरुष में ये पाँचों गुण (धर्म, बल, रूप, वीरता और धैर्य) एक साथ समाहित होना इस युग में असंभव

है। चूँकि तुमने मुझसे पाँच बार इन गुणों की माँग की है, अतः तुम्हारे ये सभी वरदान पूर्ण होंगे। अगले जन्म में तुम्हें पाँच ऐसे पति प्राप्त होंगे, जिनमें ये पाँचों गुण अलग-अलग रूप में विद्यमान होंगे।"

व्यास जी ने द्रौपदी को बताया कि यही वह कारण है कि उन्हें पाँच पति प्राप्त हुए हैं: युधिष्ठिर में धर्म और धैर्य का गुण, भीम में बल और पराक्रम, अर्जुन में वीरता और धनुर्विद्या, नकुल में रूप और सौंदर्य, और सहदेव में बुद्धि और ज्ञान का गुण विद्यमान है। उन्होंने कहा कि तुम्हारा यह जीवन कर्म का फल है, न कि कोई सामाजिक दुर्घटना। माता कुंती का आदेश केवल नियति को प्रकट करने का एक माध्यम बना। यह सुनकर द्रौपदी ने अपनी आत्म-दुविधा को शांत किया और इस अलौकिक विवाह को स्वीकार कर लिया। यह कथा द्रौपदी को यह विश्वास दिलाती है कि वह 'पाँच गुणों की चाहना' की परिणति हैं, और उनका जीवन किसी पुरुष के आदेश से नहीं, बल्कि स्वयं की इच्छा के कारण नियत हुआ है।

द्रोपदी : रागनी 5

वृतांत : महर्षि व्यास द्रोपदी को उसके पिछले जन्म के बारे में बताते हैं।
तर्ज : दुकलिया

तनै पाछला जन्म याद दिवा दूँ, जब शिवजी तै माँग्या वर था
हे होणी बणी होण की खातिर, यो बहाना बण्या स्वयंबर था

पाछले जन्म में तूँ इंदरसेना, एक ऋषि महात्मा की पुत्री थी
गौर वर्ण नख शिख की सुन्दर, जैसे परी सुरग तै उतरी थी
तूँ तै सब कन्या में सुथरी थी, तेरा निर्जन वन में घर था

नवयौवन भरपूर तेरे मन, बड़े सुन्दर वर की चाहना थी
बुद्धि और धर्म का रक्षक, तेरे मन की कति थाह ना थी
तेरी एकै गुण पै निंगाह ना थी, तेरा मन भी तो अस्थिर था

बलिष्ठ पुरुष की चाहना थी जो, रक्षक बणज्या ज्यान का हे
घणा लाम्बा ठाढ़ा छैल छबीला, हो भोळा शक्ल शान का हे
जै मिलै ना वर मिजान का हे, तनै यो भी तै एक डर था

तनै शिवजी की करी तपस्या, मुँह माँग्या वरदान लिया
सब गुण एक में हो ना सकते, शिवजी नै तुझे ज्ञान दिया
शिबजी नै कर ध्यान लिया, यो पाछले जन्म का असर था

गुरु पालेराम हलालपुर आळा, जाणै हकीकत सारी
आगले जन्म तनै पाँच पति मिलैं, न्यू शिबजी नै धारी
कहै आनन्द शाहपुर तूँ सदा कंवारी, यो वर तेरा ज़बर था

विश्लेषण रागनी 5

महर्षि व्यास द्वारा द्रौपदी को पूर्वजन्म की कथा सुनाना

तर्ज: दुकलिया
रागनी का शास्त्रीय एवं साहित्यिक विश्लेषण

1. छंद-संरचना और लय-गठन (Pingal Shastra के अनुसार)

तर्ज "दुकलिया" हरियाणवी रागनी परंपरा में **गंभीर भावों और दार्शनिक विषयों** के लिए उपयुक्त मानी जाती है। इसमें **दोहराव और लय की गहराई** होती है, जो *विचारशीलता और स्मृति* को बल देती है।

उदाहरण:

> "पाछला जन्म याद दिवा दूँ जब शिवजी तै माँग्या वर था"

- कुल मात्राएँ: 18
- लय संरचना: 6+6+6
- छंद प्रकार: *त्रिपदी लोकवृत्त*, जिसमें *प्रत्येक चरण में सम मात्रा* और *दीर्घ गुरु* का प्रयोग लय को स्थिरता देता है

यह छंद *स्मृति और दर्शन* की प्रकृति को ध्यान में रखकर रचा गया है — *शिवजी की तपस्या, वरदान, और पुनर्जन्म* की कथा को लय में पिरोने के लिए।

यह रागनी, पिछली रागणियों में आए **धर्म संकट** को हल करने का प्रयास है। यह **महर्षि व्यास** (या शिवजी) के माध्यम से द्रौपदी के **पिछले जन्म**

की कथा सुनाकर, पंचपतियों (पाँच पतियों) के विवाह को **ईश्वर की इच्छा (दैवीय विधान)** के रूप में स्थापित करती है।

यह रचना पिछली रागणियों से तर्ज़ में भिन्न है (यह **'दुकलिया' तर्ज़** पर है), जो इसकी छंदगत संरचना को प्रभावित करती है। पिंगल शास्त्र के आधार पर, यहाँ इसका संपूर्ण विश्लेषण प्रस्तुत है:

2. छंद का मूलभूत ढाँचा: उपदेशात्मक कथा छंद

यह रागनी हरियाणवी **'सांग'** परंपरा की एक **कथात्मक** (Narrative) **लोक छंद** है। 'दुकलिया' तर्ज़ 'चुकलिया' से थोड़ी अधिक **लयबद्ध और धीमी** होती है, जो कथावाचन और उपदेश के लिए उपयुक्त है।

2.1. छंद का स्वरूप

- **प्रकार:** उपदेशात्मक अर्ध-सम मात्रिक छंद।
- **लय (Rhythm):** इसकी लय **शांत (Calm)** और **स्थिर (Stable)** है, क्योंकि महर्षि व्यास यहाँ एक गूढ़ और गंभीर रहस्य का उद्घाटन कर रहे हैं।
- **मात्रा भार:** इस छंद की पंक्तियों में मात्राओं की संख्या 16 से 19 के बीच है, लेकिन 'दुकलिया' तर्ज़ के कारण **मात्राओं की आंतरिक गति** अधिक समान है।

2.2. विन्यास (Structure)

इस छंद का विन्यास 4+1 के बजाय 3+2 या 4+1 के संयोजन में बदलता है, जो **'दुकलिया' तर्ज़** की विशेषता है, जहाँ पहली 2 पंक्तियाँ SLS की लय पर स्थायी रूप से दोहराई जाती हैं:

- **प्रारंभिक स्थायी (Initial Refrain):**

    - तनै पाछला जन्म याद दिवा दूँ, जब शिवजी तै माँग्या वर था
    - हे होणी बणी होण की खातिर, यो बहाना बण्या स्वयंबर था
- **खण्ड पंक्तियाँ:** 3 पंक्तियाँ कहानी को आगे बढ़ाती हैं, और अंतिम 1 या 2 पंक्तियाँ निष्कर्ष देती हैं।

3. यति (विराम) और चरणांत गुरु लय

इस रागनी की छंदगत विशेषता इसके **स्थिर गुरु** और **लय की कोमलता** में है।

3.1. मध्य यति (भीतरी ठहराव)

- प्रत्येक पंक्ति मध्य में 8 से 10 मात्राओं के बीच एक **स्पष्ट विराम (यति)** लेती है। यह यति कथा के हर भाग को स्पष्ट करती है।

> **उदाहरण:** पाछले जन्म में तूँ इंदरसेना (यति) एक ऋषि महात्मा की पुत्री थी

- मध्य यति कथावाचक (व्यास) के **शांत और विश्वासपूर्ण स्वर** को बनाए रखने में मदद करती है।

3.2. चरणांत में दीर्घ गुरु की स्थिरता

प्रत्येक खंड की अंतिम पंक्ति एक विशिष्ट **गुरु (S)** या **गुरु-लघु (SL)** संयोजन पर समाप्त होती है, जो कथा के उपदेश को एक दृढ़ निष्कर्ष देती है:

खंड	अंतिम निष्कर्ष	चरणांत शब्द	लय विन्यास (Guru/Laghu)	छंदगत प्रभाव
परिचय	घटना का कारण	स्वयंबर था	SLS	दैवीय विधान की नींव स्थापित करता है।
इंदरसेना	सुंदरता	वन में घर था	LS S	पिछले जन्म के सरल जीवन पर ठहराव देता है।
इच्छा	अस्थिर मन	अस्थिर था	SS	इंदरसेना की गलती पर बल देता है।
चाहना	वर की चाह	एक डर था	SS	उसकी गहरी इच्छा को स्थिर करता है।
वरदान	शिवजी का ज्ञान	का असर था	SS	पंचपतियों के विवाह को पूर्व जन्म से जोड़ता है।

समापन	शिवजी का आदेश	ज़बर था	SS		छंद का समापन करते हुए इस विधान को 'अनिवार्य' बताता है।

यहाँ 'था' अक्षर छंद के अंत में बार-बार आया है। **'था'** और **'वर था', 'घर था', 'डर था', 'असर था', 'ज़बर था'** सभी SS (गुरु-गुरु) की स्थिर लय पर समाप्त होते हैं (या उच्चारण में गुरु-लघु के बाद गुरु)। यह **समाप्त लय** कथा को एक **अटूट, अपरिवर्तनीय सत्य** (Unchangeable Truth) के रूप में स्थापित करती है।

4. साहित्यिक सौंदर्य और अलंकार

- **अलंकार - अनुप्रास (Alliteration):** छंद में 'व' और 'श' वर्णों की आवृत्ति है, जो संस्कृत निष्ठ शब्दों के प्रयोग से सौंदर्य बढ़ाती है:

    - बलिष्ठ पुरुष की चाहना थी जो, रक्षक बणज्या ज्यान का हे

- **विशेषणों का प्रयोग:** इंदरसेना के सौंदर्य का वर्णन करने के लिए सुंदर विशेषणों का प्रयोग: गौर वर्ण नख शिख की सुन्दर, जैसे परी सुरग तै उतरी थी।

5. भाव-संरचना और प्रतीकात्मकता

यह रचना *द्रौपदी की आत्मदुविधा* को *पूर्वजन्म की स्मृति* से हल करती है — महर्षि व्यास उसे बताते हैं कि *पाँच पतियों का विवाह कोई दुर्घटना नहीं*, बल्कि *पूर्व जन्म की इच्छा का फल* है।

- **इंदरसेना का रूप**: "गौर वर्ण नख शिख की सुन्दर जैसे परी सुरग तै उतरी थी" — यह *सौंदर्य नहीं*, बल्कि *आकांक्षा का प्रतीक* है
- **वर की कामना**: द्रौपदी ने *सभी गुणों से युक्त पति* माँगा — यह *अपूर्णता की इच्छा* थी, जो *पुनर्जन्म में विभाजित रूप में पूर्ण हुई*
- **शिवजी का ज्ञान**: "सब गुण एक में हो ना सकते" — यह *दार्शनिक सत्य* है, जो *अहंकार और कामना* को संतुलित करता है
- **पाँच पतियों की नियति**: यह *वरदान का फल* है, न कि *अधर्म* — यह रचना *नैतिकता और नियति* के बीच संतुलन बनाती है

यहाँ द्रौपदी *कर्मफल की मूर्तिमान चेतना है* — जो *पूर्व जन्म की इच्छा* से *वर्तमान की नियति* तक जुड़ी है।

6. रस, अलंकार और मनोवैज्ञानिक गहराई

- **शांत रस**: शिवजी की तपस्या, व्यास की कथा — यह *आध्यात्मिक शांति* का भाव है
- **विप्रलंभ श्रृंगार**: इंदरसेना की कामना, अस्थिरता — यह *अपूर्ण प्रेम की छाया* है
- **ज्ञान रस**: शिवजी का उपदेश — "सब गुण एक में हो ना सकते" — *यह दर्शन का बीज वाक्य है*

अलंकार:

- *उपमा*: "जैसे परी सुरग तै उतरी थी" — सौंदर्य की प्रतीकात्मकता
- *रूपक*: "यो वर तेरा ज़बर था" — *नियति को वरदान के रूप में देखना*
- *अनुप्रास*: "छैल छबीला, भोळा शक्ल शान का हे" — ध्वनि की पुनरावृत्ति से लय की सघनता

7. सांस्कृतिक और आध्यात्मिक पुनर्पाठ

यह रचना *हरियाणवी लोकसंस्कृति* में *पुनर्जन्म, वरदान और नियति* को *स्त्री की चेतना* से जोड़ती है।

- द्रौपदी यहाँ *विवश नहीं*, बल्कि **पूर्वजन्म की इच्छाशक्ति** है
- शिवजी की तपस्या और व्यास की कथा — यह *लोक में ब्रह्म की उपस्थिति* को दर्शाता है
- यह रचना *स्त्री की कामना को धर्म में रूपांतरित* करती है — जो विमर्श के लिए अत्यंत मूल्यवान है

यहाँ द्रौपदी *कामना, तपस्या और फल* की त्रयी है — जो *नियति की रचना* करती है।

8. विमर्श के नए आयाम

- यह रचना *लोकछंद, पुनर्जन्म और स्त्री चेतना* का संगम है
- इसमें *कामना की दार्शनिक व्याख्या*, *नियति का पुनर्पाठ*, और *धर्म की पुनर्स्थापना* के तत्व हैं
- जिज्ञासु पाठक इसे *स्त्रीवादी पुनर्पाठ*, *पौराणिक पुनर्रचना*, और *लोककाव्य में दर्शन* के संदर्भ में विश्लेषित कर सकते हैं
- यह रचना *द्रौपदी की आत्मदुविधा का आध्यात्मिक समाधान* है, जिसमें महर्षि व्यास उसे उसके पूर्वजन्म की कथा सुनाकर

नियति की व्याख्या करते हैं। इस रचना में जिस शैली में *पौराणिक पुनर्पाठ* को हरियाणवी लोकध्वनि में ढाला है, वह केवल भाव नहीं, बल्कि **दर्शन और छंद का संगम** है।

- यह रागनी SS (गुरु-गुरु) के **चरणांत गुरु लय** का नियमित रूप से उपयोग करती है। छंद की यह संरचना **दैवीय विधान** के कथन को **स्थिरता और प्रामाणिकता** प्रदान करती है, और द्रौपदी के विवाह की दुविधा को पूर्व जन्म के **वचन के बंधन** के रूप में समझाकर छंद को पूर्णता देती है।

वृतांत रागनी 6

पाँचों पांडवों के साथ द्रौपदी का विवाह होने के बाद, यह गृहस्थी एक अभूतपूर्व चुनौती थी, जिसे सुचारू रूप से चलाने के लिए देवर्षि नारद के परामर्श पर कठोर नियम बनाए गए। द्रौपदी ने स्पष्ट किया कि यद्यपि वह पाँचों की पत्नी हैं, पर उनकी निजता और सम्मान की मर्यादा भंग नहीं होनी चाहिए। यह विधान बना कि द्रौपदी एक समय में केवल एक ही पति के साथ एकांत में रहेंगी, और जब तक वह कक्ष में हैं, अन्य चारों पतियों का प्रवेश पूर्णतः वर्जित रहेगा। इस मर्यादा का उल्लंघन करने वाले पति के लिए दण्ड भी निर्धारित हुआ—द्वादश वर्षों का ब्रह्मचर्य व्रत के साथ वनवास।

यह नियम उस समय धर्म-संकट में बदल गया, जब एक विपन्न ब्राह्मण ने पांडवों से सहायता मांगी, क्योंकि चोर उसके यज्ञ के उपकरण चुरा ले गए थे। चोरों का पीछा करने और धर्म की रक्षा के लिए अर्जुन को अपने सर्वश्रेष्ठ शस्त्र, गाण्डीव धनुष की आवश्यकता पड़ी। समस्या यह थी कि गाण्डीव धनुष उस समय युधिष्ठिर और द्रौपदी के शयन कक्ष में रखा था, और युधिष्ठिर उस क्षण द्रौपदी के साथ एकांत में थे।

अर्जुन एक गहरे धर्म-संकट में फँस गए: यदि वह धनुष लेने अंदर नहीं जाते, तो ब्राह्मण का कार्य रुकता और धर्म का पालन नहीं होता; यदि वह अंदर जाते, तो द्रौपदी द्वारा स्थापित मर्यादा का उल्लंघन होता। अर्जुन ने ब्राह्मण धर्म को प्राथमिकता दी, मर्यादा भंग का दण्ड स्वीकारने का निश्चय किया, और गाण्डीव लेने के लिए शयन कक्ष में प्रवेश किया।

कार्य संपन्न होने के बाद, अर्जुन ने स्वयं को युधिष्ठिर के सामने प्रस्तुत किया और नियम तोड़ने की बात स्वीकार की। अर्जुन ने नियम के अनुसार स्वेच्छा से बारह वर्ष के वनवास (दिसोटा) की माँग की। धर्मराज युधिष्ठिर ने उन्हें रोकने का प्रयास किया, यह कहकर कि यह कार्य आपत्ति धर्म के

तहत हुआ है और दण्ड आवश्यक नहीं। पर अर्जुन ने दृढ़ता से कहा कि प्रतिज्ञा और मर्यादा का पालन हर हाल में होना चाहिए, विशेषकर तब जब स्वयं नियम बनाने वाले ही उसे तोड़ें।

अंततः, युधिष्ठिर ने भारी मन से अर्जुन को बारह वर्ष के वनवास (ब्रह्मचर्य व्रत सहित) का दण्ड दिया। यह घटना केवल नियम तोड़ने की नहीं थी, बल्कि यह स्थापित करती है कि न्याय धर्म किसी भी व्यक्तिगत संबंध या प्रेम से ऊपर है। द्रौपदी की शर्त ने उनके निजता के अधिकार को सर्वोपरि रखा, और अर्जुन का वनवास यह सिद्ध करता है कि धर्म का उल्लंघन करने पर दण्ड अनिवार्य है। द्रौपदी स्वयं इस कठोरता से पीड़ित थीं, जैसा कि रागनी कहती है: **"बारा साल का दिया दिसोटा, मेरै तीर काळजै लाग्या।"** यह दर्द बताता है कि न्याय की पुनर्स्थापना के लिए निजी पीड़ा भी भोगनी पड़ती है।

द्रौपदी: रागनी 6

वृतांत : पाँचों पतियों के लिए द्रौपदी की शर्त और कुत्ते द्वारा जूती उठाने पर अर्जुन का दण्ड।
तर्ज : चुकलिया

मैं तुम पाँचों का वरण करुँगी, पर मैं पति बाँट ना सकती
अपणे घर में थारी पत्नी रूप में, कोए बीर डाट ना सकती

कान खोल कै सुणल्यो सारे, मैं पति और घर ना बाँटूंगी
थारे काम काज और राज सभा में, ना मीन मेख काढूँगी
कुल की इज्जत और मर्यादा, ज्यान वार कै भी डाँटूंगी
जो धर्म सरीखी बात कहोगे तै, ना थारी बात नै काटूंगी
मैं पतिव्रता नार प्रण की, पर झूठे बर्तन चाट ना सकती

मेरा अधिकार अपणे पतियाँ पै, कदे ना बाँटया जावैगा
मेरे शयन कक्ष में एक बखत पै, एक पति ही आवैगा
वो अपणी जूती शयन कक्ष के, बाहर काढ़ कै आवैगा
या मर्यादा इसी बणी रहैगी, कोए धोखा भी ना खावैगा
खोट करणीया दण्ड पावैगा, हुक्म उलाट ना सकती

मेरा सम्मान बण्या रहज्या, थारी भी टेक बणी रहगी
पतिव्रता का धर्म पाँच में, या मर्यादा रेख बणी रहगी
जै जूती बाहर कढ़ी रहंगी तो, सबकी मेख बणी रहगी
एक दूजे की शर्म बणी रहै, या राही नेक बणी रहगी
मेरी इज्जत पै बात आई तै, इस खाई नै पाट ना सकती

द्रौपदी: रागनी 6 (Cont’d)

एक दिन जूती बाहर काढ़ कै, वो युधिष्ठर भीतर आग्या
पर जंगळी कुत्ता मुँह में दबाकै, जूतियाँ नै दूर बगाग्या
गुरु पालेराम कहै वो अर्जुन भी, भीतर आकै नै शरमाग्या
बारा साल का दिया दिसोटा, मैरै तीर काळजै लाग्या
आनन्द शाहपुर दोषी मेरा, इकी सजा नाट ना सकती

विश्लेषण रागनी 6

पतिव्रत की शर्त और दण्ड

वृतांत: पाँचों पतियों के लिए द्रौपदी की शर्त और कुत्ते द्वारा जूती उठाने पर अर्जुन का दण्ड।

तर्ज़: चुकलिया

रागनी का शास्त्रीय एवं साहित्यिक विश्लेषण

1. छंद-संरचना और लय-गठन (Pingal Shastra के अनुसार)

हरियाणवी रागनी परंपरा में 'चुकलिया' तर्ज़ **न्याय, मर्यादा और स्त्री धर्म** जैसे विषयों के लिए उपयुक्त मानी जाती है। इसकी लय में **धार्मिक दृढ़ता और सामाजिक चेतावनी** का स्वर होता है।

उदाहरण पंक्ति:
"मैं तुम पाँचों का वरण करुँगी, पर मैं पति बाँट ना सकती"

- **कुल मात्राएँ:** 18
- **लय संरचना:** 6+6+6
- **छंद प्रकार:** चतुष्पदी लोकवृत्त
- **गति:** स्थिर, गुरु प्रधान
- **भाव:** मर्यादा की घोषणा

तर्ज़ **'चुकलिया'** में रचित यह रागनी द्रौपदी के **अधिकार-बोध** और **नियम-पालन की दृढ़ता** पर केंद्रित है। छंद का प्रवाह एक **स्पष्ट आदेश** और उसकी **अपरिहार्य अनिवार्यता** को स्थापित करता है।

- **उदाहरण:** खोट करणीया दण्ड पावैगा, हुक्म उलाट ना सकती
- **कुल मात्राएँ:** 21 से 23 (विस्तारित मुक्तछंदीय लोकवृत्त)
- **लय संरचना:** 6+8+7 (या 8+7+8) — यह विस्तारित लय विषय की गंभीरता और **कानून** की तरह लिखे गए वाक्यों को ढोने में सक्षम है।
- **छंद प्रकार:** आदेशात्मक (Imperative) लोकवृत्त, जिसमें अनुप्रास और तार्किकता से लय की सघनता बनती है।

यह छंद **समझौते (Contract)** की शैली में रचा गया है, जहाँ द्रौपदी पहले अपनी शर्तें स्पष्ट करती है और फिर नियम तोड़ने पर लगने वाले दण्ड की घोषणा करती है। यह रागनी, द्रौपदी के चरित्र को **भावनात्मक पत्नी** से ऊपर उठाकर **समझौतावादी (Contractual) शासक** के रूप में प्रस्तुत करती है।

2. छंद का मूलभूत ढाँचा: विधि-निर्माण (Legislation) स्वरूप

यह रचना हरियाणवी 'सांग' परंपरा की एक **घोषणात्मक और उपदेशात्मक** छंद है, जो 'चुकलिया' तर्ज़ के दृढ़ स्वर पर आधारित है।

2.1. छंद का स्वरूप

- **प्रकार:** विधि-निर्माण और कारण-परिणाम (Cause-Effect) पर आधारित मात्रिक छंद। उपदेशात्मक, मर्यादा-प्रधान लोकछंद
- **लय (Rhythm):** इसकी लय शांत और **संवैधानिक** शुरुआत के बाद **अनिच्छापूर्ण स्वीकार** (दण्ड की घोषणा) के कारण थोड़ी भारी हो जाती है। द्रौपदी का स्वर यहाँ तर्कशील और **अधिकारपूर्ण** है। स्पष्ट, स्थिर, अनुशासित

- **मात्रा भार:** पंक्तियों में मात्राएँ 17 से 23 के बीच अनियमित हैं, लेकिन **गुरु-लय** का सघन प्रयोग द्रौपदी की बात को **अटूट सत्य** के रूप में स्थापित करता है।
- **विन्यास:** 4+1 पंक्तियाँ प्रति खंड, अंतिम पंक्ति में निष्कर्ष

2.2. विन्यास (Structure)

यह छंद एक **4+1 विन्यास** का पालन करता है, जहाँ प्रत्येक खंड नियम स्थापित करता है और एक अटल घोषणा पर समाप्त होता है:

- **खण्ड पंक्तियाँ (Stanza Lines):** 4 पंक्तियाँ जहाँ नियम की अनिवार्यता और गरिमा बताई जाती है।
    - पहली पंक्ति (Assertion of Dignity): द्रौपदी बताती है कि वह क्या **नहीं** करेंगी (बाहर दखल)।
    - दूसरी पंक्ति (The Rule): एकांत की व्यवस्था (जूती)।
    - तीसरी पंक्ति (The Intent): नियम का उद्देश्य (धोखा न खाना)।
    - चौथी पंक्ति (The Consequence): दण्ड की अनिवार्यता।
- **चरणांत गुरु लय (Final Line):** पाँचवीं पंक्ति **अंतिम अनिवार्यता** (cannot change the rule) को स्थापित करती है।

3. यति (विराम) और चरणांत गुरु लय

इस छंद की छंदगत विशेषता **कठोर मध्य यति** और **अटल चरणांत** है, जो नियम की गंभीरता को बनाए रखती है।

3.1. मध्य यति (भीतरी ठहराव)

कुछ पंक्तियों के मध्य में 10 से 12 मात्राओं के बीच एक **स्पष्ट और आधिकारिक विराम** लेती है। यह विराम नियम के हर उपबंध पर जोर डालता है।

- **उदाहरण:** मैं तुम पाँचों का वरण करुँगी (यति) पर मैं पति बाँट ना सकती यह ठहराव **समझौते की शर्तों** को स्पष्टता से बताने में सहायक है।

जबकि कुछ पंक्तियों में 8–10 मात्राओं पर यति, जिससे **शब्दों की स्पष्टता और भाव की गंभीरता** बनी रहती है।
उदाहरण:
"मेरे शयन कक्ष में एक बखत पै, एक पति ही आवैगा"
→ यति के बाद मर्यादा का विधान स्पष्ट होता है।

3.2. चरणांत में दीर्घ गुरु की स्थिरता

इस रागनी में SS (गुरु-गुरु) की स्थिर लय का उपयोग होता है, जो कथन को एक **कानूनी और अपरिवर्तनीय** निष्कर्ष देता है:

अंतिम क्रिया/निष्कर्ष	चरणांत शब्द	लय विन्यास (Guru/ Laghu)	छंदगत प्रभाव
पर झूठे बर्तन **चाट ना सकती**	ट ना सकती	SSS	**S S** की आवृत्ति आत्म-सम्मान के

			अंतिम निश्चय को दृढ़ता देती है।
हुक्म **उलाट ना सकती**	ट ना सकती	SSS	दण्ड की **अपरिहार्यता** और नियम की पवित्रता को स्थापित करती है।
इस खाई नै **पाट ना सकती**	ट ना सकती	SSS	**इज़्ज़त (मर्यादा)** को बचाने की अंतिम अनिवार्यता।
इकी सजा **नाट ना सकती**	ट ना सकती	SSS	नियम भंग पर **दण्ड की निश्चितता** के साथ रागनी का समापन।

यह SSS की आवृत्ति (तीन गुरु) **निर्णय की अति-दृढ़ता** को दर्शाती है। अधिकांश पंक्तियाँ **SS या SLS** पर समाप्त होती हैं — जो *नियम की स्थिरता और दण्ड की अपरिहार्यता* को दर्शाती हैं।
उदाहरण:

- *"हुक्म उलाट ना सकती"* → SS
- *"इकी सजा नाट ना सकती"* → SS

4. साहित्यिक सौंदर्य और अलंकार

- **अलंकार - रूपक (Metaphor) और उपमा:**

    - झूठे बर्तन चाट ना सकती (आत्म-सम्मान को दासता या अपमान से जोड़ना)।
    - या राही नेक बणी रहगी (मर्यादा को नेक मार्ग बताना)।
- **संदेह का विरोध:** द्रौपदी नियम बनाकर **संदेह और अनिश्चितता** की हर गुंजाइश को समाप्त करती है।
- **विडंबना (Irony):** नियम का सबसे कठोर पालन करने वाला (अर्जुन) ही अंत में **अनजाने में** दोषी बनता है।
- **अनुप्रास:** "पतिव्रता नार प्रण की, पर झूठे बर्तन चाट ना सकती" — *'प', 'च'* ध्वनि की पुनरावृत्ति
- **रूपक:** *जूती बाहर रखना* → मर्यादा की रेखा
- **उपमा:** *"एक दूजे की शर्म बणी रहै"* → पारस्परिक सम्मान की उपमा
- **अनुभाव चित्रण:** *"ग्यारा साल का दिया दिसोटा, मैरै तीर काळजै लाग्या"* → पीड़ा का सजीव चित्रण

5. भाव-संरचना और प्रतीकात्मकता

- **अधिकार और आत्म-सम्मान:** यह रचना द्रौपदी को **सहमतिकर्ता** (Consenter) के रूप में प्रस्तुत करती है, जो विवाह को अपनी शर्तों पर स्वीकार करती है, न कि केवल मजबूरी में।
- **मर्यादा का सूचक (Symbol of Propriety):** जूती यहाँ मात्र वस्तु नहीं, बल्कि **सीमा, अधिकार और गोपनीयता** का प्रतीक है।
- **दोष और दण्ड:** घटना दर्शाती है कि नियम और मर्यादा, यहाँ तक कि **अज्ञानता** (Ignorance) में टूटने पर भी, अपना परिणाम देते हैं।

- **जूती का विधान:** *मर्यादा की प्रतीकात्मक रेखा*
- **पतिव्रता धर्म:** *स्त्री की आत्मनिर्णय शक्ति और नैतिक अनुशासन*
- **दण्ड विधान:** *धर्मराज की सभा में न्याय की पुनर्स्थापना*
- **कुत्ता:** *अवधान का विघ्न, अनजाने में मर्यादा भंग*
- **अर्जुन का वनवास:** *मर्यादा उल्लंघन पर दण्ड का स्वीकार*

6. रस, अलंकार और मनोवैज्ञानिक गहराई

- **रस:** आरंभ में **शांत रस** (नियम स्थापना) और अंत में **वीर/रौद्र रस** (दण्ड की घोषणा) का मिश्रण।
- **वीर रस:** द्रौपदी की स्पष्ट घोषणा और मर्यादा की रक्षा
- **शांत रस:** दण्ड स्वीकारने की प्रक्रिया
- **करुण रस:** अर्जुन की गलती और द्रौपदी की पीड़ा
- **मनोवैज्ञानिक द्वंद्व:** *"मैं पतिव्रता नार प्रण की, पर झूठे बर्तन चाट ना सकती"* — सेवा और सम्मान के बीच का संतुलन
- **मनोवैज्ञानिक गहराई:** यह रागनी **आत्म-सम्मान** की चरम भावना को दर्शाती है, जहाँ द्रौपदी का मन किसी भी प्रकार के **अपमान या संदेह** को स्वीकार करने को तैयार नहीं है।

7. स्त्रीवादी और सांस्कृतिक पुनर्पाठ

यह रचना हरियाणवी लोकसंस्कृति में स्त्री को **अपनी विवाह शर्तों को निर्धारित करने वाली** और **अपने शरीर के अधिकार** के प्रति सजग रूप में प्रस्तुत करती है। द्रौपदी यहाँ मूक आज्ञाकारिणी नहीं, बल्कि **समझौते को नियंत्रित** करने वाली शक्ति है।

- यह रचना हरियाणवी लोकसंस्कृति में **स्त्री मर्यादा, पतिव्रता धर्म और पारिवारिक अनुशासन** को स्थापित करती है।
- द्रौपदी यहाँ केवल पत्नी नहीं, **धर्म की संरक्षिका** है।

- अर्जुन का दण्ड केवल व्यक्तिगत नहीं, **सामूहिक मर्यादा की पुनर्स्थापना** है।

8. विमर्श के नए आयाम

यह रचना **स्त्री अस्मिता, समझौते पर आधारित वैवाहिक संबंध, और नियम भंग की अपरिहार्यता** के संदर्भ में नए विचार विमर्श एवं नई खोज के लिए अत्यंत मूल्यवान है। यह द्रौपदी की **विवेकशीलता** और उस नियम की विडंबना को दर्शाती है, जो उसे सबसे अधिक प्रिय पति से दूर ले गया।

- **स्त्री की आत्मनिर्णय शक्ति**
- **लोक मर्यादा और व्यक्तिगत धर्म का द्वंद्व**
- **गुरु की भूमिका न्याय में**
- **द्रौपदी का पुनर्पाठ — एक लोकनायिका के रूप में**
- यह रचना **स्त्री धर्म, मर्यादा विधान और लोक न्याय** का उत्कृष्ट उदाहरण है।
- इसमें **छंद की स्थिरता**, **भाव की स्पष्टता**, और **प्रतीकों की गहराई** विमर्श के लिए अत्यंत उपयोगी है।
- जिज्ञासु पाठक इसे **नारी धर्म विमर्श**, **लोक मर्यादा की पुनर्रचना**, और **पिंगल शास्त्र के छंद विन्यास** के संदर्भ में विश्लेषित कर सकते हैं।
- इस रागनी में द्रौपदी के **तीखे अहंकार** को दर्शाया गया है, जिसने भविष्य के भयंकर युद्ध का कारण बना। यह उनकी कहानी का वह महत्वपूर्ण बिंदु है, जो उनके **नियंत्रण से बाहर** होने वाले पहलू को दर्शाता है।
- यह घटना द्रौपदी के चरित्र के **अधिकार, आत्म-सम्मान और नियमों के प्रति उनकी कठोरता** को दर्शाती है, जो उनकी कहानी में एक अत्यंत महत्वपूर्ण और अनछुआ पहलू है।

- यह रागनी द्रौपदी की **सूझबूझ** और **आत्म-सम्मान की भावना** को स्थापित करती है, जहाँ वह अपनी गरिमा सुनिश्चित करने के लिए एक कठोर नियम बनाती हैं, और फिर उस नियम के अनचाहे परिणाम को देखती हैं।

वृत्तांत रागनी 7

वृतांत: युधिष्ठिर के साथ शयनकक्ष में गोपनीयता के क्षण में, एक **आवारा कुत्ते** द्वारा जूती उठाकर भाग जाना और **अर्जुन का अनायास प्रवेश**।

पांडवों के साथ द्रौपदी का अलौकिक विवाह एक कठोर, लेकिन न्यायपूर्ण नियम पर आधारित था: एकांत और मर्यादा। यह सुनिश्चित करने के लिए कि उनके पाँच पतियों के बीच सह-अस्तित्व बना रहे, यह नियम बना था कि द्रौपदी एक समय में केवल एक ही पति के साथ एकांत में रहेंगी, और इसकी पहचान के लिए उस पति की जूती शयन कक्ष के द्वार के बाहर रखी जाएगी। यह जूती ही एकांत के अधिकार की गुप्त प्रहरी थी। इस नियम को तोड़ने वाले किसी भी पति को बारह वर्ष का कठोर वनवास और ब्रह्मचर्य का दण्ड भोगना था। एक रात, जब धर्मराज युधिष्ठिर के साथ द्रौपदी एकांत कक्ष में थीं, और उनकी जूती बाहर मर्यादा का चिह्न बनकर रखी थी, तभी नियति का एक अप्रत्याशित प्रहार हुआ। एक जंगली श्वान (कुत्ता) भटकता हुआ आया, उसने द्वार के बाहर रखी जूती को उठाया और मुँह में दबाकर दूर झाड़ी में भाग गया। इस आकस्मिक घटना से मर्यादा का एकमात्र दृश्य चिह्न वहाँ से हट गया। ठीक उसी क्षण, अर्जुन किसी अत्यंत आवश्यक कार्य—कुछ कथाओं के अनुसार अपना गाण्डीव धनुष लेने—के लिए उधर आए। जूती को बाहर न देखकर, अर्जुन को लगा कि कक्ष खाली है और उन्होंने अनजाने में अंदर प्रवेश कर लिया।

अर्जुन के अनायास शयन कक्ष में प्रवेश करते ही, द्रौपदी की आँखें शर्म (लाज) से झुक गईं। उनका निजी, मर्यादापूर्ण संसार, जो नियम की मजबूत नींव पर टिका था, एक पल में ध्वस्त हो गया। यह केवल एक व्यक्ति का आना नहीं था, बल्कि उनकी मर्यादा का सार्वजनिक रूप से भंग होना था। अर्जुन भी अपने अनजाने 'कुकृत्य' पर लज्जित होकर सिर झुका चुके थे, लेकिन द्रौपदी का तीव्र क्रोध उस अधर्मी आकस्मिकता पर था, जिसने इस पवित्र नियम को तोड़ने का बहाना बनाया। उनकी दृष्टि में, जो जीव उनके

सम्मान को भंग करने का कारण बना, वह अक्षम्य था। क्रोध और ग्लानि की पराकाष्ठा में द्रौपदी ने उसी क्षण उस श्वान जाति को श्राप दे दिया। उन्होंने कहा कि आज से पूरी श्वान जाति परदे और लाज से वंचित रहेगी। उनकी मिलनी (मैथुन) सदैव बेअदब और बिना किसी छिपाव के होगी, ताकि उन्हें हमेशा यह याद रहे कि उनकी जाति ने किस प्रकार एक पतिव्रता नारी की मर्यादा भंग की थी। **"बिना लाज और बिन परदे के, इन्हकी मिलणी बेअदब होगी।"**

द्रौपदी की पीड़ा और मर्यादा की गरिमा को समझते हुए, अर्जुन ने किसी भी प्रकार का तर्क या बचाव नहीं किया। उन्होंने तत्काल स्वयं पर बारह वर्ष के वनवास (दिसोटा) और ब्रह्मचर्य व्रत का कठोर दण्ड स्वीकार कर लिया, यह सिद्ध करते हुए कि द्रौपदी का निजी नियम ही उस घर का सर्वोच्च कानून था। अर्जुन का प्रस्थान न्याय की स्थापना थी, किंतु इस आत्म-दण्ड के कारण द्रौपदी को अपार विरह और आत्म-ग्लानि हुई। उन्हें अहसास हुआ कि क्रोध में श्राप देकर उन्होंने स्वयं को भी विरह का दण्ड दिया है। **"मनै छोह में भरकै श्राप दे दिया, इब खुद गलती टोह रही थी।"** यह वृत्तांत मर्यादा, नियम और आकस्मिकता के द्वंद्व की एक मार्मिक गाथा है।

द्रौपदी: रागनी 7

वृतांत : युधिष्ठिर के साथ शयनकक्ष में होने पर, कुत्ते द्वारा जूती चुराने और अर्जुन के प्रवेश करने पर द्रौपदी का क्रोध और कुत्ते को श्राप देना।
तर्ज : चुकलिया

रात अंधेरी पहर तीसरा, वा तै बात गजब की होरी थी
पति के संग में गळबहिया हो, मन में लाज की डोरी थी

शयनकक्ष का नियम था पक्का, ना कोई दूजा झाँकैगा
बाहर जुत्ती कढ़ी रहैंगी तो, ना भीतर कोए भी ताँकैगा
किस नै बेरा था एक जंगळी कुत्ता, जूती लेकै भाजैगा
अर्जुन भी पहचाण सक्या ना, के ऐसा साका जागैगा
बिना सूचना भीतर बडग्या, उकी आँख शर्म तै रो रही थी

एकदम नज़र पड़ी अर्जुन पै, परदा आज म्हारा खुलग्या
स्याहमी अर्जुन खड़्या लजावै, तीनों का हिरदा डुलग्या
जुत्ती का नियम टूट गया, म्हारा शर्म का परदा धुलग्या
अर्जुन के इस कुकृत्य पै, मेरा जड़ तै काळजा छुलग्या
डूबूँ तै मनै पाणी कोन्या, मैं अर्जुन नै न्यू छोह रही थी

मनै पता ना या साजिश थी या, होणी अजब गजब होगी
बीर मर्द सदा आब में मिलते, म्हारी किस्मत बेढब होगी
आज तै पाछै इस श्वान जात की, मिलणी बिना सबब होगी
बिना लाज और बिन परदे के, इन्हकी मिलणी बेअदब होगी
मनै छोह में भरकै श्राप दे दिया, इब खुद गलती टोह रही थी

द्रौपदी: रागनी 7 (Cont'd)

अपणे दोष की ना माफी माँगी, अर्जुन नै दण्ड स्वीकारा था
बारह बरस का दिया दिसोटा, यो दण्ड भी जग म्ह न्यारा था
कुत्ते की गलती के कारण, मेरे अर्जुन का दण्ड घणा भारा था
मनै छोह में आकै अपणे पति तै, करया अपणे आप किनारा था
गुरु पालेराम कहै आनन्द शाहपुर, वा अपणे दुख नै ढो रही थी

विश्लेषण रागनी 7

कुत्ते को श्राप

वृतांत: युधिष्ठिर के साथ शयनकक्ष में होने पर, कुत्ते द्वारा जूती चुराने और अर्जुन के प्रवेश करने पर द्रौपदी का क्रोध और कुत्ते को श्राप देना।

तर्ज़: चुकलिय़ा

रागनी का शास्त्रीय एवं साहित्यिक विश्लेषण

1. छंद-संरचना और लय-गठन (Pingal Shastra के अनुसार)

'चुकलिया' तर्ज़ इस रचना में **गंभीर भाव, लज्जा, क्रोध और आत्मग्लानि** को प्रकट करने के लिए अत्यंत उपयुक्त है। इसकी लय में **न्याय की पुकार और भावनात्मक उथल-पुथल** का स्वर है।

उदाहरण पंक्ति:
"रात अंधेरी पहर तीसरा, वा तै बात गजब की होरी थी"

- **कुल मात्राएँ:** 18
- **लय संरचना:** 6+6+6
- **छंद प्रकार:** चतुष्पदी लोकवृत्त
- **गति:** मध्यम, गुरु-लघु मिश्रित
- **भाव:** स्त्री की मर्यादा भंग पर प्रतिक्रिया

तर्ज़ **'चुकलिया'** में रचित यह रागनी एक **व्यक्तिगत लज्जा** की अनुभूति से शुरू होकर **तीव्र प्रतिशोधी** कार्यवाही पर समाप्त होती है। छंद का प्रवाह एक शांत, गोपनीय दृश्य से शुरू होकर अचानक **आक्रोश की चरम सीमा** तक पहुँचता है।

- **उदाहरण:** मनै छोह में भरकै श्राप दे दिया, इब खुद गलती टोह रही थी
- **कुल मात्राएँ:** 20 से 22 (विस्तारित मुक्तछंदीय लोकवृत्त)
- **लय संरचना:** 6+7+7 (लय में गोपनीयता से विस्फोट की ओर परिवर्तन)
- **छंद प्रकार:** करुण और रौद्र रस प्रधान लोकवृत्त, जो एक **निजी अपमान** को दर्शाने के लिए भावनात्मक तीव्रता का प्रयोग करता है।

2. छंद का मूलभूत ढाँचा: त्रासदीपूर्ण विडंबना (Tragic Irony) स्वरूप एवं भावप्रधान न्याय छंद

यह रचना हरियाणवी 'सांग' परंपरा की एक **व्याख्यात्मक और पश्चात्तापी** छंद है, जो 'चुकलिया' तर्ज़ के गहन स्वर पर आधारित है। यह छंद **विचित्र नियति (Irony of Fate)** की शैली में रचा गया है, जहाँ एक तुच्छ घटना (जूती का चोरी होना) एक महानायक (अर्जुन) को 12 वर्ष का वनवास दिला देती है।

2.1. छंद का स्वरूप

- **प्रकार:** कारण-परिणाम (Cause-Effect) और दोषारोपण पर आधारित मात्रिक छंद। कथात्मक, भावप्रधान लोकछंद।
- **लय (Rhythm):** लय आरंभ में **शांत (गोपनीयता)** है, लेकिन **अर्जुन के प्रवेश** होते ही अचानक **आक्रामक** हो जाती है। श्राप देने के बाद लय पुनः **पश्चात्ताप** और भारीपन दर्शाती है। स्थिर, परंतु भावों के अनुसार लहराती
- **मात्रा भार:** पंक्तियों में मात्राएँ 19 से 22 के बीच हैं, जो घटना के **नाटकीय उतार-चढ़ाव** को प्रभावी ढंग से व्यक्त करती हैं।
- **प्रकार:**

- **विन्यास:** 4+1 पंक्तियाँ प्रति खंड, अंतिम पंक्ति में निष्कर्ष

2.2. विन्यास (Structure)

यह छंद 4+1 विन्यास का पालन करता है, जहाँ प्रत्येक खंड घटना के एक चरण को दिखाता है:

- **खंड 1 (गोपनीयता):** शयनकक्ष के नियम और एकांत का वर्णन।
- **खंड 2 (विस्फोट):** कुकृत्य (कुत्ते द्वारा जूती हटाना) और अर्जुन के प्रवेश से लज्जा का पर्दा खुलना।
- **खंड 3 (आक्रोश):** श्राप देना और 'बिना लाज' की स्थिति उत्पन्न करना।
- **खंड 4 (पश्चात्ताप):** दण्ड की कठोरता और अपने किए पर दुःख व्यक्त करना।

2.3 प्रारंभिक स्थायी (Refrain):

"रात अंधेरी पहर तीसरा, वा तै बात गजब की होरी थी।"
→ यह पंक्ति रचना की **घटना-प्रवृत्ति और भावभूमि** को स्थापित करती है।

3. यति (विराम) और चरणांत गुरु लय

इस छंद की छंदगत विशेषता **विभाजित यति** (Divided Pause) और **करुणापूर्ण चरणांत** है।

3.1. मध्य यति (भीतरी ठहराव)

कुछ पंक्ति मध्य में 10 से 12 मात्राओं के बीच एक **भावनात्मक विराम** लेती है। यह विराम द्रौपदी के तीव्र मनोभावों (पहले लज्जा, फिर क्रोध, फिर दुःख) को प्रभावी ढंग से प्रस्तुत करने में सहायक है।

उदाहरण: आज तै पाछै इस श्वान जात की (यति) मिलणी बिना सबब होगी यह ठहराव **परिणाम की गंभीरता** पर जोर देता है।

जबकि कुछ पंक्ति में 8–10 मात्राओं पर यति, जिससे **घटना का दृश्यात्मक चित्रण और भाव की स्पष्टता** बनी रहती है।

उदाहरण:

"अर्जुन के इस कुकृत्य पै, मेरा जड़ तै काळजा छुलग्या"

यति के बाद भावनात्मक विस्फोट।

3.2. चरणांत में दीर्घ गुरु की स्थिरता

इस रागनी में SS (गुरु-गुरु) की स्थिर लय का उपयोग होता है, जो कथन को एक **भारी और अटल** निष्कर्ष देता है:

अंतिम क्रिया/निष्कर्ष	चरणांत शब्द	लय विन्यास (Guru/Laghu)	छंदगत प्रभाव
उकी आँख शर्म तै **रो रही थी**	रो रही थी	SSS	**लज्जा** के कारण उत्पन्न करुणा की तीव्रता।

मैं न्यू अर्जुन नै **छोह रही थी**	छोह रही थी	SSS	**अत्यधिक क्रोध (छोह)** और असहायता का भाव।
इब खुद गलती **टोह रही थी**	टोह रही थी	SSS	श्राप देने के बाद **पश्चात्ताप** और गलती की स्वीकारोक्ति।
वा अपणे दुख नै **ढो रही थी**	ढो रही थी	SSS	**असहनीय दण्ड** और नियति के बोझ को उठाना।

अधिकांश पंक्तियाँ **SS या SLS** पर समाप्त होती हैं — जो *क्रोध, निर्णय और आत्मग्लानि* को स्थिरता देती हैं। उदाहरण:

- *"इब खुद गलती टोह रही थी"* ⟶ SS
- *"वा अपणे दुख नै ढो रही थी"* ⟶ SS

यह SSS (तीन गुरु) की आवृत्ति रागनी को एक **दुःखद और गंभीर** अंत प्रदान करती है।

4. साहित्यिक सौंदर्य और अलंकार

- **अलंकार - अतिशयोक्ति (Hyperbole) और रूपक:**
    - डूबूँ तै मनै पाणी कोन्या (लज्जा की अति-तीव्रता)।
    - मनै छोह में भरकै श्राप दे दिया (क्रोध का विनाशकारी रूप)।

- **चरित्र का विरोधाभास:** यह छंद द्रौपदी के चरित्र के **अतिवादी पक्ष** को दर्शाता है—जहाँ वह छोटी-सी लज्जा के लिए भी इतना बड़ा श्राप दे सकती हैं।
- **विडंबना:** जिस मर्यादा (नियम) को बचाने के लिए द्रौपदी इतनी कठोर थीं, वह नियम ही एक निर्दोष को सबसे बड़ा दण्ड देता है।
- **अनुप्रास:** "बिना लाज और बिन परदे के, इन्हकी मिलणी बेअदब होगी" — *'ब', 'प'* ध्वनि की पुनरावृत्ति
- **रूपक:** *जूती का उठना* → मर्यादा का भंग
- **उपमा:** *"डूबूँ तै मनै पाणी कोन्या"* → शर्म की गहराई
- **अनुभाव चित्रण:** *"उकी आँख शर्म तै रो रही थी"* → दृश्यात्मक भाव

5. भाव-संरचना और प्रतीकात्मकता

- **गोपनीयता का भंग:** जूती का हटना यहाँ केवल नियम भंग नहीं, बल्कि **स्त्री की निजता (Privacy) और सम्मान** के भंग होने का प्रतीक है।
- **श्वान का प्रतीकवाद:** कुत्ता यहाँ **तुच्छ, अप्रत्याशित नियति** का प्रतीक है, जिसके कारण बड़ी-बड़ी योजनाएँ विफल हो जाती हैं।
- **पश्चात्ताप:** रागनी का अंतिम खंड दर्शाता है कि द्रौपदी अपने कृत्य पर **गहरी पीड़ा** महसूस करती है, भले ही उन्होंने सीधे माफी नहीं माँगी।
- **कुत्ता:** *अनजाने में मर्यादा भंग करने वाला तत्व*
- **श्राप:** *स्त्री की आत्मरक्षा और सामाजिक चेतावनी*
- **अर्जुन का प्रवेश:** *मर्यादा का अनजाना उल्लंघन*
- **दण्ड:** *न्याय की पुनर्स्थापना*

- **छोह और आत्मग्लानि:** *स्त्री के भीतर का द्वंद्व*

6. रस, अलंकार और मनोवैज्ञानिक गहराई

- **रस:** मुख्य रूप से **करुण रस** (लज्जा, दुःख, पश्चात्ताप) और **रौद्र रस** (श्राप देने के समय)।
- **वीर रस:** द्रौपदी का श्राप और निर्णय
- **करुण रस:** अर्जुन की स्थिति और द्रौपदी की आत्मग्लानि
- **शांत रस:** दण्ड स्वीकारने की प्रक्रिया
- **मनोवैज्ञानिक द्वंद्व:** *'मनै छोह में भरकै श्राप दे दिया, इब खुद गलती टोह रही थी''* — भावों का टकराव
- **मनोवैज्ञानिक गहराई:** यह रागनी उस क्षणिक **Emotional Outburst** को दर्शाती है, जब कोई व्यक्ति अपमान महसूस करता है और बिना सोचे-समझे प्रतिक्रिया देता है, जिसका परिणाम उसे लंबे समय तक भुगतना पड़ता है।

7. स्त्रीवादी और सांस्कृतिक पुनर्पाठ

- यह रचना हरियाणवी लोकसंस्कृति में **स्त्री मर्यादा, श्राप की परंपरा और न्याय की चेतना** को उजागर करती है।
- द्रौपदी यहाँ केवल पत्नी नहीं, **धर्म की प्रहरी** है।
- अर्जुन का दण्ड केवल व्यक्तिगत नहीं, **सामूहिक मर्यादा की पुनर्स्थापना** है।
- कुत्ते को श्राप देना लोक परंपरा में **अनुशासन और चेतावनी** का प्रतीक है।
- यह रचना हरियाणवी लोकसंस्कृति में स्त्री को **अपनी लज्जा और अपमान** के प्रति अत्यंत संवेदनशील रूप में प्रस्तुत करती है। द्रौपदी यहाँ अपनी **मर्यादा पर समझौता न करने** वाली स्त्री

है, भले ही उस मर्यादा की कीमत सबसे प्रिय पति का वनवास हो।

8. विमर्श के नए आयाम

- यह रागनी **क्षणभंगुर क्रोध के दीर्घकालिक परिणाम, निजी मर्यादा की संवेदनशीलता, और लोक कथाओं में श्राप की शक्ति** के संदर्भ में विमर्श के लिए मूल्यवान है। यह द्रौपदी की **अदम्य आत्म-चेतना** और उस त्रासदी को दर्शाती है जो एक साधारण-सी गलती से उत्पन्न हुई।
- यह रचना *द्रौपदी के अंतःकरण की ज्वाला* है — जिसमें **मर्यादा भंग**, **अनजाने अपराध**, और **श्राप की गरिमा** एक साथ गूंजती है। इस रचना में जिस भाव से *कुत्ते को श्राप* और *अर्जुन को दण्ड* को लोकध्वनि में पिरोया है, वह न केवल साहित्यिक है, बल्कि *धार्मिक और नैतिक विमर्श* का भी हिस्सा बनता है।
- **श्राप की सांस्कृतिक परंपरा और उसका नैतिक पक्ष**
- **स्त्री की मर्यादा और उसका उल्लंघन**
- **अर्जुन का मौन स्वीकार और गुरु की भूमिका**
- **द्रौपदी का आत्मसंघर्ष — न्याय और प्रेम के बीच**
- यह रचना **स्त्री धर्म, मर्यादा विधान और लोक न्याय** का उत्कृष्ट उदाहरण है।
- इसमें **छंद की स्थिरता**, **भाव की तीव्रता**, और **प्रतीकों की गहराई** विचार विमर्श के लिए अत्यंत उपयोगी है।
- जिज्ञासु पाठक इसे **नारी धर्म विमर्श**, **लोक मर्यादा की पुनर्रचना**, और **पिंगल शास्त्र के छंद विन्यास** के संदर्भ में विश्लेषित कर सकते हैं।
- द्रौपदी के चरित्र के इस पहलू (**कुत्ते को श्राप देना**) को छूना इसलिए भी महत्वपूर्ण है क्योंकि यह उनके **असहनीय आत्म-सम्मान** और **तत्काल, अतिरंजित क्रोध (Hyper-**

Aggression) को दर्शाता है, जिसके कारण अर्जुन को वनवास जाना पड़ा। यह उनकी कहानी का एक अदृश्य, लेकिन शक्तिशाली, भावनात्मक मोड़ है।

- यह रागनी द्रौपदी की **चरित्रगत तीव्रता** को दर्शाती है—वह इतनी आत्म-सम्मान से भरी थीं कि क्षणिक लज्जा के लिए भी वह एक निर्दोष प्राणी को ऐसा कठोर श्राप दे सकती थीं, जिसका परिणाम (अर्जुन का वनवास) उन्हें बाद में भुगतना पड़ा।

वृत्तांत रागनी 8

वृतांत: इंद्रप्रस्थ की माया सभा में दुर्योधन का भ्रम में गिरना और **द्रौपदी का तीखा कटाक्ष**।

पांडवों द्वारा इंद्रप्रस्थ में आयोजित राजसूय यज्ञ की अपार सफलता के बाद, दुर्योधन का अहंकार और ईर्ष्या चरम पर थी। उनकी आँखें माया दानव द्वारा निर्मित उस अद्भुत, भ्रामक सभा को देखकर कुंठित हो गईं। माया सभा की वास्तुकला की सबसे बड़ी विशेषता यह थी कि वह सत्य और भ्रम के बीच भेद मिटा देती थी—कहीं पत्थर की सतह निर्मल जल जैसी दिखती थी, तो कहीं सरोवर की सतह चमकदार भूमि जैसी प्रतीत होती थी, और बंद द्वार खुले लगते थे। पहले से ही पांडवों के ऐश्वर्य से जलता हुआ दुर्योधन, इस मायाजाल में पूरी तरह फँस गया। राजसी अकड़ में चलता हुआ वह पहले एक ऐसे स्थल पर बेखौफ कदम रख बैठा, जहाँ वास्तव में सरोवर का जल था। "वो चलता चलता आखिर में, धड़ पाणी के म्ह गिरग्या।" धड़ाम से गिरते ही उसके राजसी वस्त्र भीग गए और उसका सारा दर्प कीचड़ में मिल गया। कुछ कदम बाद, जहाँ सूखी और चमकदार भूमि थी, उसे देखकर दुर्योधन को फिर जल का भ्रम हुआ और उसने शर्म से बचने के लिए अपने वस्त्र ऊपर उठा लिए, जिससे वह और अधिक उपहास का पात्र बन गया।

उसके बार-बार के भ्रमित होने और गिरने पर, सभा में मौजूद दासों, नौकरों और अन्य सभासदों ने ज़ोर-ज़ोर से हँसना शुरू कर दिया। इस सामूहिक उपहास के बीच, राजसिंहासन पर बैठी द्रौपदी अपनी हँसी को रोक न सकीं। द्रौपदी की वह हँसी केवल एक मज़ाक नहीं थी, बल्कि नैतिक आक्रोश की अभिव्यक्ति थी, जिसने दुर्योधन के राजसी अहंकार पर सीधा वार किया। अपने हास्य को तीव्रता देते हुए, द्रौपदी ने उस क्षण जो विनाशकारी शब्द कहे, वह महाभारत के युद्ध का सर्वोच्च बीज बन गया। उन्होंने व्यंग्य से कहा: **"आँधे का आंधा।"** इस कटाक्ष का अर्थ था कि जिस प्रकार

दुर्योधन के पिता धृतराष्ट्र (आँधे) भौतिक रूप से सत्य को नहीं देख सकते, उसी प्रकार दुर्योधन (आंधे का पुत्र) भी सत्य और धर्म को पहचानने में असमर्थ है। "आँधे का आंधा कहकै उकी छाती में नश्तर भोक सकी।" द्रौपदी की हँसी अधर्म को चुनौती देने वाला पहला शस्त्र सिद्ध हुई, और "हँसी हँसी में हसनगढ़ बसग्या देवर का मखौल उड़ावै थी।"

दुर्योधन के लिए यह अपमान असहनीय था। भीगे वस्त्रों और द्रौपदी के तीखे शब्दों ने उसके हृदय में प्रतिशोध की ऐसी ज्वाला प्रज्वलित की, जिसने उसे कभी शांति नहीं लेने दी। वह उस अपमान को अपने हृदय में विष की तरह उतारकर वहाँ से गया। वह जानता था कि इस अपमान का बदला केवल संपत्ति या राज्य छीनकर नहीं लिया जा सकता। इस घटना ने महाभारत के युद्ध की वास्तविक नींव रखी। रागनी की अंतिम पंक्तियाँ कहती हैं: "बैर का बीज बो दिया री भाभी, इबके समझै लागै फूल।" द्रौपदी की हँसी ने दुर्योधन को चुनौती दी कि अधर्म का राजसी सिंहासन मिट्टी और पानी से भी अधिक भंगुर है, और उसने स्वयं ही अपने प्रतिशोध की घोषणा कर दी थी।

द्रौपदी: रागनी 8

वृतांत : इंद्रप्रस्थ की माया सभा में दुर्योधन का अपमान और द्रौपदी का तीखा कटाक्ष।
तर्ज : चुकलिया

माया सभा की अदभुत शोभा, वा सबनै भरमावै थी।
ताना मार दिया देवर कै, इब बोलां के मोल चुकावै थी

दुर्योधन जब भीतर आया, वो तै सभा देखकै घबराया
कड़ै पाणी था, कड़ै धरती थी, कुछ भी समझ ना आया
जित जल था उड़ै धरती समझी, संभळ कै पैर बढ़ाया
माया जाळ में फंसग्या कुँवर, वो माया नै खूब नचाया
वा तै हँसी रोकणा चाहवै थी, पर दासी गैल हँसावै थी

पत्थर पै पाँह धरया संभळकै, पर पाणी समझकै डरग्या
पाणी समझकै जित पैर धरया, उड़ै पत्थर तै टकरग्या
वो चलता चलता आखिर में, धड़ पाणी के म्ह गिरग्या
नौकर चाकर हँसण लाग्ये, उके मन में रोष सा भरग्या
सारी सभा में ताळी पिटगी, उनै या हाँसी नहीं सुहावै थी।

राजसिंहासन पै बैठी द्रोपदी, ना अपणे मुँह नै रोक सकी
हँसी जोर की लिकड़ी भीतर तै, ना बांदियाँ नै टोक सकी
जिस जिव्हा तै बोली मारी वा जीभ आग में ना झोक सकी
आँधे का आंधा कहकै उकी छाती में नश्तर भोक सकी
हँसी हँसी में हसनगढ़ बसग्या देवर का मखौल उड़ावै थी

द्रौपदी: रागनी 8 (Cont'd)

अपणी बेइज्जती इस जिंदगी में, के दुर्योधन जावैगा भूल
बण कै जहर उतरग्या रग में, चुभ रही छाती के म्ह शूल
बैर का बीज बो दिया री भाभी, इबके समझै लागै फूल
गुरु पालेराम महाभारत में, भरणा पड़ैगा ब्याज और मूल
आनन्द शाहपुर रख जुबां पै संयम, बेमतलब क्रोध जगावै थी।

विश्लेषण रागनी 8

दुर्योधन का अपमान और अहंकार

वृतांत: इंद्रप्रस्थ की माया सभा में दुर्योधन का अपमान और द्रौपदी का तीखा कटाक्ष।

तर्ज़: चुकलिय़ा

रागनी का शास्त्रीय एवं साहित्यिक विश्लेषण

1. छंद-संरचना और लय-गठन (Pingal Shastra के अनुसार)

'चुकलिया' तर्ज़ इस रचना में **व्यंग्य, कटाक्ष और अपमान की तीव्रता** को प्रकट करने के लिए अत्यंत उपयुक्त है। इसकी लय में **न्याय की चिंगारी और व्यंग्य की धार** है।

उदाहरण पंक्ति:
"माया सभा की अदभुत शोभा, वा सबनै भरमावै थी।"

- **कुल मात्राएँ:** 21
- **लय संरचना:** 7+7+7
- **छंद प्रकार:** चतुष्पदी लोकवृत्त
- **गति:** तीव्र, लघु-गुरु मिश्रित
- **भाव:** दृश्यात्मक व्यंग्य

तर्ज़ **'चुकलिया'** में रचित यह रागनी एक **ऐतिहासिक और निर्णायक** घटना पर केंद्रित है। छंद का प्रवाह एक **वर्णनात्मक (Descriptive)** दृश्य (माया सभा का भ्रम) से शुरू होकर अचानक **तीव्र भावात्मक विस्फोट** (द्रौपदी की हँसी) की ओर जाता है।

- **उदाहरण:** ताना मार दिया देवर कै, इब बोलां के मोल चुकावै थी।
- **कुल मात्राएँ:** 21 से 24 (विस्तारित मुक्तछंदीय लोकवृत्त)
- **लय संरचना:** 7+7+7 (या 8+8+8) — यह विस्तारित लय घटना के **विशाल मंच** और उसके **अपरिहार्य परिणामों** को ढोने में सक्षम है।
- **छंद प्रकार:** वीर और रौद्र रस का उपक्रम करने वाला लोकवृत्त, जो **अहंकार के टकराव** की कथा कहता है।

2. छंद का मूलभूत ढाँचा: त्रासदी का बीज (Seed of Tragedy) स्वरूप

यह रचना हरियाणवी 'सांग' परंपरा की एक **व्याख्यात्मक और परिणाम-केंद्रित** छंद है, जो 'चुकलिया' तर्ज़ के दृढ़ स्वर पर आधारित है। यह छंद **विनाश की भविष्यवाणी** की शैली में रचा गया है, जहाँ द्रौपदी का एक क्षणिक अहंकार पूरे राजवंश के लिए **मूल्य (मोल)** चुकाने का कारण बनता है।

2.1. छंद का स्वरूप

- **प्रकार:** कारण-परिणाम (Cause-Effect) और विवरणात्मक (Narrative) मात्रिक छंद। दृश्यप्रधान व्यंग्य छंद
- **लय (Rhythm):** लय आरंभ में **शांत और चित्रात्मक** (सभा का वर्णन) है, पर दुर्योधन के गिरने और द्रौपदी की हँसी (दूसरे खंड के मध्य में) के बाद लय में **आवेश और तीखापन** आता है। चपल, कटाक्षयुक्त।
- **मात्रा भार:** पंक्तियों में मात्राएँ 19 से 24 के बीच अनियमित हैं, जो घटना के **नाटकीय और अपरिवर्तनीय** मोड़ को प्रभावी ढंग से व्यक्त करती हैं।

- **विन्यास:** 4+1 पंक्तियाँ प्रति खंड, अंतिम पंक्ति में निष्कर्ष

2.2. विन्यास (Structure)

यह छंद एक **4+1 विन्यास** का पालन करता है, जहाँ प्रत्येक खंड घटना के एक चरण को दिखाता है:

- **खंड 1 (माया):** माया सभा के भ्रम और दुर्योधन की मानसिक स्थिति का वर्णन।
- **खंड 2 (पतन):** दुर्योधन का जल में गिरना और सभा का हँसना—शारीरिक अपमान।
- **खंड 3 (आक्रोश):** द्रौपदी द्वारा 'अंधे का अंधा' कहना—शब्दों द्वारा चरम मनोवैज्ञानिक अपमान।
- **खंड 4 (परिणाम):** इस अपमान के स्थायी परिणाम (बैर का बीज बोना) और महाभारत की अनिवार्यता।

2.3 प्रारंभिक स्थायी (Refrain):

"ताना मार दिया देवर कै, इब बोलां के मोल चुकावै थी"
→ यह पंक्ति रचना की **न्यायिक व्यंग्य धुरी** है, जो पूरे छंद को दिशा देती है।

3. यति (विराम) और चरणांत गुरु लय

इस छंद की छंदगत विशेषता **चित्रण और तीव्र भावनात्मक चरणांत** है, जो अपमान की गहराई को स्थापित करता है।

3.1. मध्य यति (भीतरी ठहराव)

पंक्ति के मध्य में 9 से 12 मात्राओं के बीच एक **स्पष्ट और विवरणात्मक विराम** लेती है। यह विराम दृश्य (Visuality) को स्थापित करने और दुर्योधन की दुर्दशा पर जोर डालने में सहायक है।

उदाहरण: वो चलता चलता आखिर में (यति) धड़ पाणी के म्ह गिरग्या यह ठहराव **घटना के दृश्य प्रभाव** को बढ़ाता है।

पंक्ति में 8–10 मात्राओं पर यति, जिससे **दृश्य का नाटकीय चित्रण और व्यंग्य की स्पष्टता** बनी रहती है।

उदाहरण:
"राजसिंहासन पै बैठी द्रोपदी, ना अपणे मुँह नै रोक सकी"
यति के बाद व्यंग्य का विस्फोट।

3.2. चरणांत में दीर्घ गुरु की स्थिरता

इस रागनी में SS या SSS (गुरु-गुरु) की स्थिर लय का उपयोग होता है, जो कथन को एक **निर्णायक और अपरिवर्तनीय** निष्कर्ष देता है:

अंतिम क्रिया/निष्कर्ष	चरणांत शब्द	लय विन्यास (Guru/Laghu)	छंदगत प्रभाव
मोल **चुकावै थी**	कावै थी	SSS	द्रौपदी द्वारा किए गए **नुकसान के मूल्य** को दर्शाती है।

गैल **हँसावै थी**	सावै थी	SSS	**साझा उपहास** की शक्ति और निर्दयता।
नहीं **सुहावै थी**	वै थी	SS	अपमान के **असहनीय** होने पर बल।
मखौल **उड़ावै थी**	वै थी	SS	द्रौपदी के **अहंकारपूर्ण कृत्य** का अंतिम वर्णन।
क्रोध **जगावै थी**	वै थी	SS	**महाभारत के बीज** को रोपित करने वाले कृत्य का निष्कर्ष।

यह SS या SSS की आवृत्ति इस रागनी को एक **अत्यंत गंभीर और परिणाम-मुखी** अंत देती है, जहाँ हँसी विनाश का कारण बनती है।

अधिकांश पंक्तियाँ **SS या SLS** पर समाप्त होती हैं — जो *कटाक्ष की स्थिरता और अपमान की गहराई* को दर्शाती हैं। उदाहरण:

- *"हँसी हँसी में हसनगढ़ बसग्या देवर का मखौल उड़ावै थी"* → SS
- *"बेमतलब क्रोध जगावै थी"* → SS

4. साहित्यिक सौंदर्य और अलंकार

- **अलंकार - रूपक (Metaphor) और कटाक्ष:**

  - आँधे का आंधा कहकै उकी छाती में नश्तर भोक सकी (शब्दों को **नश्तर (चाकू)** बताना, जो मनोवैज्ञानिक आघात का रूपक है)।
  - बैर का बीज बो दिया (अपमान को भविष्य के **वैर के बीज** के रूप में रूपायित करना)।
- **चरित्र का विरोधाभास:** यहाँ द्रौपदी का **राजसी अहंकार** उनके भविष्य के अपमान का **बीज** बोता है।
- **विडंबना (Irony):** जिस सभा में पांडवों की **संपन्नता** का प्रदर्शन होना था, वही सभा उनके **विनाश** का मंच बन जाती है।
- **अनुप्रास:** "हँसी हँसी में हसनगढ़ बसग्या" — *'ह', 'स'* ध्वनि की पुनरावृत्ति
- **रूपक:** *हसनगढ़ बसना* ⟶ मज़ाक मखौल में अपमान का नगर बसना
- **उपमा:** *"आँधे का आंधा कहकै"* ⟶ दुर्योधन के भ्रम की उपमा
- **अनुभाव चित्रण:** *"छाती में नश्तर भोक सकी"* ⟶ व्यंग्य की तीव्रता

5. भाव-संरचना और प्रतीकात्मकता

- **माया सभा:** यह केवल एक भवन नहीं, यह **अज्ञानता, भ्रम और नियति** का प्रतीक है। दुर्योधन भौतिक भ्रम में फँसता है, पर द्रौपदी के शब्द उसे **अहंकार के भ्रम** में फँसाते हैं। *राजनीतिक भ्रम और मानसिक अस्थिरता का प्रतीक।*
- **हँसी:** यह द्रौपदी की **खुशी** नहीं, बल्कि उनके **अधिकार और सामाजिक श्रेष्ठता** के बोध से उपजा **तीखा व्यंग्य** है, जिसका मोल उन्हें बाद में चुकाना पड़ता है। *स्त्री की प्रतिक्रिया और व्यंग्य की शक्ति।*

- **शूल:** अपमान (नश्तर) छाती में शूल बनकर चुभता है, जो **स्थायी मानसिक आघात** का प्रतीक है।
- **दुर्योधन का गिरना:** *अहंकार का पतन*
- **बैर का बीज:** *महाभारत की जड़*
- **हसनगढ़:** *मखौल और अपमान का प्रतीक नगर*

6. रस, अलंकार और मनोवैज्ञानिक गहराई

- **रस:** आरंभ में **अद्भुत रस** (माया सभा का जादू), बीच में **हास्य रस** (दुर्योधन का गिरना), और अंत में **रौद्र रस** (बैर का बीज)।
- **वीर रस:** द्रौपदी का कटाक्ष और आत्मबल
- **विप्रलंभ श्रृंगार:** दुर्योधन की लज्जा और अपमान
- **बीभत्स रस:** सभा में गिरना और ताली बजना
- **मनोवैज्ञानिक द्वंद्व:** *"बैर का बीज बो दिया री भाभी"* — अपमान और प्रतिशोध का जन्म
- **मनोवैज्ञानिक गहराई:** यह रागनी **नार्सिसिस्टिक वून्ड (Narcissistic Wound)** को दर्शाती है। द्रौपदी द्वारा किया गया मनोवैज्ञानिक अपमान, दुर्योधन के हृदय में एक ऐसा घाव बनाता है जिसे वह केवल द्रौपदी के **सार्वजनिक अपमान** (चीर हरण) से ही भर सकता है।

7. स्त्रीवादी और सांस्कृतिक पुनर्पाठ

- यह रचना हरियाणवी लोकसंस्कृति में **स्त्री की व्यंग्य शक्ति, सभा की मर्यादा और अपमान की परिणति** को उजागर करती है।
- द्रौपदी यहाँ केवल भाभी नहीं, **राजनीतिक चेतना की वाहक** है।

- दुर्योधन का अपमान केवल व्यक्तिगत नहीं, **महाभारत की जड़** है।
- यह रचना हरियाणवी लोकसंस्कृति में द्रौपदी को **केवल अपमानित स्त्री** नहीं, बल्कि उस **शक्तिशाली रानी** के रूप में प्रस्तुत करती है, जिसके एक शब्द में युद्ध भड़काने की क्षमता थी। यह दिखाता है कि द्रौपदी के पास **सत्ता और शब्द** दोनों का प्रयोग करने का अधिकार था, भले ही उस शक्ति का प्रयोग विनाशकारी सिद्ध हुआ।

8. विमर्श के नए आयाम

- **माया सभा का सांस्कृतिक और मनोवैज्ञानिक पक्ष**
- **द्रौपदी का व्यंग्य — स्त्री की शक्ति और शब्द की धार**
- **दुर्योधन का अपमान और प्रतिशोध की मानसिकता**
- **महाभारत में कटाक्ष का बीज कैसे युद्ध का वृक्ष बना**
- यह रागनी **अहंकार की त्रासदी, सामाजिक अपमान का परिणाम, और लोककाव्य में माया और भ्रम के प्रयोग** के संदर्भ में विचार विमर्श के लिए मूल्यवान है।
- यह द्रौपदी के **असंयमित राजसी दर्प** और उस क्षणिक गलती को दर्शाती है, जिसने महाभारत के पूरे घटनाक्रम को गति दी।
- इस रचना में *इंद्रप्रस्थ की माया सभा में गूंजती हुई द्रौपदी की हँसी* है — जिसमें **कटाक्ष, अपमान, और भविष्य की प्रतिशोध कथा** एक साथ सजीव हो उठती है।
- इस रचना में जिस शैली में दुर्योधन के भ्रम, गिरावट और द्रौपदी के तीखे शब्दों को लोकध्वनि में ढाला है — वह *साहित्यिक व्यंग्य और ऐतिहासिक चेतावनी* दोनों है।
- द्रौपदी के चरित्र को समझने के लिए यह घटना (**माया सभा में दुर्योधन को 'अंधे का अंधा' कहना**) सबसे महत्वपूर्ण है,

क्योंकि यह उनके **असंयम (Lack of Restraint), तीखेपन (Sharp Wit), और राजसी अहंकार** को दर्शाती है।

- यह उनकी कहानी का वह निर्णायक मोड़ है जहाँ **प्रतिशोध का बीज** बोया गया था, जिसने आगे चलकर चीर हरण और युद्ध को अनिवार्य बना दिया।
- यह रचना **स्त्री व्यंग्य, सभा मर्यादा और अपमान की राजनीति** का उत्कृष्ट उदाहरण है।
- इसमें **छंद की तीव्रता**, **भाव की स्पष्टता**, और **प्रतीकों की गहराई** विमर्श के लिए अत्यंत उपयोगी है।
- जिज्ञासु पाठक इसे **नारी शक्ति विमर्श**, **राजनीतिक व्यंग्य**, और **पिंगल शास्त्र के छंद विन्यास** के संदर्भ में विश्लेषित कर सकते हैं।
- यह रागनी **SS/SSS** के चरणांत लय का उपयोग करके **अंतिम विनाशकारी घोषणा** को एक सघन और लयबद्ध रूप देती है। छंद की यह संरचना **अहंकार के विस्फोट** और उसके **अपरिहार्य परिणाम** के भाव को प्रभावी ढंग से व्यक्त करने में अत्यंत सफल है।

वृतांत रागनी 9

वृतांत: द्रौपदी का जवाब दूत पृतकामी को

द्यूत क्रीड़ा के उस विनाशकारी क्षण में, धर्मराज युधिष्ठिर ने एक-एक कर अपना राज्य, संपत्ति, चारों बलशाली भाइयों और अंत में स्वयं अपने आप को भी दासता में हार दिया। जब वह स्वयं दास बन चुके, तब जुए के उन्माद और शकुनि के उकसावे पर, उन्होंने अपनी एकमात्र संयुक्त संपत्ति—अपनी पत्नी द्रौपदी—को भी दाँव पर लगा दिया और उन्हें भी हार गए। जैसे ही युधिष्ठिर के हारने की घोषणा हुई, उस विशाल कौरव सभा में एक भयावह, अपराध-बोध से भरा सन्नाटा छा गया।

दासता की इस शर्मनाक जीत से अहंकारी दुर्योधन ने तत्काल द्रौपदी को सभा में बुलाने का निश्चय किया और अपने दूत पृतकामी (प्रतिकामा) को आदेश दिया कि वह द्रौपदी को दासी के रूप में तत्काल सभा में उपस्थित करे। पृतकामी, जो स्वभाव से सरल और सभ्य था, इस घोर अधर्म के आदेश को सुनकर भय और संकोच से भर गया। वह राजसी आज्ञा का पालन करने के लिए द्रौपदी के अंतःपुर में पहुँचा और कंपकपाते स्वर में जुए की सारी घटना सुनाई और दुर्योधन का आदेश सुनाया।

यह आदेश सुनकर द्रौपदी क्रोध और आश्चर्य से भर उठीं। उन्होंने स्वयं को भोग की वस्तु मानने से इनकार करते हुए, दूत को सभा के लिए एक सीधा और अटल उत्तर दिया। यह उत्तर केवल एक इनकार नहीं, बल्कि सभा के सामने रखा गया सबसे बड़ा धर्म-संकट था। द्रौपदी ने महाराणी के दर्प से दूत से कहा, "हे दूत, तुम सभा में जाओ और वहाँ बैठे ज्ञानी, गुरुजनों (भीष्म, द्रोण) तथा मेरे पतियों से मेरा यह निर्णायक प्रश्न पूछो: **क्या धर्मज्ञ राजा युधिष्ठिर ने मुझे दाँव पर लगाने से पहले, स्वयं को हारा था या मुझे हारा था?**" द्रौपदी के प्रश्न का मूल निहितार्थ यह था कि यदि युधिष्ठिर पहले स्वयं को हारकर दास बन गए थे, तो एक दास का अपनी पत्नी पर

कोई अधिकार नहीं रह जाता, और दाँव अवैध हो जाता है। इस प्रकार, द्रौपदी ने स्वयं वस्तु बनने से इनकार करते हुए, संपूर्ण कुरुवंश की धर्म-नीति पर ही प्रश्नचिह्न लगा दिया।

दूत पृतकामी यह तीखा प्रश्न लेकर वापस सभा में गया और उसे सभी सभासदों के सामने रखा। द्रौपदी के इस प्रश्न ने सभा में उपस्थित सभी ज्ञानी पुरुषों को स्तब्ध कर दिया। भीष्म पितामह, द्रोणाचार्य और विदुर जैसे धर्मज्ञ भी इस अत्यंत सूक्ष्म धर्म-संकट का स्पष्ट उत्तर नहीं दे सके। भीष्म ने मौन धारण कर लिया, क्योंकि वे धर्म के इस जटिल फंदे का कोई संतोषजनक समाधान नहीं दे पा रहे थे। जब सभा से कोई स्पष्ट उत्तर नहीं मिला, तो दुर्योधन ने द्रौपदी के इस तार्किक प्रश्न को मात्र एक उपहास समझा और क्रोध में भरकर अपने भाई दुःशासन को द्रौपदी को बलपूर्वक सभा में लाने का आदेश दिया। इसी क्षण के बाद, द्यूत सभा का सबसे जघन्य और अपमानजनक कांड शुरू हुआ, जिसने धर्म की जड़ें हिला दीं।

द्रोपदी : रागनी 9

वृतांत : द्रोपदी का जवाब दूत पृतकामी को
तर्ज : कजरा मोहब्बत वाला अँखियों में ऐसा डाला

पांच सात दिन रूकणे आरही, बैठी अपणी महल अटारी
किसनै हुक्म करया सै जारी, अरे बीच सभा में आवण नै

पृतकामी तूँ दूत राज का, हुक्म सुणा दिया किसनै आज का
पृतकामी तूँ दूत राज का, हुक्म सुणा दिया किसनै आज का
तनै सिर पै गाज का डर भी कोन्या, मेरी बात का असर भी कोन्या
माणस सै तूँ खर भी कोन्या, क्यूँ तुल रहया ज़ुल्म इसा ढावण नै

अरे इन्द्रप्रस्थ की मैं महाराणी, मनै लागै तनै नहीं पिछाणी
अरे इन्द्रप्रस्थ की मैं महाराणी, मनै लागै तनै नहीं पिछाणी
मैं तै समझण जोगी बड्डी स्याणी, समझ रहया तूँ मनै नौकराणी
तनै सहम मरण की क्यूँ सै ठाणी, तनै ठोर मिलै ना कितै ध्यावण नै

अरे पाँच पति मेरे बलशाली, उन्हका वार ना जावै खाली
अरे पाँच पति मेरे बलशाली, उन्हका वार ना जावै खाली
क्यूँ घणी काली ठाणा चाहवै, अपणा भाग रूसाणा चाहवै
बेमतलब मौत बुलाणा चाहवै, के आ लिया बखत तेरा जावण नै

गुरु पालेराम हलालपुर बसता, जा सोनीपत तै सीधा रस्ता
गुरु पालेराम हलालपुर बसता, जा सोनीपत तै सीधा रस्ता
आनन्द शाहपुर रहै तरसता, धरै गुरु चरणां में फूल का दस्ता
ले अपणी कापी पैन और बस्ता, जब मौका मिलै तनै गावण नै

विश्लेषण रागनी 9

द्रौपदी का जवाब दूत पृतकामी को

तर्ज: कजरा मोहब्बत वाला

रागनी का शास्त्रीय एवं साहित्यिक विश्लेषण

1. छंद-संरचना और लय-गठन (Pingal Shastra के अनुसार)

तर्ज "कजरा मोहब्बत वाला" में रचित यह रचना **गीतात्मक लोकछंद** में चलती है, जिसमें **पुनरावृत्ति और लयात्मकता** का विशेष ध्यान रखा गया है। यह छंद *गायन की नाटकीयता* को ध्यान में रखकर रचा गया है।

उदाहरण:

> "पृतकामी तूँ दूत राज का, हुक्म सुणा दिया किसनै आज का"

- कुल मात्राएँ: 16–18
- लय संरचना: 4+4+4+6
- छंद प्रकार: *गीतात्मक समवृत्त*, जिसमें *पंक्ति दोहराव* से भाव की तीव्रता बढ़ती है

यह छंद *नाटकीय संवाद* के लिए उपयुक्त है — द्रौपदी और दूत के बीच *संघर्ष और चेतावनी* को लय में बाँधता है।

यह रागनी, पिछली रागणियों से बिल्कुल अलग है। यह **द्रौपदी** और **दूत पृतकामी** के बीच का संवाद है, जहाँ द्रौपदी **रानी के अधिकार** से बोलती है और दूत को उसके **अन्यायपूर्ण आदेश** के लिए चेतावनी देती है।

इस रागनी की तर्ज़ **'कजरा मोहब्बत वाला'** पर आधारित है, जो एक प्रसिद्ध फिल्मी गीत है। तर्ज़ बदलने से छंद की गति, लय और विन्यास में स्पष्ट परिवर्तन आते हैं।

पिंगल शास्त्र के आधार पर इसका छंदगत विश्लेषण यहाँ प्रस्तुत है:

2. छंद का मूलभूत ढाँचा: संवादात्मक गीत छंद

यह रागनी हरियाणवी **'सांग'** परंपरा की एक **संवादात्मक (Dialogic) और लयात्मक गीत छंद** है। फिल्मी तर्ज़ पर आधारित होने के कारण, यह छंद शुद्ध लोक छंद से हटकर **गेयता (Musicality)** पर अत्यधिक केंद्रित है।

2.1. छंद का स्वरूप

- **प्रकार:** आवर्ती सम-मात्रिक गीत छंद।
- **लय (Rhythm):** इसकी लय **शांत, नजाकत भरी, लेकिन दृढ़** है। यह द्रौपदी के **क्रोध** को **राजसी गरिमा (Royal Dignity)** के साथ प्रस्तुत करती है।
- **मात्रा भार:** इस छंद की पंक्तियों में मात्राएँ लगभग 16 से 18 के बीच काफी **नियमित** हैं, जो इसकी गेयता और फिल्म गीत के ताल (Beat) को बनाए रखने के लिए आवश्यक है।

2.2. विन्यास (Structure)

इस छंद की संरचना **फिल्म गीत** के मुखड़े और अंतरे के समान है, जहाँ 2 से 4 पंक्तियाँ **स्थायी (Chorus)** के रूप में बार-बार दोहराई जाती हैं:

- **मुखड़ा/स्थायी (Refrain):** टेक की दूसरी पंक्ति **लय** को हर अन्तरे के तोड़ के बाद बार-बार दोहराती हैं।

    - किसनै हुक्म करया सै जारी, अरे बीच सभा में आवण नै
- **अंतरा (Stanza):** प्रत्येक खंड 2 पंक्तियों का एक नया कथन शुरू करता है, जिसके बाद तीसरी पंक्ति **निष्कर्ष** देती हैं।
    - **उदाहरण:** पृतकामी तूँ दूत राज का, हुक्म सुणा दिया किसनै आज का
    - माणस सै तूँ खर भी कोन्या, क्यूँ तुल रहया ज़ुल्म इसा ढावण नै

3. यति (विराम) और चरणांत गुरु लय

इस छंद की सबसे बड़ी छंदगत विशेषता **कठोर पुनरावृत्ति (Strict Repetition)** है।

3.1. मध्य यति (भीतरी ठहराव)

- प्रत्येक पंक्ति मध्य में 8 से 10 मात्राओं के बीच एक **स्पष्ट विराम (यति)** लेती है। यह विराम तर्ज़ के संगीत (Musical Beat) पर आधारित है, न कि केवल कथानक पर।

    पृतकामी तूँ दूत राज का (यति) हुक्म सुणा दिया किसनै आज का

- **समान यति:** हर खंड की शुरुआती दो पंक्तियों में **यति का स्थान और लय समान** रहती है, जो गेयता का आधार है।

3.2. चरणांत में दीर्घ गुरु की स्थिरता

इस रागनी में चरणांत की स्थिरता **'कोन्या'** और **'जावण नै/आवण नै'** की आवृत्ति से आती है।

खंड	अंतिम निष्कर्ष	चरणांत शब्द	लय विन्यास (Guru/Laghu)	छंदगत प्रभाव
परिचय	सभा में बुलाना	आवण नै	SS	छंद की नींव को स्थापित करता है।
धिक्कार	दूत का डर	ढावण नै	SS	दूत पर अधिकार भाव से बल डालता है।
चेतावनी	पहचान	ध्यावण नै	SS	द्रौपदी की रानी होने की प्रतिष्ठा को स्थापित करता है।
पांडव बल	परिणाम	जावण नै	SS	दूत के लिए अपरिहार्य मृत्यु की चेतावनी देता है।
समापन	गुरु की कृपा	गावण नै	SS	रागनी का समापन करते हुए लय को स्थिर करता है।

सभी SS (गुरु-गुरु) पर समाप्त होने वाले ये शब्द (आवSण नैS, ढावSण नैS आदि) रागनी की **लय को हर खंड के बाद एक ही संगीत नोट पर रोककर** (जैसा कि फिल्मी गीत में होता है), उसकी गेय सुंदरता को बनाए रखते हैं।

4. साहित्यिक सौंदर्य और अलंकार

- **अलंकार - पुनरावृत्ति (Repetition):** छंद का मुख्य सौंदर्य पुनरावृत्ति में है। हर खंड की शुरुआती दो पंक्तियों को दुहराना द्रौपदी के **कथन को दो बार पुष्ट** करता है और तर्ज़ की मांग को पूरा करता है।
- **उपमा (Simile) और व्यंग्य:**
    - माणस सै तूँ खर भी कोन्या (मानव है, गधा नहीं) - दूत की बुद्धि पर सीधा व्यंग्य।
    - तनै सिर पै गाज का डर भी कोन्या (तुझे वज्रपात का डर नहीं) - उसकी निर्भीकता को अन्याय से जोड़ना।

5. भाव-संरचना और प्रतीकात्मकता

यह रचना *द्रौपदी के आत्मसम्मान और सत्ता के आदेश के बीच टकराव* को चित्रित करती है। वह दूत से पूछती है — "किसके आदेश से आया है?" — यह *राज्य की वैधता* पर प्रश्न है।

- **द्रौपदी की पहचान**: "इन्द्रप्रस्थ की मैं महाराणी" — यह *स्त्री की सत्ता और गरिमा* की उद्घोषणा है
- **दूत की स्थिति**: "माणस सै तूँ खर भी कोन्या" — यह *राज्य के प्रतिनिधि की नैतिकता* पर प्रश्न है
- **पाँच पतियों की शक्ति**: "उनका वार ना जावै खाली" — यह *स्त्री के पीछे खड़ी शक्ति* का संकेत है

- **मृत्यु की चेतावनी**: "बेमतलब मौत बुलाणा चाहवै" — यह *राज्य को चुनौती* है, जो *न्याय की पुकार* बन जाती है

यह रचना द्रौपदी को *राजनीतिक चेतना, नैतिक शक्ति और प्रतिरोध की मूर्ति* बनाती है — जो *राज्य के आदेश को चुनौती देती है*, और *धर्म की पुनर्स्थापिना* की माँग करती है।

6. रस, अलंकार और मनोवैज्ञानिक गहराई

- **रौद्र रस**: द्रौपदी का क्रोध, चेतावनी — यह *धर्म की रक्षा का स्वर* है
- **वीर रस**: पाँच पतियों की शक्ति, द्रौपदी की गर्जना — यह *न्याय की तैयारी* है
- **श्रृंगार का विलोप**: यहाँ स्त्री *प्रेम या सौंदर्य* नहीं, बल्कि *प्रतिरोध और चेतना* है

अलंकार:

- *अनुप्रास*: "गाज का डर भी कोन्या, असर भी कोन्या" — ध्वनि की पुनरावृत्ति से लय की तीव्रता
- *यमक*: "महाराणी... पिछाणी" — शब्दों की पुनरावृत्ति से भाव की गहराई
- *रूपक*: "बेमतलब मौत बुलाणा चाहवै" — *मृत्यु को दावत* के रूप में चित्रित करना

7. स्त्रीवादी और सांस्कृतिक पुनर्पाठ

यह रचना *हरियाणवी लोकसंस्कृति* में स्त्री को *राजनीतिक प्रतिरोधकर्ता* के रूप में प्रस्तुत करती है — जो *राज्य, सत्ता और आदेश* को चुनौती देती है।

- द्रौपदी यहाँ *मूक पात्र नहीं*, बल्कि **राजनीतिक चेतना** है
- वह दूत से संवाद नहीं करती, बल्कि *उसे नैतिकता का पाठ पढ़ाती है*
- यह रचना *स्त्री को सत्ता के समक्ष खड़ा करती है* — जो विमर्श के लिए अत्यंत मूल्यवान है

यहाँ द्रौपदी *धर्म, सत्ता और चेतना* की त्रयी है — जो *राज्य को नैतिकता की चुनौती* देती है।

8. विमर्श के नए आयाम

- यह रचना *लोकछंद, राजनीतिक चेतना और स्त्री प्रतिरोध* का संगम है
- इसमें *राज्य की वैधता, स्त्री की गरिमा*, और *धर्म की पुनर्स्थापना* के तत्व हैं
- जिज्ञासु पाठक इसे *स्त्रीवादी पुनर्पाठ, राजनीतिक संवाद*, और *लोककाव्य में सत्ता की चुनौती* के संदर्भ में विश्लेषित कर सकते हैं
- यह रचना *द्रौपदी के स्वाभिमान और प्रतिरोध की गर्जना* है। इस रागनी में जिस शैली में दूत पृतकामी को उत्तर दिया गया है, वह केवल शब्दों की चोट नहीं, बल्कि **नारी अस्मिता की हुंकार** है। यह रागनी बताती है कि द्रौपदी अब मौन नहीं है—वह सत्ता, दूत, और आदेश सबको चुनौती देती है।
- यह रचना *द्रौपदी की आत्मगर्जना और सत्ता को चुनौती* का स्वर है। इस रचना में जिस शैली में दूत पृतकामी को उत्तर दिया है, वह केवल एक स्त्री की प्रतिक्रिया नहीं, बल्कि **राजनीतिक चेतना, आत्मसम्मान और प्रतिशोध की हुंकार** है। यह रागनी *नारी को सत्ता के समक्ष खड़ी करने* का साहसिक प्रयास

है — हरियाणवी लोकध्वनि में, परंतु वैश्विक स्त्रीवादी स्वर के साथ।

- यह रागनी SS (गुरु-गुरु) के **चरणांत गुरु लय** का उपयोग करती है, जो फिल्मी तर्ज़ पर आधारित होने के कारण अत्यंत **नियमित और आवर्ती** है। छंद की यह संरचना द्रौपदी के **राजसी अधिकार** और **दूत के प्रति चेतावनी** को एक दृढ़, लयात्मक और संवादात्मक रूप देती है।

वृतांत रागनी 10

वृतांत: कौरव सभा में द्रौपदी के चीरहरण का दृश्य — उसकी दृष्टि से

महाभारत की उस क्रूर सभा में, जब दूत पृतकामी द्रौपदी का धर्म-संबंधी प्रश्न लेकर लौटा कि **"क्या राजा ने पहले स्वयं को हारा या मुझे दाँव पर लगाया?"**—तब भीष्म, द्रोण, और विदुर जैसे सभी धर्मज्ञ मौन हो गए। इस प्रश्न ने युधिष्ठिर के दाँव की वैधता को ही चुनौती दे डाली थी, और धर्म स्वयं बीच चौराहे पर खड़ा हो गया।

दुःशासन की क्रूरता और बल प्रयोग: इस असमंजस से क्रोधित होकर, दुर्योधन ने अपने छोटे भाई दुःशासन को द्रौपदी को बलपूर्वक सभा में घसीट लाने का आदेश दिया। दुःशासन तत्काल द्रौपदी के अंतःपुर में पहुँचा। द्रौपदी उस समय **ऋतु** (मासिक धर्म) के कारण एकांत में थीं और उनके वस्त्र भी एकाकी थे। धर्म और लज्जा का हवाला देने पर, दुःशासन की क्रूरता और बढ़ गई। उसने द्रौपदी को दासी कहकर धमकाया और बलपूर्वक उनके लंबे, राजसी **बालों (चोटी) को पकड़कर खींचा।**

> "बेमतलब बकवास करै तै, ल्या चोटी तै घिसड़ाकै। इब
> वा राणी कोन्या रह रही, कह दासी नै धमकाकै।"

वह द्रौपदी को बालों से घसीटता हुआ, राजसी मर्यादा को तार-तार करता हुआ, उस भरी सभा के द्वार तक ले आया। द्रौपदी ने करुण विलाप किया, उनके वस्त्र पर लगा रक्त उनकी एकांत अवस्था को दर्शा रहा था।

सभा का मौन और धर्म पर प्रश्न: सभा में प्रवेश करते ही, अपमानित द्रौपदी ने अपने पाँचों पतियों, भीष्म, द्रोण, और धृतराष्ट्र की ओर देखा। उन्होंने करुण स्वर में चीखकर प्रश्न किया: "क्या यह कुरुवंश की रीति है? क्या धर्मराज द्वारा एक दासी को दाँव पर लगाना न्यायसंगत था?"

किंतु उत्तर में केवल भयावह **मौन** था—धर्मज्ञों का मौन, पतियों का मौन। भीष्म पितामह मौन थे क्योंकि वे युधिष्ठिर के दास बनने के बाद द्रौपदी पर उनके स्वामित्व के प्रश्न का उत्तर नहीं दे पा रहे थे। द्रौपदी की आत्मा ने सभा के इस मौन को **'मौन की हत्या'** कहा—क्योंकि जब न्याय के रक्षक चुप हो जाते हैं, तब पाप का साम्राज्य स्थापित होता है।

चीर हरण और दुर्योधन का घिनौना प्रदर्शन: जब द्रौपदी ने अपने पतियों को पराजित और असहाय देखा, तो दुर्योधन ने जीत का अंतिम और सबसे घृणित प्रदर्शन करने का निश्चय किया। उसने दुःशासन को आदेश दिया कि वह द्रौपदी का वस्त्र खींचे (चीर हरण)। इसी बीच, दुर्योधन ने अपमान की पराकाष्ठा करते हुए, द्रौपदी को अपनी **जंघा (जाँघ)** पर बैठने का संकेत करके द्रौपदी को अपमानित करने का प्रयास किया।

दैवीय चमत्कार और गोविंद का आह्वान: जब दुःशासन ने द्रौपदी का वस्त्र खींचना शुरू किया और कोई भी मनुष्य उनकी रक्षा के लिए आगे नहीं आया, तब द्रौपदी ने संसार के समस्त मनुष्यों से अपनी आशा तोड़ दी। उन्होंने अपनी दोनों **भुजाएँ ऊपर उठा लीं** और अपनी आँखें बंद करके परमपिता भगवान कृष्ण (गोविंद) का आह्वान किया।

> "हे गोविंद! हे द्वारकावासी! मैं तुम्हारी शरण में हूँ। इस संकट में, लाज की रक्षा करो!"
>
> **"कृष्ण मुरारी तूं जल्दी आज्या, बनवारी कित ल्हुकग्या!"**

द्रौपदी के निष्ठापूर्ण आह्वान पर, भगवान कृष्ण ने उन्हें अनंत वस्त्र प्रदान किए। दुःशासन वस्त्र खींचते-खींचते थककर वहीं गिर पड़ा।

परिणाम और भीम की प्रतिज्ञा: इस घटना के बाद, सभा में भयंकर शोरगुल हुआ, और कई सभासदों ने धिक्कार प्रकट किया। क्रोध से भरे

भीम ने उसी क्षण भीषण प्रतिज्ञा ली कि वह इस दुष्ट दुःशासन की छाती चीरकर, उसका **रक्त पान** किए बिना चैन नहीं लेगा। अपमान का यह घाव इतना गहरा था कि महाभारत युद्ध का बीज उसी दिन बो दिया गया था। द्रौपदी का यह अपमान उस **'मौन की हत्या'** था, जिसने सिद्ध कर दिया कि अब न्याय की पुनर्स्थापना केवल युद्ध से ही संभव है।

द्रोपदी : रागनी 10

वृतांत : कौरव सभा में द्रोपदी चीर हरण का वर्णन
तर्ज : चुकलिया

दुर्योधन नै भरी सभा में, पाप की गठड़ी ठा ली
दुशाषन की करतूत देख कै, सबनै नाड़ झुका ली

दुर्योधन नै हुक्म दे दिया, उस द्रौपद नै ल्या बुलाकै
जै आनाकानी करण लागज्या, द्रौपद नै ल्या ठा कै
बेमतलब बकवास करै तै, ल्या चोटी तै घिसड़ाकै
इब वा राणी कोन्या रह रही, कह दासी नै धमकाकै
म्हारे पिता नै आन्धा कहकै, शामत आप बुला ली

पृतकामी दूत की तरिया, तूँ खाली हाथ ना आइये
उस दासी की पकड़कै चोटी, सभा बीच में ल्याइये
जै एक वस्त्र की देवै वा दुहाई, फेर भी ना शर्माइए
उस दासी के बाळ पकड़कै, मेरी जँघा पै बिठाइये
महाराणी के दम्भ में भरकै, इनै अपणी खूब चला ली

जै या दासी उज्र करै तो, खींच बगा तन तै साड़ी
पांच पति इके दास हमारे, जा करदे नगन उघाड़ी
मेरे हुक्म का पालन करदे, ऐ दुशाशन खिलाड़ी
या हिरणी फिरै ज्यान बचाती, तूँ भी नहीं अनाड़ी
हार कै बाजी जुए में इन्हनै, खुद अपणै नाथ घला ली

द्रोपदी : रागनी 10 (Cont’d)

आनन्द शाहपुर गुरु पालेराम नै, रात दिनां धोकैगा
चिन्ता ना कर भरी सभा में, तनै कोए नहीं टोकैगा
जितने छत्री सभा में मौजूद, तनै कोए नहीं रोकैगा
ये पाँचों दास बैठे शीश झुकाए, कोए नहीं भौंकैगा
बेल धर्म की नौंच फेंक दी, जड़ तै पकड़ हिला ली

विश्लेषण रागनी 10

कौरव सभा में द्रौपदी चीरहरण का वर्णन

तर्ज: चुकलिया

रागनी का शास्त्रीय एवं साहित्यिक विश्लेषण

1. छंद-संरचना और लय-गठन (Pingal Shastra के अनुसार)

तर्ज "चुकलिया" में रचित यह रचना **चार चरणीय समवृत्तीय लोकछंद** में चलती है, जिसमें प्रत्येक चरण में औसतन **16–18 मात्राएँ** हैं। यह छंद *नाटकीयता और भाव की तीव्रता* को ध्यान में रखकर रचा गया है।

उदाहरण:

> "दुर्योधन नै भरी सभा में पाप की गठड़ी ठा ली"

- कुल मात्राएँ: 18
- लय संरचना: 6+6+6
- छंद प्रकार: *चतुष्पदी समवृत्त*, जिसमें *चरणांत में दीर्घ गुरु* लय को स्थिरता देता है

यह छंद *न्याय और अपमान की गाथा* को लय में बाँधता है — *सभा की चुप्पी और द्रौपदी की विवशता* को लयात्मक रूप में प्रस्तुत करता है।

यह रागनी **कौरव सभा में द्रौपदी के चीर हरण** की घटना को, दुर्योधन और दुशासन के क्रूर संवाद के माध्यम से, अत्यंत भयावह रूप में प्रस्तुत करती है। यह रागनी पिछली रागणियों से अधिक **क्रूरता और अहंकार** से भरी है।

पिंगल शास्त्र के आधार पर, यहाँ इसका छंदगत विश्लेषण प्रस्तुत है:

2. छंद का मूलभूत ढाँचा: नाटकीय-क्रूर छंद

यह रागनी हरियाणवी **'सांग'** परंपरा की **'चुकलिया' तर्ज़** पर आधारित एक **नाटकीय (Dramatic) और क्रूर (Cruel) कथन** है।

2.1. छंद का स्वरूप

- **प्रकार:** अनियमित मात्रिक कथा-प्रधान छंद, जिसका मुख्य उद्देश्य घटना की तीव्रता और नकारात्मक भाव को स्थापित करना है।
- **लय (Rhythm):** इसकी लय **तीव्र (Fast)** और **आक्रामक** है, जो दुर्योधन के अहंकार और दुशासन की क्रूरता के भाव को दर्शाती है।
- **मात्रा भार:** पंक्तियों में मात्राएँ 16 से 21 के बीच बदलती हैं, लेकिन **भाव की गति** के कारण यह अनियमितता महसूस नहीं होती।

2.2. विन्यास (Structure)

यह छंद भी 4+1 विन्यास का पालन करता है, जहाँ अंतिम पंक्ति पूरे खंड का निष्कर्ष देती है या भाव को दोहराती है:

- **अस्थायी पंक्तियाँ (Stanzas - 4 lines):** दुर्योधन के आदेशों और दूत को दिए गए निर्देशों का वर्णन करती हैं।
- **स्थायी पंक्ति (Final line of stanza):** यह पाँचवीं पंक्ति **निष्कर्ष या स्थायी भाव** के रूप में आती है।

3. यति (विराम) और चरणांत गुरु लय

इस छंद की छंदगत विशेषता, दुर्योधन के हुक्मों में भी लय और ठहराव को बनाए रखना है।

3.1. मध्य यति (भीतरी ठहराव)

- प्रत्येक पंक्ति मध्य में 9 से 11 मात्राओं के बीच एक **स्पष्ट विराम (यति)** लेती है। यह यति दुर्योधन के प्रत्येक **अत्याचारी हुक्म** को स्पष्ट और जोर देकर कहने में मदद करती है।
    - **उदाहरण:** जै आनाकानी करण लागज्या (यति) द्रौपद नै ल्या ठा कै
    - या हिरणी फिरै ज्यान बचाती (यति) तूँ भी नहीं अनाड़ी

3.2. चरणांत में दीर्घ गुरु की स्थिरता

हर खंड की अंतिम पाँचवीं पंक्ति एक विशिष्ट **गुरु (S)** या **गुरु-लघु (SL)** संयोजन पर समाप्त होती है, जो कथन को एक निश्चित **स्थायित्व** प्रदान करती है, यहाँ यह स्थिरता **अधर्म** के भाव को पुष्ट करती है:

खंड	अंतिम निष्कर्ष	चरणांत शब्द	लय विन्यास (Guru/Laghu)	छंदगत प्रभाव
परिचय	नाड़ झुकाना	झुका ली	SS	दुर्योधन के पाप और सभा की कायरता को स्थापित करता है।

पहला आदेश	शामत बुलाना	बुला ली	SS	दुर्योधन के अहंकार को दृढ़ता देता है।
दूत को निर्देश	खूब चला ली	चला ली	SS	दूत के प्रति अपनी क्रूरता को न्यायसंगत ठहराता है।
दुशासन को आदेश	नाथ घला ली	घला ली	SS	द्रौपदी और पांडवों पर अधिकार स्थापित करता है।
समापन	जड़ हिलाना	हिला ली	SS	छंद का समापन करते हुए **धर्म के विनाश** की घोषणा करता है।

सभी अंतिम शब्द (बुला ली, चला ली, घला ली, हिला ली) **SS (गुरु-गुरु)** की स्थिर लय पर समाप्त होते हैं। यह **समान और दृढ़ आवृत्ति** पूरी रागनी को एक **अशुभ (Ominous) और कठोर** संगीतात्मक आधार प्रदान करती है, जो द्रौपदी के चीर हरण के क्रूर दृश्य के लिए पूरी तरह से उपयुक्त है।

4. साहित्यिक सौंदर्य और अलंकार

- **अलंकार - रूपक (Metaphor):**
  - पाप की गठड़ी ठा ली (पाप की गठरी उठाना) - दुर्योधन के कार्य को पाप के बोझ के रूप में दर्शाना।
  - बेल धर्म की नौंच फेंक दी (धर्म की बेल को नोचना) - धर्म के विनाश को दर्शाना।
- **उपमा (Simile):**
  - या हिरणी फिरै ज्यान बचाती (द्रौपदी की तुलना हिरणी से) - द्रौपदी की लाचारी और क्रूर शिकार को दर्शाना।

5. भाव-संरचना और प्रतीकात्मकता

यह रचना *द्रौपदी चीरहरण* को केवल घटना नहीं, बल्कि **धर्म की हत्या और सत्ता की नपुंसकता** के रूप में प्रस्तुत करती है।

- **दुर्योधन का आदेश**: "द्रौपद नै ल्या बुलाकै" — यह *राज्य की सत्ता द्वारा स्त्री को अपमानित करने* का प्रतीक है
- **दुशासन की करतूत**: "साड़ी खींचकै हाँसै" — यह *नारी अस्मिता का सार्वजनिक अपमान* है
- **सभा की चुप्पी**: "सबनै नाड़ झुका ली" — यह *धर्म के रक्षकों की विफलता* है
- **पाँच पतियों की निष्क्रियता**: "दास हमारे" — यह *नारी के रक्षकों का आत्मसमर्पण* है

यह रचना द्रौपदी को *रणचण्डी नहीं*, बल्कि **अपमानित चेतना** के रूप में प्रस्तुत करती है — जो *धर्म की पुकार* बन जाती है।

6. रस, अलंकार और मनोवैज्ञानिक गहराई

- **रौद्र रस**: द्रौपदी का अपमान, दुशासन की करतूत — यह *क्रोध और प्रतिशोध* का भाव है

- **करुण रस**: सभा की चुप्पी, द्रौपदी की विवशता — यह *नारी की पीड़ा* है
- **वीर रस की अनुपस्थिति**: पाँच पतियों की निष्क्रियता — यह *वीरता की विफलता* है

अलंकार:

- *रूपक*: "बेल धर्म की नौंच फेंक दी" — धर्म को बेल की तरह उखाड़ना
- *अनुप्रास*: "सभा में तनै कोए नहीं टोकैगा" — ध्वनि की पुनरावृत्ति से लय की तीव्रता
- *यमक*: "दासी नै धमकाकै... दासी उज्र करै" — शब्दों की पुनरावृत्ति से भाव की गहराई

7. सांस्कृतिक और स्त्रीवादी पुनर्पाठ

यह रचना *हरियाणवी लोकसंस्कृति* में स्त्री को *अपमानित चेतना* के रूप में प्रस्तुत करती है — जो *धर्म, सत्ता और समाज* से प्रश्न करती है।

- द्रौपदी यहाँ *मूक पात्र नहीं*, बल्कि **धर्म की पीड़ा** है
- सभा की चुप्पी *राजनीतिक सत्ता की नपुंसकता* है
- यह रचना *स्त्री को वस्तु समझे जाने की प्रवृत्ति* पर *लोकध्वनि में तीव्रतम प्रहार* है

यहाँ द्रौपदी *धर्म, सत्ता और समाज* की त्रासदी है — जो *न्याय की पुकार* बन जाती है।

8. विमर्श के नए आयाम

- यह रचना *लोकछंद, स्त्री अपमान और सत्ता की विफलता* का संगम है
- इसमें *राजनीतिक षड्यंत्र*, *धर्म की हत्या*, और *नारी अस्मिता* के तत्व हैं
- जिज्ञासु पाठक इसे *स्त्रीवादी पुनर्पाठ*, *राजनीतिक सत्ता की आलोचना*, और *लोककाव्य में न्याय की पुकार* के संदर्भ में विश्लेषित कर सकते हैं
- यह रचना *द्रौपदी के चीरहरण की पीड़ा, अपमान और प्रतिरोध* को हरियाणवी लोकशैली में जिस तीव्रता से प्रस्तुत करती है, वह केवल वर्णन नहीं, बल्कि **सांस्कृतिक चेतना का आह्वान** है। इस रचना में जिस साहसिक भाषा में सभा की नपुंसकता, द्रौपदी की विवशता और धर्म की विडंबना को उकेरा है, वह पाठक को भीतर तक झकझोर देती है।
- यह रागनी *द्रौपदी की चेतना, प्रतिरोध और पुनर्जागरण* का दस्तावेज़ है — हरियाणवी सुरों में, द्रोपदी की आत्मदृष्टि से।
- यह रचना *महाभारत की सबसे क्रूर और निर्णायक घटना* — द्रौपदी चीरहरण — को हरियाणवी लोकध्वनि में जिस तीव्रता, स्पष्टता और नैतिक साहस के साथ प्रस्तुत करती है, वह केवल वर्णन नहीं, बल्कि **धर्म, सत्ता और स्त्री अस्मिता की त्रासदी** है।
- इस रचना में *सभा की चुप्पी*, *राजनीतिक षड्यंत्र*, और *नारी के अपमान* को एक साथ पिरोकर **लोककाव्य को ऐतिहासिक दस्तावेज़** बना दिया है।
- यह रागनी SS (गुरु-गुरु) के **चरणांत गुरु लय** का उपयोग करती है। यह छंदगत संरचना दुर्योधन के **अधिकार, अहंकार** और सभासदों की **निराशाजनक चुप्पी** के भाव को एक तीव्र और लयात्मक रूप देती है, जिससे घटना की भयावहता प्रभावी ढंग से प्रस्तुत होती है।

वृतांत रागनी 11

वृतांत: द्रौपदी द्वारा सभी सभासदों और पांडवों को लताड़ते हुए

चीर हरण के भयानक प्रयास के बाद, जब दुःशासन थककर निढाल हो गया और प्रभु कृपा से द्रौपदी की लज्जा बच गई, तो अपमान की आग में जलती पांचाली मौन नहीं बैठीं। अपने वस्त्रों को संभालते हुए, उन्होंने उस पूरी सभा को कठोर शब्दों में धिक्कारा, जिसने अन्याय को अपनी आँखों के सामने होते देखा और जानबूझकर मौन धारण किए रखा। यह वाणी किसी साधारण स्त्री का विलाप नहीं, बल्कि **धर्म की रक्षक चेतना** की गर्जना थी।

भीष्म पितामह और गुरुजनों को लताड़: द्रौपदी ने सबसे पहले धर्म और नीति के सर्वोच्च ज्ञाता, भीष्म पितामह और गुरु द्रोणाचार्य को संबोधित किया। "हे पितामह! आप कुरुवंश के स्तंभ हैं, धर्मज्ञ हैं। आप देख रहे थे कि एक कुलवधू को वस्त्रहीन किया जा रहा है, फिर भी आपने आँखें क्यों मूँद लीं? आपका यह मौन अधर्म का समर्थन है। आपकी चुप्पी ऐसी है, जैसे खतरे को देखकर **शतुरमुर्ग ज्यूँ नाड़ रेत में गो ली** हो! और हे आचार्य द्रोण! क्या आपका धर्म यही है कि आप अपनी पुत्रवधू के अपमान पर शस्त्र और शास्त्र की रक्षा करना भूल जाएँ? आपका यह मौन आपकी महानता पर सबसे बड़ा धब्बा है।"

विदुर और सभासदों को फटकार: विदुर, जिन्होंने विरोध किया था, उन्हें भी द्रौपदी ने उनकी अपर्याप्त शक्ति के लिए अप्रत्यक्ष रूप से फटकारा। "हे नीतिवान काका विदुर, आप सत्य के समर्थक हैं, फिर भी आप इतने बलहीन क्यों थे कि धर्म का पतन होते देखकर भी मुखर नहीं हो पाए? यह सत्ता का पक्षपात नहीं तो और क्या है? यह मौन देखकर लगता है कि दुर्योधन का अन्न खाकर तेरी, **आत्मा पड़ कै सो ली** है।"

धृतराष्ट्र (ससुर) को चुनौती: फिर द्रौपदी सीधे राजा धृतराष्ट्र की ओर मुड़ी, जो राजा और उनके ससुर थे। "हे महाराज धृतराष्ट्र! आप कुल के पालक और मेरे पिता तुल्य हैं। आपके पुत्रों ने जो अनीति की है, उस पर आपका पुत्र मोह क्यूँ हावी रहा? एक राजा का यह अन्यायपूर्ण आचरण केवल मेरी लज्जा को ही नहीं लूट रहा, बल्कि यह पूरे कुरुवंश के विनाश का कारण बनेगा। आपके नेत्रों की ज्योति भले ही न हो, पर क्या आपके मन की ज्योति भी बुझ गई है?"

पाण्डवों को दर्द भरी लताड़: सबसे तीखी और हृदय विदारक लताड़ द्रौपदी ने अपने पाँचों पतियों को दी, जिन्होंने धर्म के पाश में बंधकर अपने पुरुषार्थ को त्याग दिया था।

- **युधिष्ठिर (धर्मराज) से:** "हे धर्माज्ञ! आप धर्म के प्रतीक माने जाते हैं। आप स्वयं को हारकर दास बन चुके थे, फिर आपने मुझे दाँव पर कैसे लगाया? एक दास का अपनी पत्नी पर कैसा अधिकार? आपका यह आचरण धर्म नहीं दिखाता, बल्कि यह सिद्ध करता है कि **तूं सजीव नहीं पाषाण है** (पत्थर जैसा हृदय रखता है)!"
- **भीम (बलि) और अर्जुन (गाण्डीव धारी) से:** "हे भीम, तेरी गदा की शक्ति और हे अर्जुन, तेरे गाण्डीव की गर्जना कहाँ गई? तुम दोनों शस्त्रधारी होकर अपनी पत्नी का अपमान चुपचाप देखते रहे! ओ गाण्डीव धारी मनै बता, **कित पड़े तेरे धनुष बाण हैं**? क्या तुम्हारी शक्ति और तुम्हारे धनुष-बाण आज केवल प्रदर्शन मात्र हैं?"
- **नकुल और सहदेव से:** "हे नकुल और सहदेव, क्या तुम्हारी भी बुद्धि और मति मारी गई है कि तुम दासता स्वीकार करके, अपनी पत्नी के अपमान पर भी मूर्तिवत चुप बैठे हो?"

द्रौपदी की अंतिम पुकार: कृष्ण का आह्वान: अंत में, द्रौपदी ने घोषणा की कि यह सभा अन्याय और अधर्म की राह पर चल पड़ी है। मनुष्यों से न्याय न मिलने पर, उन्होंने अपनी अंतिम आशा और परम सखा भगवान कृष्ण का आह्वान किया: "इस सभा में कोई धर्म या न्याय का पालन नहीं कर रहा है। अब केवल तुम ही रक्षक हो! **कृष्ण मुरारी तूं जल्दी आज्या, बनवारी कित ल्हुकग्या!**" द्रौपदी की यह गर्जना सभा के लिए एक दर्पण थी, जिसने सभी महान पुरुषों की नैतिक विफलता को उजागर किया और भविष्य के विनाशकारी युद्ध की नींव को मज़बूत कर दिया।

द्रोपदी : रागनी 11

वृतांत : द्रोपदी सभी सभासदों व पाँडवों को लताड़ती हुई
तर्ज : चुकलिया

थारी बहु सभा में नंगी करदी, कुल की इज्ज़त खो ली
इब बखत पड़े पै शतुरमुरग ज्यूँ, नाड़ रेत में गो ली

गंगापुत्र भीष्म पितामह क्यूं, नजर झुकाए बैठा सै
हस्तिनापुर के राजवंश का क्यूं, ताज लगाए बैठा सै
तेरी पौत्र वधू की इज्ज़त लूटगी, शान लुटाए बैठा सै
धर्म सरीखी कहनी चाहिए, मुँह में दही जमाए बैठा सै
बेबस हो कै नाड़ हिलावै, या तै बेल नाश की बो ली

विदुर काका नीति नियामक, राजनीति का ज्ञाता तूं
तूं ही न्योत कै ल्याया था, इब क्यूं नाड़ झुकाता तूं
तेरे मुंह तै बोल फूटता कोन्या, इतना क्यूं शर्माता तूं
न्याय सरीखी कहवणिया क्यूं, गीत राज के गाता तूं
दुर्योधन का अन्न खा कै तेरी, आत्मा पड़ कै सो ली

बहु की खातिर ससुर तायसरा, पिता बराबर हो सै
बेटा बेटी करें अनीति, यो तै सारे कुल का खोह सै
गलत आचरण देख पूत का, चुप रहणा पुत्र मोह सै
राजा हो कै तेरै दया नहीं, ईसा किसा यो छोह सै
हे धृतराष्ट्र प्रजा पालक, मैं तै बासु बळीया रो ली

द्रोपदी : रागनी 11 (Cont'd)

हे धर्माज्ञ धर्मराज युधिष्ठिर, तूं सजीव नहीं पाषाण है
किस हक तै तने दांव लगाई, तूं खुद हारा हुआ इंसान है
भीम बलि के तेरे हाथ टूटगे, क्यूं शक्तिहीन निष्प्राण है
ओ गाण्डीव धारी मनै बता, कित पड़े तेरे धनुष बाण है
नकुल सहदेव क्यूं बणे मूर्ति, थारी मत भी किनै चरो ली

इन्ह अन्याई पुरुषों के आगै, न्याय का पलड़ा झुकग्या
कृष्ण मुरारी तूं जल्दी आज्या, बनवारी कित ल्हुकग्या
गुरु पालेराम भी दर्श दिखाकै, बेरा ना कित छुपग्या
आनन्द शाहपुर की कविताई, छंद के मह छंद ठुकग्या
मौन धार कै इस राज सभा नै, आज नाश की राही टोह ली

विश्लेषण रागनी 11

द्रौपदी द्वारा सभासदों और पांडवों को लताड़ना

तर्ज: चुकलिया
रागनी का शास्त्रीय एवं साहित्यिक विश्लेषण

1. छंद-संरचना और लय-गठन (Pingal Shastra के अनुसार)

तर्ज "चुकलिया" में रचित यह रचना **चार चरणीय समवृत्तीय लोकछंद** में चलती है, जिसमें प्रत्येक चरण में औसतन **16–20 मात्राएँ** हैं। यह छंद *न्याय की पुकार और नैतिक आलोचना* को लय में बाँधता है।

उदाहरण:

> "थारी बहु सभा में नंगी करदी, कुल की इज्ज़त खो ली"

- कुल मात्राएँ: 18
- लय संरचना: 6+6+6
- छंद प्रकार: *चतुष्पदी समवृत्त*, जिसमें *चरणांत में दीर्घ गुरु* लय को स्थिरता देता है

यह छंद *न्यायिक आलोचना और नैतिक लताड़* के लिए उपयुक्त है — *द्रौपदी की चेतना और सभा की चुप्पी* को लयात्मक रूप में प्रस्तुत करता है।

किसी भी लोक रागनी का विश्लेषण पिंगल शास्त्र के कठोर नियमों पर करना, उसके **ताल (Tala)** और **लय (Laya)** को समझने की मांग करता है, जो शास्त्रीय छंदों के मात्रा बंधन से भिन्न होता है।

यह रागनी 'द्रौपदी' के क्रोध को हरियाणवी लोकगीत शैली में प्रस्तुत करती है। इसका साहित्यिक और छंदगत विश्लेषण पिंगल शास्त्र के अनुकूल यहाँ प्रस्तुत है:

यह रचना एक **अर्ध-सम मात्रिक लोक छंद (Ardh-Sama Matrik Lok Chhanda)** का प्रयोग करती है, जिसे इसके स्थानीय गायन शैली **'चुकलिया' तर्ज़** ने निर्धारित किया है। यहाँ छंद की कठोरता से अधिक **गेयता (Singability)** और **भाव की गति (Pace of Emotion)** पर ज़ोर दिया गया है।

2. छंद का प्रकार: अनियमित अर्द्ध-सम मात्रिक छंद

चूँकि यह रचना **'रागनी'** है, जो हरियाणवी **'सांग' (Saang)** परंपरा का हिस्सा है, इसका छंद किसी पारंपरिक शास्त्रीय छंद (जैसे चौपाई या दोहा) का अनुसरण नहीं करता।

- **मात्रा गणना की अनियमितता:** जब हम प्रत्येक पंक्ति की मात्राएँ गिनते हैं (जैसे, *गंगापुत्र भीष्म पितामह क्यूं, नजर झुकाए बैठा सै*), तो मात्राएँ **16 से 20** के बीच अनियमित रूप से बदलती हैं। यह अनियमितता दर्शाती है कि कवि ने मात्राओं की संख्या पर ध्यान केंद्रित नहीं किया है, बल्कि **यति (Pause)** और **लय (Rhythm)** को तर्ज़ के अनुरूप रखा है।
- **अर्ध-सम मात्रिक स्वरूप:** प्रत्येक पंक्ति में दो भाग हैं जो **यति** से विभाजित होते हैं।
- **प्रथम चरण (पूर्वार्ध):** प्रश्न पूछने या विषय रखने का काम करता है। (उदा: गंगापुत्र भीष्म पितामह क्यूं)
- **द्वितीय चरण (उत्तरार्ध):** कथन को पूरा करता है और अंतिम गुरु लय पर स्थिर होता है। (उदा: नजर झुकाए बैठा सै)

3. लय, गति और तर्ज़ (Laya, Gati, and Tarz)

इस रचना का पिंगल विश्लेषण इसकी **'चुकलिया' तर्ज़** पर निर्भर करता है:

- **लय (Rhythm):** रागनी की गति स्वाभाविक रूप से **द्रुत (Fast)** होती है, जो द्रौपदी के **क्रोध (Anger)** के भाव को दर्शाती है। यह लय हर पंक्ति में एक ही गति से चलती है, भले ही मात्राएँ बदल जाएँ।
- **यति (Pause):** छंद में मुख्य यति (ठहराव) पंक्ति के मध्य में आती है, जो लगभग 8–10 मात्राओं के बाद होती है।
    - उदाहरण : थारी बहु सभा में नंगी करदी (यति) कुल की इज्ज़त खो ली
- यह मध्य यति गायक को श्वास लेने और रागनी को ताल के साथ आगे बढ़ाने में मदद करती है।
- **गति (Flow):** छंद की गति सीधी, संवाद-प्रधान और नाटकीय है, जो पात्रों (भीष्म, विदुर, पांडव) को संबोधित करने के लिए उपयुक्त है।

4. चरणांत में दीर्घ गुरु की स्थिरता

यह रागनी तीव्र **'चुकलिया'** तर्ज़ पर आधारित है, और इसका चरणांत SS (गुरु-गुरु) की मजबूत लय पर समाप्त होता है, जो द्रौपदी के **तीखे और अटूट** उपालंभ (Taunt) को शक्ति प्रदान करता है।

खंड	उपालंभ (आरोप)	चरणांत वाक्यांश	लय विन्यास (Guru/ Laghu)	छंदगत प्रभाव

मुखड़ा	कुल की इज्ज़त खोना	नाड़ रेत में **गो ली**	SS	द्रौपदी की **शर्म और निराशा** का दृढ़ निष्कर्ष।
भीष्म को	धर्म सरीखी न कहना	नाश की **बो ली**	SS	भीष्म के **मौन** को कुल के विनाश का बीज घोषित करना।
विदुर को	राजनीति का ज्ञाता होकर चुप रहना	पड़ कै **सो ली**	SS	विदुर की **विवेकहीनता** को आत्मा के सो जाने से जोड़ना।
धृतराष्ट्र को	पुत्र मोह और दयाहीनता	बळीया **रो ली**	SS	राजा की **कर्तव्यहीनता** पर द्रौपदी के हृदय का विलाप।
पांडवों को	कायरता और शक्तिहीनता	किनै **चरो ली**	SS	पांडवों की **बुद्धि भ्रष्ट** होने पर सीधा कटाक्ष।
निष्कर्ष	न्याय का पलड़ा झुकना	राही **टोह ली**	SS	सभा द्वारा **विनाश के मार्ग** को स्वीकार करने की घोषणा।

- **स्थिरता का कारण:** छंद की प्रत्येक पंक्ति का अंत **'सै'** या **'ली'** से होता है।

- **सै (S/L):** 'बैठा सै', 'लुटाए बैठा सै', 'जमाए बैठा सै' – यहाँ **'सै'** को उच्चारण में जोर देकर **गुरु (S)** या अंत में गुरु-लघु की स्थिर लय प्रदान की जाती है। यह ठहराव पूरी पंक्ति को एक निश्चित निष्कर्ष देता है।
- **बो ली, सो ली, रो ली (S/L):** अंतिम पंक्तियाँ 'नाश की बो ली', 'पड़ कै सो ली', 'बळीया रो ली' - यहाँ **'बो ली'** या **'सो ली'** जैसी क्रियाएँ **दीर्घ गुरु (SS या SL)** पर समाप्त होती हैं, जो रागनी की लय को अगले खंड (अगले पात्र) में जाने से पहले एक मधुर और स्थायी ठहराव देती हैं। यह लोकगीतों में **'टेक' (Refrain)** के अंत को स्थिर करने का कार्य करता है।

5. भाषा का छंद पर प्रभाव

- **लोक भाषा:** हरियाणवी शब्दों (जैसे *क्यूं, सै, तूं, ल्हुकग्या, किन्है चरो ली*) का प्रयोग उच्चारण को प्रभावित करता है। पिंगल शास्त्र के अनुसार, **अनुनासिक** (Nasals) और **संयुक्त अक्षर** (Conjuncts) के नियम लोक भाषा में शिथिल (relaxed) हो जाते हैं, जिससे छंद की मात्रा गणना अनियमित हो जाती है, पर उसकी गेयता (singing quality) बनी रहती है।

6. भाव-संरचना और प्रतीकात्मकता

यह रचना *द्रौपदी के भीतर उठे प्रश्नों* को स्वर देती है — वह *सभासदों, पांडवों और धृतराष्ट्र* को उनके मौन, मोह और विफलता के लिए कठघरे में खड़ा करती है।

- **भीष्म की चुप्पी**: "धर्म सरीखी कहनी चाहिए मुँह में दही जमाए बैठा सै" — यह *धर्म की विफलता* है
- **विदुर की नीति का पतन**: "दुर्योधन का अन्न खा कै तेरी आत्मा पड़ कै सो ली" — यह *राजनीतिक नैतिकता की विफलता* है
- **धृतराष्ट्र की पक्षपातिता**: "पुत्र मोह सै... प्रजा पालक" — यह *राजा की नैतिक विफलता* है
- **पांडवों की निष्क्रियता**: "तूं सजीव नहीं पाषाण है... कित पड़े तेरे धनुष बाण है" — यह *वीरता की विफलता* है
- **कृष्ण की अनुपस्थिति**: "कृष्ण मुरारी तूं जल्दी आज्या" — यह *ईश्वर की प्रतीक्षा* है

यह रचना द्रौपदी को *न्याय की पुकार* बनाती है — जो *मौन के विरुद्ध गर्जना* करती है।

7. रस, अलंकार और मनोवैज्ञानिक गहराई

- **रौद्र रस**: द्रौपदी का क्रोध, लताड़ — यह *धर्म की रक्षा का स्वर* है
- **करुण रस**: सभा की चुप्पी, द्रौपदी की विवशता — यह *नारी की पीड़ा* है
- **वीर रस की मांग**: द्रौपदी बार-बार पूछती है — "वीरता कहाँ है?" — यह *न्याय की माँग* है

अलंकार:

- *रूपक*: "शतुरमुरग ज्यूँ, नाड़ रेत में गो ली" — *सभा की कायरता* का प्रतीक
- *अनुप्रास*: "मौन धार कै इस राज सभा नै आज नाश की राही टोह ली" — ध्वनि की पुनरावृत्ति से लय की तीव्रता

- *यमक*: "धर्मराज... धर्माज्ञ" — शब्दों की पुनरावृत्ति से भाव की गहराई

8. सांस्कृतिक और स्त्रीवादी पुनर्पाठ

यह रचना *हरियाणवी लोकसंस्कृति* में स्त्री को *न्याय की पुकार* के रूप में प्रस्तुत करती है — जो *धर्म, सत्ता और संबंधों* से प्रश्न करती है।

- द्रौपदी यहाँ *मूक पात्र नहीं*, बल्कि **न्याय की गर्जना** है
- वह *सभासदों को लताड़ती है*, परंतु *सम्मान के साथ* — यह *संवाद की संस्कृति* है
- यह रचना *स्त्री को सत्ता के समक्ष खड़ा करती है* — जो विमर्श के लिए अत्यंत मूल्यवान है

यहाँ द्रौपदी *धर्म, सत्ता और संबंधों* की त्रासदी है — जो *न्याय की पुकार* बन जाती है।

9. विमर्श के नए आयाम

- यह रचना *लोकछंद, स्त्री चेतना और सत्ता की आलोचना* का संगम है
- इसमें *राजनीतिक नैतिकता, धर्म की विफलता*, और *नारी अस्मिता* के तत्व हैं
- जिज्ञासु पाठक इसे *स्त्रीवादी पुनर्पाठ, राजनीतिक सत्ता की आलोचना*, और *लोककाव्य में न्याय की पुकार* के संदर्भ में विश्लेषित कर सकते हैं
- यह रचना *द्रौपदी की आंतरिक ज्वाला और सार्वजनिक प्रतिरोध* का चरम बिंदु है। इस रचना में जिस तीव्रता, स्पष्टता और नैतिक साहस से हर पात्र को लताड़ा है—वह केवल एक स्त्री की पीड़ा नहीं, बल्कि **सभ्यता की अंतरात्मा की पुकार** है। यह रागनी

न्याय की चुप्पी, *धर्म की निष्क्रियता*, और *राजनीति की आत्मवंचना* को बेनकाब करती है।

- यह रचना *द्रौपदी की आत्मगर्जना नहीं, बल्कि धर्म, सत्ता और संबंधों की धज्जियाँ उड़ाती हुई चेतना* है। इस रचना में जिस तीव्रता से द्रौपदी को *सभासदों और पांडवों के समक्ष लताड़ते* हुए प्रस्तुत किया है, वह केवल एक स्त्री का आक्रोश नहीं, बल्कि **राजनीतिक, नैतिक और सांस्कृतिक विफलताओं का सार्वजनिक उद्घाटन** है। यह रागनी *लोकध्वनि में न्याय की माँग* है — और वह भी *मौन के विरुद्ध*।
- यह रागनी पिंगल शास्त्र के अनुसार एक **मात्रिक छंद** (जैसे दोहा या चौपाई) नहीं है, बल्कि एक **लय-प्रधान लोक छंद** है। इसकी मुख्य छंदगत सुंदरता **'चुकलिया' तर्ज़** द्वारा नियंत्रित **लय की स्थिरता** और **चरणांत में आने वाले दीर्घ गुरु (या गुरु-लघु)** में निहित है, जो द्रौपदी के क्रोध को नाटक और संगीत के साथ अभिव्यक्त करने के लिए उत्तम है।

वृतांत रागनी 12

वृतांत: द्रौपदी द्वारा अपने पाँचों पतियों को लताड़ते हुए

चीर हरण के भयानक कृत्य के पश्चात्, द्रौपदी का शरीर भले ही टूट चुका था, किंतु उसका **आत्मबल** और न्याय की चेतना अक्षुण्ण रही। अपमान की अग्नि से जलते हुए, उसने कौरवों के अन्याय से भी बड़े अपराध—अपने पाँचों पतियों की निष्क्रियता और मौन—को सीधे चुनौती दी। भरी धर्मसभा में द्रौपदी का मुखमंडल क्रोध और करुणा के संगम से तेजस्वी हो उठा, और उसकी वाणी **'मौन धर्म की धिक्कार'** बनकर गूँज उठी।

उसने सर्वप्रथम 'धर्मराज' युधिष्ठिर पर सबसे तीखा प्रहार किया, जो स्वयं को हार जाने के बाद भी पत्नी को दाँव पर लगाने के कारण, धर्म के सर्वोच्च सिंहासन से पतित हो चुके थे। "हे धर्मराज!" द्रौपदी ने कठोरता से पूछा, "आप धर्म के ज्ञाता हैं, फिर भी क्या आप यह नहीं जानते कि खुद हारा हुआ व्यक्ति किसी और पर स्वामित्व नहीं रख सकता? **खुद हारे हुए का के हक मेरे पर**—बस इसी बात का मुझे सबसे बड़ा दुःख है! यदि आपने पहले मुझे दाँव पर लगाया होता, तो शायद इसे धर्म की विवशता कहा जाता, किंतु स्वयं दास बनने के बाद पत्नी को दाँव पर लगाना, यह केवल जुए का लालच नहीं, यह धर्म का सरेआम अपमान है।"

तत्पश्चात्, द्रौपदी बलशाली भीम की ओर मुड़ी, जिनकी शक्ति की तुलना दस हज़ार हाथियों से की जाती थी। "हे भीम! तुम्हारी भुजाओं में इतना बल है, तुम्हारी प्रतिज्ञाएँ वज्र के समान दृढ़ हैं, फिर तुम्हारी शक्ति आज कहाँ चली गई? तुम एक दासी के समान सिर झुकाए बैठे हो, जब तुम्हारी पत्नी की लज्जा लूटी जा रही है! **भीम बलि तेरी बाँह जंग खागी**, दे दिया दर्द अकेली को। मेरी पीड़ा यह है कि आज मेरी शक्ति, मेरी बाँहों का बल, मेरे ही पतियों की कायरता के सामने निष्क्रिय हो गया है—एक ऐसी बाँह जिसमें जंग लग गया हो।"

फिर गाण्डीवधारी अर्जुन की निष्क्रियता पर द्रौपदी ने गहरा कटाक्ष किया। "हे गाण्डीवधारी! जिन बाणों से तुमने लक्ष्य को बींधकर मुझे प्राप्त किया था, वे बाण और तुम्हारा धनुष गाण्डीव आज कहाँ धरे रह गए? **तेरे बाण और तीर धरे रह गए, जब तेरे आगे साड़ी खींच गई।** जिस समय दुःशासन मेरे वस्त्र खींच रहा था, उस समय तुम्हारी वीरता कहाँ थी? आज तुम्हारी प्रसिद्धि और शौर्य मेरे अपयश की धूल में बिछ गए हैं।"

सबसे छोटे, ज्ञानी और ध्यानी माने जाने वाले नकुल और सहदेव के मौन पर भी द्रौपदी ने गहरा दुःख व्यक्त किया। "हे नकुल, हे सहदेव! क्या तुम दोनों भी इसी सभा के कायरों की तरह अपनी आँखें झुकाए बैठे हो? तुम दोनों की बुद्धि और ज्ञान कहाँ गया? कम से कम तुम दोनों को तो यह घोषणा करनी चाहिए थी कि यह कृत्य धर्म के विरुद्ध है।" द्रौपदी ने कहा कि उनके घर की इज़्ज़त लुट चुकी है और सभी भाई दुःख सहकर (गम खाकर) बैठे हैं।

अपनी लताड़ के अंत में, द्रौपदी ने निराशा में डूबा एक मार्मिक और निर्णायक संकल्प व्यक्त किया। चूँकि उनके जीवित पतियों में अब न्याय और पराक्रम नहीं बचा है, इसलिए वह स्वयं अपनी गरिमा की अर्थी उठाएंगी। "इब अपणी अर्थी नै खुद ढोउंगी," यह घोषणा थी कि उन्होंने मानवीय सहायता से आशा छोड़ दी है। यह द्रौपदी की आत्मचेतना का शिखर था—वह केवल पत्नी नहीं, बल्कि धर्म की प्रहरी बन गई, जिसने अपने ही रक्षकों को कठघरे में खड़ा कर दिया। इस लताड़ ने पाण्डवों को अंदर तक झकझोर दिया और भविष्य के विनाशकारी युद्ध का मनोवैज्ञानिक आधार तैयार कर दिया।

द्रोपदी : रागनी 12

वृतांत : द्रोपदी अपने पाँचों पति पाँडवों को लताड़ती हुई
तर्ज : चुकलिया

जो अन्याई नै भी ना बरजै, वो खुद अन्याई हो सै
तम्ह पांचूं भाई मूक बैठगे, मेरै इसै बात का छोह सै

तूं धर्मराज का बेटा हो कै, ना धर्म की रक्षा कर पाया
तनै राज लूटा दिया जुए में, धन दौलत महल गंवाया
तनै एक बार भी सोची कोन्या, हर भाई दांव चढ़ाया
जब खुद को हार गया जुए में, फिर मेर पै दांव लगाया
खुद हारे हुए का के हक मेर पै, बस इसै बात का धोह सै

मनै हथेळी पै राखणीया, आज ढंक रहा आंख हथेली तै
एक शब्द भी बोल्या कोन्या, हुए उल्टे बांस बरेली तै
इस भरी सभा में किसनै रो लूं, जब आस ना मन के मेली तै
भीम बलि तेरी बाँह जँग खागी, दे दिया दर्द अकेली तै
दस दस हजार हाथियों का बल, यो बेमतलब का मोह सै

जिनै मच्छ की आँख बीन्धदी आज, उसकी खुद की मिचगी
ओ गांडीवधारी भरी सभा में, तेरी इज्ज़त पाँहया में बिछगी
तेरे बाण और तीर धरे रहगे, जब तेरे आगे साड़ी खींचगी
इब अपणी अर्थी नै खुद ढोउंगी, किसी होणी माया रचगी
थारा भी न्याय वो हे करैगा, सबका मालिक जो सै

द्रोपदी : रागनी 12 (Cont'd)

परम प्रतापी ग्यानी ध्यानी, आज बैठगे मौन लगाकै
नकुल सहदेव थारा मुंह ना खुलता, क्यूं बैठे नजर झुकाकै
आज बखत पड़े पै दोनू भाई, बैठे मुंह में दही जमाकै
थारे घर की इज्ज़त सभा में लुटगी, क्यों बैठे गम नै खाकै
गुरु पालेराम खान सोने की, यो तै आनन्द शाहपुर लोह सै

विश्लेषण रागनी 12

द्रौपदी द्वारा पांडवों को लताड़ना

तर्ज: चुकलिया
रागनी का शास्त्रीय एवं साहित्यिक विश्लेषण

1. छंद-संरचना और लय-गठन (Pingal Shastra के अनुसार)

तर्ज "चुकलिया" में रचित यह रचना **चार चरणीय समवृत्तीय लोकछंद** में चलती है, जिसमें प्रत्येक चरण में औसतन **16–18 मात्राएँ** हैं। यह छंद *न्यायिक आलोचना और नैतिक लताड़* को लय में बाँधता है।

उदाहरण:

"जो अन्याई नै ना बरजै वो खुद अन्याई हो सै"

- कुल मात्राएँ: 18
- लय संरचना: 6+6+6
- छंद प्रकार: *चतुष्पदी समवृत्त*, जिसमें *चरणांत में दीर्घ गुरु* लय को स्थिरता देता है

यह छंद *न्याय की पुकार और नैतिक आलोचना* के लिए उपयुक्त है — *द्रौपदी की चेतना और पांडवों की चुप्पी* को लयात्मक रूप में प्रस्तुत करता है।

यह रागनी भी हरियाणवी **'सांग'** परंपरा की **'चुकलिया' तर्ज़** पर आधारित एक **अर्ध-सम मात्रिक लोक छंद** है। यह छंद कठोर मात्रा बंधन से मुक्त है, लेकिन इसकी सम्पूर्ण संरचना **भाव की तीव्रता** और **गायन की गति** को साधती है।

2. छंद का मूलभूत ढाँचा और गेयता

- **लय-आधारित संरचना:** छंद का आधार मात्रा-संख्या न होकर उसकी **लय (रिदम)** है, जो द्रौपदी के **आक्रोश (क्रोध)** और **धिक्कार (लज्जा दिलाने)** के भाव को वहन करती है।
- **गायन शैली:** 'चुकलिया' तर्ज़ के कारण प्रत्येक पंक्ति की गति **द्रुत (तेज)** और **आवर्ती (Repetitive)** होती है, जो श्रोता को बांधे रखती है।
- **समूह विन्यास (Stanza Structure):** यह छंद एक **4+1** की संरचना का प्रयोग करता है। इसमें चार पंक्तियाँ एक **कथानक** या **आक्षेप** को विकसित करती हैं, और अंतिम पाँचवीं पंक्ति एक **निष्कर्ष (Conclusion)** या **स्थायी भाव** देती है, जो छंद के अंत में स्थिर गुरु लय का निर्माण करता है।

3. यति (विराम) और मात्रा भार

इस छंद में **दो प्रकार** के ठहराव (यति) अत्यंत महत्वपूर्ण हैं:

3.1 मध्य यति (भीतरी ठहराव)

प्रत्येक पंक्ति मध्य में एक स्वाभाविक विराम लेती है, जो गायक को श्वास लेने और रागनी की गति को बनाए रखने में सहायक है। यह यति लगभग **8 से 10** मात्राओं पर आती है।

- **उदाहरण:** जो अन्याई नै भी ना बरजै (यति) वो खुद अन्याई हो सै

3.2 चरणांत यति (स्थिर गुरु लय)

प्रत्येक खंड की **अंतिम पंक्ति** (या सभी पंक्तियों का अंत) एक विशिष्ट **गुरु (S)** या **गुरु-लघु (SL)** संयोजन पर समाप्त होता है, जो लय को स्थिरता देता है:

खंड	अंतिम शब्द	लय विन्यास (Guru/ Laghu)	छंदगत प्रभाव
परिचय	अन्याई हो सै	SS	यहाँ **'हो सै'** पर गुरु की स्थिरता है।
युधिष्ठिर	धोह सै	SS	**'धोह सै'** पर दीर्घ गुरु की ध्वनि से खंड का भाव स्थिर हुआ।
भीम	मोह सै	SS	**'मोह सै'** पर उसी स्थिर गुरु लय की आवृत्ति (Repetition) हुई।
अर्जुन	जो सै	SS	**जो सै** पर भी यह लय, द्रौपदी की निराशा को अंत तक ले जाती है।
नकुल/सहदेव	लोह सै	SS	**'लोह सै'** पर स्थिर गुरु लय से पूरी रागनी का समापन होता है।

यह स्थिर, अंतिम गुरु (SS) न केवल लय को विश्राम देता है, बल्कि **कविता के निष्कर्ष (फाइनल पंच)** को भी प्रभावी ढंग से स्थापित करता है।

4. छंदगत दोष और लोकभाषा का प्रभाव

पिंगल के कठोर नियमों के अनुसार कुछ अपवाद यहाँ मौजूद हैं, जो लोक छंद की प्रकृति हैं:

1. **मात्रा दोष (Irregularity in Matra):** पंक्तियों में मात्राओं की संख्या समान नहीं है (कहीं 16 तो कहीं 20 से अधिक), लेकिन **ताल** और **लय** समान रहने के कारण इसे छंद दोष नहीं माना जाता, बल्कि **गेयता की छूट** माना जाता है।
2. **वर्णन की प्रधानता:** छंद का मुख्य उद्देश्य **नाटकीय संवाद** करना है, इसलिए **वर्ण मैत्री** (साम्यता) से अधिक **शब्द चयन** (भावपूर्ण हरियाणवी शब्द) पर ज़ोर दिया गया है।

5. भाव-संरचना और प्रतीकात्मकता

यह रचना *द्रौपदी के भीतर उठे प्रश्नों* को स्वर देती है — वह *पाँचों पतियों को उनके मौन, मोह और विफलता* के लिए कठघरे में खड़ा करती है।

- **युधिष्ठिर की विफलता**: "खुद हारे हुए का के हक मेर पै" — यह *धर्मराज की नैतिक पराजय* है
- **भीम की निष्क्रियता**: "तेरी बांह जंग खागी" — यह *शक्ति की विफलता* है
- **अर्जुन की चुप्पी**: "तेरे बाण और तीर धरे रहगे" — यह *वीरता की निष्क्रियता* है
- **नकुल-सहदेव की मौनता**: "मुंह में दही जमाकै" — यह *बुद्धि की निष्क्रियता* है

- **द्रौपदी की आत्मघोषणा**: "इब अपणी अर्थी खुद ढोउंगी" — यह *न्याय की गर्जना* है

यह रचना द्रौपदी को *न्याय की पुकार* बनाती है — जो *मौन के विरुद्ध गर्जना* करती है।

6. रस, अलंकार और मनोवैज्ञानिक गहराई

- **रौद्र रस**: द्रौपदी का क्रोध, लताड़ — यह *धर्म की रक्षा का स्वर* है
- **करुण रस**: सभा की चुप्पी, द्रौपदी की विवशता — यह *नारी की पीड़ा* है
- **वीर रस की मांग**: द्रौपदी बार-बार पूछती है — "वीरता कहाँ है?" — यह *न्याय की माँग* है

अलंकार:

- *रूपक*: "हथेळी पै राखणीया… आंख हथेली तै" — *मौन और अंधता* का प्रतीक
- *अनुप्रास*: "धरे रहगे… खींचगी" — ध्वनि की पुनरावृत्ति से लय की तीव्रता
- *यमक*: "धर्मराज… धर्म की रक्षा" — शब्दों की पुनरावृत्ति से भाव की गहराई

7. सांस्कृतिक और स्त्रीवादी पुनर्पाठ

यह रचना *हरियाणवी लोकसंस्कृति* में स्त्री को *न्याय की गर्जना* के रूप में प्रस्तुत करती है — जो *धर्म, सत्ता और संबंधों* से प्रश्न करती है।

- द्रौपदी यहाँ *मूक पात्र नहीं*, बल्कि **न्याय की गर्जना** है

- वह *पाँचों पतियों को लताड़ती है*, परंतु *सम्मान के साथ* — यह *संवाद की संस्कृति है*
- यह रचना *स्त्री को सत्ता के समक्ष खड़ा करती है* — जो साहित्यिक विमर्श के लिए अत्यंत मूल्यवान है

यहाँ द्रौपदी *धर्म, सत्ता और संबंधों* की त्रासदी है — जो *न्याय की पुकार* बन जाती है।

8. विमर्श के नए आयाम

- यह रचना *लोकछंद, स्त्री चेतना और सत्ता की आलोचना* का संगम है
- इसमें *राजनीतिक नैतिकता*, *धर्म की विफलता*, और *नारी अस्मिता* के तत्व हैं
- जिज्ञासु पाठक इसे *स्त्रीवादी पुनर्पाठ*, *राजनीतिक सत्ता की आलोचना*, और *लोककाव्य में न्याय की पुकार* के संदर्भ में विश्लेषित कर सकते हैं
- यह रचना *द्रौपदी की आत्मगर्जना* है—एक ऐसी स्त्री की जो अपमान सहकर भी मौन नहीं रहती, बल्कि **अपने ही पतियों को धर्म, साहस और कर्तव्य की याद दिलाती है।** इस रचना में जिस तीव्रता से हर पांडव को उनके मौन, मोह और विफलता के लिए लताड़ा है, वह केवल एक स्त्री का आक्रोश नहीं, बल्कि **धर्म की पुनरुच्चारण** है।
- यह रचना *द्रौपदी की आत्मगर्जना नहीं*, बल्कि **धर्म, वीरता और संबंधों की विफलता पर तीव्रतम नैतिक अभियोग** है। इस रचना में जिस शैली में द्रौपदी को अपने पाँचों पतियों के समक्ष लताड़ते हुए प्रस्तुत किया है, वह केवल एक स्त्री का आक्रोश नहीं, बल्कि **सभ्यता के रक्षकों की चुप्पी पर ऐतिहासिक प्रश्नचिन्ह** है। यह रागनी *न्याय की पुकार* और *धर्म*

की पुनर्स्थापना का स्वर है — हरियाणवी लोकध्वनि में, परंतु वैश्विक नैतिक चेतना के साथ।

- यह रागनी छंद के **'त्रिपदी समवृत्त'** नियम का पालन **शाब्दिक मात्रा** के रूप में नहीं, बल्कि **चरणांत में आने वाली समान गुरु लय की स्थिरता** के रूप में करती है। यह स्थिर लय, जो हर खंड में SS पर समाप्त होती है, रागनी को उसकी पहचान और शक्तिशाली संगीतात्मक आधार प्रदान करती है।

वृतांत रागनी 13

वृतांत: द्रौपदी की पुकार श्रीकृष्ण को — अपमान की घड़ी में एकमात्र आशा

कुरुवंश की धर्म-सभा में, जब युधिष्ठिर जुए में सब कुछ हार चुके थे, तब धर्म, न्याय और नैतिकता एक साथ पराजित हो गए। दुर्योधन के क्रूर आदेश पर दुःशासन ने द्रौपदी को बाल पकड़कर घसीटा और भरी सभा में लाया। यह क्षण न केवल एक स्त्री का अपमान था, बल्कि धर्म की नींव पर लगा सबसे गहरा आघात था। द्रौपदी ने अपनी विकट स्थिति में सभा के महान ज्ञानियों—भीष्म, द्रोण, और विदुर—की ओर देखा, और अपने पाँचों पतियों पर दृष्टि डाली, किंतु सभी मौन थे।

द्रौपदी ने बार-बार धर्म का सूक्ष्म प्रश्न उठाकर मौन को तोड़ने का प्रयास किया: "क्या एक हारा हुआ दास, जिसका स्वयं पर कोई स्वामित्व नहीं रहा, उसे अपनी पत्नी को दाँव पर लगाने का अधिकार था?" यह प्रश्न इतना गहन था कि भीष्म पितामह और गुरु द्रोणाचार्य जैसे ज्ञानी भी इसका स्पष्ट उत्तर नहीं दे पाए, और अपनी विवशता में सिर झुकाकर मौन धारण कर लिया। पतियों की ओर से भी कोई पुरुषार्थ नहीं उठा, क्योंकि वे धर्म के पाश में बँधे रहे। द्रौपदी को यह स्पष्ट हो गया कि इस संसार की कोई भी मानवीय शक्ति, चाहे वह बल हो या ज्ञान, उसकी सहायता नहीं कर सकती।

असहायता के उस चरम क्षण में, जब दुःशासन ने द्रौपदी के वस्त्र उतारना आरंभ किया, तो वह अकेली पड़ गई। पहले उन्होंने स्वयं अपने वस्त्रों को पकड़ने का प्रयास किया, किंतु पुरुषार्थ की पराजय ने उन्हें अनुभव कराया कि वह एक ऐसी किश्ती हैं, जिसके पास मल्लाह नहीं है—**"किश्ती बिन मल्लाह की"**।

जब कोई पुरुषार्थ, कोई रक्षक और कोई भीष्म, द्रोण, या विदुर उनकी लाज नहीं बचा सका, तब द्रौपदी ने भौतिक संघर्ष को त्यागकर **आध्यात्मिक शरण** लेने का निर्णय लिया। यह सर्वोच्च समर्पण का क्षण था। उन्होंने अपने वस्त्रों को पकड़ना छोड़ दिया, दोनों बाँहें ऊपर उठाईं, आँखें बंद कर लीं, और पूरी तरह समर्पण के भाव से भगवान कृष्ण को पुकारा। यह पुकार किसी शब्द या शोर में नहीं थी, बल्कि आत्मा की गहराई से निकली थी—एक शुद्ध, अटूट आस्था की तान।

द्रौपदी की आत्मा ने पुकारा: "हे गोविंद! हे द्वारकावासी! हे केशव! हे जनार्दन! मैं विपत्ति में डूब रही हूँ, मैं तुम्हारी शरण में हूँ। मैं कौरवों के बीच अकेली खड़ी हूँ। **आओ गिरधारी मेरी लाज बचाओ जी!**"

जैसे ही द्रौपदी ने पूर्ण रूप से कृष्ण को पुकारा, कृष्ण ने अपनी योगमाया शक्ति से द्रौपदी के वस्त्रों को अनंत कर दिया। दुःशासन बल लगाता रहा, लेकिन साड़ी का छोर समाप्त नहीं हुआ। वस्त्रों का ढेर सभा में लगने लगा, और दुःशासन खींचते-खींचते थककर निढाल होकर गिर पड़ा। यह केवल द्रौपदी के वस्त्रों की रक्षा नहीं थी; यह **धर्म की पुनर्स्थापना** थी, जहाँ ईश्वर ने स्वयं आकर यह सिद्ध किया कि जब धर्म के रक्षक मौन हो जाते हैं, तब वह अपने भक्त की लाज बचाने और धर्म को कायम रखने के लिए प्रकट होते हैं। द्रौपदी की यह पुकार ही महाभारत युद्ध का प्रथम शंखनाद बनी, जिसने कौरवों के अहंकार को ध्वस्त कर दिया।

यह वृत्तांत द्रौपदी की आस्था, करुणा और आत्मबल का संगम है—जहाँ उसकी पुकार कोई साधारण याचिका नहीं, बल्कि आत्मा की तान बन गई, जिसने धर्म को जगा दिया।

द्रोपदी : रागनी 13

वृतांत : द्रोपदी की पुकार श्री कृष्ण को
तर्ज : ये गोटेदार लहंगा निकलूं जब डाल के

आओ गिरधारी मेरी लाज बचाओ जी, आओ गिरधारी मेरी लाज बचाओ जी
लाज बचाओ मेरी लाज बचाओ जी, लाज बचाओ मेरी लाज बचाओ जी
आओ गिरधारी मेरी लाज बचाओ जी, आओ गिरधारी मेरी लाज बचाओ जी
गिरिधर गिरिधर गिरिधर गिरिधर, गिरिधर गिरिधर गिरिधर गिरिधर

भरी सभा में दुष्ट दुशासन चीर मेरा खिंचवावै, चीर मेरा खिंचवावै
करणा चाहवै मुझको नंगी ताळी खुब बजावै, ताळी खुब बजावै, बजावै
जल्दी से आओ मोहन, मुझको बचाओ जी, जल्दी से आओ मोहन, मुझको बचाओ जी
आओ गिरधारी मेरी लाज बचाओ जी, आओ गिरधारी मेरी लाज बचाओ जी
गिरिधर गिरिधर गिरिधर गिरिधर, गिरिधर गिरिधर गिरिधर गिरिधर

पाँच पति बलवान जुएँ में हार गऐ बेचारे, हार गऐ बेचारे
सबसे आशा टूट चुकी मैं केवल तेरे सहारे, केवल तेरे सहारे, सहारे
अर्ज सुनो ओ मोहन, चीर बढ़ाओ जी, अर्ज सुनो ओ मोहन, चीर बढ़ाओ जी
आओ गिरधारी मेरी लाज बचाओ जी, आओ गिरधारी मेरी लाज बचाओ जी
गिरिधर गिरिधर गिरिधर गिरिधर, गिरिधर गिरिधर गिरिधर गिरिधर

गज और गाह लड़ें जल भीतर नंगे पैरों धाए, नंगे पैरों धाए
नरसी जी ने याद किया तो भात भराणे आए, भात भराणे आए, आए
नैया मेरी भी मोहन, पार लगाओ जी, नैया मेरी भी मोहन, पार लगाओ जी
आओ गिरधारी मेरी लाज बचाओ जी, आओ गिरधारी मेरी लाज बचाओ जी
गिरिधर गिरिधर गिरिधर गिरिधर, गिरिधर गिरिधर गिरिधर गिरिधर

आनन्द शाहपुर दरश दिखाओ मेरे कृष्ण कन्हैया, मेरे कृष्ण कन्हैया
मैं एक किश्ती बिन मल्लाह की ना कोऐ मेरा खिवैया, ना कोऐ मेरा खिवैया, खिवैया
बन्शी बजाओ मोहन, तान सुणाओ जी, बन्शी बजाओ मोहन, तान सुणाओ जी
आओ गिरधारी मेरी लाज बचाओ जी, आओ गिरधारी मेरी लाज बचाओ जी
गिरिधर गिरिधर गिरिधर गिरिधर, गिरिधर गिरिधर गिरिधर गिरिधर

विश्लेषण रागनी 13

द्रौपदी की पुकार श्रीकृष्ण को

तर्ज: ये गोटेदार लहंगा निकलूं जब डाल के
रागनी का शास्त्रीय एवं साहित्यिक विश्लेषण

1. छंद-संरचना और लय-गठन (Pingal Shastra के अनुसार)

तर्ज "गोटेदार लहंगा..." में रचित यह रचना **गीतात्मक लोकछंद** में चलती है, जिसमें **पुनरावृत्ति, तान और लय की गहराई** होती है। यह छंद *भाव की तीव्रता और भक्ति की लय* को ध्यान में रखकर रचा गया है।

उदाहरण:

"आओ गिरधारी मेरी लाज बचाओ जी"

- कुल मात्राएँ: 16–18
- लय संरचना: 4+4+4+6
- छंद प्रकार: *गीतात्मक समवृत्त*, जिसमें *पंक्ति दोहराव* से भाव की तीव्रता बढ़ती है

यह छंद *भक्ति और पुकार* के लिए उपयुक्त है — *द्रौपदी की चेतना और कृष्ण की प्रतीक्षा* को लयात्मक रूप में प्रस्तुत करता है।

यह रचना हरियाणवी **'सांग'** परंपरा की एक **लय-प्रधान, सम मात्रिक आवर्ती छंद** है। इसकी संपूर्ण संरचना **'गीतिका'** या **'लावणी'** छंदों की विशेषताएँ रखती है, जहाँ गेयता और भाव की सरलता सर्वोपरि होती है।

2. छंद का प्रकार: आवर्ती सम मात्रिक छंद (Repetitive Even Metre)

यह रागनी एक पारंपरिक छंद की मात्राओं का पालन न करके, **गायन की तर्ज़** के कारण एक **स्थिर मात्रा समूह** का बार-बार उपयोग करती है।

- **स्थिरता:** प्रत्येक खंड की अंतिम तीन पंक्तियाँ एक ही **लय और मात्रा विन्यास** को दोहराती हैं, जो एक **स्थायी (Refrain)** का कार्य करती हैं।
- **मात्रा भार:** इस छंद के मुख्य चरण (पंक्तियाँ) 14 से 16 मात्राओं के बीच पाए जाते हैं, लेकिन पुनरावृत्ति वाले स्थायी चरणों का मात्रा विन्यास 14 से 15 मात्राओं के आसपास बहुत **नियमित** हो जाता है।

3. रागनी की संरचना और खंड विन्यास

इस रागनी का ढाँचा विशुद्ध रूप से **गीत के समान** है, जहाँ प्रत्येक खंड में **अस्थायी (Stanza)** और **स्थायी (Chorus)** का मिश्रण है:

- **अस्थायी भाग (Stanza):** खंड की पहली 2 से 4 पंक्तियाँ जहाँ नया कथानक या संदर्भ दिया जाता है।
  - उदा: भरी सभा में दुष्ट दुशासन चीर मेरा खिंचवावै
- **स्थायी भाग (Chorus/Refrain):** खंड की अंतिम 2 पंक्तियाँ, जिनमें द्रौपदी की पुकार दोहराई जाती है, यह भाग हर खंड के अंत में **अक्षरशः** दोहराया जाता है।
  - उदा: आओ गिरधारी मेरी लाज बचाओ जी... गिरिधर गिरिधर गिरिधर गिरिधर

4. छंद में यति और लय का प्रयोग

4.1 द्रुत गति की यति (Fast Pace Pause)

संपूर्ण रागनी में यति का प्रयोग अत्यंत नियमित और त्वरित गति (Fast Rhythm) का निर्माण करता है:

- **पंक्ति में दो यति:** अधिकांश बड़ी पंक्तियाँ मध्य में विभाजित हैं, जहाँ पहली यति 7 या 8 मात्राओं पर, और दूसरी यति 14 से 16 मात्राओं पर आती है।
  - आओ गिरधारी मेरी लाज बचाओ जी (पंक्ति 1 और 2)
  - भरी सभा में दुष्ट दुशासन (यति) चीर मेरा खिंचवावै
  - यह विभाजन लय में **गति और तर्ज़** को बनाए रखने में सहायक है।

4.2 चरणांत में दीर्घ गुरु की आवृत्ति

यह रागनी भावनात्मक **शोक (करुण रस)** और **भक्ति** के भाव में रचित है। इसका चरणांत SS (गुरु-गुरु) की लय पर समाप्त होता है, जो द्रौपदी के **अटूट विश्वास** और सहायता की **दृढ़ माँग** को शक्ति प्रदान करता है।

खंड	पुकार/भाव	चरणांत वाक्यांश	लय विन्यास (Guru/ Laghu)	छंदगत प्रभाव
पहला	दुशासन का अत्याचार	मुझको **बचाओ जी**	SS	दुशासन के कृत्य पर **तत्काल बचाव** की सबसे

				पहली और तीव्र माँग।
दूसरा	पतियों की विवशता	चीर **बढ़ाओ जी**	SS	पतियों की हार के बाद, **केवल कृष्ण** पर निर्भरता और विशिष्ट माँग।
तीसरा	गज और नरसी का दृष्टांत	पार **लगाओ जी**	SS	भक्त वत्सलता के उदाहरण देते हुए, अपनी **नैया पार** लगाने की विनम्र प्रार्थना।
चौथा	किश्ती और खिवैया	तान **सुणाओ जी**	SS	अंतिम क्षण में **दिव्य दर्शन** और आश्वासन (बाँसुरी की तान) की उत्कट इच्छा।

पिछली रागणियों की तरह यहाँ भी प्रत्येक चरण का अंत **दीर्घ गुरु (S)** या SL (गुरु-लघु) पर होता है, लेकिन यहाँ यह स्थिरता **दया और पुकार** का भाव उत्पन्न करती है:

- **अंत का विन्यास:** 'बचाओ जी', 'बढ़ाओ जी', 'लगाओ जी', 'सुणाओ जी'

- सभी क्रियापदों का अंत S (गुरु) पर होता है, जिसके बाद **'जी'** (S) शब्द **अत्यंत सम्मान (Respect)** और **स्थिरता** का भाव जोड़ता है।
- सबसे अंत में **'गिरिधर गिरिधर'** की 8 बार आवृत्ति, छंद को एक **आध्यात्मिक एकाग्रता (Spiritual Focus)** और **समापन की दृढ़ता** प्रदान करती है। प्रत्येक 'गिरिधर' SLS की ध्वनि देता है, जो छंद को एक सुंदर आवर्ती लय प्रदान करता है।

5. शब्द विन्यास का साहित्यिक पक्ष

- **पुनरावृत्ति (Repetition):** 'लाज बचाओ जी' और 'गिरिधर गिरिधर' की सघन पुनरावृत्ति छंद को **भक्ति (Devotional)** और **आर्त पुकार (Painful Plea)** का गुण देती है। यह लोक काव्य में भाव की तीव्रता को बढ़ाने का एक प्रभावी तरीका है।
- **उदाहरणों का प्रयोग:** गज और गाह (हाथी और मगरमच्छ), नरसी जी के भात जैसे पौराणिक उदाहरण छंद को **आलंकारिक बल (Rhetorical Force)** प्रदान करते हैं, जिससे द्रौपदी की पुकार की तीव्रता सिद्ध होती है।

6. भाव-संरचना और प्रतीकात्मकता

यह रचना *द्रौपदी के भीतर उठी पुकार* को स्वर देती है — वह *सभा की चुप्पी, पतियों की हार और अपमान* के बीच केवल कृष्ण को पुकारती है।

- **द्रौपदी की पुकार**: "आओ गिरधारी मेरी लाज बचाओ जी"
  — यह *न्याय की पुकार* है
- **सभा का दृश्य**: "चीर मेरा खिंचवावै... ताळी खुब बजावै"
  — यह *नारी अस्मिता का सार्वजनिक अपमान* है

- **पतियों की विफलता**: "सबसे आशा टूट चुकी" — यह *संबंधों की विफलता* है
- **कृष्ण की प्रतीक्षा**: "जल्दी से आओ मोहन" — यह *ईश्वर की पुकार* है
- **नरसी जी का संदर्भ**: "भात भराणे आए" — यह *भक्ति की परंपरा* का स्मरण है
- **नैया और मल्लाह**: "मैं एक किश्ती बिन मल्लाह की" — यह *जीवन की असहायता* का प्रतीक है

यह रचना द्रौपदी को *भक्ति, चेतना और न्याय की पुकार* बनाती है — जो *ईश्वर को जगाती* है।

7. रस, अलंकार और मनोवैज्ञानिक गहराई

- **भक्ति रस**: कृष्ण की पुकार, बंसी की तान — यह *आत्मा की पुकार* है
- **करुण रस**: सभा का अपमान, पतियों की हार — यह *नारी की पीड़ा* है
- **शांत रस**: कृष्ण की प्रतीक्षा — यह *आध्यात्मिक शांति* की खोज है

अलंकार:

- *अनुप्रास*: "गिरिधर गिरिधर गिरिधर…" — ध्वनि की पुनरावृत्ति से लय की सघनता
- *रूपक*: "किश्ती बिन मल्लाह की" — जीवन की असहायता का प्रतीक
- *यमक*: "तान सुणाओ जी… बंसी बजाओ मोहन" — शब्दों की पुनरावृत्ति से भाव की गहराई

8. सांस्कृतिक और आध्यात्मिक पुनर्पाठ

यह रचना *हरियाणवी लोकसंस्कृति* में स्त्री को *भक्ति की पुकार* के रूप में प्रस्तुत करती है — जो *धर्म, सत्ता और संबंधों* से ऊपर उठकर *ईश्वर को जगाती* है।

- द्रौपदी यहाँ *मूक पात्र नहीं*, बल्कि **भक्ति की चेतना** है
- वह *कृष्ण को पुकारती है*, परंतु *सम्मान और श्रद्धा* के साथ — यह *भक्ति की संस्कृति* है
- यह रचना *स्त्री को भक्ति की धुरी* बनाती है — जो साहित्यिक विचार विमर्श के लिए अत्यंत मूल्यवान है

यहाँ द्रौपदी *धर्म, भक्ति और* चेतना की त्रयी है — जो *ईश्वर को जगाती* है।

9. विमर्श के नए आयाम

- यह रचना लोकछंद, *भक्ति और स्त्री* चेतना का संगम है
- इसमें *न्याय की पुकार*, *ईश्वर की प्रतीक्षा*, और *भक्ति की गहराई* के तत्व हैं
- जिज्ञासु पाठक इसे *स्त्रीवादी पुनर्पाठ*, *भक्ति परंपरा में स्त्री की भूमिका*, और *लोककाव्य में आत्मा की पुकार* के संदर्भ में विश्लेषित कर सकते हैं
- यह रचना *द्रौपदी की पुकार नहीं, उसकी आत्मा की पुकार है*— एक ऐसी पुकार जो धर्म, न्याय और करुणा के प्रतीक श्रीकृष्ण को संबोधित है। इस रागनी में जिस भावनात्मक गहराई और लोकध्वनि की लय में यह रचना रची है, वह केवल एक स्त्री की रक्षा की याचना नहीं, बल्कि **सांस्कृतिक चेतना का आह्वान** है।
- यह रागनी पिंगल शास्त्र के अनुरूप, **आवर्ती सम मात्रिक** संरचना का एक सफल उदाहरण है। यह **तर्ज़-आधारित छंद**

अपने **सरल मात्रा विन्यास, त्वरित यति** और **दीर्घ गुरु पर समाप्त होने वाले स्थायी चरणों** के माध्यम से द्रौपदी की अंतिम और सम्पूर्ण समर्पण की भावना को अत्यंत गेयता (Singability) के साथ व्यक्त करता है।

- यह रागनी द्रौपदी की **अंतिम और तीव्रतम पुकार** है। यह छंद उनके **संपूर्ण समर्पण (Bhakti)** और **चरम निराशा (Despair)** के भाव को व्यक्त करता है।
- चूंकि यह रागनी एक फिल्मी तर्ज़ पर आधारित है, इसमें **पुनरावृत्ति (Repetition)** और एक **भावनात्मक प्रवाह** प्रमुख है। इसके अंत में भी एक स्थिर गुरु लय का प्रयोग किया गया है ताकि द्रौपदी की पुकार में **अटूट दृढ़ता** बनी रहे।
- रागनी के प्रत्येक खंड का समापन एक **SS (गुरु-गुरु)** लय पर होता है (जैसे: **बचाओ जी**, **बढ़ाओ जी**, **लगाओ जी**, **सुणाओ जी**)। यह लय-बद्धता 'ये गोटेदार लहंगा...' तर्ज़ के मधुर और बार-बार दोहराए जाने वाले छंदों में एक **स्थिर, भावुक और दृढ़ भावनात्मक ठहराव** प्रदान करती है। यह द्रौपदी की निराशा में भी **अटूट विश्वास** को उजागर करता है कि कृष्ण ही उनकी लाज बचाएंगे।

वृतांत रागनी 14

वृतांत: सभा में द्रौपदी का क्रोध और बदला लेने का प्रण

कुरुक्षेत्र की सभा में जब अपमान की अग्नि चरम पर पहुँची, और देवीय हस्तक्षेप ने द्रौपदी के वस्त्रों की लाज रखी, तब उसके आत्म-गौरव को लगी चोट ने उसे मात्र पीड़िता से उठाकर **'रणचण्डी'** के रूप में परिवर्तित कर दिया। उसके खुले केश, जो पतिव्रत धर्म के प्रतीक थे, अब न्याय के लिए किए गए भयंकर संकल्प की साक्षी बन गए। सभा का मौन और कौरवों का अहंकार, दोनों उसके क्रोध के सामने धूल में मिल गए। उसने भरी सभा में अपने अपमान का हिसाब माँगते हुए **प्रतिशोध की अटल प्रतिज्ञा** की, जो केवल व्यक्तिगत वैर नहीं, बल्कि अन्याय के विरुद्ध धर्म की स्थापना का उद्घोष थी।

उसने सर्वप्रथम दुर्योधन को ललकारा, जिसने उसे 'दासी' कहकर अपनी जंघा पर बैठने का संकेत दिया था। द्रौपदी का कठोर प्रण था: "हे दुर्योधन! जिस जंघा का स्पर्श कर तूने मेरा अपमान किया है, मैं शपथ लेती हूँ कि जब तक उस जंघा को युद्धभूमि में तोड़कर तेरे शरीर से अलग नहीं कर दिया जाएगा, तब तक मेरा चित्त शांत नहीं होगा। तुझे इस नीच कर्म का मूल्य अपने प्राणों से चुकाना पड़ेगा।" इसके पश्चात्, उसने दुःशासन की ओर देखा, जिसने उसके केशों को पकड़कर घसीटा था। उसका संकल्प और भी अधिक भयानक था: "ओ दुराचारी दुःशासन! मैं यह कठोर शपथ लेती हूँ कि जब तक तेरी छाती का रक्त निकालकर, उसी से अपने इन खुले केशों को धोकर नहीं बाँधूँगी, तब तक मेरा श्रृंगार अपूर्ण रहेगा! जो हाथ मेरे तन पर उठे, वे रणभूमि में टूटेंगे।"

द्रौपदी की यह भीषण गर्जना सुनकर भीष्म, द्रोण, और विदुर जैसे धर्मज्ञ भी कंपकंपा उठे। उनका यह घोषणा-पत्र केवल दो व्यक्तियों के लिए नहीं था,

बल्कि उन सभी पर लागू होता था जिन्होंने इस अधर्म में मौन रहकर समर्थन किया। उसके नैनों में अब केवल न्याय की ज्वाला थी।

इस विकराल 'रणचण्डी' के रूप को देखकर राजसत्ता का संरक्षक, राजा धृतराष्ट्र, अपने सिंहासन पर भय से काँपने लगे। उन्हें स्पष्ट दिखने लगा कि यह अपमान अब भरतवंश के विनाश का कारण बनेगा। उनका भय पुत्र-मोह से अधिक कुल की समाप्ति का भय था। भयभीत धृतराष्ट्र ने तत्काल द्रौपदी को शांत करने का प्रयास किया। यह प्रयास पिता का स्नेह नहीं, बल्कि एक विवश राजा का समर्पण था।

उन्होंने द्रौपदी को "लाड़ली" और "बेटी" कहकर संबोधित किया, अपने पुत्रों के दुष्कर्मों को 'होणी' (भाग्यवश हुई घटना) कहकर टालने की कोशिश की, और स्वयं को **"पिता-तुल्य नेत्रहीन गुनहगार"** बताया। राजसत्ता के सर्वोच्च व्यक्ति ने द्रौपदी से याचना की: "बेटी, यह जुए की बाजी धर्म पर लगा एक भयानक कलंक था। तुम जो चाहोगी, मैं तुम्हें मुंह माँगा वर दूँगा। बीती बात बिसार दो। जो कुछ तुमने और पाण्डवों ने जुए में हारा था, यह राज्य, यह धन, यह सम्मान—सब तुम्हारा है।"

धृतराष्ट्र ने पाण्डवों को तत्काल दासत्व से मुक्त कर दिया और उन्हें सम्मान सहित इंद्रप्रस्थ लौटाने की घोषणा की। द्रौपदी ने इस निर्णय को स्वीकार कर लिया, क्योंकि यह तात्कालिक रूप से पाण्डवों को बंधन से मुक्त करता था। किंतु उसकी चेतना जानती थी कि यह फैसला न्याय की भावना से नहीं, बल्कि **सत्ता की रक्षा के भय** से लिया गया है। धृतराष्ट्र ने केवल अपमान की बाज़ी पलटी थी, किंतु अपराध करने वाले पुत्रों को दंडित करने का साहस नहीं किया।

यह मुक्ति केवल एक विराम थी। द्रौपदी का मौन संदेश स्पष्ट था: **"मैंने न्याय माँगा था, और तूने भय में फैसला लिया। यह क्षमा नहीं, यह समर्पण है।"** उसकी प्रतिज्ञा अभी भी अटल थी, और उसी प्रतिज्ञा ने भविष्य में होने वाले धर्मयुद्ध का मार्ग प्रशस्त किया।

द्रोपदी : रागनी 14

वृतांत : सभा में द्रोपदी का क्रोध और बदला लेने प्रण
तर्ज : चुकलिया

मेरी इज्जत तै खेलणिया, इब तम्हनै सबक सिखाऊंगी
भरी सभा में प्रण करूँ सूं, रण में न्याय करवाऊँगी

दुर्योधन बेईमान लफंगे, तनै व्यभिचार कमाया है
बड्डी भाभी हो मात बरोबर, तनै कुल कै बट्टा लाया है
दासी कहकै करया इशारा, जांघ कै हाथ लगाया है
भरी सभा में नंगी करदी, इसा उत्पात मचाया है
जिस जँघा का करया इशारा, वा तन तै अलग धराऊँगी

दुशाशन बलहीन दीन तूँ, कायर और दुराचारी है
पाप में साँझा करकै सोचै, तूँ भाई का हितकारी है
बाळ पकड़ कै तनै घसीटी, तूँ दण्ड का अधिकारी है
ज़बरन साड़ी खींचकै हाँसै, न्यू सोचै अबला नारी है
तेरी छाती का रक्त काढ़कै, उस रक्त में केश रँगाऊँगी

जो जो हाथ लगे मेरे तन कै, वे हाथ टूट कै पड़ ज्यांगे
जो जो नैन उठे मेरे कान्हीं, वे नैन आँख तै कढ़ ज्यांगे
जिन्हके मन उठी काम वासना, रक्त कूँड़ में सिड़ ज्यांगे
जिन्हकी धजा शिखर में लहरै, वे भी ज़मीं में गड़ ज्यांगे
रणचण्डी बण फिरूँ समर में, मैं तै माथै रक्त सजाऊँगी

द्रोपदी : रागनी 14 (Cont'd)

जाँघ और पट पै हाथ लाणिया, जाँघ तुड़ाकै मारे जा
मेरी लाचारी पै ठट्ठे फोड़णिया, मौत के घाट उतारे जा
न्याय का पलड़ा भारी हो जब, अन्यायी सब मारे जा
जो जो गलत हुया मेरे संग में, गुरु पालेराम समारे जा
आनन्द शाहपुर लिखता जा मैं, दर्द भरे रंग गाऊँगी

विश्लेषण रागनी 14

सभा में द्रौपदी का क्रोध और बदला लेने का प्रण

तर्ज: चुकलिया

रागनी का शास्त्रीय एवं साहित्यिक विश्लेषण

1. छंद-संरचना और लय-गठन (Pingal Shastra के अनुसार)

तर्ज "चुकलिया" में रचित यह रचना **चार चरणीय समवृत्तीय लोकछंद** में चलती है, जिसमें प्रत्येक चरण में औसतन **16–18 मात्राएँ** हैं। यह छंद *क्रोध, प्रतिशोध और युद्ध की घोषणा* को लय में बाँधता है।

उदाहरण:

> "मेरी इज्जत तै खेलणिया, इब तम्हनै सबक सिखाऊंगी"

- कुल मात्राएँ: 18
- लय संरचना: 6+6+6
- छंद प्रकार: *चतुष्पदी समवृत्त*, जिसमें *चरणांत में दीर्घ गुरु* लय को स्थिरता देता है

यह छंद *न्याय की पुकार और युद्ध की तैयारी* के लिए उपयुक्त है — *द्रौपदी की चेतना और सभा की चुप्पी* को लयात्मक रूप में प्रस्तुत करता है।

यह रागनी, द्रौपदी के चरित्र के सबसे **शक्तिशाली और निर्णायक** क्षण को दर्शाती है। यह उनके **क्रोध** को **बदलने की प्रतिज्ञा (Pran)** में बदल देती है। इस रागनी में, द्रौपदी केवल विलाप नहीं करती, बल्कि भविष्य में होने वाले भयानक युद्ध का **संकल्प** लेती है।

यह रचना पिछली अधिकांश रागणियों की तरह ही **'चुकलिया' तर्ज़** पर आधारित है। पिंगल शास्त्र के आधार पर, यहाँ इसका संपूर्ण विश्लेषण प्रस्तुत है:

2. छंद का मूलभूत ढाँचा: संकल्प और प्रतिशोध का छंद

यह रागनी हरियाणवी **'सांग'** परंपरा की एक **आक्रामक (Aggressive) और संकल्प-प्रधान (Vow-centric) लोक छंद** है। इसका उद्देश्य द्रौपदी के भयानक प्रतिशोध को स्थापित करना है।

2.1. छंद का स्वरूप

- **प्रकार:** अनियमित मात्रिक, प्रतिज्ञा-प्रधान छंद।
- **लय (Rhythm):** इसकी लय **तीव्र (Fast)**, **उत्तेजित** और **युद्ध-घोष** के समान है। यह द्रौपदी के **भयानक क्रोध (Ranachandi Roopa)** को दर्शाती है।
- **मात्रा भार:** पंक्तियों में मात्राएँ 16 से 20 के बीच बदलती हैं, जो कथात्मकता और भाव की तीव्रता दोनों को स्थान देती है।

2.2. विन्यास (Structure)

यह छंद भी 4+1 विन्यास का पालन करता है, लेकिन यहाँ **पांचवीं पंक्ति** केवल निष्कर्ष नहीं, बल्कि **भविष्य में पूरी होने वाली प्रतिज्ञा** है:

- **अस्थायी पंक्तियाँ (Stanzas - 4 lines):** दुर्योधन और दुशासन के अपराधों का वर्णन करती हैं।
- **स्थायी प्रतिज्ञा पंक्ति (Final line of stanza):** यह पाँचवीं पंक्ति **भविष्य काल (Future Tense)** में एक भयानक प्रतिज्ञा या परिणाम की घोषणा करती है।

3. यति (विराम) और चरणांत गुरु लय

इस छंद की छंदगत विशेषता प्रतिज्ञाओं में भी लय और ठहराव को बनाए रखना है, जिससे प्रतिज्ञाएं अधिक प्रभावशाली बनती हैं।

3.1. मध्य यति (भीतरी ठहराव)

- प्रत्येक पंक्ति मध्य में 8 से 10 मात्राओं के बीच एक **स्पष्ट विराम (यति)** लेती है। यह यति द्रौपदी के **आवेशपूर्ण वक्तव्य** को भागों में तोड़कर, उस पर बल डालती है।
    - **उदाहरण:** दुशाशन बलहीन दीन तूँ (यति) कायर और दुराचारी है
- यह ठहराव छंद की तीव्र लय में भी **वाक्य संरचना की स्पष्टता** बनाए रखता है।

3.2. चरणांत में दीर्घ गुरु की स्थिरता

हर खंड की अंतिम पाँचवीं पंक्ति एक विशिष्ट **गुरु (S)** या **गुरु-लघु (SL)** संयोजन पर समाप्त होती है, जो प्रतिज्ञा को एक **स्थायी और अटूट (Unbreakable)** निष्कर्ष देती है:

खंड	अंतिम निष्कर्ष/प्रतिज्ञा	चरणांत शब्द	लय विन्यास (Guru/ Laghu)	छंदगत प्रभाव
परिचय	न्याय की प्रतिज्ञा	करवाऊँगी	SS	पूरे छंद की नींव, दृढ़ संकल्प को

				स्थापित करता है।
दुर्योधन	जाँघ अलग करना	धराऊँगी	SS	दुर्योधन के घोर पाप की प्रतिज्ञा को बल देता है।
दुशासन	केश रँगना	रँगाऊँगी	SS	दुशासन के प्रति क्रूर प्रतिशोध को दृढ़ता देता है।
सभासद	माथे रक्त सजाना	सजाऊँगी	SS	द्रौपदी के रणचंडी रूप और सामान्य विनाश को स्थापित करता है।
समापन	दर्द भरा रंग गाना	गाऊँगी	SS	छंद का समापन करते हुए **प्रतिज्ञा पूर्ण** होने तक के दर्द को स्थिर करता है।

सभी अंतिम शब्द (सिखाऊँगी, करवाऊँगी, धराऊँगी, रँगाऊँगी, सजाऊँगी, गाऊँगी) **SS (गुरु-गुरु)** की स्थिर लय पर समाप्त होते हैं। यह **समान और दृढ़ आवृत्ति** पूरी रागनी को एक **भयानक और अटल** संगीतात्मक आधार प्रदान करती है, जो द्रौपदी के **अंतिम संकल्प** के लिए पूरी तरह से उपयुक्त है।

4. साहित्यिक सौंदर्य और अलंकार

- **अलंकार - अनुप्रास (Alliteration) और पुनरावृत्ति:** प्रतिज्ञाओं को बल देने के लिए 'त' और 'क' वर्णों की आवृत्ति है।
- **रस (Rasa):** इस छंद का मुख्य रस **रौद्र (Wrath/Anger)** है, जो वीर रस में परिवर्तित होता है जब द्रौपदी स्वयं को **रणचण्डी** घोषित करती है। छंद की तीव्र लय और प्रतिज्ञाएँ इस रस की अभिव्यक्ति हैं।
- **रूपक (Metaphor):**
    - रणचण्डी बण फिरूँ समर में (स्वयं को युद्ध की देवी बनाना)।
    - रक्त कूँड़ में सिड़ ज्यांगे (काम वासना रखने वालों का रक्तकुंड में सिझना/उबलना)।

5. भाव-संरचना और प्रतीकात्मकता

यह रचना *द्रौपदी के भीतर उठे प्रतिशोध* को स्वर देती है — वह *दुर्योधन, दुशासन और सभा के मौन* को युद्ध की चुनौती में बदल देती है।

- **दुर्योधन का व्यभिचार**: "जांघ कै हाथ लगाया है" — यह *नारी अस्मिता पर सार्वजनिक हमला है*

- **दुशासन की करतूत**: "साड़ी खींचकै हाँसै" — यह *स्त्री की गरिमा का अपमान* है
- **द्रौपदी की प्रतिज्ञा**: "उस रक्त में केश रँगाऊँगी" — यह *अपमान को प्रतिशोध में बदलने की चरम घोषणा* है
- **रणचण्डी का रूप**: "मैं तै माथै रक्त सजाऊँगी" — यह *न्याय की देवी का अवतरण* है
- **सभा की विफलता**: "मेरी लाचारी पै ठट्ठे फोडणिया" — यह *धर्म की हत्या* है

यह रचना द्रौपदी को *रणचण्डी*, *न्याय की पुकार* और *धर्म की योद्धा* बनाती है — जो *अपमान को युद्ध में बदल देती है।*

6. रस, अलंकार और मनोवैज्ञानिक गहराई

- **रौद्र रस**: द्रौपदी का क्रोध, प्रतिशोध — यह *धर्म की रक्षा का स्वर* है
- **वीर रस**: रण की घोषणा, रक्त से केश रंगना — यह *न्याय की तैयारी* है
- **करुण रस**: सभा की चुप्पी, द्रौपदी की विवशता — यह *नारी की पीड़ा* है

अलंकार:

- *रूपक*: "रणचण्डी बण फिरूँ समर में" — *न्याय की देवी का रूप*
- *अनुप्रास*: "जो जो हाथ लगे... जो जो नैन उठे" — ध्वनि की पुनरावृत्ति से लय की तीव्रता
- *यमक*: "मारे जा... समारे जा" — शब्दों की पुनरावृत्ति से भाव की गहराई

7. सांस्कृतिक और स्त्रीवादी पुनर्पाठ

यह रचना *हरियाणवी लोकसंस्कृति* में स्त्री को *न्याय की योद्धा* के रूप में प्रस्तुत करती है — जो *धर्म, सत्ता और अपमान* से टकराती है।

- द्रौपदी यहाँ *मूक पात्र नहीं*, बल्कि **रणचण्डी** है
- वह *सभा को युद्ध की चुनौती देती है* — यह *न्याय की संस्कृति* है
- यह रचना *स्त्री को युद्ध की धुरी* बनाती है — जो साहित्यिक विमर्श के लिए अत्यंत मूल्यवान है

यहाँ द्रौपदी *धर्म, प्रतिशोध और न्याय* की त्रयी है — जो *सभ्यता को पुनः जागृत करती है।*

8. विमर्श के नए आयाम

- यह रचना *लोकछंद, स्त्री चेतना और युद्ध की घोषणा* का संगम है
- इसमें *राजनीतिक नैतिकता, धर्म की पुनर्स्थापना*, और *नारी अस्मिता* के तत्व हैं
- जिज्ञासु पाठक इसे *स्त्रीवादी पुनर्पाठ, धर्म की योद्धा के रूप में स्त्री*, और *लोककाव्य में न्याय की पुकार* के संदर्भ में विश्लेषित कर सकते हैं
- यह रचना *द्रौपदी के क्रोध, प्रतिशोध और न्याय की घोषणा* है। इस रचना में जिस स्वर में सभा के अपमान को रण की प्रतिज्ञा में बदला है, वह केवल एक स्त्री की प्रतिक्रिया नहीं, बल्कि **धर्म की पुनर्स्थापना का उद्घोष** है। यह रागनी द्रौपदी को रणचण्डी के रूप में प्रस्तुत करती है—जो अब न्याय की देवी बनकर युद्ध का संकल्प लेती है।

- यह रचना *द्रौपदी के क्रोध, प्रतिशोध और न्याय की उद्घोषणा* है — एक ऐसी स्त्री की जो अपमानित होकर भी मौन नहीं रहती, बल्कि **रणचण्डी बनकर धर्म की पुनर्स्थापना का संकल्प लेती है।**
- इस रचना में जिस तीव्रता से सभा के अपमान को युद्ध की प्रतिज्ञा में बदला है, वह केवल एक स्त्री की प्रतिक्रिया नहीं, बल्कि **सभ्यता के पतन पर नैतिक युद्ध का आह्वान** है।
- यह रागनी SS (गुरु-गुरु) के **चरणांत गुरु लय** का उपयोग करती है, जो द्रौपदी के **अटूट संकल्प** को एक दृढ़, लयात्मक और भविष्योन्मुखी (Future-oriented) रूप देती है। छंद की यह संरचना द्रौपदी के **दर्द को शक्ति में बदलने** की भावना को प्रभावी ढंग से व्यक्त करने में अत्यंत सफल है।

वृतांत रागनी 15

वृतांत: द्रौपदी के क्रोध और प्रतिज्ञा से भयभीत होकर धृतराष्ट्र का फैसला

हस्तिनापुर की सभा में हुए वस्त्रहरण के अपमान के बाद, द्रौपदी द्वारा भरी सभा में **भयानक प्रतिशोध का प्रण** लिया गया। उन्होंने न केवल दुर्योधन और दुःशासन के वध की घोषणा की, बल्कि यह भी स्पष्ट कर दिया कि इस अधर्म में शामिल सभी की मृत्यु निश्चित है। इस 'रणचण्डी' के रूप को देखकर सभा में बैठे भीष्म, द्रोण, और विदुर जैसे ज्ञानीजन भी काँप उठे।

राजतंत्र के सबसे बड़े स्तंभ, धृतराष्ट्र, जो अब तक अपने पुत्र-मोह में धर्म और अधर्म के बीच झूल रहे थे, द्रौपदी के अटल संकल्प से भयभीत हो उठे। उनका भय व्यक्तिगत नहीं, बल्कि उन्हें भरतवंश के विनाश का स्पष्ट दर्शन होने लगा। उन्हें लगा कि यह अपमान अब केवल पाण्डवों का नहीं, बल्कि कुल की समाप्ति का कारण बनेगा।

धृतराष्ट्र ने तत्काल द्रौपदी को शांत करने का प्रयास किया। यह प्रयास पिता का स्नेह कम और भयभीत राजा की विवशता अधिक था। उन्होंने द्रौपदी को **"लाड़ली"** और **"बेटी"** कहकर संबोधित किया, यह मानते हुए कि इन शब्दों से उनके घाव भर जाएंगे।

राजा धृतराष्ट्र, अपनी राजसत्ता की रक्षा हेतु, विवश होकर द्रौपदी के सामने समर्पण करने लगे।

धृतराष्ट्र का विवश समर्पण:

> "बेटी, यह जुए की बाजी कोई जीत नहीं थी, यह धर्म पर लगा एक भयानक कलंक था। भरतवंश पर जो दाग लगा है, उसे मैं जानता हूँ। मैं तुम्हारा पिता-तुल्य नेत्रहीन

> गुनहगार हूँ। तुम जो चाहोगी, मैं तुम्हें मुंह माँगा वर दूँगा। बीती बात बिसार दो।"

धृतराष्ट्र ने भय में आकर न्याय का दिखावा किया और द्रौपदी से याचना की। उन्होंने घोषणा की: "जो कुछ तुमने और पाण्डवों ने जुए में हारा था, मैं वह सब तुम्हें वापस करता हूँ। यह राज्य, यह धन, यह सम्मान—सब तुम्हारा है।"

धृतराष्ट्र ने तत्काल पाण्डवों को दासत्व से मुक्त किया, उन्हें उनका सारा धन और इंद्रप्रस्थ वापस लौटाने की घोषणा की, और उन्हें सम्मान सहित विदा किया। यह निर्णय केवल द्रौपदी के **प्रतिशोध के भय** से उपजा था, न कि हृदय से निकले न्याय की भावना से।

द्रौपदी ने धृतराष्ट्र के इस निर्णय को स्वीकार किया, क्योंकि यह तात्कालिक रूप से पाण्डवों को दासत्व से मुक्त करता था। किंतु उनकी चेतना जानती थी कि यह मुक्ति केवल एक विराम है। धृतराष्ट्र ने दुर्योधन और दुःशासन के अक्षम्य अपराधों को केवल 'होणी' (भाग्यवश हुई घटना) कहकर टालने की कोशिश की, जो द्रौपदी को अपर्याप्त लगा।

द्रौपदी के मौन का संदेश स्पष्ट था: **"मैंने न्याय माँगा था, और तूने भय में फैसला लिया। यह क्षमा नहीं, यह समर्पण है।"** उनकी प्रतिज्ञा अभी भी अटल थी—जब तक दुर्योधन की जंघा नहीं टूटती और दुःशासन के रक्त से उनके केश नहीं बँधते, तब तक धर्म का पलड़ा भारी नहीं होगा।

यह घटना दर्शाती है कि एक स्त्री की नैतिकता और आत्मा की पुकार इतनी शक्तिशाली हो सकती है कि वह राजतंत्र के सबसे शक्तिशाली व्यक्ति को भी भयभीत करके न्याय के लिए मजबूर कर दे। यह रागनी धृतराष्ट्र की विवशता और द्रौपदी की शक्ति को एक साथ प्रस्तुत करती है—जहाँ एक स्त्री की चेतना ने राजसत्ता को झुका दिया, पर **सच्चा न्याय अभी भी अधूरा** है।

द्रोपदी : रागनी 15

वृतांत : धृतराष्ट द्रोपदी के क्रोध और प्रण से डर कर फैसला लेता है
तर्ज : चुकलिया

भरत वंश कै दाग लागग्या, थारी किसनै अक्ल मारी
इस जुए में ना कोए जीत्या, ना किसे नै बाजी हारी

तेरा छोह भी जायज है मैं सब, पहले जैसा कर दूंगा
तूं गुस्से नै दे त्याग लाड़ली, तनै मुंह माँग्या मैं वर दूंगा
हे गाडी घोड़े अर्थ पालकी, तनै सोना चांदी जर दूंगा
इस धर्मराज युधिष्ठिर के सिर, राजमुकुट भी धर दूंगा
हे मेरे हुक्म नै कौण मोड़ दे, इसा कौण सै छत्रधारी

मैं नेत्रहीन तेरे पिता बरोबर, आज गुनहगार सूं तेरा हे
दुख की काळी रात बीतगी, इब उज्जवल थारा सवेरा हे
पाँच सात दिन हस्तिनापुर में, तम्ह और लगाओ डेरा हे
बीती ताहि बिसार दे बेटी, तूँ कहया मान ले मेरा हे
थारा इंद्रप्रस्थ बण्या रहो तम्हनै, थारी होज्या उम्र हजारी

दुर्योधन और दुशाशन की, इस गलती नै भी माफ़ करो
हम भरत वंश के वंशज हैं, मन का मैल भी साफ़ करो
या होणी बणी होण की खातिर, ना मन में संताप करो
गया बख्त ना उल्टा आणा, इब ना पश्चाताप करो
कुरु राज में एक नरजै तुलते, ये राजा रंक भिखारी

द्रोपदी : रागनी 15 (Cont'd)

जो कुछ हारे थे जुए में, सब कुछ वापस छोड़ दिया
पांचों पाण्डव आजाद हुए, मनै सारा पासा मोड़ दिया
पाछली सारी बात भुलाकै, कुणबे का सिर जोड़ दिया
गुरु पालेराम की किरपा तै, छन्द में रस निचोड़ दिया
आनन्द शाहपुर राम रटै नै, क्यों ठावै बिफता भारी

विश्लेषण रागनी 15

धृतराष्ट्र का भय: न्याय के आगे सत्ता का समर्पण

तर्ज: चुकलिया

रागनी का शास्त्रीय एवं साहित्यिक विश्लेषण

1. छंद-संरचना और लय-गठन (Pingal Shastra के अनुसार)

तर्ज "चुकलिया" में रचित यह रचना **चार चरणीय समवृत्तीय लोकछंद** में चलती है, जिसमें प्रत्येक चरण में औसतन **16–18 मात्राएँ** हैं। यह छंद *राजनीतिक संवाद और नैतिक समर्पण* को लय में बाँधता है।

उदाहरण:

"तेरा छोह भी जायज है मैं सब पहले जैसा कर दूंगा"

- कुल मात्राएँ: 18
- लय संरचना: 6+6+6
- छंद प्रकार: *चतुष्पदी समवृत्त*, जिसमें *चरणांत में दीर्घ गुरु* लय को स्थिरता देता है

यह छंद *राजा की याचना और सत्ता की झुकाव* को लयात्मक रूप में प्रस्तुत करता है — *धृतराष्ट्र की विवशता और द्रौपदी की शक्ति* को एक साथ बाँधता है।

यह रागनी महाभारत के उस महत्वपूर्ण मोड़ को दर्शाती है जब **धृतराष्ट्र**, द्रौपदी के **क्रोध और विनाशकारी प्रतिज्ञा** से भयभीत होकर, युद्ध टालने और स्थिति को सामान्य करने के लिए फैसला लेते हैं। यह रागनी **समझौते और पश्चाताप** के भाव को प्रमुखता से प्रस्तुत करती है।

यह भी पिछली रागणियों की तरह **'चुकलिया' तर्ज़** पर आधारित है, लेकिन इसका भाव (रस) **भय (Fear)** और **शांत (Peaceful)** है। पिंगल शास्त्र के आधार पर इसका छंदगत विश्लेषण यहाँ प्रस्तुत है:

2. छंद का मूलभूत ढाँचा: समाधान और उपदेश का छंद

यह रागनी हरियाणवी **'सांग'** परंपरा की एक **उपदेशात्मक (Didactic) और संवादात्मक (Dialogic) लोक छंद** है। यह **'भय'** (द्रौपदी के प्रण से) से **'शांति'** (समझौते) की ओर बढ़ता है।

2.1. छंद का स्वरूप

- **प्रकार:** अनियमित मात्रिक, समाधान-प्रधान छंद।
- **लय (Rhythm):** इसकी लय **मंद और गंभीर** है, जो धृतराष्ट्र के **बुढ़ापे, लाचारी और भय** के भाव को दर्शाती है।
- **मात्रा भार:** पंक्तियों में मात्राएँ 16 से 20 के बीच बदलती हैं। लय की धीमी गति के कारण, यह अनियमितता छंद के flow (गति) में व्यवधान नहीं डालती है।

2.2. विन्यास (Structure)

यह छंद 4+1 विन्यास का पालन करता है, जहाँ पाँचवीं पंक्ति धृतराष्ट्र के **अधिकार या निष्कर्ष** को दृढ़ता से स्थापित करती है:

- **अस्थायी पंक्तियाँ (Stanzas - 4 lines):** धृतराष्ट्र द्वारा पश्चाताप व्यक्त करना, वरदान देना और पांडवों को शांत करना।
- **स्थायी अधिकार पंक्ति (Final line of stanza):** यह पाँचवीं पंक्ति धृतराष्ट्र के **अधिकार** और उनके फैसले की **अटलता** को सिद्ध करती है।

3. यति (विराम) और चरणांत गुरु लय

इस छंद की छंदगत विशेषता यह है कि धृतराष्ट्र के नरम और मीठे शब्दों में भी एक **स्थिर लय** बनी रहती है।

3.1. मध्य यति (भीतरी ठहराव)

- प्रत्येक पंक्ति मध्य में 9 से 11 मात्राओं के बीच एक **स्पष्ट विराम (यति)** लेती है। यह यति धृतराष्ट्र के हर आश्वासन को स्पष्ट और धीमी गति से बोलने में मदद करती है, ताकि द्रौपदी शांत हो सके।
  - **उदाहरण:** मैं नेत्रहीन तेरे पिता बरोबर (यति) आज गुनहगार सूं तेरा हे
  - इस धर्मराज युधिष्ठिर के सिर (यति) राजमुकुट भी धर दूंगा

3.2. चरणांत में दीर्घ गुरु की स्थिरता

हर खंड की अंतिम पाँचवीं पंक्ति एक विशिष्ट **गुरु (S)** या SLS संयोजन पर समाप्त होती है, जो धृतराष्ट्र के फैसले को एक **निश्चित और अंतिम** रूप देती है:

खंड	अंतिम निष्कर्ष/फैसला	चरणांत शब्द	लय विन्यास (Guru/ Laghu)	छंदगत प्रभाव
परिचय	दाग लगना	बाजी हारी	SS	छंद की नींव को स्थापित करता है कि

				कोई नहीं जीता।
वरदान	अधिकार की घोषणा	छत्रधारी	SS	धृतराष्ट्र के अधिकार को दृढ़ता देता है।
शांत करना	उम्र की कामना	उम्र हजारी	SS	पांडवों के जीवन और समृद्धि पर बल देता है।
पश्चाताप	सभी समान	रंक भिखारी	SS	धृतराष्ट्र के ज्ञान और समानता के भाव को स्थिर करता है।
समापन	बिफता न उठाना	बिफता भारी	SS	छंद का समापन करते हुए **विपदा टलने** के भाव को दृढ़ता देता है।

सभी अंतिम शब्द (मारी, हारी, छत्रधारी, हजारी, भिखारी, भारी) **SS (गुरु-गुरु)** की स्थिर लय पर समाप्त होते हैं। यह **समान और शांत आवृत्ति** पूरी रागनी को एक **समझौते और समाधान** का संगीतबद्ध आधार प्रदान करती है।

4. साहित्यिक सौंदर्य और अलंकार

- **अलंकार - रूपक (Metaphor):**
  - दुख की काळी रात बीतगी, इब उज्जवल थारा सवेरा हे (दुख को काली रात और सुख को सवेरा बताना)।
  - भरत वंश कै दाग लागग्या (वंश की प्रतिष्ठा पर कलंक लगना)।
- **आश्वासन की भाषा:** धृतराष्ट्र द्वारा उपयोग किए गए शब्द जैसे **'लाड़ली', 'बेटा'** और **'मुँह माँग्या वर दूंगा'** छंद के भावनात्मक प्रभाव को बढ़ाते हैं, क्योंकि वे द्रौपदी को शांत करने का अंतिम प्रयास कर रहे हैं।

5. भाव-संरचना और प्रतीकात्मकता

यह रचना *धृतराष्ट्र, जो अब तक मौन और पक्षपाती था*, द्रौपदी के क्रोध और प्रतिशोध की घोषणा से भयभीत होकर **न्याय की ओर झुकता है।** यह केवल एक राजा का निर्णय नहीं, बल्कि *एक पिता की पश्चातापपूर्ण याचना* है।

- **भरत वंश पर दाग**: "इस जुए में ना कोए जीत्या" — यह *धर्म की विफलता* है
- **द्रौपदी को लाड़ली कहना**: यह *राजनीतिक समर्पण* और *नैतिक भय* का मिश्रण है
- **राज्य लौटाने की घोषणा**: "इंद्रप्रस्थ बण्या रहो" — यह *न्याय का पुनर्पाठ* है
- **दुर्योधन-दुशासन की गलती को क्षमा करना**: यह *सत्ता की रक्षा में धर्म को ढकने* का प्रयास है
- **पांडवों की मुक्ति**: "सारा पासा मोड़ दिया" — यह *राजनीतिक समर्पण का चरम* है

यह रचना धृतराष्ट्र को *राजनीतिक सत्ता की नैतिक विफलता* के रूप में प्रस्तुत करती है — जो *न्याय के आगे झुकता है*, परंतु *पूर्णतः धर्मनिष्ठ नहीं होता।*

6. रस, अलंकार और मनोवैज्ञानिक गहराई

- **करुण रस**: धृतराष्ट्र की याचना, पश्चाताप — यह *राजा की विवशता* है
- **शांत रस**: द्रौपदी को मनाना, राज्य लौटाना — यह *न्याय की पुनर्स्थापना* है
- **वीर रस की अनुपस्थिति**: यहाँ *वीरता नहीं*, बल्कि *राजनीतिक समर्पण* है

अलंकार:

- *रूपक*: "भरत वंश कै दाग लागग्या" — *राजवंश की नैतिक विफलता*
- *अनुप्रास*: "गाडी घोड़े अर्थ पालकी... सोना चांदी जर दूंगा" — ध्वनि की पुनरावृत्ति से लय की सघनता
- *यमक*: "छत्रधारी... राजमुकुट" — सत्ता के प्रतीकों की पुनरावृत्ति

7. सांस्कृतिक और सत्ता-नैतिक पुनर्पाठ

यह रचना *हरियाणवी लोकसंस्कृति* में राजा को *न्याय के आगे झुकता हुआ* प्रस्तुत करती है — जो *धर्म, सत्ता और संबंधों* से प्रश्न करता है।

- धृतराष्ट्र यहाँ *राजा नहीं*, बल्कि **पश्चातापी पिता** है
- वह *द्रौपदी से क्षमा माँगता है*, परंतु *सत्ता की रक्षा भी करता है*

- यह रचना *राजनीतिक सत्ता की नैतिक परीक्षा* है — जो नए विचार विमर्श हेतु अत्यंत मूल्यवान है

यहाँ धृतराष्ट्र *सत्ता, नैतिकता और भय* की त्रयी है — जो *न्याय के आगे झुकता है*, परंतु *पूर्णतः धर्मनिष्ठ नहीं होता।*

8. विमर्श के नए आयाम

- यह रचना *लोकछंद, सत्ता की नैतिकता और न्याय की पुकार* का संगम है
- इसमें *राजनीतिक समर्पण*, *धर्म की पुनर्स्थापना*, और *नारी अस्मिता* के तत्व हैं
- जिज्ञासु पाठक इसे *राजनीतिक पुनर्पाठ*, *सत्ता की नैतिक विफलता*, और *लोककाव्य में न्याय की पुकार* के संदर्भ में विश्लेषित कर सकते हैं
- यह रचना *धृतराष्ट्र की विवशता, भय और राजनीतिक समर्पण* को अत्यंत प्रभावशाली ढंग से प्रस्तुत करती है।
- इस रचना में जिस शैली में द्रौपदी के क्रोध और प्रतिशोध की आंच को धृतराष्ट्र के निर्णय में रूपांतरित किया है, वह केवल सत्ता का झुकाव नहीं, बल्कि **न्याय के दबाव में जन्मा पश्चाताप** है।
- यह रागनी SS (गुरु-गुरु) के **चरणांत गुरु लय** का उपयोग करती है, जो धृतराष्ट्र के **पश्चाताप और समाधान** के भाव को एक स्थिर और आधिकारिक रूप देती है। छंद की यह संरचना **युद्ध टालने** और **राजमुकुट वापस करने** जैसे बड़े निर्णयों की गंभीरता को प्रभावी ढंग से व्यक्त करती है।
- यह रागनी *राजनीतिक सत्ता की नैतिक परीक्षा* है — हरियाणवी लोकध्वनि में, परंतु दार्शनिक गहराई के साथ।

वृत्तांत रागनी 16

वृतांत: राजसी भोग त्यागकर, द्रौपदी द्वारा **क्रोध और अहंकार का दमन** करना और वनवास काल को आत्म-शुद्धि एवं तपस्या के रूप में स्वीकार करना।

यह वृत्तांत हस्तिनापुर की सभा में हुए अपमान के बाद पाण्डवों और द्रौपदी के वनवास के आरंभिक काल का है। कुछ क्षण पहले तक जो द्रौपदी राजमहल की महारानी थी, अब वह कंद-मूल खाकर, धूप और धूल सहकर, एक तपस्विनी का जीवन जी रही थी।

वनवास के शुरुआती दिनों में, द्रौपदी का मन प्रतिशोध की अग्नि से भरा था। वह बार-बार भीम और अर्जुन को उनके क्षत्रिय धर्म और प्रतिशोध की याद दिलाती रहती थीं। किंतु जैसे-जैसे समय बीता, **प्रकृति की शांति** और **कठिनाई की कठोरता** ने उन्हें एक गहन सत्य का अनुभव कराया: बाहरी अपमान से लड़ना सरल है, लेकिन भीतर के 'अहंकार' और 'क्रोध' से लड़ना ही सच्ची और कठिन तपस्या है।

द्रौपदी ने राजसी भोग और वैभव के विचारों को त्याग दिया। उन्होंने समझा कि सत्ता और शक्ति बाहरी हैं; उनका सच्चा बल उनके **संयम**, उनके **धैर्य** और उनके **धर्म** में निहित है। उन्होंने अपने खुले केशों को प्रतिज्ञा-दंड के रूप में रखा, पर अपने मन की वाणी को क्षमा-दान और आत्म-शुद्धि में बदल दिया।

द्रौपदी ने अपने भीतर मंथन किया और इस दुःख को अपने कर्मों का फल मानकर हँसकर स्वीकार करने का निश्चय किया। यह वनवास उनके लिए केवल दंड नहीं, बल्कि आध्यात्मिक साधना का अवसर बन गया। उन्होंने अपनी राजसी वेशभूषा, आभूषणों और श्रृंगार को त्यागकर, साधारण वस्त्रों

में रहना स्वीकार किया। वह केवल पाण्डवों की पत्नी नहीं रही, बल्कि उनकी सबसे बड़ी सेविका और शक्ति-स्रोत बन गईं।

उनका यह आंतरिक परिवर्तन ही उन्हें **रणचण्डी से तपस्विनी** के रूप में रूपांतरित करता है। हस्तिनापुर में लिया गया क्रोध का भेष उन्होंने वन में आकर त्याग दिया, और उसके स्थान पर सहनशीलता को धारण किया।

> **"बुद्धि का साबण ला कै मनै, मन पापी धोकै निचोड़ लिया।"**

> **"रणचण्डी का भेष तारकै, मनै अहम त्याग का खोड़ लिया।"**

इस काल में द्रौपदी ने अपनी आंतरिक शक्ति को पहचाना, जो बाहरी वैभव से परे थी। उनका नया 'राजदंड' अब उनका क्रोध नहीं, बल्कि उनका **अटल धर्म** और **संयम** बन गया।

यह वृत्तांत द्रौपदी को एक अद्वितीय चरित्र के रूप में स्थापित करता है, जो बाहरी संघर्ष के साथ-साथ अपने भीतर के द्वंद्व को भी जीत लेती है। उनका संदेश स्पष्ट है: वन ने उनका राज्य नहीं छीना, बल्कि उन्हें उनके **भीतर का राज्य** दिया। उनका सच्चा बल उनके मुकुट में नहीं, बल्कि उनके संयम और धर्म में निहित था।

द्रौपदी: रागनी 16

वृतांत : वनवास काल में द्रौपदी का आत्मसंयम, सेवा और तपस्विनी स्वरूप।
तर्ज : चुकलिया

आज राजपाट नै माट्टी करकै, मनै तप का चोला ओढ़ लिया
निज करमां नै आप सहूंगी, दुःख अपणे कान्ही मोड़ लिया

कदे हार झालरे पहरा करती, आज बिन सिंगरे मैं रहया करूँ
राणी की ज्यूँ तणी फिरूं थी, आज दीन हीन सी बहया करूं
मेरे नैनां में नीर भरया पर, मैं तै दुख और कांटे सहया करूँ
इसी बेइज्जती क्यूँ सहणी पड़गी, न्यूं ईश्वर आगै लहया करूँ
परमपिता पणमेशर मालिक, क्यूँ दया का नाता तोड़ लिया

जो दुख की अग्नि भीतर जळती, मनै उसकी लौ दबाली
उस महाराणी का छोह त्यागकै, सेवा की राह अपणाली
सुख थोड़े दुख घणे जगत में, या मन में बात बिठाली
काम क्रोध मद लोभ छोड़कै, धीरज की गठड़ी ठाली
बुद्धि का साबण ला कै मनै, मन पापी धोकै निचोड़ लिया

मेरी इज्जत का हनन हुया था, मेरै याद वा पाप घड़ी सै
पर दिल में छमा धार कै बैठी, मेरी धर्म पै नीत गड़ी सै
धूळ धूसर म्ह लोटूँ बण में, ना माथै शिकन चढ़ी सै
धर्मराज की शरण में बैठी, मेरी बुद्धि ना बिगड़ी सै
रणचण्डी का भेष तारकै, मनै अहम त्याग का खोड़ लिया

द्रौपदी: रागनी 16 (Cont'd)

गुरु पालेराम हलालपुर बसता, जिसनै धीरज का दान दिया
आनन्द शाहपुर सीळा रहिए, शांत रहण का वरदान लिया
जै झुकणा सहणा धर्म समिति, मनै मान ईसा विधान लिया
इब जीत-हार की बात रही ना, बस ईश्वर का गुणगान किया
सच की ईंट धर्म के रोड़े, बिन स्वारथ के घर जोड़ लिया

विश्लेषण रागनी 16

वनवास में तप और आत्मसंयम

वृतांत: वनवास काल में द्रौपदी का आत्मसंयम, सेवा और तपस्विनी स्वरूप।

तर्ज़: चुकलिया

रागनी का शास्त्रीय एवं साहित्यिक विश्लेषण

1. छंद-संरचना और लय-गठन (Pingal Shastra के अनुसार)

तर्ज़ **'चुकलिया'** में रचित यह रागनी एक **घोषणात्मक और उपदेशात्मक** स्वर में चलती है। छंद का प्रवाह एक **शांत, स्वीकारोक्तिपूर्ण** दृश्य (राजसी वस्त्र त्यागना) से शुरू होकर **आंतरिक दृढ़ संकल्प** पर समाप्त होता है।

- **उदाहरण:** आज राजपाट नै माट्टी करकै, मनै तप का चोला ओढ़ लिया
- **कुल मात्राएँ:** 20 से 22 (विस्तारित मुक्तछंदीय लोकवृत्त)
- **लय संरचना:** 6+8+6 (संतुलित और स्थिर लय)
- **छंद प्रकार: शांत रस** प्रधान लोकवृत्त, जो द्रौपदी के **आंतरिक संयम** और **आध्यात्मिक विकास** को दर्शाता है।

'चुकलिया' तर्ज़ इस रचना में **तप, सेवा और आत्मसंयम** जैसे गंभीर भावों को प्रकट करने के लिए अत्यंत उपयुक्त है। इसकी लय में **शांति, त्याग और धर्म की स्थिरता** का स्वर है।

उदाहरण पंक्ति:
"निज करमां नै आप सहूंगी, दुख अपणे कान्ही मोड़ लिया"

- **कुल मात्राएँ:** 20
- **लय संरचना:** 6+8+6
- **छंद प्रकार:** चतुष्पदी लोकवृत्त
- **गति:** मध्यम, गुरु प्रधान
- **भाव:** आत्मसंयम की उद्घोषणा

2. छंद का मूलभूत ढाँचा: आत्म-स्वीकारोक्ति और परिवर्तन (Self-Acceptance and Change) स्वरूप। तपस्विनी धर्म छंद

यह रचना हरियाणवी 'सांग' परंपरा की एक **आध्यात्मिक और चिंतनशील** छंद है, जो 'चुकलिया' तर्ज़ के दृढ़, परंतु शांत स्वर पर आधारित है।

2.1. छंद का स्वरूप

- **प्रकार:** घोषणात्मक और आत्म-विश्लेषणात्मक (Self-Analysis) मात्रिक छंद। उपदेशात्मक, आत्मनिवेदन प्रधान लोकछंद
- **लय (Rhythm):** लय **शांत, धीमी और गहन** है। यहाँ द्रौपदी का स्वर **आक्रोशपूर्ण** नहीं, बल्कि **आत्म-नियंत्रित** है, जो तपस्विनी के भाव को दर्शाता है। स्थिर, संयमित
- **मात्रा भार:** पंक्तियों में मात्राएँ 19 से 22 के बीच हैं, जो तपस्या की **गंभीरता और स्थिरता** को प्रभावी ढंग से व्यक्त करती हैं।

2.2. विन्यास (Structure)

यह छंद 4+1 विन्यास का पालन करता है, जहाँ प्रत्येक खंड द्रौपदी के **त्याग और आत्म-सुधार** के एक चरण को दिखाता है:

- **खंड 1 (त्याग):** राजसी जीवन और श्रृंगार को त्यागना।
- **खंड 2 (दमन):** क्रोध और प्रतिशोध की आग को दबाकर सेवा और धीरज अपनाना।
- **खंड 3 (शुद्धि):** काम, क्रोध, मद, लोभ जैसे विकारों का त्याग करना और मन को धोना।
- **खंड 4 (लक्ष्य):** रणचण्डी का भेष उतारकर, धर्मराज की शरण में नीत (निष्ठा) गढ़ना।

2.3 प्रारंभिक स्थायी (Refrain):

- *"आज राजपाट नै माट्टी करकै, मनै तप का चोला ओढ़ लिया"* यह पंक्ति रचना की **धार्मिक और आत्मिक धुरी** है, जो पूरे छंद को दिशा देती है।

3. यति (विराम) और चरणांत गुरु लय

इस छंद की छंदगत विशेषता **सुगठित मध्य यति** और **समाधानपूर्ण चरणांत** है, जो आत्म-संयम की दृढ़ता को स्थापित करता है।

3.1. मध्य यति (भीतरी ठहराव)

प्रत्येक पंक्ति मध्य में 9 से 11 मात्राओं के बीच एक **सकारात्मक और शांत विराम** लेती है। यह विराम द्रौपदी के हर त्याग और गुण को प्रभावी ढंग से स्थापित करता है। **सेवा और त्याग के भावों की स्पष्टता** बनी रहती है।

- **उदाहरण:** बुद्धि का साबण ला कै मनै (यति) मन पापी धोकै निचोड़ लिया यह ठहराव **आंतरिक शुद्धि की प्रक्रिया** पर जोर देता है।

  यति के बाद आत्मशुद्धि का चित्रण।

3.2. चरणांत में दीर्घ गुरु की स्थिरता

इस रागनी में SS (गुरु-गुरु) की स्थिर लय का उपयोग होता है, जो कथन को एक **धार्मिक और स्थायी** निष्कर्ष देता है:

अंतिम क्रिया/निष्कर्ष	चरणांत शब्द	लय विन्यास (Guru/ Laghu)	छंदगत प्रभाव
दया का नाता **तोड़ लिया**	ड़ लिया	SS	नियति द्वारा **दया तोड़ने** की स्वीकारोक्ति।
धो कै **निचोड़ लिया**	ड़ लिया	SS	**मन की शुद्धि** के कठोर संकल्प को दृढ़ता।
अहम त्याग का **खोड़ लिया**	ड़ लिया	SS	**अहंकार** को त्यागने की निर्णायक घोषणा।
बिन स्वारथ के घर **जोड़ लिया**	ड़ लिया	SS	**ईश्वर के प्रति समर्पण** और अंतिम आध्यात्मिक उपलब्धि।

यह SS की आवृत्ति द्रौपदी के **आंतरिक शांति** और **स्थायी परिवर्तन** के भाव को स्थापित करती है।

अधिकांश पंक्तियाँ **SS या SLS** पर समाप्त होती हैं — जो *धैर्य, धर्म और तप की स्थिरता* को दर्शाती हैं।
उदाहरण:

- *"धर्मराज की शरण में बैठी, मेरी बुद्धि ना बिगड़ी सै"* → SS
- *"बिन स्वारथ के घर जोड़ लिया"* → SS

4. साहित्यिक सौंदर्य और अलंकार

- **अलंकार - रूपक (Metaphor):**
  - तप का चोला ओढ़ लिया (कष्ट सहने को वस्त्र के रूप में रूपायित करना)।
  - बुद्धि का साबण ला कै मनै मन पापी धोकै निचोड़ लिया (**मन** की शुद्धि के लिए **बुद्धि** को साबुन बताना—एक अद्भुत और सटीक रूपक)।
- **चरित्र का विकास:** यह छंद पिछली रागनी 8 (अहंकार) और 10 (विलाप) से द्रौपदी को मुक्त करता है और उन्हें **आत्म-नियंत्रण** की शक्ति प्रदान करता है।
- **द्वंद्वात्मकता (Dichotomy): राजसी सुख** (हार, झालरे) और **वनवास का दुःख** (धूल धूसर) के बीच का स्पष्ट विरोधाभास।
- **अनुप्रास:** "धूळ धूसर म्ह लोटूँ बण में" — *'ध', 'ल'* ध्वनि की पुनरावृत्ति
- **रूपक:** *बुद्धि का साबण* → आत्मशुद्धि का प्रतीक
- **उपमा:** *"रणचण्डी का भेष तारकै"* → शक्ति का त्याग

- **अनुभाव चित्रण:** *"मेरे नैनां में नीर भरया"* → पीड़ा का सजीव चित्रण

5. भाव-संरचना और प्रतीकात्मकता

- **तप का चोला:** यह केवल वस्त्र नहीं, बल्कि **स्वीकार, संयम और आत्म-शुद्धि** का प्रतीक है।
- **धीरज़ की गठड़ी:** यह **भावनात्मक स्थिरता** का प्रतीक है, जो उन्हें कठिन समय में सहारा देती है।
- **रणचण्डी का भेष तारणा:** यह **अहंकार और प्रतिशोध** के भाव को त्याग कर, **सेवा और क्षमा** के मार्ग पर चलने का प्रतीक है।
- **राजपाट का त्याग:** *सांसारिक मोह से मुक्ति*
- **तप का चोला:** *आत्मसंयम और सेवा का प्रतीक*
- **धूळ में लोटना:** *विनम्रता और आत्मशुद्धि*
- **बुद्धि का साबण:** *अहंकार और पाप का परिष्कार*
- **धर्मराज की शरण:** *आध्यात्मिक समर्पण*

6. रस, अलंकार और मनोवैज्ञानिक गहराई

- **रस:** मुख्य रूप से **शांत रस** (तप और ईश्वर का गुणगान) और गौण रूप से **करुण रस** (पिछली पीड़ा का स्मरण)।
- **शांत रस:** सेवा, संयम और धर्म की स्थिरता
- **करुण रस:** अपमान की स्मृति और आत्मग्लानि
- **वीर रस:** तपस्विनी रूप में द्रौपदी की दृढ़ता
- **मनोवैज्ञानिक द्वंद्व:** *"इसी बेइज्जती क्यूँ सहणी पड़गी, न्यूं ईश्वर आगै लहया करूँ"* — पीड़ा और समर्पण का द्वंद्व
- **मनोवैज्ञानिक गहराई:** यह रागनी एक सफल **Coping Mechanism** को दर्शाती है, जहाँ व्यक्ति बाहरी कष्टों का

सामना करने के लिए अपने **आंतरिक मन को शुद्ध** और मजबूत करता है। द्रौपदी ने अपनी पीड़ा को **ईश्वर भक्ति** में परिवर्तित कर दिया।

7. स्त्रीवादी और सांस्कृतिक पुनर्पाठ

- यह रचना हरियाणवी लोकसंस्कृति में **स्त्री तप, सेवा धर्म और आत्मशुद्धि** को उजागर करती है।
- द्रौपदी यहाँ केवल महारानी नहीं, **धर्म की साधिका** है।
- यह रचना *धर्म के व्यक्तिगत और सामाजिक पक्ष* को एक साथ प्रस्तुत करती है।
- यह रचना हरियाणवी लोकसंस्कृति में स्त्री को **कष्ट सहने वाली** नहीं, बल्कि **कष्ट को आत्मिक विकास के साधन** के रूप में प्रयोग करने वाली शक्ति के रूप में प्रस्तुत करती है। द्रौपदी यहाँ अपनी नियति को **सशक्तीकरण (Empowerment)** के माध्यम से पुनर्परिभाषित करती है।

8. विमर्श के नए आयाम

- **वनवास का स्त्री पक्ष — सेवा और साधना का रूपांतरण**
- **द्रौपदी का आत्मसंयम — क्षमा और धर्म का संतुलन**
- **धर्मराज की शरण और गुरु की शिक्षा**
- **राजरानी से तपस्विनी बनने की प्रक्रिया — लोकधर्म की दृष्टि से**
- यह रचना **स्त्री तपस्विनी धर्म, आत्मसंयम और सेवा की लोक व्याख्या** का उत्कृष्ट उदाहरण है।
- इसमें **छंद की स्थिरता**, **भाव की गहराई**, और **प्रतीकों की सूक्ष्मता** साहित्यिक विमर्श के लिए अत्यंत उपयोगी है।

- जिज्ञासु पाठक इसे **नारी धर्म विमर्श**, **आध्यात्मिक पुनर्पाठ**, और **पिंगल शास्त्र के छंद विन्यास** के संदर्भ में विश्लेषित कर सकते हैं।
- यह रचना *वनवास की धूल में तपती हुई आत्मा की गाथा* है — जिसमें द्रौपदी **राजरानी से तपस्विनी** बन जाती हैं। इस रचना में जिस भाव से *आत्मसंयम, सेवा, और क्षमा* को हरियाणवी लोकध्वनि में पिरोया है, वह *धार्मिक साधना और स्त्री चेतना* का अद्वितीय संगम है।
- यह रागनी **पीड़ा का आध्यात्मिक रूपांतरण, लोककाव्य में आत्म-नियंत्रण का महत्त्व, और तपस्विनी के रूप में द्रौपदी के चरित्र का पुनर्पाठ** के संदर्भ में साहित्यिक विमर्श के लिए मूल्यवान है। यह द्रौपदी के चरित्र की **गहनता और परिपक्वता** को दर्शाती है।
- यह रागनी **SS** के चरणांत लय का उपयोग करके **आंतरिक शांति और आत्म-त्याग** की घोषणा को एक सघन और स्थायी रूप देती है।

वृत्तांत रागनी 17

वृतांत: हरण के प्रयास पर द्रौपदी का **धैर्य और नैतिक बल** का प्रदर्शन।

यह वृत्तांत पाण्डवों के बारह वर्ष के वनवास के दौरान काम्यक वन में घटित होता है। एक दिन, सभी पाण्डव—युधिष्ठिर, भीम, अर्जुन, नकुल, और सहदेव—यज्ञ के लिए आवश्यक मृगचर्म लाने हेतु शिकार पर गए थे, और द्रौपदी आश्रम में अकेली थीं।

उसी समय, सिंधु देश का राजा जयद्रथ (दुर्योधन की बहन दुःशला का पति) अपनी सेना के साथ उस वन से गुजर रहा था। जब उसकी दृष्टि यज्ञवेदी के पास खड़ी, तेज और सौंदर्य से युक्त द्रौपदी पर पड़ी, तो वह भोग-लालसा से भर उठा। उसने अपने एक साथी को भेजकर द्रौपदी का परिचय पूछा। द्रौपदी ने अपनी मर्यादा के अनुरूप, अतिथि-सत्कार की भावना से उनका स्वागत किया और अपना परिचय देते हुए, पाण्डवों के लौटने तक प्रतीक्षा करने को कहा।

लेकिन अहंकार और वासना से भरा जयद्रथ स्वयं द्रौपदी के पास आया। उसने द्रौपदी के पतियों का 'निर्धन भिक्षुक' कहकर उपहास किया और उन्हें अपने साथ चलने, सिंधुदेश की महारानी बनने का दुस्साहसी प्रस्ताव दिया।

इस अपमानजनक प्रस्ताव पर द्रौपदी का क्रोध शांत, किंतु अटल था। उन्होंने अत्यंत **संयम और धर्म की भाषा** में उत्तर दिया। वह जानती थीं कि उन्हें किसी हथियार की आवश्यकता नहीं है; धर्म की अनिवार्यता ही उनका सबसे बड़ा रक्षक है। उन्होंने जयद्रथ को धिक्कारा और उसे धर्म-नीति का उपदेश देते हुए पाण्डवों की अदम्य शक्ति याद दिलाई।

द्रौपदी ने कहा कि पाण्डव वनवासी होने पर भी धर्म और पराक्रम में अटल हैं। उन्होंने जयद्रथ को चेताया कि उसका यह कुकर्म उसके कुल के विनाश

का कारण बनेगा, और पाण्डवों को पता चलते ही वह जीवित नहीं बचेगा। वह केवल अपनी रक्षा करने वाली स्त्री नहीं थीं, बल्कि **धर्म की प्रतिनिधि** थीं, और उनकी वाणी तलवार से भी तेज थी:

> **"ओ सिंधुराज जयद्रथ मानज्या, ना अपणी जिन्दगी**
> **नै फूँकै" "तेरे सिर पै काळ नाच रहया फेर भी, तूँ**
> **निर्भय होकै कूकै"**

द्रौपदी ने उसे चेताया कि उसके इस कुकृत्य से उसका सिर शीघ्र ही धरती पर आ पड़ेगा। लेकिन अहंकार में डूबे जयद्रथ ने इस चेतावनी को अनसुना कर दिया। उसने बलपूर्वक द्रौपदी को खींचकर अपने रथ में बिठा लिया और भाग निकला।

कुछ देर बाद, जब पाण्डव आश्रम लौटे और इस कुकर्म के बारे में जाना, तो वे क्रोध से पागल हो उठे। भीम और अर्जुन ने तत्काल उसका पीछा किया। उन्होंने जयद्रथ को शीघ्र ही पकड़ लिया और उसकी पूरी सेना को नष्ट कर दिया। भीम ने अत्यंत क्रोध में जयद्रथ का वध करना चाहा, पर धर्मराज युधिष्ठिर ने हस्तक्षेप किया। उन्होंने कहा कि जयद्रथ उनकी बहन दुःशला का पति है, इसलिए उसे जीवनदान देना होगा।

युधिष्ठिर के आदेश पर, भीम ने जयद्रथ को जीवनदान तो दिया, लेकिन उसके अपमान के लिए उसकी दाढ़ी-मूँछ और सिर के बाल पाँच स्थानों पर मुंडकर उसे दास जैसा बना दिया। भीम ने उसे युधिष्ठिर के सामने सिर झुकाकर प्रणाम करने को मजबूर किया, और फिर अपमानित कर छोड़ दिया।

इस घटना में द्रौपदी ने सिद्ध किया कि वह केवल नारी नहीं, बल्कि पाण्डवों के **'मान' की सीमा** और **धर्म की अटल चौखट** हैं। उनके उपदेश, तलवार से भी तेज थे—वे जयद्रथ के कर्मों के परिणाम थे।

द्रौपदी: रागनी 17

वृतांत : जयद्रथ द्वारा हरण के प्रयास पर द्रौपदी का धैर्य और धर्मोपदेश।
तर्ज : चुकलिया

ओ सिंधुराज जयद्रथ मानज्या, ना अपणी जिन्दगी नै फूँकै
मतन्या करै हरण सळहज का, या सारी दुनिया तनै थूकै

तूँ अपणे कुल की इज्जत नै, आज माट्टी में मिलावण चाल्या
अपणे कुकर्म की काळीख तै, तूँ बड़ा दाग लगावण चाल्या
अन्याय की नदी में डूबकै, क्यूँ अपणा खून बहावण चाल्या
पाँचाली नै ठाकै जंगळ तै, क्यूँ अपणी मौत बुलावण चाल्या
जै पांडवां नै जाण पाटज्या, वे तेरी ज्यान लेण तै ना चूकै

मैं पतिव्रता सूं अड़िग धर्म पै, तूँ भूल में रहिए मतन्या
मेरे पांच पति घणे बलशाली, तूँ उन्हतै फहिये मतन्या
उस धर्मराज की महाराणी सूं, तूँ गैर नै लहिए मतन्या
तेरा तिया पांचां करदे पाण्डव, फेर मन्नै कहिए मतन्या
जै तेरे पाप का बेरा पटज्या, फेर वे रोके तै भी ना रुकै

पाण्डव भले बणवासी होग्ये, पर धर्म की गठड़ी काँधै सै
अपणे करमां की चिंता कर, क्यूँ पाप का सेहरा बाँधै सै
याहड़ै धर्म भण्डारा रोज चलै, क्यूँ पाप खीचड़ी राँधै सै
बदी करण तै टळज्या भिणोई, क्यूँ मर्यादा नै फाँदै सै
तेरे सिर पै काळ नाच रहया फेर भी, तूँ निर्भय होकै कूकै

द्रौपदी: रागनी 17 (Cont'd)

कितै धरती में जाकै ल्हुकज्या, क्यूँ अपणी मौत बुलावे सै
तनै छत्राणी का दूध लजा दिया, क्यूँ पाप में पैर गळावै सै
मेरे पांच पति इब आवण आळे, तेरे सिर पै मौत गगावै सै
गुरु पालेराम कहै पापी माणस, खुद करणी का डंड पावै सै
होणी बणी होण की खातिर, कहै आनन्द शाहपुर ना ऊकै

विश्लेषण रागनी 17

जयद्रथ से संयम और धर्मोपदेश

वृतांत: जयद्रथ द्वारा हरण के प्रयास पर द्रौपदी का धैर्य और धर्मोपदेश।

तर्ज़: चुकलिय़ा

रागनी का शास्त्रीय एवं साहित्यिक विश्लेषण

1. छंद-संरचना और लय-गठन (Pingal Shastra के अनुसार)

तर्ज़ **'चुकलिया'** में रचित यह रागनी एक **घोषणात्मक चेतावनी** के स्वर में चलती है। छंद का प्रवाह **अधिकारपूर्ण, तार्किक और भविष्य की अनिवार्यता** (पांडवों का प्रतिशोध) पर केंद्रित है।

- **उदाहरण:** ओ सिंधुराज जयद्रथ मानज्या, ना अपणी जिन्दगी नै फूँकै
- **कुल मात्राएँ:** 21 से 24 (विस्तारित मुक्तछंदीय लोकवृत्त)
- **लय संरचना:** 7+7+7 (या 8+8+8) — यह विस्तारित लय द्रौपदी के **धैर्य और नैतिक श्रेष्ठता** को प्रभावी ढंग से स्थापित करती है।
- **छंद प्रकार:** उपदेशात्मक (Didactic) और **वीर रस** का मिश्रण, जो जयद्रथ के पाप और उसके अपरिहार्य दंड को स्थापित करता है।

यह छंद **विनाश की भविष्यवाणी** की शैली में रचा गया है, जहाँ द्रौपदी जयद्रथ को उसके कर्मों के **परिणामों की स्पष्ट चेतावनी** देती है।

2. छंद का मूलभूत ढाँचा: नैतिक चेतावनी और दण्ड की अपरिहार्यता स्वरूप

यह रचना हरियाणवी 'सांग' परंपरा की एक **दार्शनिक और विवरणात्मक** छंद है, जो 'चुकलिया' तर्ज़ के दृढ़, अधिकारपूर्ण स्वर पर आधारित है। इस रचना में **धैर्य, चेतावनी और धर्मोपदेश** जैसे भावों को प्रकट करने के लिए अत्यंत उपयुक्त है। इसकी लय में **न्याय की गंभीरता और स्त्री की आत्मबल की स्थिरता** है।

2.1. छंद का स्वरूप

- **प्रकार:** कारण-परिणाम (Cause-Effect) और नैतिक उपदेश पर आधारित मात्रिक छंद। उपदेशात्मक, चेतावनी प्रधान लोकछंद
- **लय (Rhythm):** लय **धीमी, गंभीर और अधिकारपूर्ण** है। द्रौपदी का स्वर यहाँ **रानियों जैसा संयमित** है, जो जयद्रथ के कृत्य को **अधर्म** साबित करता है। स्थिर, स्पष्ट, अनुशासित
- **मात्रा भार:** पंक्तियों में मात्राएँ 19 से 24 के बीच हैं, जो द्रौपदी के **नैतिक बल** और जयद्रथ के **पाप की गंभीरता** को प्रभावी ढंग से व्यक्त करती हैं।

2.2. विन्यास (Structure)

यह छंद एक 4+1 विन्यास का पालन करता है, जहाँ प्रत्येक खंड जयद्रथ के **कुकृत्य की आलोचना** करता है और उसे उसके **दु:खद अंत** की याद दिलाता है:

- **खंड 1 (कुल का अपमान):** जयद्रथ को उसके कुल और मर्यादा के अपमान का स्मरण कराना।

- **खंड 2 (बल और धमकी):** अपनी **पतिव्रता निष्ठा** और पांडवों के **बलशाली प्रतिशोध** की अनिवार्यता बताना।
- **खंड 3 (धर्म और पाप):** पाप की तुलना धर्म-भंडारे से करना और उसे **बदी** (बुराई) से दूर रहने का उपदेश देना।
- **खंड 4 (अंतिम आह्वान):** मौत के आगमन की घोषणा और होणी (नियति) के अटल होने का निष्कर्ष।

2.3 प्रारंभिक स्थायी (Refrain):

- *"मतन्या करै हरण सळहज का, या सारी दुनिया तनै थूकै"* यह पंक्ति रचना की **नैतिक चेतावनी और सामाजिक न्याय** की धुरी है।

3. यति (विराम) और चरणांत गुरु लय

इस छंद की छंदगत विशेषता **सुगठित मध्य यति** और **अटूट चरणांत** है, जो चेतावनी की दृढ़ता को स्थापित करता है।

3.1. मध्य यति (भीतरी ठहराव)

कुछ पंक्ति के मध्य में 10 से 12 मात्राओं के बीच एक **सख्त और निर्णायक विराम** लेती है। यह विराम जयद्रथ को उसके हर पाप और पाप के परिणामों की याद दिलाता है।

- **उदाहरण:** पाँचाली नै ठाकै जंगळ तै (यति) क्यूँ अपणी मौत बुलावण चाल्या यह ठहराव **कुकृत्य के सीधे परिणाम** पर जोर देता है।
- कुछ पंक्ति में 8–10 मात्राओं पर यति, जिससे **धर्मोपदेश की स्पष्टता और चेतावनी की तीव्रता** बनी रहती है। उदाहरण:

"तेरे सिर पै काळ नाच रहया, फेर भी तूँ निर्भय होकै कूकै"
यति के बाद पाप की मूर्खता पर बल।

3.2. चरणांत में दीर्घ गुरु की स्थिरता

इस रागनी में SS (गुरु-गुरु) की स्थिर लय का उपयोग होता है, जो कथन को एक **अंतिम और विनाशकारी** निष्कर्ष देता है:

अंतिम क्रिया/निष्कर्ष	चरणांत शब्द	लय विन्यास (Guru/ Laghu)	छंदगत प्रभाव
दनै **थूकै**	थू कै	SS	द्रौपदी की **नैतिक श्रेष्ठता** और जयद्रथ के अपमान का सार्वभौमिक होना।
तै ना **चूकै**	चू कै	SS	पांडवों के **अपरिहार्य प्रतिशोध** की घोषणा।
भी ना **रुकै**	रु कै	SS	दण्ड की **अटूटता** और पांडवों के क्रोध की असीमता।
हौ कै **कूकै**	कू कै	SS	जयद्रथ की **निर्भीकता** को मृत्यु के आगमन से जोड़ना।
आनन्द शाहपुर ना **ऊकै**	ऊ कै	SS	**नियति (होणी)** के अटल और अपरिवर्तनीय होने का दार्शनिक निष्कर्ष।

यह SS की आवृत्ति द्रौपदी के **धैर्यपूर्ण, परंतु निर्णायक** स्वर को स्थापित करती है।

अधिकांश पंक्तियाँ **SS या SLS** पर समाप्त होती हैं — जो *धर्म की स्थिरता और दण्ड की अपरिहार्यता* को दर्शाती हैं।
उदाहरण:

- *"खुद करणी का डंड पावै सै"* → SS
- *"होणी बणी होण की खातिर"* → SLS

4. साहित्यिक सौंदर्य और अलंकार

- **अलंकार - रूपक (Metaphor) और उपमा:**
  - क्यूँ पाप का सेहरा बाँधै सै (अपराध को विवाह की तरह **सेहरा** बताना)।
  - बदी करण तै टळज्या भिणोई (साहित्यिक और भावनात्मक बंधन का प्रयोग)।
  - तेरे सिर पै काळ नाच रहया (**मौत** का नृत्य के रूप में मानवीकरण)।
- **चरित्र का विकास:** यहाँ द्रौपदी **क्रोध** के स्थान पर **तर्क और नैतिक उपदेश** का प्रयोग करती हैं, जो वनवास में उनकी **आंतरिक शुद्धि** को दर्शाता है (जैसा कि रागनी 16 में देखा गया)।
- **विडंबना (Irony):** जयद्रथ, जो स्वयं पांडवों का बहनोई है, वह उनके धर्म की सीमा को तोड़ने का प्रयास करता है।
- **अनुप्रास:** "पाप का सेहरा बाँधै सै" — *'प', 'स'* ध्वनि की पुनरावृत्ति
- **रूपक:** *धर्म की गठड़ी काँधै सै* → धर्म का बोझ और उत्तरदायित्व

- **उपमा:** *"छत्राणी का दूध लजा दिया"* → स्त्री मर्यादा का अपमान
- **अनुभाव चित्रण:** *"तेरे सिर पै काळ नाच रहया"* → मृत्यु की छाया

5. भाव-संरचना और प्रतीकात्मकता

- **हरन और मौत:** द्रौपदी हरन के प्रयास को सीधे **मृत्यु के आह्वान** के रूप में चित्रित करती हैं।
- **धर्म की गठड़ी:** यह **पांडवों के नैतिक बल** का प्रतीक है, जो भौतिक शक्ति (शस्त्रों) से अधिक मजबूत है।
- **लोकनिंदा:** द्रौपदी जयद्रथ को बताती है कि उसका कृत्य केवल पांडवों के हाथों ही दंडित नहीं होगा, बल्कि **सारी दुनिया** उसे थूकेगी—जो **सामाजिक बहिष्कार** की शक्ति को दर्शाता है।
- **जयद्रथ का हरण प्रयास:** *अधर्म और अज्ञान का प्रतीक*
- **द्रौपदी का उपदेश:** *स्त्री की आत्मबल और धर्म की चेतना*
- **पांडवों की शक्ति:** *न्याय की प्रतीकात्मक उपस्थिति*
- **काळ का नाचना:** *पाप की परिणति*
- **छत्राणी का दूध:** *मर्यादा और स्त्री धर्म का प्रतीक*

6. रस, अलंकार और मनोवैज्ञानिक गहराई

- **रस: वीर रस** (पांडवों के बल का स्मरण कराना) और **भयानक रस** (जयद्रथ को आने वाले विनाश से डराना)।
- **वीर रस:** द्रौपदी की चेतावनी और आत्मबल
- **शांत रस:** संयम और धर्म की स्थापना
- **बीभत्स रस:** जयद्रथ के पाप और मूर्खता

- **मनोवैज्ञानिक द्वंद्व:** *"मैं पतिव्रता सूं अड़िग धर्म पै"* — स्त्री की दृढ़ता बनाम पुरुष का अधर्म
- **मनोवैज्ञानिक गहराई:** यह रागनी एक सफल **धमकी और निवारण (Threat and Deterrence)** रणनीति को दर्शाती है, जहाँ द्रौपदी अपनी शक्ति (पांडव) को सीधे खतरे में न डालकर, **अपराध के अपरिहार्य परिणाम** पर जोर देती है।

7. स्त्रीवादी और सांस्कृतिक पुनर्पाठ

- यह रचना हरियाणवी लोकसंस्कृति में **स्त्री धर्म, संयम और न्याय की चेतना** को उजागर करती है।
- द्रौपदी यहाँ केवल अपहृत नहीं, **धर्म की प्रवक्ता** है।
- जयद्रथ का पाप केवल व्यक्तिगत नहीं, **सामाजिक मर्यादा का उल्लंघन** है।
- यह रचना हरियाणवी लोकसंस्कृति में स्त्री को **कमजोर शिकार** नहीं, बल्कि **अपने बचाव के लिए बौद्धिक रूप से मजबूत** रूप में प्रस्तुत करती है। द्रौपदी यहाँ अपनी पवित्रता और पतिव्रता धर्म को अपने **सबसे बड़े सुरक्षा कवच** के रूप में प्रयोग करती है।

8. विमर्श के नए आयाम

- **हरण की घटना — स्त्री की गरिमा और आत्मरक्षा का लोक दृष्टिकोण**
- **द्रौपदी का संयम — क्रोध नहीं, धर्म का संवाद**
- **जयद्रथ का पाप और उसका परिणाम — लोक चेतना में न्याय की स्थापना**
- **पांडवों की शक्ति और द्रौपदी की चेतावनी — धर्म और वीरता का संतुलन**

- यह रचना **स्त्री धर्म, संयम और लोक न्याय** का उत्कृष्ट उदाहरण है।
- इसमें **छंद की स्थिरता**, **भाव की स्पष्टता**, और **प्रतीकों की गहराई** साहित्यिक विमर्श के लिए अत्यंत उपयोगी है।
- जिज्ञासु पाठक इसे **नारी धर्म विमर्श**, **धार्मिक चेतना**, और **पिंगल शास्त्र के छंद विन्यास** के संदर्भ में विश्लेषित कर सकते हैं।
- यह रचना *धर्म की वाणी और संयम की चेतावनी* है — जिसमें द्रौपदी **धैर्य, गरिमा और धर्मोपदेश** के माध्यम से जयद्रथ को *पाप के मार्ग से हटने की अंतिम चेतावनी* देती हैं। इस रागनी में जिस शैली में *हरण के प्रयास* को लोकध्वनि में ढाला है, वह *नारी की शक्ति और विवेक* का अद्भुत उदाहरण है।
- यह रागनी **नैतिक तर्क की शक्ति, नियति का अटल विधान, और लोककाव्य में स्त्री के द्वारा धमकी और निवारण की रणनीति** के संदर्भ में साहित्यिक विमर्श के लिए मूल्यवान है। यह द्रौपदी की **बुद्धि, धैर्य और धर्म में अटूट विश्वास** को दर्शाती है, जिसने जयद्रथ जैसे पापी को भी हताश कर दिया।

वृत्तांत रागनी 18

वृतांत: वनवास की असहनीय पीड़ा पर द्रौपदी का कृष्ण से **विलाप और नियति पर सवाल** करना।

यह वृत्तांत पाण्डवों के वनवास के आरंभिक चरण की है, जब काम्यक वन की वीरान धरती पर धर्म का पक्ष असहाय खड़ा था। जुए में सर्वस्व हारने के बाद, पाँचों पाण्डव वल्कल वस्त्रों में थे, और महारानी द्रौपदी केश खोले, पीड़ा और अपमान की मूर्ति बनकर बैठी थीं। इसी दारुण अवस्था में, भगवान कृष्ण, बलराम और अन्य यादवों के साथ उनसे मिलने पहुँचे।

अपने सखा, द्वारकाधीश को सामने देखकर द्रौपदी का धैर्य टूट गया। उनका विलाप केवल दुख का नहीं, बल्कि न्याय की अंतिम पुकार और धर्म के संरक्षक से किया गया तीखा प्रश्न था। वह फूट-फूटकर रो पड़ीं, और अपने पतियों की धर्मज्ञता और स्वयं कृष्ण की प्रिय सखी होने के बावजूद हुए अन्याय पर सवाल किया। उन्होंने अपने खुले केशों और अपमानित गरिमा को दिखाते हुए कृष्ण को तीखे शब्दों में संबोधित किया।

द्रौपदी ने कहा, "हे गोविंद, मैं पाँच बलशाली पतियों की पत्नी और धर्मराज की महारानी हूँ, फिर भी भरी सभा में मेरा अपमान हुआ। जब मेरा वस्त्र हरण हो रहा था, तब आपकी द्वारका दूर नहीं थी। मैंने आपको पुकारा, लेकिन आप कहाँ थे? यदि सत्य और धर्म के मार्ग पर चलने का यही फल है, तो धर्म को नमस्कार है। यदि हमारे इस अपमान का कोई प्रतिकार नहीं हुआ, तो संसार में धर्म और नीति की कोई सत्ता नहीं रह जाएगी।" उनकी आत्मा की यह पुकार इन पंक्तियों में गूंज उठी: **"हे द्वारकाधीश तनै मेरी किस्मत में, क्यूँ इसी अँधेरी रात लिखी।"**

द्रौपदी ने स्पष्ट किया कि उनका यह दुःख तब तक शांत नहीं होगा जब तक दुःशासन और दुर्योधन को उनके पापों का दंड न मिल जाए। उन्होंने अपने

खुले केशों को दिखाते हुए अपनी भीषण प्रतिज्ञा को दोहराया। उनकी शिकायत केवल भक्त की नहीं, बल्कि न्याय की अंतिम याचना थी—वह अंधेरी रात पर सवाल करती थीं, न्याय के उदय पर नहीं।

कृष्ण ने द्रौपदी के दुःख को अत्यंत सांत्वना दी। उन्होंने स्वीकार किया कि उनका अपमान समस्त यादवों, पाण्डवों और स्वयं उनका भी अपमान था, और वे इस पाप को कभी क्षमा नहीं करेंगे। कृष्ण ने अत्यंत दृढ़ता से द्रौपदी को न्याय का आश्वासन दिया, और उनके विलाप को **धर्मयुद्ध के संकल्प** में बदल दिया।

कृष्ण ने प्रतिज्ञा लेते हुए कहा, "हे कृष्णा! तुम्हारा यह अपमान व्यर्थ नहीं जाएगा। जिन दुष्टों ने तुम्हारा उपहास किया है, उन्हें शीघ्र ही उनके पापों का फल मिलेगा।" उन्होंने महाविनाश की भविष्यवाणी करते हुए कहा, "यह जान लो कि आकाश भले ही फट जाए, हिमालय भले ही विदीर्ण हो जाए, समुद्र भले ही सूख जाए, पर मेरा यह वचन कभी झूठा नहीं होगा। दुर्योधन और उसके कुल का विनाश निश्चित है! तुम्हारी आँसू की हर बूँद कौरवों के विनाश का कारण बनेगी।" उन्होंने द्रौपदी के प्रतिशोध को ही युद्ध का संकल्प बना दिया।

यह आश्वासन द्रौपदी के आत्मिक बल का अंतिम आधार बना। कृष्ण ने उनकी निराशा को समाप्त कर दिया और उन्हें धर्मयुद्ध की अनिवार्य शक्ति के रूप में स्थापित किया। द्रौपदी का विलाप न्याय की प्रतीक्षा नहीं, बल्कि धर्म की घोषणा बन गया, जिसका संकल्प इन पंक्तियों में निहित है: **"जिस दिन युद्ध का बिगुल बजैगा, मेरा उस दिन आणा होगा।"** उनके आँसू व्यर्थ नहीं थे, वे उस अग्नि को सुलगा रहे थे, जिसके मूल्य पर उनका 'न्याय' खरीदा जाना था।

द्रौपदी: रागनी 18

वृतांत : वनवास काल में द्रौपदी का कृष्ण से संवाद और न्याय की आशा बनाए रखना।
तर्ज : चुकलिया

हे द्वारकाधीश तनै मेरी किस्मत में, क्यूँ इसी अँधेरी रात लिखी
मैं धर्म की चौखट खड़ी पकड़कै, तनै न्याये की ना बात लिखी

राजपाट तजकै जंगळ में, भला इसा कौण सा धर्म बण्या
पांच पति बलवान मेरे सैं, भला कुणसा सै कमजोर गिण्या
जंगळ में काँट्यां पै चालूँ, यो किसनै म्हारे भाग खिण्या
मन में धीरज धार लिया पर, मन में क्यूँ भरै जहर घण्या
तेरे बिना मेरी कौण सुणैगा, तनै इसी औरत की जात लिखी

मेरी भरी सभा में लाज उतरगी, वो दुख ना भुलण का
मेरे भीतर एक आग जळै सै, ना दाग जिगर धुलण का
रण में न्या करवाणा चाहूँ, वो बदला सिर खुलण का
दासी कहकै करया इशारा, जाँघ के पट झूलण का
सुख भोगैं नर नारी जगत में, मेरै आँसु की बरसात लिखी

जब तक बदला ना ले ल्यूं, मैं मरण नहीं पाऊँगी
जब आवैगा बखत धर्म का, रण में न्या करवाऊँगी
जिस पथ पै हो धर्म की हाणी, ना उसपै कदम बढ़ाऊँगी
ना जांघ बचै ना बज्जर छाती, रक्त में केश रँगाऊँगी
दुश्मन बैरी करैं हाँसी ठट्ठा, मेरे लेख में मात लिखी

द्रौपदी: रागनी 18 (Cont'd)

तूँ धीरज की मूरत कृष्णा, मत कर मन में घणा विलाप
दान और तप का बल तेरे भीतर, हर लेगा यो सारे पाप
ईसा धर्म ना और जगत में, जिसका पाण्डव करते जाप
मैं वचन देउँ सूं बाहण मेरी, तेरा बण्या रहैगा तेजो ताप
कालचक्र में सब मारे जां, मौत की इसी बिसात लिखी

जिस दिन युद्ध का बिगुल बजैगा, मेरा उस दिन आणा होगा
तेरे दर्द का हिसाब चुकाकै, उस दुर्योधन नै जाणा होगा
अधर्म पै धर्म की जीत होवैगी, यो रण म्ह दिखाणा होगा
तूँ चिंता ना कर बाहण धर्म की, तेरा मान बढ़ाणा होगा
कहै आनन्द शाहपुर श्री कृष्ण नै, किस्मत में सौगात लिखी

विश्लेषण रागनी 18

कृष्ण से आत्मिक संवाद

वृतांत: वनवास काल में द्रौपदी का कृष्ण से संवाद और न्याय की आशा बनाए रखना।

तर्ज़: चुकलिय़ा

रागनी का शास्त्रीय एवं साहित्यिक विश्लेषण

1. छंद-संरचना और लय-गठन (Pingal Shastra के अनुसार)

तर्ज़ **'चुकलिया'** में रचित यह रागनी एक **द्विपक्षीय संवाद** (द्रौपदी का प्रश्न और कृष्ण का आश्वासन) पर केंद्रित है। छंद का प्रवाह एक **विलापपूर्ण प्रश्न** से शुरू होकर **शांत और आत्मविश्वासपूर्ण उत्तर** (अंतिम दो खंड) पर समाप्त होता है।

- **उदाहरण:** हे द्वारकाधीश तनै मेरी किस्मत में, क्यूँ इसी अँधेरी रात लिखी
- **कुल मात्राएँ:** 21 से 24 (विस्तारित मुक्तछंदीय लोकवृत्त)
- **लय संरचना:** 7+7+7 (या 8+8+8) — यह विस्तारित लय **आध्यात्मिक प्रश्न** और **आश्वासन की गंभीरता** को ढोने में सक्षम है।
- **छंद प्रकार: भक्ति और करुण रस** का मिश्रण, जो **अधर्म की रात** और **न्याय के दिन** के बीच के द्वंद्व को स्थापित करता है।

'चुकलिया' तर्ज़ इस रचना में **आत्मिक संवाद, न्याय की पुकार और धर्म की प्रतीक्षा** को प्रकट करने के लिए अत्यंत उपयुक्त है। इसकी लय में **विरह, आक्रोश और आध्यात्मिक विश्वास** का संतुलन है।

2. छंद का मूलभूत ढाँचा: विलाप और आश्वासन (Lament and Assurance) स्वरूप

यह रचना हरियाणवी 'सांग' परंपरा की एक **संवादात्मक और दार्शनिक** छंद है, जो 'चुकलिया' तर्ज़ के गंभीर स्वर पर आधारित है। आत्मिक संवाद छंद।

2.1. छंद का स्वरूप

- **प्रकार:** प्रश्नोत्तर शैली और नियति के रहस्य पर आधारित मात्रिक छंद। संवादात्मक, भावप्रधान लोकछंद।
- **लय (Rhythm):** आरंभ में लय **भारी, प्रश्नात्मक और विलापपूर्ण** है (द्रौपदी का पक्ष)। अंतिम दो खंडों में (कृष्ण का उत्तर) लय **स्थिर, आश्वस्त और भविष्योन्मुखी** हो जाती है। स्थिर, भावगर्भित।
- **मात्रा भार:** पंक्तियों में मात्राएँ 19 से 24 के बीच हैं, जो द्रौपदी के **आंतरिक दु:ख** और कृष्ण के **दैवीय निश्चय** को प्रभावी ढंग से व्यक्त करती हैं।

2.2. विन्यास (Structure)

यह छंद 4+1 विन्यास का पालन करता है:

- **खंड 1, 2, 3 (द्रौपदी का विलाप/प्रश्न):** द्रौपदी कृष्ण से अपनी नियति, अपमान की पीड़ा (आँसु की बरसात), और **बदले की अनिवार्यता** (रक्त में केश रँगवाना) के बारे में पूछती है।
- **खंड 4, 5 (कृष्ण का उत्तर/आश्वासन):** कृष्ण द्रौपदी को **धीरज** रखने, उनके **तेजो ताप** को बनाए रखने और **युद्ध में न्याय** होने का आश्वासन देते हैं।

2.3 प्रारंभिक स्थायी (Refrain):

"मैं धर्म की चौखट खड़ी पकड़कै, तनै न्याये की ना बात लिखी"

यह पंक्ति रचना की **न्यायिक और आध्यात्मिक धुरी** है।

3. यति (विराम) और चरणांत गुरु लय

इस छंद की छंदगत विशेषता **भावनात्मक मध्य यति** और **दोहरे चरणांत** (द्रौपदी का दुःख, कृष्ण का आश्वासन) में स्थिरता है।

3.1. मध्य यति (भीतरी ठहराव)

कुछ पंक्ति के मध्य में 10 से 12 मात्राओं के बीच एक **भावनात्मक या तार्किक विराम** लेती है।

- **उदाहरण (विलाप):** ना जांघ बचै ना बज्जर छाती (यति) रक्त में केश रँगाऊँगी
- **उदाहरण (आश्वासन):** तेरे दर्द का हिसाब चुकाकै (यति) उस दुर्योधन नै जाणा होगा यह ठहराव **भाव के अनुसार** या तो तीव्र पीड़ा या अटल निश्चय पर जोर देता है।

कुछेक पंक्ति में 8–10 मात्राओं पर यति, जिससे **संवाद की स्पष्टता और भाव की गहराई** बनी रहती है।

उदाहरण:

"तेरे बिना मेरी कौण सुणैगा, तनै इसी औरत की जात लिखी"

यति के बाद स्त्री की पुकार और पीड़ा।

3.2. चरणांत में दीर्घ गुरु की स्थिरता

इस रागनी में SS या SSS की स्थिर लय का उपयोग होता है, जो **स्थायी सत्य** को स्थापित करती है:

अंतिम क्रिया/निष्कर्ष	चरणांत शब्द	लय विन्यास (Guru/Laghu)	छंदगत प्रभाव
नैये की ना बात **लिखी**	बात लिखी	SS	द्रौपदी द्वारा **नियति पर सवाल** करना।
आँसु की बरसात **लिखी**	सात् लिखी	SS	द्रौपदी के **असहनीय दुःख** का वर्णन।
लेख में मात **लिखी**	मात् लिखी	SS	द्रौपदी द्वारा **अपनी पराजय** को नियति मानना।
मौत की इसी बिसात **लिखी**	सात् लिखी	SS	कृष्ण द्वारा **मृत्यु** को अटल खेल (बिसात) मानना।
किस्मत में सौगात **लिखी**	गात् लिखी	SS	कृष्ण द्वारा **अंत में जीत** (सौगात) का अंतिम आश्वासन।

यह SS की आवृत्ति पूरी रागनी को एक **गंभीर दार्शनिक निष्कर्ष** देती है—हर दुःख के अंत में न्याय की सौगात निश्चित है।

अधिकांश पंक्तियाँ **SS या SLS** पर समाप्त होती हैं — जो *धैर्य, न्याय और नियति की स्थिरता* को दर्शाती हैं।
उदाहरण:

- *"तेरा मान बढ़ाणा होगा"* → SS
- *"मौत की इसी बिसात लिखी"* → SS

4. साहित्यिक सौंदर्य और अलंकार

- **अलंकार - रूपक (Metaphor):**
  - इसी अँधेरी रात लिखी (दुःख को **अँधेरी रात** बताना)।
  - आँसु की बरसात लिखी (**अत्यधिक रोने** को बरसात बताना)।
  - मौत की इसी बिसात लिखी (जीवन/युद्ध को **शतरंज की बिसात** बताना)।
- **पुनरावृत्ति (Repetition):** "तनै... लिखी" का प्रयोग नियति पर **बार-बार प्रश्न** उठाने को दर्शाता है।
- **द्वंद्वात्मकता: "धर्मराज" की पत्नी** होते हुए भी **"अँधेरी रात"** का मिलना—द्रौपदी के संदेह को पुष्ट करता है।
- **अनुप्रास:** "रण में न्या करवाणा चाहूँ, वो बदला सिर खुलण का" — *'र', 'क'* ध्वनि की पुनरावृत्ति
- **रूपक:** *धर्म की चौखट पकड़ना* → न्याय की याचना
- **उपमा:** *"धीरज की मूरत कृष्णा"* → द्रोपदी के धैर्य की उपमा
- **अनुभाव चित्रण:** *"मेरे भीतर एक आग जळै सै"* → आंतरिक आक्रोश

5. भाव-संरचना और प्रतीकात्मकता

- **कृष्ण से संवाद:** *आध्यात्मिक विश्वास और न्याय की पुकार*

- **सभा का अपमान:** *स्त्री की पीड़ा और प्रतिशोध की जड़*
- **धर्म की चौखट:** *न्याय की प्रतीकात्मक सीमा*
- **कालचक्र:** *नियति और युद्ध का संकेत*
- **तेजो ताप:** *कृष्ण की दिव्यता और द्रौपदी की आस्था*
- **रक्त रंगे केश:** यह द्रौपदी के **अटल प्रतिशोध** और अपमान को धोने के संकल्प का प्रतीक है, जो उन्हें **सामान्य स्त्री** से **रणचण्डी** में बदलता है।
- **धीरज की मूरत:** कृष्ण को धीरज की मूरत बताकर, द्रौपदी उनकी **भक्ति और दैवीय शक्ति** को स्वीकार करती है।
- **कालचक्र और बिसात:** कृष्ण का कथन जीवन को एक **दैवीय खेल** (बिसात) के रूप में प्रस्तुत करता है, जहाँ **मौत** अटल है, लेकिन **जीत** (सौगात) निश्चित है।

6. रस, अलंकार और मनोवैज्ञानिक गहराई

- **रस:** पहले तीन खंडों में **करुण रस** (दुःख), और अंतिम दो खंडों में **शांत रस** (भक्ति) और **वीर रस** (भविष्य के युद्ध का संकल्प)।
- **विप्रलंभ श्रृंगार:** कृष्ण से दूरी और संवाद की तड़प
- **वीर रस:** युद्ध की घोषणा और प्रतिशोध की प्रतिज्ञा
- **शांत रस:** कृष्ण की धैर्यपूर्ण छवि
- **मनोवैज्ञानिक द्वंद्व:** *"मन में धीरज धार लिया पर, मन में क्यूँ भरै जहर घण्या"* — धैर्य और आक्रोश का द्वंद्व
- **मनोवैज्ञानिक गहराई:** यह रागनी एक भक्त और भगवान के बीच के **गहरे व्यक्तिगत संबंध** को दर्शाती है, जहाँ भक्त अपने भगवान से शिकायत भी कर सकता है, लेकिन अंततः उसी में **अंतिम समाधान** भी देखता है।

7. स्त्रीवादी और सांस्कृतिक पुनर्पाठ

- यह रचना हरियाणवी लोकसंस्कृति में **स्त्री की न्यायिक चेतना, कृष्ण भक्ति और धर्म की प्रतीक्षा** को उजागर करती है।
- द्रौपदी यहाँ केवल पीड़िता नहीं, **धर्म की याचिका और युद्ध की उद्घोषिका** है।
- कृष्ण से संवाद लोक परंपरा में **ईश्वर से आत्मिक वार्ता** का प्रतीक है।
- यह रचना हरियाणवी लोकसंस्कृति में द्रौपदी को **केवल कृष्ण की भक्त** नहीं, बल्कि **न्याय की माँग** करने वाली स्त्री के रूप में प्रस्तुत करती है। कृष्ण द्वारा उन्हें **बाहण** (बहन) कहकर संबोधित करना, उनके संबंध की **पवित्रता और समानता** को दर्शाता है।

8. विमर्श के नए आयाम

- **वनवास की स्त्री दृष्टि — पीड़ा और प्रतीक्षा का द्वंद्व**
- **कृष्ण से संवाद — आत्मिक विश्वास और धर्म की याचना**
- **सभा का अपमान और युद्ध की प्रतिज्ञा — स्त्री की न्याय चेतना**
- **कालचक्र और धर्मचक्र — द्रौपदी की भविष्य दृष्टि**
- यह रचना **स्त्री न्याय चेतना, कृष्ण भक्ति और युद्ध की नैतिकता** का उत्कृष्ट उदाहरण है।
- इसमें **छंद की स्थिरता, भाव की गहराई**, और **प्रतीकों की सूक्ष्मता** विमर्श के लिए अत्यंत उपयोगी है।
- जिज्ञासु पाठक इसे **नारी धर्म विमर्श**, **आध्यात्मिक संवाद**, और **पिंगल शास्त्र के छंद विन्यास** के संदर्भ में विश्लेषित कर सकते हैं।

- यह रचना *वनवास की रात में द्रौपदी की आत्मा से निकली पुकार* है — जिसमें **कृष्ण से संवाद**, **धर्म की आशा**, और **प्रतिशोध की प्रतिज्ञा** एक साथ गूंजती है।
- इस रचना में जिस भाव से *न्याय की प्रतीक्षा और आत्मिक संवाद* को हरियाणवी लोकध्वनि में ढाला है, वह *स्त्री चेतना, धर्म विमर्श और आध्यात्मिक संवाद* का त्रिवेणी संगम है।
- यह रागनी **भक्त और भगवान के बीच के द्वंद्वात्मक संबंध, प्रतिशोध की अनिवार्यता, और लोककाव्य में दैवीय आश्वासन** के संदर्भ में साहित्यिक विमर्श और विवेचना के लिए मूल्यवान है। यह द्रौपदी के चरित्र की **मानवीयता (शिकायत)** और **दैवीय निष्ठा (समर्पण)** का संगम है।

वृत्तांत रागनी 19

वृतांत : वनवास काल में द्रौपदी का अतिथि सत्कार और तपस्विनी स्वरूप।

यह वृत्तांत पाण्डवों के वनवास के आरंभिक काल की है, जब स्वर्ण सिंहासन की महारानी द्रौपदी ने काम्यक वन की तपस्विनी बनकर अपने **राजसी अहंकार** और **दुःख** का त्याग किया। यह द्रौपदी की विनम्रता, धर्मनिष्ठा और त्याग का सर्वोच्च उदाहरण है, जिसने अपमानित कुल की लाज को सेवा और समर्पण से पुनर्स्थापित किया।

द्यूत में हारकर जब पाण्डव वन की ओर चले, तो उनकी धर्मपरायणता से प्रेरित होकर हज़ारों ब्राह्मण, ऋषि-मुनि और अनुयायी भी उनके साथ हो लिए। धर्मराज युधिष्ठिर के सामने सबसे बड़ी चुनौती थी—**अतिथि धर्म** का निर्वाह। एक क्षत्रिय राजा के लिए यह असहनीय था कि उसके आश्रम से कोई पूज्य अतिथि भूखा लौटे। राज-पाट त्याग चुकी द्रौपदी के लिए भी यह परीक्षा थी; स्वर्ण सिंहासन पर बैठी रानी अब वन में अपने हाथों से पत्तों पर जल और कंद-मूल अर्पित करती थीं। उनका यह सादा जीवन और विनम्र सेवा-भाव ही उनके नव-तपस्विनी स्वरूप का प्रमाण था। इस भाव को व्यक्त करते हुए उनकी पंक्तियाँ कहती हैं: **"स्वर्ण सिंहासन राणी थी, इब पात्तां पै जल द्यूँ आकै।"**

अतिथि सत्कार की इस विकट चुनौती से चिंतित युधिष्ठिर ने पुरोहित धौम्य के परामर्श पर भगवान सूर्य की घोर तपस्या की। युधिष्ठिर की धर्मनिष्ठा से प्रसन्न होकर सूर्य देव प्रकट हुए और उन्हें एक अद्भुत, चमत्कारी पात्र—**अक्षय पात्र**—प्रदान किया। पात्र का विधान यह था कि वह तब तक भोजन देता रहेगा जब तक कि द्रौपदी स्वयं भोजन न कर लें। एक बार द्रौपदी के भोजन कर लेने के बाद, पात्र उस दिन के लिए खाली हो जाएगा और अगले सूर्योदय पर ही भरेगा। इस वरदान ने द्रौपदी को पाण्डवों के

आश्रम में सेवा की केंद्रीय धुरी बना दिया। हर दिन, द्रौपदी सभी अतिथियों, ब्राह्मणों और अपने पाँचों पतियों को तृप्त करती थीं।

द्रौपदी स्वयं सबसे अंत में भोजन करती थीं। यह उनकी निजी भूख और कष्ट को अनदेखा करके दूसरों को तृप्त करने की क्रिया ही द्रौपदी का सबसे बड़ा **'सेवा-तप'** बन गई। उन्होंने यह प्रतिज्ञा ली थी कि वह 'दासी' नहीं बल्कि **'सेविका'** बनकर अपने कुल की लाज रखेंगी। यह उनकी राजसी विनम्रता का प्रतीक था। वह कहती हैं: **"मैं तै दासी बणकै टहल करूँ सूं, ना हिरदे में घबराकै।"** युधिष्ठिर भी उनकी इस सेवा के महत्व को समझते थे, इसलिए उन्होंने कहा: **"सेवा तै म्हारी लाज बचैगी... / म्हारी इज्जत थाम्बी है तन्नै।"** इस कठिन नियम का पालन करके द्रौपदी ने सिद्ध किया कि अपमान के बाद भी उनकी आत्मा की शुद्धि और उनकी रानी की गरिमा केवल धर्म और सेवा में निहित है।

पाण्डवों के इस वैभव को देखकर दुर्योधन अत्यंत ईर्ष्यालु हुआ और उसने उन्हें संकट में डालने का षड्यंत्र रचा। उसने दुर्वासा ऋषि को अपने दस हजार शिष्यों के साथ पाण्डवों के आश्रम में भोजन के लिए भेजा। दुर्वासा ने शिष्यों सहित स्नान के लिए नदी पर जाने से पहले भोजन की इच्छा व्यक्त की, और पाण्डव भयभीत हो गए क्योंकि दुर्वासा अपने क्रोध के लिए कुख्यात थे। उस दिन द्रौपदी पहले ही भोजन कर चुकी थीं, और अक्षय पात्र में भोजन का **एक कण भी शेष नहीं** था।

द्रौपदी ने अत्यंत व्याकुल होकर अपने सखा और संकटमोचन भगवान कृष्ण को याद किया। कृष्ण तुरंत प्रकट हुए और द्रौपदी से भोजन माँगा। द्रौपदी ने उन्हें बताया कि पात्र खाली है। कृष्ण ने पात्र को अपने हाथ में लिया और उसमें लगा **पालक के पत्ते का एक छोटा सा कण** या चावल का एक अंतिम दाना खा लिया। कृष्ण के उस कण को ग्रहण करते ही, दुर्वासा ऋषि और उनके सभी शिष्यों को तत्काल पूर्ण तृप्ति का अनुभव हुआ। उन्हें इतना पेट भरा महसूस हुआ कि वे पाण्डवों के पास भोजन के

लिए वापस जाने में भी असमर्थ हो गए और बिना बताए ही वहाँ से चले गए। इस प्रकार, द्रौपदी के त्याग और कृष्ण पर उनके विश्वास ने न केवल अतिथि धर्म की रक्षा की, बल्कि वनवास के कष्टों को भी धर्म-साधना में बदल दिया।

यह वृत्तांत बताता है कि द्रौपदी ने वनवास को एक **शुद्धि संस्कार** बना दिया। उन्होंने सिद्ध किया कि सच्चा राज्य सोने का नहीं, 'सेवा' का होता है। ऋषियों के चरण पखारकर उन्होंने अपने अपमान के घावों को धोया। यह सेवा ही उनकी तपस्या का फल बनी, जैसा कि पंक्ति कहती है: **"तेरी तपस्या का फळ मिलज्या, ना इसमें मत कोए न्यारा।"** द्रौपदी ने तप और सेवा से अपनी रानी की गरिमा को पुनः स्थापित कर लिया और 'अतिथि धर्म' को अपनी सबसे बड़ी 'तपस्या' बना दिया। वह इस रचना में राजमहिषी नहीं, बल्कि **धर्म की साधना** और **आत्मा की तपस्विनी** बनकर सामने आती हैं।

द्रौपदी: रागनी 19

वृतांत : वनवास काल में द्रौपदी का अतिथि सत्कार और तपस्विनी स्वरूप।
तर्ज : चुकलिया

दुख-सुख का इसा चक्र चाल्या, यो राजपाट बिसार दिया।
अतिथि धर्म निम्भावण खातिर, यो जीवन निस्सार किया।

स्वर्ण सिंहासन राणी थी, इब पात्तां पै जल द्यूँ आकै
चरण पखारूँ ऋषि-मुनियों के, चरणों के म्हं ध्या कै
तोड़ कै मीठे फळ जंगळ के, द्यूँ प्रेम तै भोग लगाकै
मैं तै दासी बणकै टहल करूँ सूं, ना हिरदे में घबराकै
छोड़ राजसी भोग महल के, इब सादा सा आहार लिया।

मनै दुनिया शीश निवाया करती, इब मैं सेवा में नीऊ सूं
बण में कष्ट सहूँ पाण्डव संग, पर धीरज का रस पीऊँ सूं
ना क्रोध की आग जलै मेरे भीतर, पाठ धर्म का जीऊँ सूं
तेरी तपस्या के सहारै कृष्ण, मैं जखम हिया के सीऊँ सूं
भीड़ पड़ी में धर्म के सहारै, तनै सारा दुख सहार लिया।

एक दिन धर्मराज न्यू बोल्या, वा बात हमारी याद करो
यो बण भी आश्रम बना दिया, मेरी बात पै विचार करो
सेवा तै म्हारी लाज बचैगी, ना सेवा पै तकरार करो
म्हारी इज्जत थाम्बी है तन्नै, ना अपणी आत्मा खार करो
कष्ट सहे पर धर्म निम्भाया, मनै अपणा आपा मार लिया।

द्रौपदी: रागनी 19 (Cont’d)

तेरी तपस्या का फळ मिलज्या, ना इसमें मत कोए न्यारा
बैर भाव सब क्रोध दूर हुया, मनै तेरा ए घणा सहारा
सेवा में सब सुख मिल ज्यांगे, श्री कृष्ण नै दिया इशारा
गुरु पालेराम भी न्याय का झन्डा, सबतै ऊँचा ठा रा
आनन्द शाहपुर अपणा जीवन, भज ईश्वर गुज़ार लिया।

विश्लेषण रागनी 19

वन में अतिथि सेवा

वृतांत: वनवास काल में द्रौपदी का अतिथि सत्कार और तपस्विनी स्वरूप।

तर्ज़: चुकलिय़ा

रागनी का शास्त्रीय एवं साहित्यिक विश्लेषण

1. छंद-संरचना और लय-गठन (Pingal Shastra के अनुसार)

तर्ज़ **'चुकलिया'** में रचित यह रागनी **आत्म-स्वीकारोक्ति और कर्तव्य बोध** के स्वर में चलती है। छंद का प्रवाह **शांत, स्थिर और संतोषपूर्ण** है, जो द्रौपदी के मन की शांति को दर्शाता है, जिसे उन्होंने तप और सेवा से अर्जित किया है।

- **उदाहरण:** अतिथि धर्म निम्भावण खातिर, यो जीवन निस्सार किया।
- **कुल मात्राएँ:** 20 से 23 (विस्तारित मुक्तछंदीय लोकवृत्त)
- **लय संरचना:** 7+7+7 (या 8+8+8) — यह संतुलित लय **सेवा के महत्त्व** और **धर्म की दृढ़ता** को स्थापित करती है।
- **छंद प्रकार: शांत रस** प्रधान लोकवृत्त, जो जीवन की नश्वरता को स्वीकार कर **अतिथि धर्म** के पालन पर बल देता है।

'चुकलिया' तर्ज़ इस रचना में **सेवा, त्याग और तपस्विनी धर्म** को प्रकट करने के लिए अत्यंत उपयुक्त है। इसकी लय में **धैर्य, विनम्रता और आत्मबल** का संतुलन है।

उदाहरण पंक्ति:

"दुख-सुख का इसा चक्र चाल्या, यो राजपाट बिसार दिया।"

- **कुल मात्राएँ:** 21
- **लय संरचना:** 7+7+7
- **छंद प्रकार:** चतुष्पदी लोकवृत्त
- **गति:** मध्यम, गुरु प्रधान
- **भाव:** त्याग और सेवा की उद्घोषणा

2. छंद का मूलभूत ढाँचा: सेवा और आत्म-नियंत्रण (Service and Self-Control) स्वरूप

यह रचना हरियाणवी 'सांग' परंपरा की एक **आध्यात्मिक और चिंतनशील** छंद है, जो 'चुकलिया' तर्ज़ के दृढ़, परंतु नम्र स्वर पर आधारित है। सेवा धर्म छंद।

2.1. छंद का स्वरूप

- **प्रकार:** उपदेशात्मक, (Didactic) आत्मनिवेदन प्रधान लोकछंद और कारण-परिणाम पर आधारित मात्रिक छंद।
- **लय (Rhythm):** लय **शांत, विनम्र और समर्पित** है। द्रौपदी का स्वर यहाँ **रानी** का नहीं, बल्कि **आश्रम सेविका** का है। स्थिर, संयमित
-
- **मात्रा भार:** पंक्तियों में मात्राएँ 19 से 23 के बीच हैं, जो तपस्या की **स्थिरता और निरंतरता** को प्रभावी ढंग से व्यक्त करती हैं।

2.2. विन्यास (Structure)

यह छंद 4+1 विन्यास का पालन करता है, जहाँ प्रत्येक खंड द्रौपदी के **त्याग और सेवा** के एक चरण को दिखाता है:

- **खंड 1 (त्याग):** राजसी सुखों को त्यागकर अतिथि सेवा के लिए **सादा आहार** अपनाना।
- **खंड 2 (आंतरिक शांति):** क्रोध को त्यागकर, धीरज के रस को पीना और कृष्ण के सहारे **जख्मों को सीना**।
- **खंड 3 (धर्मराज का समर्थन):** युधिष्ठिर द्वारा सेवा को **लाज बचाने** का माध्यम बताना, जिससे द्रौपदी की आत्मा को बल मिला।
- **खंड 4 (आध्यात्मिक निष्कर्ष):** सेवा को ही **न्याय का झंडा** बताना और जीवन को ईश्वर के गुणगान में गुजारना।

2.3 प्रारंभिक स्थायी (Refrain):

"अतिथि धर्म निम्भावण खातिर, यो जीवन निस्सार किया।"

यह पंक्ति रचना की **धार्मिक और सामाजिक धुरी** है, जो पूरे छंद को दिशा देती है।

3. यति (विराम) और चरणांत गुरु लय

इस छंद की छंदगत विशेषता **संतुलित मध्य यति** और **संतुष्टिपूर्ण चरणांत** है, जो संयम की दृढ़ता को स्थापित करता है।

3.1. मध्य यति (भीतरी ठहराव)

कुछ पंक्ति के मध्य में 10 से 12 मात्राओं के बीच एक **शांत और स्वीकारोक्तिपूर्ण विराम** लेती है।

- **उदाहरण:** पात्तां पै जल द्यूँ आकै (यति) चरण पखारूँ ऋषि-मुनियों के यह ठहराव **विनम्रता और समर्पण** के भाव पर जोर देता है।

जबकि कुछ पंक्तियों में 8–10 मात्राओं पर यति, जिससे **सेवा और त्याग के भावों की स्पष्टता** बनी रहती है।

उदाहरण:

"मैं तै दासी बणकै टहल करूँ सूं, ना हिरदे में घबराकै"

यति के बाद आत्मबल और विनम्रता का चित्रण।

3.2. चरणांत में दीर्घ गुरु की स्थिरता

इस रागनी में SS (गुरु-गुरु) की स्थिर लय का उपयोग होता है, जो कथन को एक **धार्मिक और स्थायी** निष्कर्ष देता है:

अंतिम क्रिया/निष्कर्ष	चरणांत शब्द	लय विन्यास (Guru/ Laghu)	छंदगत प्रभाव
इब सादा सा आहार **लिया**	हार लिया	SS	राजसी भोग के **अंतिम त्याग** को दर्शाता है।
सारा दुख सहार **लिया**	हार लिया	SS	**धर्म और भक्ति** के सहारे कष्टों पर विजय।

अपणा आपा मार **लिया**	मार लिया	SS	**अहंकार और स्वयं** को समाप्त कर सेवा में समर्पित होना।
भज ईश्वर गुज़ार **लिया**	गुज़ार लिया	SS	जीवन को **ईश्वर भक्ति** में लगाने का अंतिम, संतोषपूर्ण निष्कर्ष।

यह SS की आवृत्ति द्रौपदी के **आंतरिक संयम** और **निस्वार्थ सेवा** के भाव को स्थापित करती है।

अधिकांश पंक्तियाँ **SS या SLS** पर समाप्त होती हैं — जो *धैर्य, धर्म और तप की स्थिरता* को दर्शाती हैं।
उदाहरण:

- *"भज ईश्वर गुज़ार लिया"* → SS
- *"ना अपणी आत्मा खार करो"* → SS

4. साहित्यिक सौंदर्य और अलंकार

- **अनुप्रास:** "सेवा तै म्हारी लाज बचैगी" — *'स', 'ल'* ध्वनि की पुनरावृत्ति
- **रूपक:** *बुद्धि का साबण* → आत्मशुद्धि का प्रतीक
- **उपमा:** *"धूळ धूसर म्ह लोटूँ बण में"* → विनम्रता की उपमा
- **अनुभाव चित्रण:** *"तेरी तपस्या का फळ मिलज्या"* → तप का प्रतिफल
- **अलंकार - रूपक (Metaphor):**
    - धीरज का रस पीऊँ सूं (संयम को **पीने योग्य रस** बताना)।

    - जखम हिया के सीऊँ सूं (दर्द को **सीने योग्य घाव** बताना, जहाँ कृष्ण धागे का काम करते हैं)।
- **द्वंद्वात्मकता (Dichotomy): स्वर्ण सिंहासन** पर बैठने वाली का **पत्तों पर जल** देना—उनके **पद और कर्म** के बीच के विरोधाभास को स्पष्ट करता है।
- **युधिष्ठिर का समर्थन:** युधिष्ठिर द्वारा सेवा को **लाज बचाने** का माध्यम बताना, द्रौपदी के कृत्य को **राजधर्म** की संज्ञा देता है।

5. भाव-संरचना और प्रतीकात्मकता

- **राजपाट का त्याग:** *सांसारिक मोह से मुक्ति*
- **अतिथि सेवा:** *धर्म की जीवंत अभिव्यक्ति*
- **बण में आश्रम:** *वनवास को तपस्थली बनाना*
- **धर्मराज का संवाद:** *सेवा को कुल की मर्यादा से जोड़ना*
- **श्रीकृष्ण का इशारा:** *सेवा का आध्यात्मिक प्रतिफल*
- **पात्तां पै जल:** यह राजसी पात्रों के विपरीत **विनम्रता और सादगी** का प्रतीक है।
- **जख्म सीना:** यह **आंतरिक उपचार** का प्रतीक है, जहाँ बाहरी कष्टों से लड़ने के बजाय, वे मन के घावों को भरने पर ध्यान केंद्रित करती हैं।
- **धर्म की गठड़ी:** युधिष्ठिर का कथन सेवा को **संपत्ति** (गठड़ी) के रूप में स्थापित करता है, जो **इज्जत** को बचाती है।

6. रस, अलंकार और मनोवैज्ञानिक गहराई

- **शांत रस:** सेवा, संयम और धर्म की स्थिरता
- **करुण रस:** अपमान की स्मृति और आत्मग्लानि
- **वीर रस:** तपस्विनी रूप में द्रौपदी की दृढ़ता

- **मनोवैज्ञानिक द्वंद्व:** *"मनै अपणा आपा मार लिया"* — आत्मत्याग और धर्मपालन का द्वंद्व
- **रस:** मुख्य रूप से **शांत रस** और **भक्ति रस**।
- **मनोवैज्ञानिक गहराई:** यह रागनी **"अर्थ-खोज" (Finding Meaning)** की प्रक्रिया को दर्शाती है, जहाँ अपमान और कष्ट के बावजूद, द्रौपदी **अतिथि सेवा** जैसे उदात्त कार्य में अपने जीवन का **मूल्य** खोज लेती हैं।

7. स्त्रीवादी और सांस्कृतिक पुनर्पाठ

- यह रचना हरियाणवी लोकसंस्कृति में **स्त्री तप, सेवा धर्म और आत्मशुद्धि** को उजागर करती है।
- द्रौपदी यहाँ केवल महारानी नहीं, **धर्म की साधिका** है।
- यह रचना *धर्म के व्यक्तिगत और सामाजिक पक्ष* को एक साथ प्रस्तुत करती है।
- यह रचना हरियाणवी लोकसंस्कृति में द्रौपदी को **राजसी शक्ति** (रानी) और **पारंपरिक कर्तव्य** (सेविका) के बीच संतुलन स्थापित करने वाली महिला के रूप में प्रस्तुत करती है। उनकी तपस्या केवल व्यक्तिगत नहीं, बल्कि उनके **पतियों की लाज बचाने** का माध्यम बनती है।

8. विमर्श के नए आयाम

- **वनवास में स्त्री धर्म — सेवा और तप का संतुलन**
- **द्रौपदी का रूपांतरण — रानी से दासी, पर आत्मबल में अडिग**
- **धर्मराज का संवाद — सेवा को धर्म का मूल मानना**
- **कृष्ण की कृपा और गुरु की दृष्टि — सेवा का आध्यात्मिक प्रतिफल**

- यह रचना **स्त्री तपस्विनी धर्म, अतिथि सेवा और आत्मसंयम की लोक व्याख्या** का उत्कृष्ट उदाहरण है।
- इसमें **छंद की स्थिरता**, **भाव की गहराई**, और **प्रतीकों की सूक्ष्मता** साहित्यिक विमर्श के लिए अत्यंत उपयोगी है।
- जिज्ञासु पाठक इसे **नारी धर्म विमर्श**, **आध्यात्मिक पुनर्पाठ**, और **पिंगल शास्त्र के छंद विन्यास** के संदर्भ में विश्लेषित कर सकते हैं।
- यह रागनी **कष्ट का नैतिक और आध्यात्मिक रूपांतरण, सेवा भाव का महत्त्व, और लोककाव्य में स्त्री द्वारा आत्म-त्याग के माध्यम से आत्म-सम्मान की पुनर्प्राप्ति** के संदर्भ में नए विचार विमर्श के लिए मूल्यवान है। यह द्रौपदी की **चरित्र-शक्ति** को उसकी उच्चतम सीमा पर दर्शाती है।
- यह रचना तो जैसे *वनवास की भूमि पर धर्म की सेवा में झुकी हुई द्रौपदी की छवि* है — जिसमें **राजसी गौरव से तपस्विनी विनम्रता तक का रूपांतरण** अत्यंत मार्मिक ढंग से प्रस्तुत हुआ है।
- इस रचना में जिस भाव से *अतिथि धर्म, सेवा,* और *आत्मनिवेदन* को हरियाणवी लोकध्वनि में पिरोया है, वह *नारी धर्म और लोक मर्यादा* का उत्कृष्ट उदाहरण है।

वृत्तांत रागनी 20

वृतांत: अक्षयपात्र (सदाब्रत) के चमत्कार और द्रौपदी द्वारा जयद्रथ को **नणदेऊ** कहकर क्षमा करना।

यह वृत्तांत महाभारत के वन पर्व की उस गरिमामयी घटना पर आधारित है, जब महारानी द्रौपदी ने घोर अपमान को क्षमादान में बदल कर अपने धर्म के सर्वोच्च शिखर को स्पर्श किया। यह उनके आत्म-संयम, सेवा-भाव और करुणा की पराकाष्ठा का प्रमाण है।

वनवास में द्रौपदी ने राजसी सुख और स्वर्ण आभूषण त्याग दिए। उन्होंने सत्य में एक तपस्विनी का जीवन चुना, जहाँ उनका सबसे बड़ा धर्म **सेवा** बन गया। सूर्य देव से प्राप्त **अक्षय पात्र** के कारण, हज़ारों ब्राह्मणों और अतिथियों को भोजन कराने का भार उन्हीं के कंधों पर था। तपस्या का नियम था कि जब तक द्रौपदी स्वयं भोजन नहीं कर लेतीं, पात्र भोजन देता रहेगा। अपनी आत्म-विरक्ति को सिद्ध करते हुए, वह यह सुनिश्चित करने के लिए कि कोई अतिथि या पाण्डव भूखा न लौटे, स्वयं सबसे अंत में भोजन करती थीं। उन्होंने राजमहिषी के श्रृंगार को त्यागकर, अतिथि-सेवा को ही अपना सबसे बड़ा **तप** बना लिया था।

उनके इस सेवा धर्म की व्याख्या ये पंक्तियाँ करती हैं: **"हार नहीं सिंगार नहीं... मनै सेवा धर्म बणाया।"** और **"एक अक्षत हांडी में बणा रसोई सदाब्रत भंडारा चला दिया।"**

एक दिन, जब पाण्डव शिकार के लिए वन में गए थे, सिन्धु देश के राजा जयद्रथ (कौरवों की बहन दुःशला के पति) ने काम्यक वन से गुज़रते हुए द्रौपदी को देखा। उनके सौंदर्य पर मोहित होकर उसने बलपूर्वक उनका अपहरण कर लिया। रास्ते भर द्रौपदी ने जयद्रथ को धर्म का उपदेश देकर धिक्कारा और अपने शील की रक्षा का प्रयास किया। यह अपहरण, भरी

सभा में हुए वस्त्रहरण के अपमान के बाद, द्रौपदी के लिए दूसरा सबसे बड़ा आघात था।

शिकार से लौटने पर पाण्डवों को जब इस घोर अपमान का पता चला, तो वे क्रोध की ज्वाला में भरकर जयद्रथ का पीछा करने लगे। अर्जुन और भीमसेन के पराक्रम के सामने जयद्रथ की सेना टिक न सकी। जयद्रथ पराजित हुआ और भीम ने उसे पकड़कर वध करने के लिए तैयार हो गए। यह क्षण प्रतिशोध की अग्नि को शांत करने का था।

किंतु तभी, भरी सभा के अपमान का प्रचंड क्रोध हृदय में रखने वाली द्रौपदी ने हस्तक्षेप किया। यह क्षण उनके व्यक्तिगत क्रोध पर उनके धर्म और करुणा की विजय का प्रतीक बना। उन्होंने भीम को रोका, यह तर्क देते हुए कि जयद्रथ कौरवों का संबंधी है और उनकी बहन दुःशला का पति होने के कारण, वह उनके **परिवार का सदस्य (नणदेऊ)** है। उन्होंने कहा, "धर्मराज के घर में किसी स्त्री को विधवा बनाना उचित नहीं है। जयद्रथ ने मेरा अपमान किया है, लेकिन यदि तुम उसका वध करोगे, तो हमारी बहन दुःशला को दुःख होगा।"

यह कथन उनके प्रतिशोध से ऊपर उठकर पारिवारिक मर्यादा की रक्षा को दर्शाता है। पाण्डवों ने युधिष्ठिर के परामर्श पर जयद्रथ का वध नहीं किया, बल्कि अपमानस्वरूप उसके सिर के सारे बाल मुंडवाकर उसे पाण्डवों का दास कहकर छोड़ दिया।

द्रौपदी ने अपने अपहर्ता को क्षमा देकर यह सिद्ध कर दिया कि उनके भीतर की **धर्म की लौ** उनके व्यक्तिगत दुःख और प्रतिशोध से कहीं अधिक महान है। उनका सच्चा बल अब उनके तप, सेवा और **क्षमा** में समाहित हो गया था। इस घटना में, द्रौपदी ने बैर को त्यागकर सिद्ध किया कि उनके भीतर का 'धर्म' उनकी 'क्रोध' से कहीं अधिक महान है, और उनका जीवन अब **ईश्वरीय** हो चुका है।

उनकी यह भावना इन पंक्तियों में प्रतिध्वनित होती है: **"धूप मैं जलकै भी मुस्काई, मनै धर्म का पक्ष उठाया।"** वह केवल धर्मराज की पत्नी नहीं, बल्कि **धर्म की धूरी** बनकर सामने आती हैं, जो सिद्ध करती हैं कि क्षमा प्रतिशोध से अधिक शक्तिशाली है, और **सेवा** ही नारी धर्म, तपस्विनी चेतना और लोक मर्यादा का त्रिवेणी संगम है।

द्रौपदी : रागनी 20

वृतांत: वनवास में द्रौपदी का तप और आत्मसंयम
तर्ज:चुकलिया

हार नहीं सिंगार नहीं, ना माँग में सिन्दूर सजाया
बण धूळि में धर्म निम्भाती, मनै सेवा धर्म बणाया

कंद-मूल की थाळी भरकै, पांडवां नै रोज खवाऊं सूं
घाम-धूप में पात बिछाकै, पत्तां की छात बणाऊं सूं
मैं धर्मराज की पत्नी सूं, पर तप की ज्योत जळाऊं सूं
पहलम सबनै जिमा रसोई, फेर सबतै पाछै खाऊँ सूं
ना कोए रंज, ना राग रोष धरूं, ना मन में द्वेष जगाया

अपहरण करकै जब जयद्रथ, रथ में बैठा कै चाल्या था
धर्म की बात सुण सुणकै, खुद उसका काळजा हाल्या था
वे तै पाण्डव मारण चढ़गे उसनै, नणदेऊ कहकै टाळया था
जब पांडवां नै घेर लिया, मनै धर्म का दिया हवाला था
मर्यादा की रेख खींच कै, मनै रिश्तों का धर्म निम्भाया

ना अधर्म तै कदे डरूँ, ना कदे झुकूँ पाप के आगै
ना आँसू हथियार बणाए, ना क्रोध की अग्नि जागै
ना तृष्णा ना कामेच्छा, ना मन पक्षी की ज्यूँ भागै
ना रोऊँ ना पछताऊं मैं, मेरै बिराग भावना जागै
धूप मैं जलकै भी मुस्काई, मनै धर्म का पक्ष उठाया

द्रौपदी : रागनी 20 (Cont'd)

ऋषि-मुनि जब बण में आए, हर पत्ते में दीपक जळा दिया
जल फल आसण वंदन करकै, बण में आश्रम बणा दिया
एक अक्षत हांडी में बणा रसोई, सदाब्रत भंडारा चला दिया
फेर उस हाँडी तै ऋषि झोळी में, भिक्षा का अन्न घला दिया
पाकै आशीर्वचन ऋषियों के, कुणबा फूल्या नहीं समाया

आनन्द शाहपुर लिखता जा, तूँ तप की रेख खींच ज्या
गुरु पालेराम नै जप जपकै, तूँ धर्म की बेल सींच ज्या
सत्कर्म करे जा चिंता ना कर, फळ तै आँख मींच ज्या
बण धूरी धर्म की, सेवा मूरत, बुरे कर्मा तै हाथ भींच ज्या
इस हरियाणे की संस्कृति का, तनै हरदम साज बजाया

विश्लेषण रागनी 20

वनवास में तप और आत्मसंयम

वृतांत: वनवास में द्रौपदी का तप और आत्मसंयम (अक्षयपात्र और जयद्रथ को क्षमा)।

तर्ज़: चुकलिय़ा

रागनी का शास्त्रीय एवं साहित्यिक विश्लेषण

1. छंद-संरचना और लय-गठन (Pingal Shastra के अनुसार)

तर्ज़ **'चुकलिया'** में रचित यह रागनी **आध्यात्मिक संतोष और विजय** के स्वर में चलती है। छंद का प्रवाह **शांत, आत्म-केंद्रित** (द्रौपदी का तप) से शुरू होकर **दैवीय आशीर्वाद** (ऋषियों के आगमन) और **नैतिक श्रेष्ठता** (जयद्रथ को क्षमा) पर समाप्त होता है।

- **उदाहरण:** हार नहीं सिंगार नहीं, ना माँग में सिन्दूर सजाया
- **कुल मात्राएँ:** 21 से 24 (विस्तारित मुक्तछंदीय लोकवृत्त)
- **लय संरचना:** 7+7+7 (या 8+8+8) — यह लय **पवित्रता, त्याग और दैवीय हस्तक्षेप** के भावों को स्थापित करने में सक्षम है।
- **छंद प्रकार: शांत और भक्ति रस** प्रधान लोकवृत्त, जो द्रौपदी के जीवन को **मानवीय दोष** (क्रोध) से **दैवीय गुण** (क्षमा) तक ले जाता है।

'चुकलिया' तर्ज़ इस रचना में **धर्म, सेवा और आत्मसंयम** जैसे भावों को प्रकट करने के लिए अत्यंत उपयुक्त है। इसकी लय में **शांति, तप और स्त्री धर्म की स्थिरता** का स्वर है।

2. छंद का मूलभूत ढाँचा: तप की सिद्धि (Attainment of Asceticism) स्वरूप

यह रचना हरियाणवी 'सांग' परंपरा की एक **आध्यात्मिक और उपदेशात्मक** छंद है, जो 'चुकलिया' तर्ज़ के शांत और दृढ़ स्वर पर आधारित है। तपस्विनी धर्म छंद।

2.1. छंद का स्वरूप

- **प्रकार:** विरोधाभासी (Antithesis) और विवरणात्मक मात्रिक छंद। आत्मनिवेदन प्रधान, उपदेशात्मक लोकछंद।
- **लय (Rhythm):** लय **नम्र, सतत और संतोषजनक** है। द्रौपदी का स्वर यहाँ **पूर्ण आत्म-नियंत्रण** और **धर्म-निष्ठा** को दर्शाता है। स्थिर, संयमित।
- **मात्रा भार:** पंक्तियों में मात्राएँ 19 से 24 के बीच हैं, जो वनवास के **कष्टों और प्राप्त हुई शांति** के बीच के द्वंद्व को प्रभावी ढंग से व्यक्त करती हैं।

2.2. विन्यास (Structure)

यह छंद 4+1 विन्यास का पालन करता है, जहाँ प्रत्येक खंड द्रौपदी के **तप की पूर्णता** को दिखाता है:

- **खंड 1 (सादा जीवन):** राजसी जीवन का त्याग और सेवा के माध्यम से **दासी धर्म** का पालन।
- **खंड 2 (नैतिक बल):** जयद्रथ के अपहरण के प्रयास के बावजूद, उसे **रिश्तों का धर्म** (नणदेऊ) बताकर क्षमा करना—**क्षमा** की शक्ति का प्रदर्शन।
- **खंड 3 (आंतरिक मुक्ति):** क्रोध, तृष्णा, कामेच्छा और आँसू को त्यागकर **वैराग्य (बिराग भावना)** को अपनाना।

- **खंड 4 (दैवीय सिद्धि):** अतिथि सत्कार से आश्रम का निर्माण और **अक्षयपात्र** (हाँडी से सदाब्रत) का प्रयोग—तप की सिद्धि।

3. यति (विराम) और चरणांत गुरु लय

इस छंद की छंदगत विशेषता **स्थिर मध्य यति** और **सकारात्मक चरणांत** है, जो द्रौपदी के जीवन में आए स्थायी परिवर्तन को स्थापित करता है।

3.1. मध्य यति (भीतरी ठहराव)

कुछ पंक्तियों के मध्य में 10 से 12 मात्राओं के बीच एक **सकारात्मक और संतोषपूर्ण विराम** लेती है।

- **उदाहरण:** ना कोए रंज, ना राग रोष धरूं (यति) ना मन में द्वेष जगाया यह ठहराव **आंतरिक शांति** और विकारों से मुक्ति पर जोर देता है।

जबकि कुछ पंक्तियों में 8–10 मात्राओं पर यति, जिससे **सेवा और तप के भावों की स्पष्टता** बनी रहती है।
उदाहरण:

> *"धूप मैं जलकै भी मुस्काई, मनै धर्म का पक्ष उठाया"*
> यति के बाद आत्मबल और धर्मनिष्ठा का चित्रण।

3.2. चरणांत में दीर्घ गुरु की स्थिरता

इस रागनी में SS या SSS की स्थिर लय का उपयोग होता है, जो कथन को एक **धार्मिक और स्थायी** निष्कर्ष देता है:

अंतिम क्रिया/निष्कर्ष	चरणांत शब्द	लय विन्यास (Guru/ Laghu)	छंदगत प्रभाव
ना मन में द्वेष **जगाया**	गा या	SS	द्वेष और क्रोध के **पूर्ण त्याग** की घोषणा।
रिश्तों का धर्म **निम्भाया**	म्भाया	SS	**नैतिक श्रेष्ठता** और क्षमा की शक्ति।
धर्म का पक्ष **उठाया**	ठाया	SS	कष्ट सहकर भी **धर्म में अटूट विश्वास** बनाए रखना।
कुणबा फूल्या नहीं **समाया**	मा या	SS	ऋषियों के आशीर्वाद से प्राप्त **दैवीय संतुष्टि**।
हरदम साज **बजाया**	जा या	SS	कवि द्वारा **हरियाणवी संस्कृति** में द्रौपदी के चरित्र को अमर करना।

यह SS की आवृत्ति द्रौपदी के **स्थायी शांति** और **नैतिक जीत** के भाव को स्थापित करती है।

अधिकांश पंक्तियाँ **SS या SLS** पर समाप्त होती हैं — जो *धैर्य, धर्म और तप की स्थिरता* को दर्शाती हैं।

उदाहरण:

- *"बुरे कर्मा तै हाथ भींच ज्या"* → SS
- *"कुणबा फूल्या नहीं समाया"* → SS

4. साहित्यिक सौंदर्य और अलंकार

- **अनुप्रास:** "बण धूरी धर्म की, सेवा मूरत" — *'ध', 'स'* ध्वनि की पुनरावृत्ति
- **रूपक:** *पत्ते में दीपक जलाना* → तप और सेवा का प्रतीक
- **उपमा:** *"ना मन पक्षी की ज्यूँ भागै"* → चंचलता का त्याग
- **अनुभाव चित्रण:** *"पहलम सबनै जिमा रसोई, फेर सबतै पाछै खाऊँ सूं"* → विनम्रता और मर्यादा का चित्रण
- **अलंकार - विरोधाभास (Antithesis):**
    - हार नहीं सिंगार नहीं (राजसी स्वरूप का त्याग)।
    - धूप मैं जलकै भी मुस्काई (बाहरी कष्ट और आंतरिक शांति का विरोधाभास)।
- **रूपक (Metaphor):**
    - मन पक्षी की ज्यूँ भागै (मन की अस्थिरता को पक्षी से जोड़ना)।
- **चरित्र का उत्कृष्ट विकास:** यह रागनी द्रौपदी को केवल **बदला लेने वाली** स्त्री से ऊपर उठाकर **क्षमा करने वाली** देवी के रूप में स्थापित करती है।

5. भाव-संरचना और प्रतीकात्मकता

- **सिंगार का त्याग:** *राजसी मोह से मुक्ति*
- **सेवा धर्म:** *स्त्री की तपस्विनी चेतना*
- **जयद्रथ प्रसंग:** *धर्म की रक्षा और मर्यादा की रेखा*
- **धूप में मुस्काना:** *तप की गरिमा और आत्मबल*

- **अक्षत हांडी:** *सदाब्रत और लोक धर्म का प्रतीक*
- **कंद-मूल की थाळी/पत्तों की छात:** ये **सादा जीवन और प्रकृति से निकटता** का प्रतीक हैं, जो तपस्या की गहराई को दर्शाते हैं।
- **नणदेऊ कहकै टाळना:** यह जयद्रथ के प्रति **पारिवारिक बंधन** (भले ही गलत हो) और **क्षमा** का प्रतीक है।
- **सदाब्रत भंडारा:** यह **अक्षयपात्र** के चमत्कार और द्रौपदी के **अतिथि सत्कार के धर्म** की सिद्धि का प्रतीक है।

6. रस, अलंकार और मनोवैज्ञानिक गहराई

- **शांत रस:** सेवा, संयम और धर्म की स्थिरता
- **वीर रस:** आत्मबल और धर्म की रक्षा
- **करुण रस:** अपमान की स्मृति और आत्मग्लानि
- **मनोवैज्ञानिक द्वंद्व:** *"ना रोऊँ ना पछताऊं मैं, मेरै बिराग भावना जागै"* — त्याग और वैराग्य का संतुलन
- **रस:** मुख्य रूप से **शांत रस** (वैराग्य) और **भक्ति रस** (सेवा)।
- **मनोवैज्ञानिक गहराई:** यह रागनी **"ट्रांसेंडेंस" (उर्ध्वारोहण)** की प्रक्रिया को दर्शाती है, जहाँ अपमान (चीर हरण) और क्रोध (रागनी 10) को तपस्या और क्षमा के माध्यम से **दैवीय शक्ति** में बदल दिया जाता है।

7. स्त्रीवादी और सांस्कृतिक पुनर्पाठ

- यह रचना हरियाणवी लोकसंस्कृति में **स्त्री तप, सेवा धर्म और आत्मशुद्धि** को उजागर करती है।
- द्रौपदी यहाँ केवल महारानी नहीं, **धर्म की साधिका और लोक मर्यादा की मूर्ति** है।

- यह रचना *धर्म के व्यक्तिगत और सामाजिक पक्ष* को एक साथ प्रस्तुत करती है।
- यह रचना हरियाणवी लोकसंस्कृति में द्रौपदी को **भौतिक शक्ति** (पांडवों) पर निर्भर रहने वाली स्त्री से **नैतिक और आध्यात्मिक शक्ति** (धर्म) पर निर्भर रहने वाली **आश्रम माता** के रूप में प्रस्तुत करती है। उनकी सेवा और क्षमा, उनके राजसी क्रोध से अधिक शक्तिशाली सिद्ध होती है।

8. विमर्श के नए आयाम

- **सेवा और तप का संतुलन — स्त्री धर्म की लोक दृष्टि**
- **जयद्रथ प्रसंग में मर्यादा की रक्षा — रिश्तों की धर्मरेखा**
- **धर्म के पक्ष में आत्मसंयम — क्रोध और तृष्णा का त्याग**
- **ऋषियों की सेवा और सदाव्रत — वनवास को आश्रम में बदलना**
- यह रचना **स्त्री तपस्विनी धर्म, सेवा और आत्मसंयम की लोक व्याख्या** का उत्कृष्ट उदाहरण है।
- इसमें **छंद की स्थिरता**, **भाव की गहराई**, और **प्रतीकों की सूक्ष्मता** साहित्यिक विमर्श के लिए अत्यंत उपयोगी है।
- जिज्ञासु पाठक इसे **नारी धर्म विमर्श**, **आध्यात्मिक पुनर्पाठ**, और **पिंगल शास्त्र के छंद विन्यास** के संदर्भ में विश्लेषित कर सकते हैं।
- यह रागनी **क्षमा की शक्ति, तपस्या द्वारा आध्यात्मिक सिद्धि, लोककाव्य में अक्षयपात्र का प्रतीकवाद, और क्रोध से वैराग्य तक के मनोवैज्ञानिक सफर** के संदर्भ में विमर्श के लिए मूल्यवान है। यह द्रौपदी के चरित्र के **सबसे उज्जवल और धर्मनिष्ठ** पक्ष को दर्शाती है।
- यह रचना *धर्म की धूल में तपती हुई द्रौपदी की आत्मा* है — जिसमें **सेवा, संयम, और मर्यादा** की लौ निरंतर जलती है।

- इस रचना में *राजसी गौरव से वनवासी तपस्विनी* तक की यात्रा को जिस भावगर्भित शैली में प्रस्तुत किया है, वह हरियाणवी लोककाव्य की गरिमा को उत्कृष्ट स्तर पर पहुँचा देता है।

वृत्तांत रागनी 21

वृतांत: वनवास में द्रौपदी का युधिष्ठिर को उनके **शांति धर्म** को त्यागकर, **राजधर्म** और **प्रतिकार** के लिए प्रेरित करना।

यह वृत्तांत पाण्डवों के वनवास काल का है, जब वे काम्यक वन में निवास कर रहे थे। अपमान की ज्वाला में जलती द्रौपदी, धर्मराज युधिष्ठिर की निष्क्रियता और अत्यधिक क्षमाशीलता पर प्रहार करके उन्हें **राजधर्म** और **प्रतिकार** के लिए प्रेरित करती हैं।

युधिष्ठिर का मौन और द्रौपदी का क्रोध

धर्मराज की प्रवृत्ति: युधिष्ठिर, धर्मराज, स्वभाव से अत्यंत शांत, सत्यवादी और क्षमाशील थे। वनवास में उनका ध्यान तपस्या और ज्ञानार्जन में था।

द्रौपदी की व्यथा: द्रौपदी के लिए, भरी सभा में हुआ **वस्त्रहरण का अपमान** एक घाव था। युधिष्ठिर की यह निष्क्रियता उन्हें हर पल असहनीय पीड़ा दे रही थी। उन्हें युधिष्ठिर की यह दयालुता **कायरता** और **क्षत्रिय धर्म का त्याग** प्रतीत होती थी।

द्रौपदी का युधिष्ठिर को कठोर उपदेश

द्रौपदी ने क्रोध और न्याय की तीव्र इच्छा से युधिष्ठिर के सामने अपने तर्क रखे।

"छद्म-धर्म" पर प्रहार: द्रौपदी ने युधिष्ठिर पर आरोप लगाया कि उनका धर्म केवल एक आवरण (चोला) है, जिसके पीछे वे अपनी निष्क्रियता को छिपा रहे हैं। उन्होंने कहा:

> "हे राजन्, तुम्हारा धर्म अब केवल **छद्म-धर्म** है, एक पर्दा, जिसके पीछे तुमने अपनी कायरता छिपाई है। **कौरव सभा में तूँ मूक बैठग्या, धर्म का पर्दाफाश करया।** यह धर्म नहीं, यह निष्क्रियता है।"

शौर्य की ललकार: उन्होंने स्पष्ट किया कि क्षत्रिय का धर्म अन्याय का प्रतिकार करना है। जो राजा अत्याचारी के पाप देखकर चुप रहता है, वह अपनी प्रजा और कुल का नाश करता है।

> "हे क्षत्रिय श्रेष्ठ! तुम अपने बल को दबाए बैठे हो। **शेर माँस के खावणियां हों, ना शेरां नै कदे घास चरया।** जो क्षत्रिय जुल्म देखकर भीख माँगे, वह अपने कुल को मिट्टी में मिला रहा है। **निष्क्रियता 'धर्म' नहीं, 'अधर्म' है।"**

न्याय की मांग: द्रौपदी ने कहा कि क्षमा केवल वहाँ शोभा देती है, जहाँ शक्ति हो। पाण्डवों के पास बल है और वह बल न्याय की स्थापना के लिए प्रयोग होना चाहिए। उन्होंने क्रन्दन छोड़कर रण-हुंकार भरने की मांग की।

युधिष्ठिर का प्रत्युत्तर: धर्म का सूक्ष्म मार्ग

द्रौपदी की कठोर आलोचना सुनकर युधिष्ठिर ने उन्हें शांत किया। उन्होंने कहा कि वे प्रतिशोध से नहीं डरते, बल्कि **धर्म के मार्ग से विचलित होने** से डरते हैं।

क्रोध की निंदा: युधिष्ठिर ने कहा कि क्रोध मनुष्य का सबसे बड़ा शत्रु है, और क्रोध से किया गया कर्म अंततः विनाशकारी होता है।

धर्म की परिभाषा और प्रतिज्ञा: उन्होंने कहा कि उनका वनवास धर्म की रक्षा का साधन है। उन्होंने बारह वर्ष वनवास की **प्रतिज्ञा** की है, और एक क्षत्रिय के लिए प्रतिज्ञा तोड़ना धर्म को तोड़ने के समान है।

> "मैं अपने **सत्य** के बल पर ही इस कष्ट को सह रहा हूँ।
> मेरा धर्म प्रतिज्ञा की रक्षा करना है, प्रतिकार की प्रतीक्षा
> करना नहीं।"

संवाद का परिणाम: युद्ध की घोषणा की प्रतीक्षा

युधिष्ठिर ने स्पष्ट किया कि वे अपनी प्रतिज्ञा पूरी होने तक प्रतीक्षा करेंगे, और उसके बाद ही प्रतिशोध की ज्वाला प्रज्ज्वलित करेंगे।

द्रौपदी का संदेश: यह संवाद इस तथ्य को उजागर करता है कि द्रौपदी के लिए **धर्म का अर्थ न्याय की सक्रिय स्थापना** है, न कि अन्याय को चुपचाप सहना। यह द्रौपदी की वीरता की पुकार है, जहाँ वह युधिष्ठिर को धर्म की ओट छोड़कर अस्त्र उठाने की प्रेरणा देती हैं—क्योंकि प्रतिज्ञा पूरी होने के बाद, **प्रतिशोध ही धर्म बन जाएगा।**

यह रचना स्त्री की न्याय चेतना, वीरता की पुकार, और धर्म की पुनर्परिभाषा है।

द्रौपदी: रागनी 21

वृतांत : द्रौपदी का वनवास में युधिष्ठिर को धर्म छोड़कर प्रतिकार के लिए प्रेरित करना।
तर्ज : चुकलिया

इब जंगळ में तूँ बण्या तपस्वी, तनै राजधर्म का नाश करया
तेरा धीरज ना किसे काम का, पहलम ना अहसास करया

तूँ कुणसे धर्म की करै पैरवी, न्या की आस हारगी
धर्म का चोला पहर लिया तनै, अधर्म की बांस मारगी
धर्म की ओट इसी ओढी तनै, छत्री की शर्म तारगी
इब तै ठा ले अस्त्र शस्त्र, इसे होणी बिफ़त डारगी
कौरव सभा में तूँ मूक बैठग्या, धर्म का पर्दाफाश करया

इब तूँ ठा ले धनुष हाथ में, क्यूँ झूठा ज्ञान जतावै सै
क्यूँ डरपोक बण्या बैठा सै, क्यूँ माट्टी में रुळवावै सै
तनै मुबारक हो इसा धर्म, जो इज़्ज़त आप गँवावै सै
दुश्मन का तू जुल्म देख कै, बैर का बीज दबावै सै
जै धर्म तेरी राह रोके सै, मनै ईसा धर्म ना पास करया

जिन बाँहयां में ताकत थी, आज उन्हतै भीख क्यूँ माँगै सै
आग तै खेलणिया क्षत्री आज, शहतूत के कामड़े झाँगै सै
उस दुर्योधन नै नंगी करदी, वा लज्जा भी न्याय मांगै सै
तेरी पाँचों मूँछ नीची होग्यी, उसकी सही ठिकाणै जाँघै सै
शेर माँस के खावणियां हों, ना शेरां नै कदे घास चरया

द्रौपदी: रागनी 21 (Cont’d)

ईब तूँ देर लगावै मतन्या, इब ठट्ठा रंजन बंद करदे
क्षमा याचना दूर बगाकै, इब रोणा क्रन्दन बंद करदे
न्याय धर्म की हठ छोड़कै, बेमतलब वन्दन बंद करदे
अपणी सारी हया छोड़कै, मन में दया दफन करदे
छत्रापण दिया छोड़ तनै, क्यूँ डर का बाहुपाश करया

जो पाप देखकै आँख मींच ले, वो आंख्यां आळा हो अँधा
ईसा धर्म ना कोई जगत में, जो अपणां नै करदे नँगा
खानदान और कुल के यश नै, क्यों कर रहया तूँ मंदा
पालेराम गुरु की दया तै, रहै आनन्द शाहपुर चंगा
रंगमहलों के ठाठ छोड़ कै, जंगळ में क्यूँ वास करया

विश्लेषण रागनी 21

युधिष्ठिर से संवाद

वृतांत: द्रौपदी का वनवास में युधिष्ठिर को धीरज छोड़कर प्रतिकार के लिए प्रेरित करना।

तर्ज़: चुकलिया

रागनी का शास्त्रीय एवं साहित्यिक विश्लेषण

1. छंद-संरचना और लय-गठन (Pingal Shastra के अनुसार)

तर्ज़ **'चुकलिया'** में रचित यह रागनी द्रौपदी की **आक्रोशपूर्ण तार्किकता** पर चलती है। इसका छंदगत प्रवाह **तीव्र, आक्रामक और प्रश्नात्मक** है, जो वक्ता (द्रौपदी) के आवेग को दर्शाता है।

- **उदाहरण:** तेरा धीरज ना किसे काम का, पहलम ना अहसास करया
- **कुल मात्राएँ:** 21 (अनियमित, भाव की तीव्रता पर बल)
- **लय संरचना:** 6+7+8
- **छंद प्रकार:** वीर-रौद्र रस प्रधान लोकवृत्त, जिसमें प्रत्येक पंक्ति युधिष्ठिर के **निष्क्रिय धर्म** पर एक तीखा प्रहार है।

यह रागनी युधिष्ठिर के प्रति एक **सीधा उपालंभ (Taunt)** है। द्रौपदी **क्षमा (Forgiveness)** को **कायरता (Cowardice)** और **धीरज (Patience)** को **आत्म-धोखा (Self-Deception)** सिद्ध करने के लिए तर्कों की एक श्रृंखला का प्रयोग करती है।

'चुकलिया' तर्ज़ इस रचना में **क्रोध, प्रतिकार और धर्म के पुनर्पाठ** को प्रकट करने के लिए अत्यंत उपयुक्त है। इसकी लय में **आक्रोश की तीव्रता और नैतिक चुनौती की स्थिरता** है।

उदाहरण पंक्ति:
"इब जंगळ में तूँ बण्या तपस्वी, तनै राजधर्म का नाश करया"

- **कुल मात्राएँ:** 21
- **लय संरचना:** 6+7+8
- **गति:** तीव्र, गुरु-लघु मिश्रित
- **भाव:** धर्म की आलोचना और प्रतिकार की प्रेरणा

2. छंद का मूलभूत ढाँचा: वीर रस में तर्क (Logic in Veer Rasa)

यह रचना हरियाणवी 'सांग' परंपरा की एक **आदेशात्मक और संवादात्मक** छंद है, जो 'चुकलिया' तर्ज़ की तीव्रता पर आधारित है। प्रतिकारात्मक चेतना छंद।

2.1. छंद का स्वरूप

- **प्रकार:** आदेशात्मक और प्रश्नोत्तरी पर आधारित अनियमित मात्रिक छंद। संवादात्मक, आक्रोशप्रधान लोकछंद।
- **लय (Rhythm):** लय **तीव्र और उग्र** है। द्रौपदी का प्रत्येक शब्द युधिष्ठिर को उनके सिंहासन से उठाकर युद्धभूमि की ओर धकेलने का प्रयास करता है। दृढ़, चुनौतीपूर्ण।
- **मात्रा भार:** पंक्तियों में मात्राएँ 18 से 21 के बीच अनियमित हैं, जो **भावनात्मक विवशता** और आक्रोश की लहर को बनाए रखती हैं।

2.2. विन्यास (Structure)

यह छंद 4+1 विन्यास का पालन करता है, जहाँ प्रत्येक खंड द्रौपदी के तर्क को एक **अंतिम माँग** पर समाप्त करता है:

- **खण्ड पंक्तियाँ (Stanza Lines):** 4 पंक्तियाँ जहाँ द्रौपदी धीरज की आलोचना करती है।
  - **पहली पंक्ति:** युधिष्ठिर के धर्म पर सीधा कटाक्ष।
  - **दूसरी पंक्ति:** प्रतिशोध की आवश्यकता पर बल।
  - **तीसरी चौथी पंक्ति:** पौरुष और शक्ति का स्मरण कराना।
- **चरणांत गुरु लय (Final Line):** पाँचवीं पंक्ति प्रतिशोध के लिए **अंतिम आह्वान** को स्थापित करती है।

2.3 प्रारंभिक स्थायी (Refrain):

"तेरा धीरज ना किसे काम का, पहलम ना अहसास करया"

यह पंक्ति रचना की **धर्म की विफलता और स्त्री की चेतना** की धुरी है।

3. यति (विराम) और चरणांत गुरु लय

इस छंद की छंदगत विशेषता **कठोर मध्य यति** और **अटूट चरणांत** है, जो द्रौपदी के क्रोध को बांधे रखती है।

3.1. मध्य यति (भीतरी ठहराव)

कुछ पंक्तियों के मध्य में 9 से 11 मात्राओं के बीच एक **स्पष्ट और कटु विराम** लेती है। यह विराम द्रौपदी के हर शब्द और माँग पर बल डालता है।

- **उदाहरण:** या धरती मेरी आग रही (यति) मनै उस धर्म नै जलाणा सै यह ठहराव **तीखे, निर्णायक** लहज़े को बनाए रखने में सहायक है।
- जबकि कुछेक पंक्ति में 8–10 मात्राओं पर यति, जिससे **धर्म की आलोचना और प्रतिकार की पुकार** स्पष्ट होती है।
  उदाहरण:
  "जै धर्म तेरी राह रोके सै, मनै ईसा धर्म ना पास करया"
  यति के बाद धर्म का अस्वीकार।

3.2. चरणांत में दीर्घ गुरु की स्थिरता

इस रागनी में SS (गुरु-गुरु) की स्थिर लय का उपयोग होता है, जो कथन को एक **अंतिम और अपरिवर्तनीय** निष्कर्ष देता है:

अंतिम क्रिया/मांग	चरणांत शब्द	लय विन्यास (Guru/ Laghu)	छंदगत प्रभाव
मनै उस धर्म नै जलाणा सै	जलाणा सै	SS	**धर्म त्यागने** के कठोर संकल्प को दृढ़ता देता है।
मैं इस धनुष नै चलाणा सै	चलाणा सै	SS	युधिष्ठिर के **पौरुष को चुनौती** देता है।
इब तो तनै ललकाराणा सै	ललकाराणा सै	SS	**निष्क्रियता छोड़ने** की अंतिम माँग को बल देता है।

मनै तेरा क्रोध जगाणा सै	जगाणा सै	SS	रागनी का समापन **प्रतिशोध की प्रेरणा** के साथ करता है।

यह SS की आवृत्ति द्रौपदी के हर तर्क को **अंतिम सत्य** के रूप में स्थापित करती है।

अधिकांश पंक्तियाँ **SS या SLS** पर समाप्त होती हैं — जो *धर्म की स्थिरता और प्रतिकार की अपरिहार्यता* को दर्शाती हैं।
उदाहरण:

- *"जंगळ में क्यूँ वास करया"* → SS
- *"मन में दया दफन करदे"* → SS

4. साहित्यिक सौंदर्य और अलंकार

- **अनुप्रास:** "ठा ले धनुष हाथ में, क्यूँ झूठा ज्ञान जतावै सै" — *'ध', 'झ', 'ज'* ध्वनि की पुनरावृत्ति
- **रूपक:** *धर्म का चोला* → दिखावटी धर्म
- **उपमा:** *"शेर माँस के खावणियां हों"* → वीरता की उपमा
- **अनुभाव चित्रण:** *"तेरी पाँचों मूँछ नीची होग्यी"* → अपमान का दृश्यात्मक चित्रण
- **अलंकार - रूपक (Metaphor) और कटाक्ष:**
    - इस धीरज और क्षमा नै क्यूँ, अपणी कायरता नै ढाँस करया (धीरज को कायरता का आवरण बताना)।
    - या धरती मेरी आग रही (हृदय की पीड़ा को आग के रूप में व्यक्त करना)।

- **अतिशयोक्ति (Hyperbole):** मनै उस धर्म नै जलाणा सै (धर्म को जला देने की बात, जो अत्यधिक मानसिक पीड़ा और आवेश को दर्शाती है)।
- **व्यंग्यात्मक तार्किकता (Satirical Logic):** द्रौपदी, युधिष्ठिर के धर्म के आधार (सत्य/क्षमा) पर ही उसे **कायरता** सिद्ध करती है।

5. भाव-संरचना और प्रतीकात्मकता

- **धर्म की आलोचना:** *युधिष्ठिर के धैर्य को निष्क्रियता मानना*
- **द्रौपदी का प्रतिकार:** *स्त्री की न्यायिक चेतना और युद्ध की पुकार*
- **दुर्योधन का अपमान:** *न्याय की मांग और कुल की मर्यादा*
- **शेर और घास:** *वीरता बनाम पलायन का प्रतीक*
- **छत्रापण का त्याग:** *राजधर्म की असफलता*
- **धर्म बनाम कर्म:** यह रचना द्रौपदी को **धर्म की पुनर्परिभाषा** करने वाली विचारक के रूप में प्रस्तुत करती है, जहाँ क्षत्रिय का धर्म निष्क्रियता नहीं, बल्कि कर्म (बदला) है।
- **आग और पानी:** द्रौपदी (आग) युधिष्ठिर (पानी/शांति) से टकराती है। उनका संवाद **आग के पानी को चुनौती** देने जैसा है।
- **पौरुष का जागरण:** द्रौपदी का लक्ष्य केवल बदला नहीं, बल्कि पांडवों के **पौरुष को निष्क्रियता** की नींद से जगाना है।

6. रस, अलंकार और मनोवैज्ञानिक गहराई

- **वीर रस:** युद्ध की प्रेरणा और प्रतिकार की पुकार
- **बीभत्स रस:** सभा में मौन और अपमान
- **क्रोध रस (रौद्र):** धर्म की विफलता पर आक्रोश

- **मनोवैज्ञानिक द्वंद्व:** *"जै धर्म तेरी राह रोके सै, मनै ईसा धर्म ना पास करया"* — धर्म बनाम न्याय का द्वंद्व
- **रस: रौद्र रस** (अत्यधिक क्रोध) और **वीर रस** (कर्म के लिए उत्साह)।
- **मनोवैज्ञानिक गहराई:** यह रागनी **Frustration-Aggression Hypothesis** को दर्शाती है, जहाँ द्रौपदी की निराशा चरम आक्रामकता (युद्ध की माँग) में बदल जाती है।

7. स्त्रीवादी और सांस्कृतिक पुनर्पाठ

- यह रचना हरियाणवी लोकसंस्कृति में **स्त्री प्रतिकार, धर्म की आलोचना और युद्ध की नैतिकता** को उजागर करती है।
- द्रौपदी यहाँ केवल धर्म की अनुयायी नहीं, **धर्म की पुनर्रचना की प्रेरक** है।
- युधिष्ठिर का मौन लोक दृष्टि में **धर्म का पतन** है।
- यह रचना हरियाणवी लोकसंस्कृति में स्त्री को **पीड़ित नहीं, बल्कि निर्णायक शक्ति** के रूप में प्रस्तुत करती है, जो अपने पति को उनके कर्तव्य का स्मरण कराती है। द्रौपदी यहाँ मूक आज्ञाकारिणी नहीं, बल्कि **विचारशील प्रतिरोधकर्ता** है।

8. विमर्श के नए आयाम

- **धर्म बनाम प्रतिकार — स्त्री दृष्टि से धर्म की पुनर्परिभाषा**
- **युधिष्ठिर की चुप्पी और द्रौपदी की पुकार — न्याय का द्वंद्व**
- **वीरता, अपमान और कुल मर्यादा — लोक चेतना में क्षत्रिय धर्म**
- **द्रौपदी का संवाद — स्त्री नेतृत्व और युद्ध की नैतिक भूमिका**

- यह रचना **स्त्री प्रतिकार, धर्म विमर्श और युद्ध की नैतिकता** का उत्कृष्ट उदाहरण है।
- इसमें **छंद की तीव्रता**, **भाव की स्पष्टता**, और **प्रतीकों की गहराई** विमर्श के लिए अत्यंत उपयोगी है।
- जिज्ञासु पाठक इसे **नारी धर्म विमर्श**, **राजधर्म की आलोचना**, और **पिंगल शास्त्र के छंद विन्यास** के संदर्भ में विश्लेषित कर सकते हैं।
- यह रागनी **धर्म की द्वैतता, निष्क्रियता का प्रतिरोध, और लोककाव्य में स्त्री के द्वारा पुरुषत्व को चुनौती** देने के संदर्भ में साहित्यिक विमर्श के लिए अत्यंत मूल्यवान है। यह द्रौपदी की **आत्मा की पुकार** है, जिसमें वह अपने पतियों को अंतिम दायित्व का बोध कराती है।
- यह रचना *द्रौपदी के भीतर की ज्वाला* है — जिसमें **धर्म की चुप्पी के विरुद्ध प्रतिकार की पुकार** गूंजती है।
- इस रचना में जिस शैली में *युधिष्ठिर के धैर्य और क्षमा को चुनौती* दी है, वह केवल एक संवाद नहीं, बल्कि *न्याय की मांग, वीरता की पुनर्स्थापना और स्त्री चेतना का उद्घोष* है।

वृतांत रागनी 22

वृतांत: रानी सुदेष्णा अपने भाई कीचक को समझाती है कि दासी को मत सताओ

यह घटना पाण्डवों के **विराट नगर** में अज्ञातवास के दौरान घटित होती है, जहाँ द्रौपदी **सैरंध्री** (रानी सुदेष्णा की दासी) के रूप में निवास कर रही थीं।

कीचक का द्रौपदी पर मोहित होना

कीचक, राजा विराट की पत्नी रानी सुदेष्णा का भाई और मत्स्य देश की सेना का बलशाली सेनापति था। वह अत्यंत अहंकारी और कामुक था।

जब कीचक ने सैरंध्री (द्रौपदी) को देखा , तो वह उनके अलौकिक सौंदर्य, तेज और गरिमा पर मोहित हो गया। उसके मन में केवल उसे पाने की वासना जाग उठी।

कीचक का रानी सुदेष्णा से आग्रह

कीचक ने अपनी बहन रानी सुदेष्णा से आग्रह किया कि वह सैरंध्री को उसे सौंप दें। उसने द्रौपदी को अपनी पत्नी बनाने की इच्छा व्यक्त की।

रानी सुदेष्णा की नैतिक चेतावनी

सुदेष्णा अपने भाई की आसन्न मूर्खता और सैरंध्री के असाधारण तेज से परिचित थीं। उन्होंने कीचक को चेतावनी दी:

नारी गरिमा का तर्क: सुदेष्णा ने कीचक से कहा कि सैरंध्री के चेहरे पर **असाधारण तेज, लज्जा और पतिव्रता का शील** झलकता है। वह किसी साधारण दासी का नहीं, बल्कि **"किसे राजा की पटराणी"** जैसा रूप रखती है।

"ओ कीचक मेरे भाई, ना छेड़ै बीर पराई। दे छोड़ ल्हारसा दासी का, कोए राणी चाहिए।"

दैवीय उपमा और विनाश का भय: सुदेष्णा ने कीचक को चेतावनी देते हुए कहा कि सैरंध्री का तेज सामान्य नहीं है। उन्होंने उसे **इन्द्राणी या ब्रह्माणी** के समान बताया और कहा कि ऐसी स्त्री को वासना की दृष्टि से छूने से न केवल वह, बल्कि **राज्य और कुल** का भी विनाश हो सकता है।

भविष्य की चेतावनी: सुदेष्णा ने स्पष्ट कहा कि इस दासी के **पाँच पराक्रमी गंधर्व-रक्षक** हैं (जो अज्ञातवास के कारण छुपे हुए हैं)। यदि कीचक उसे छेड़ेगा, तो वे रक्षक भयंकर क्रोध करेंगे और कीचक के लिए विपत्ति आ जाएगी। रानी ने चेताया कि यह वासना केवल व्यक्तिगत पाप नहीं, बल्कि **राज्य के पतन** का कारण बनेगी।

कीचक का अहंकार और परिणाम

कीचक, अपनी अपार शक्ति और दर्प के नशे में चूर था। उसने सुदेष्णा की चेतावनी को उसके **डर और कोरी बातों** के रूप में ख़ारिज कर दिया। अपनी बहन की बात न मानकर, उसने सैरंध्री का पीछा करना और उसे प्रलोभन देना जारी रखा।

परिणाम: कीचक ने अंततः द्रौपदी का भरी सभा में अपमान किया, जिसके कारण द्रौपदी ने भीम से प्रतिशोध की प्रार्थना की, और भीम ने कीचक का वध कर दिया, जिससे मत्स्य देश पर भयंकर संकट आया।

सुदेष्णा की चेतावनी: यह रचना रानी सुदेष्णा के **विवेक, करुणा और नारी चेतना** को दर्शाती है, जहाँ वह अपने भाई की आसन्न मूर्खता और पाप को रोकने के लिए अंतिम क्षण तक प्रयास करती हैं, यह जानते हुए कि **स्त्री की गरिमा की रक्षा ही धर्म है।**

द्रोपदी : रागनी 22

वृतांत : राणी सुदेष्णा अपने भाई कीचक को समझाती है कि दासी को मत सताओ।
तर्ज : ओ मजनू के नाना

ओ कीचक मेरे भाई, ना छेड़ै बीर पराई
जग में होज्या तेरी हँसाई, ऊध ना ठाणी चाहिए
दे छोड़ ल्हारसा दासी का कोए राणी चाहिए
ओ कीचक मेरे भाई

पतिव्रता नारी सै वा ना कोए ऊत लुगाई
शीलवती संस्कारी है उके मन में दया समाई
आई लेवण म्हारा शरणा, सदा बुरे कर्म तै डरणा
ना चाहिए इज्जत हरणा, ना इज्जत की हाणि चाहिए
दे छोड़ ल्हारसा दासी का कोए राणी चाहिए
ओ कीचक मेरे भाई

शक्ल सूरत तै लागै सै किसे राजा की पटराणी
हाव भाव तै लागै सै वा धर्मराज की राणी
पाणी ताते की वा धारा, जणूं मुँह पै धरया अँगारा
मत कर जीवन खारा, ना नीत डिगाणी चाहिए
दे छोड़ ल्हारसा दासी का कोए राणी चाहिए
ओ कीचक मेरे भाई

द्रोपदी : रागनी 22 (Cont'd)

ऐसा सुन्दर रुप गज़ब का जणूं इन्द्र की इन्द्राणी
मुख पै तेज दमकता ऐसे जैसे ब्रह्मा की ब्रह्माणी
स्याणी पढ़ी लिखी दासी है, जोबन सोळा की राशि है
गैर मर्द के खातिर फाँसी है, ना अपनाणी चाहिए
दे छोड़ ल्हारसा दासी का कोए राणी चाहिए
ओ कीचक मेरे भाई

आनन्द शाहपुर इस जीवन में थोड़ी कविताई करग्या
खटक लगी मेरै गाणे की किसे छन्द पै छन्द वो धरग्या
करग्या नाम गुरु के रचना, सुण इस दासी की कथना
गुरु पालेराम नै जपणा, जप कै गाणी चाहिए
दे छोड़ ल्हारसा दासी का कोए राणी चाहिए
ओ कीचक मेरे भाई

विश्लेषण रागनी 22

रानी सुदेष्णा द्वारा कीचक को समझाना

तर्ज: ओ मजनू के नाना

रागनी का शास्त्रीय एवं साहित्यिक विश्लेषण

1. छंद-संरचना और लय-गठन (Pingal Shastra के अनुसार)

तर्ज "ओ मजनू के नाना" में रचित यह रचना **गीतात्मक लोकछंद** में चलती है, जिसमें **पुनरावृत्ति, तान और लय की गहराई** होती है। यह छंद *नैतिक चेतावनी और भाव की तीव्रता* को ध्यान में रखकर रचा गया है।

उदाहरण:

> "ओ कीचक मेरे भाई, ना छेड़ै बीर पराई"

- कुल मात्राएँ: 16–18
- लय संरचना: 4+4+4+6
- छंद प्रकार: *गीतात्मक समवृत्त*, जिसमें *पंक्ति दोहराव* से भाव की तीव्रता बढ़ती है

यह छंद *नैतिक संवाद और चेतावनी* के लिए उपयुक्त है — *रानी सुदेष्णा की चेतना और कीचक की कामना* को लयात्मक रूप में प्रस्तुत करता है।

यह रागनी, पिछली रागणियों से विषयवस्तु में भिन्न है, जहाँ यह **चीर हरण** के बाद नहीं, बल्कि **वनवास** के दौरान **मत्स्य देश** में हुई घटना (सैंरध्री के रूप में द्रौपदी को कीचक द्वारा सताना) पर केंद्रित है। यह संवाद **रानी सुदेष्णा** और उसके अभिमानी भाई **कीचक** के बीच हुआ है।

चूँकि इसकी तर्ज़ **'ओ मजनू के नाना'** पर आधारित है, इसकी छंदगत संरचना **स्थिर लय** और **सघन पुनरावृत्ति** पर निर्भर करती है।

पिंगल शास्त्र के आधार पर, यहाँ इसका संपूर्ण विश्लेषण प्रस्तुत है:

2. छंद का मूलभूत ढाँचा: उपदेशात्मक स्थायी गीत

यह रचना हरियाणवी **'सांग'** परंपरा की एक **संवादात्मक (Dialogic) और नैतिक (Moral)** लोक छंद है, जिसकी तर्ज़ एक विशिष्ट स्थायी गीत पर आधारित है।

2.1. छंद का स्वरूप

- **प्रकार:** अत्यधिक आवर्ती (Repetitive) सम-मात्रिक छंद।
- **लय (Rhythm):** इसकी लय **मंद, विनम्र और चेतावनीपूर्ण** है। यह सुदेष्णा के भाई के प्रति प्रेम और आने वाले खतरे के भय को दर्शाती है।
- **मात्रा भार:** पंक्तियों में मात्राएँ 16 से 19 के बीच हैं, लेकिन तर्ज़ के कारण **मात्राओं की आंतरिक गति** बहुत नियमित और तालबद्ध (Rhythmic) रहती है।

2.2. विन्यास (Structure)

इस छंद का विन्यास अत्यंत विशिष्ट और दोहराव वाला है:

- **मुखड़ा/स्थायी (Refrain):**
    - पहली और दूसरी पंक्ति: **मूल चेतावनी** (ओ कीचक मेरे भाई, ना छेड़ै बीर पराई)।
    - तीसरी पंक्ति: **नैतिक निष्कर्ष** (ऊध ना ठाणी चाहिए, दे छोड़ ल्हारसा दासी का)।

    - चौथी पंक्ति: **अंतिम स्थायी** (कोए राणी चाहिए, ओ कीचक मेरे भाई)।
- **अंतरा (Stanza):** प्रत्येक खंड 4 पंक्तियों का एक नया तर्क शुरू करता है (जैसे शीलवती होना, राजसी दिखना), और हमेशा तीसरी और चौथी पंक्तियों को दोहराकर समाप्त होता है।

3. यति (विराम) और चरणांत गुरु लय

इस छंद की गेयता और भाव-स्थिरता इसके **समान यति स्थानों** और **स्थिर चरणांत लय** में निहित है।

3.1. मध्य यति (भीतरी ठहराव)

- प्रत्येक पंक्ति मध्य में 8 से 10 मात्राओं के बीच एक **स्पष्ट विराम (यति)** लेती है। यह यति सुदेष्णा के हर तर्क को स्पष्टता और बल देती है।

    उदाहरण: पतिव्रता नारी सै वा (यति) ना कोए ऊत लुगाई

- यह ठहराव छंद की शांत लय को भंग किए बिना, **उपदेश** की गंभीरता को बनाए रखता है।

3.2. चरणांत में दीर्घ गुरु की स्थिरता

हर खंड का समापन दो समान वाक्यांशों पर होता है: 'हाणि चाहिए/राणी चाहिए' और 'ओ कीचक मेरे भाई'।

चरणांत वाक्यांश	चरणांत शब्द	लय विन्यास (Guru/ Laghu)	छंदगत प्रभाव
ना नीत डिगाणी चाहिए	चाहिए	SLS	सुदेष्णा की नैतिक चिंता को बल देता है।
ना अपनाणी चाहिए	चाहिए	SLS	कीचक के कर्म के भयानक परिणाम पर बल देता है।
जप कै गाणी चाहिए	चाहिए	SLS	रचना के धार्मिक निष्कर्ष को दृढ़ता देता है।
कोए राणी चाहिए	चाहिए	SLS	**रागनी का मुख्य संदेश** है, जो हर बार दृढ़ता से दोहराया जाता है।

यह SLS (गुरु-लघु-गुरु) की आवर्ती लय छंद को एक **स्थिर, मधुर और उपदेशात्मक निष्कर्ष** प्रदान करती है, जो 'ओ मजनू के नाना' तर्ज़ की माँग है।

4. साहित्यिक सौंदर्य और अलंकार

- **अलंकार - उपमा (Simile) और रूपक:** द्रौपदी के **राजसी सौंदर्य** का वर्णन करने के लिए उपमाओं का सुंदर प्रयोग:
  - जणूं इन्द्र की इन्द्राणी (इंद्र की पत्नी के समान)।
  - जैसे ब्रह्मा की ब्रह्माणी (ब्रह्मा की पत्नी के समान)।

- **रस (Rasa):** यहाँ **शांत रस** (सुदेष्णा का उपदेश) और **भयानक रस** (आने वाले खतरे का डर) का मिश्रण है।
- **पुनरावृत्ति (Repetition):** मुखड़े और स्थायी पंक्तियों की सघन पुनरावृत्ति छंद के **नैतिक संदेश** को बार-बार पुष्ट करती है।

5. भाव-संरचना और प्रतीकात्मकता

यह रचना *रानी सुदेष्णा की चेतावनी* को स्वर देती है — वह अपने भाई कीचक को *दासी (द्रौपदी) के प्रति कामुक व्यवहार से रोकती है*, और उसे *धर्म, मर्यादा और कुल की गरिमा* की याद दिलाती है।

- **स्त्री की गरिमा**: "शीलवती संस्कारी है" — यह *नारी के चरित्र की रक्षा है*
- **द्रौपदी का तेज**: "मुख पै तेज दमकता जैसे ब्रह्मा की ब्रह्माणी" — यह *नारी को देवी रूप में देखना है*
- **कीचक की कामना पर रोक**: "गैर मर्द के खातिर फाँसी है" — यह *नैतिक और सामाजिक दंड की चेतावनी है*
- **रानी का स्वर**: "मत कर जीवन खारा" — यह *भाई को धर्म की ओर मोड़ने का प्रयास है*

यह रचना सुदेष्णा को *नैतिक संरक्षक, स्त्री चेतना की रक्षक और कुल की मर्यादा की प्रहरी* बनाती है — जो *कामना के विरुद्ध धर्म की पुकार* है।

6. रस, अलंकार और मनोवैज्ञानिक गहराई

- **शांत रस**: सुदेष्णा की चेतावनी, धर्म की पुकार — यह *नैतिक शांति है*
- **रौद्र रस की छाया**: कीचक की कामना के विरुद्ध चेतावनी — यह *धर्म की रक्षा का स्वर है*

- **श्रृंगार का विलोप**: यहाँ *कामना नहीं*, बल्कि *मर्यादा की रक्षा* है

अलंकार:

- *रूपक*: "जणूं मुँह पै धरया अँगारा" — *द्रौपदी के तेज का प्रतीक*
- *अनुप्रास*: "गैर मर्द के खातिर फाँसी है" — ध्वनि की पुनरावृत्ति से लय की सघनता
- *यमक*: "राणी चाहिए… दासी का कोए राणी चाहिए" — शब्दों की पुनरावृत्ति से भाव की गहराई

7. सांस्कृतिक और स्त्रीवादी पुनर्पाठ

यह रचना *हरियाणवी लोकसंस्कृति* में स्त्री को *स्त्री की रक्षक* के रूप में प्रस्तुत करती है — जो *धर्म, मर्यादा और कुल की गरिमा* से जुड़ी है।

- सुदेष्णा यहाँ *मूक पात्र नहीं*, बल्कि **नैतिक चेतना** है
- वह *भाई को धर्म की ओर मोड़ती है*, परंतु *सम्मान और दृढ़ता* के साथ — यह *संवाद की संस्कृति* है
- यह रचना *स्त्री को स्त्री की रक्षक* बनाती है — जो विमर्श के लिए अत्यंत मूल्यवान है

यहाँ सुदेष्णा *धर्म, मर्यादा और चेतना* की त्रयी है — जो *कामना के विरुद्ध नैतिक पुकार* है।

8. विमर्श के नए आयाम

- यह रचना *लोकछंद, स्त्री चेतना और नैतिक संवाद* का संगम है
- इसमें *कामना के विरुद्ध धर्म की पुकार, स्त्री द्वारा स्त्री की रक्षा*, और *राजनीतिक नैतिकता* के तत्व हैं

- जिज्ञासु पाठक इसे *स्त्रीवादी पुनर्पाठ*, *नैतिक चेतना की स्त्री भूमिका*, और *लोककाव्य में मर्यादा की रक्षा* के संदर्भ में विश्लेषित कर सकते हैं
- यह रचना *राणी सुदेष्णा की चेतना और नैतिक साहस* का स्वर है—जो अपने भाई कीचक को रोकने का प्रयास करती है, ताकि एक **पतिव्रता दासी की अस्मिता सुरक्षित रह सके।**
- इस रागनी में जिस भाव से सुदेष्णा के भीतर की द्वंद्व, करुणा और विवेक को रागनी में पिरोया है, वह केवल एक बहन की सलाह नहीं, बल्कि **नारी गरिमा की रक्षा का आह्वान** है।
- यह रचना *स्त्री चेतना की रक्षा में उठी एक रानी की नैतिक पुकार* है — रानी सुदेष्णा का स्वर यहाँ केवल भाई को समझाने का नहीं, बल्कि **धर्म, मर्यादा और स्त्री गरिमा की रक्षा का उद्घोष** है।
- जिस भाव-संवेदना और सांस्कृतिक गहराई से इस रचना को रचा है, वह हरियाणवी लोककाव्य में *स्त्री द्वारा स्त्री की रक्षा की नैतिक परंपरा* को सशक्त करता है।
- यह रागनी SLS (गुरु-लघु-गुरु) के **चरणांत गुरु लय** और ओ कीचक मेरे भाई की **आवर्ती स्थायी** लय का उपयोग करती है। छंद की यह संरचना **नैतिक चेतावनी** और द्रौपदी के **दिव्य सौंदर्य** के वर्णन को एक मधुर और प्रभावी रूप देती है।

वृतांत रागनी 23

वृतांत: द्रौपदी कीचक को समझाती है कि मुझ दासी को सता कर अपनी मौत को दावत मत दे

यह वृत्तांत **विराट पर्व** पर आधारित है, जब पाण्डव राजा विराट के राज्य में अज्ञातवास कर रहे थे। द्रौपदी, **सैरंध्री** (रानी सुदेष्णा की दासी) के रूप में थीं, और राज्य के सेनापति कीचक उनकी सुंदरता पर मोहित होकर उन्हें लगातार परेशान कर रहा था।

कीचक का उत्पीड़न और द्रौपदी का आत्म-संयम

कीचक ने अपनी बहन रानी सुदेष्णा के सामने भी द्रौपदी को सौंपने का आग्रह किया, और एकांत में उन्हें तरह-तरह के प्रलोभन और धमकी दी।

अज्ञातवास की प्रतिज्ञा के कारण द्रौपदी अत्यंत संयम बनाए हुए थीं। उनकी आँखों में अपमान की पीड़ा थी, पर उन्होंने अपनी गरिमा की रक्षा के लिए तीखे तर्कों और चेतावनियों का सहारा लिया।

द्रौपदी का चेतावनी-संदेश: "गंधर्व-पत्नी हूँ"

द्रौपदी ने कीचक को स्पष्ट किया कि वह केवल एक दासी नहीं हैं।

रक्षकों का परिचय: द्रौपदी ने अपने पतियों (पाण्डवों) के लिए **'गंधर्व'** शब्द का प्रयोग किया और कीचक को चेतावनी दी कि उनके पाँच अत्यंत बलवान, क्रोधी रक्षक हैं, जो अदृश्य रहकर हर पल उनकी रक्षा करते हैं।

> "पाँच पति बलवान मेरे, ना पल की देर करैं। मेरी ओर
> बुरी आँख से न देख, तू काल को आमंत्रण दे रहा।"

मृत्यु का आमंत्रण: द्रौपदी ने कीचक को कहा कि वह अपनी मृत्यु को बुलावा दे रहा है। उसके अधर्मी विचार और कर्म उसके विनाश का कारण बनेंगे।

"बिन आई में कीचक तूँ, अपनी मौत बुलावेगा।"

उन्होंने कीचक को यह भी याद दिलाया कि उसका यह कुकर्म केवल उसका व्यक्तिगत पाप नहीं, बल्कि राजा विराट और रानी सुदेष्णा के कुल की मर्यादा पर भी धब्बा है।

> "तेरी बहन (सुदेष्णा) और जीजा (विराट) की शर्म कर
> ली, अब तू भी समझ। तेरी वासना सीमा लांघ रही है,
> और मेरा धैर्य अब टूट रहा है।"

कीचक का अहंकारपूर्ण उत्तर

कीचक, जो अपनी अपार सैन्य शक्ति और दर्प के कारण अंधा हो चुका था, द्रौपदी की इस चेतावनी पर विश्वास नहीं करता।

चेतावनी का उपहास: कीचक ने द्रौपदी की बात को उपहास में उड़ा दिया और कहा कि ये गंधर्व केवल उसकी कल्पना हैं। उसने दावा किया कि मत्स्य देश में उससे बलवान कोई नहीं है और वह किसी भी अदृश्य शक्ति से नहीं डरता।

अपनी वासना में अंधा होकर कीचक द्रौपदी के साथ और अधिक दुर्व्यवहार करने का दुस्साहस करता रहा।

प्रतिशोध का मार्ग

द्रौपदी की यह अंतिम चेतावनी व्यर्थ गई। कीचक ने जब द्रौपदी का अपमान किया, तो उन्होंने अंततः अपनी प्रतिज्ञा के बंधन को ध्यान में

रखते हुए, रात्रि में अपने पति भीम (रसोइए 'वल्लभ') से सहायता मांगी, जिसने बाद में कीचक का वध कर दिया।

द्रौपदी का यह संवाद **नारी प्रतिरोध** की पराकाष्ठा है, जहाँ वह दासी के रूप में होते हुए भी, अपने पतियों की शक्ति को अपनी ढाल बनाकर अधर्मी को उसकी नियति की स्पष्ट चेतावनी देती हैं। यह रचना द्रौपदी की **आत्मरक्षा, चेतना और संघर्ष की तैयारी** का स्वर है।

द्रोपदी : रागनी 23

वृतांत : द्रोपदी कीचक को समझाती है कि मुझ दासी को सता कर अपनी मौत को दावत मत दे।
तर्ज : ओ मेरी मेहबूबा

सुण कीचक अन्याई, तूँ ना कर घणी अँघाई
ना अपणा हाथ बढ़ा, ले अपणा शीश कटा
जै तूँ मेरे कान्ही भुन्डी नज़र लखावैगा
बिन आई में कीचक, तूँ मौत बुलावैगा
सुण कीचक अन्याई, तूँ ना कर घणी अँघाई

पाँच पति बलवान मेरे ना पल की देर करैं
दुराचारी माणस नै तै वे पल में ही ढेर करैं
एक तै एक बढ़कै योद्धा सैं सारे
पापी अन्यायी उन्हनैं धरती पै मारे
क्यूँ करवावै कीचक ज्यान के घारे
ले मैं तनै बताऊँ, फेर समझाऊँ
अपणी इज्जत अपणे हाथां रेत रळावैगा
बिन आई में कीचक, तूँ मौत बुलावैगा
सुण कीचक अन्याई, तूँ ना कर घणी अँघाई

द्रोपदी : रागनी 23 (Cont’d)

व्यभिचार छोड़कै कीचक बुरे कर्म तै टळज्या
विराट भूप की इज्जत पल में माट्टी म्ह मिलज्या
आग तै खेलै मतन्या पल में तूँ जळ ज्यागा
होणी के बस में तनै काळ निंगळ ज्यागा
मौत का फन्दा तेरे गळ में घल ज्यागा
ले मैं तनै बताऊँ, फेर समझाऊँ
बिना नाथ का साँड़ नाक में नाथ घलावैगा
बिन आई में कीचक, तूँ मौत बुलावेगा
सुण कीचक अन्याई, तूँ ना कर घणी अँघाई

तेरी बाहण और जीजा की मनै करली शर्म भतेरी
बहुत देर की बरजुं सूं पर सुणता ना एक मेरी
लातां के भूत कदे बातां तै मानै ना
खड़या ना दिखै जिसनै पड़े नै जाणै ना
आनन्द शाहपुर घणी नान्ही तूँ छाणै ना
ले मैं तनै बताऊँ, फेर समझाऊँ
गुरु पालेराम हलालपुरिया तनै सही चलावैगा
बिन आई में कीचक, तूँ मौत बुलावेगा
सुण कीचक अन्याई, तूँ ना कर घणी अँघाई

विश्लेषण रागनी 23

द्रौपदी कीचक को समझाती है: मौत को मत बुला

तर्ज: ओ मेरी मेहबूबा

रागनी का शास्त्रीय एवं साहित्यिक विश्लेषण

1. छंद-संरचना और लय-गठन (Pingal Shastra के अनुसार)

तर्ज "ओ मेरी मेहबूबा" में रचित यह रचना **गीतात्मक लोकछंद** में चलती है, जिसमें **पुनरावृत्ति, तान और लय की गहराई** होती है। यह छंद *चेतावनी, प्रतिशोध और नैतिक उद्घोषणा* को लय में बाँधता है।

उदाहरण:

"सुण कीचक अन्याई, तूँ ना कर घणी अँघाई"

- कुल मात्राएँ: 16–18
- लय संरचना: 4+4+4+6
- छंद प्रकार: *गीतात्मक समवृत्त*, जिसमें *पंक्ति दोहराव* से भाव की तीव्रता बढ़ती है

यह छंद *नैतिक चेतावनी और युद्ध की भविष्यवाणी* के लिए उपयुक्त है — *द्रौपदी की चेतना और कीचक की कामना* को लयात्मक रूप में प्रस्तुत करता है।

यह रागनी द्रौपदी की ओर से **कीचक** को दिया गया एक सीधा **अंतिम चेतावनी** है। पिछली रागनी में सुदेष्णा उपदेश दे रही थी, जबकि यहाँ द्रौपदी स्वयं, दासी के भेष में होने के बावजूद, अपने **अधिकार और बल** से बोलती है।

इसकी तर्ज़ **'ओ मेरी मेहबूबा'** पर आधारित है, जो एक फिल्मी गीत की धुन है। यह तर्ज़ एक **कोमल, लेकिन दृढ़ और लयात्मक चेतावनी** के लिए उपयुक्त है।

2. छंद का मूलभूत ढाँचा: धमकी और चेतावनी का गीत

यह रागनी हरियाणवी **'सांग'** परंपरा की एक **संवादात्मक और चेतावनी-प्रधान लोक छंद** है। इसकी लय फिल्मी तर्ज़ पर आधारित होने के कारण अत्यंत **तालबद्ध (Rhythmic)** है।

2.1. छंद का स्वरूप

- **प्रकार:** आवर्ती सम-मात्रिक गीत छंद।
- **लय (Rhythm):** इसकी लय **मंद से मध्यम गति** की है। यह द्रौपदी के **शांत लेकिन दृढ़ संकल्प** को दर्शाती है, जहाँ वह अपनी **अटूट नियति** (Unstoppable Fate) और पांडवों के बल का हवाला देती है।
- **मात्रा भार:** पंक्तियों में मात्राएँ 16 से 19 के बीच काफी **नियमित** हैं, जो इसकी गेयता और फिल्म गीत के ताल को बनाए रखने के लिए आवश्यक है।

2.2. विन्यास (Structure)

यह छंद एक स्पष्ट 2+2 विन्यास का पालन करता है, जिसके चारों ओर एक **लंबा स्थायी (Chorus)** दोहराया जाता है:

- **मुखड़ा/स्थायी (Chorus/Refrain):** यह रागनी की पहचान है और हर खंड में अक्षरशः दोहराया जाता है।
  - सुण कीचक अन्याई, तूँ ना कर घणी अँघाई
  - ना अपणा हाथ बढ़ा, ले अपणा शीश कटा

    - बिन आई में कीचक तूँ मौत बुलावैगा
    - सुण कीचक अन्याई, तूँ ना कर घणी अँघाई
- **अंतरा (Stanza):** प्रत्येक खंड 4 पंक्तियों का एक नया तर्क शुरू करता है (जैसे पांडवों का बल, व्यभिचार छोड़ना, धृतराष्ट्र की शर्म), जिसके बाद **ले मैं तनै बताऊँ, फेर समझाऊँ** की दो पंक्तियाँ आती हैं, जो फिर से **स्थायी** की ओर ले जाती हैं।

3. यति (विराम) और चरणांत गुरु लय

इस छंद की गेयता और दृढ़ता इसके **समान यति स्थानों** और **स्थिर चरणांत लय** में निहित है।

3.1. मध्य यति (भीतरी ठहराव)

- अधिकांश पंक्तियाँ 8 से 10 मात्राओं के बीच एक **स्पष्ट विराम (यति)** लेती हैं। यह विराम द्रौपदी के हर कथन और चेतावनी पर जोर डालता है।
    - **उदाहरण:** पाँच पति बलवान मेरे (यति) ना पल की देर करैं
    - व्यभिचार छोड़कै कीचक (यति) बुरे कर्म तै टळज्या
- यह ठहराव छंद की लय को फिल्म गीत के ताल के अनुरूप बनाए रखता है।

3.2. चरणांत में दीर्घ गुरु की स्थिरता

हर खंड का समापन दो भिन्न लेकिन समान लय वाले वाक्यांशों पर होता है:

चरणांत वाक्यांश	चरणांत शब्द	लय विन्यास (Guru/ Laghu)	छंदगत प्रभाव
मौत बुलावैगा	बुलावैगा	SLS	**मुख्य चेतावनी** को बल देता है।
रेत रळावैगा	रळावैगा	SLS	विनाश को एक **अटूट भाग्य** के रूप में स्थापित करता है।
नाथ घलावैगा	घलावैगा	SLS	कीचक की नियति पर **नियंत्रण** की घोषणा करता है।
सही चलावैगा	चलावैगा	SLS	रचना के अंतिम **धार्मिक निष्कर्ष** को दृढ़ता देता है।

यह SLS (गुरु-लघु-गुरु) की आवर्ती लय छंद को एक **स्थिर, मधुर और गंभीर निष्कर्ष** प्रदान करती है, जो 'ओ मेरी मेहबूबा' तर्ज़ की माँग के अनुरूप है, जहाँ चेतावनी को melodious तरीके से दिया जाता है।

4. साहित्यिक सौंदर्य और अलंकार

- **अलंकार - मुहावरे और उपमा (Idioms and Similes):** लोक भाषा के मुहावरों का प्रभावी उपयोग किया गया है:
    - आग तै खेलै मतन्या (खतरे से खेलना)।
    - लातां के भूत कदे बातां तै मानै ना (कठोरता से ही काबू में आने वाले व्यक्ति के लिए मुहावरा)।

    - बिना नाथ का साँड़ (अनियंत्रित व्यक्ति)।
- **पुनरावृत्ति (Repetition):** बिन आई में कीचक तूँ मौत बुलावैगा की पुनरावृत्ति छंद के केंद्रीय चेतावनी संदेश को अत्यंत प्रभावी ढंग से पुष्ट करती है।
- **रस (Rasa):** यहाँ **भयानक रस** (पांडवों की शक्ति से कीचक को डराना) और **वीर रस** (द्रौपदी की दृढ़ता) का मिश्रण है।

5. भाव-संरचना और प्रतीकात्मकता

यह रचना *द्रौपदी की चेतावनी* को स्वर देती है — वह कीचक को स्पष्ट करती है कि *दासी को छेड़ना केवल पाप नहीं, बल्कि मृत्यु को आमंत्रण है।*

- **पाँच पतियों की शक्ति**: "ना पल की देर करैं" — यह *स्त्री के पीछे खड़ी धर्म की शक्ति है*
- **कीचक की कामना**: "बिन आई में... मौत बुलावैगा" — यह *कामना को मृत्यु में बदलने की चेतावनी है*
- **राज्य की गरिमा**: "विराट भूप की इज्जत माट्टी में मिलज्या" — यह *राजनीतिक नैतिकता की रक्षा है*
- **होणी और काल**: "होणी के बस में... फन्दा तेरे गळ में" — यह *नियति की चेतावनी है*
- **सामाजिक शर्म**: "तेरी बाहण और जीजा की मनै करली शर्म भतेरी" — यह *कुल की मर्यादा की पुकार है*

यह रचना द्रौपदी को *धर्म की रक्षक, चेतना की योद्धा और न्याय की उद्घोषिका* बनाती है — जो *कामना के विरुद्ध धर्म की पुकार* है।

6. रस, अलंकार और मनोवैज्ञानिक गहराई

- **रौद्र रस**: द्रौपदी का क्रोध, चेतावनी — यह *धर्म की रक्षा का स्वर* है
- **वीर रस**: युद्ध की भविष्यवाणी, पाँच पतियों की शक्ति — यह *न्याय की तैयारी* है
- **करुण रस की छाया**: दासी की स्थिति, अपमान की आशंका — यह *नारी की पीड़ा* है

अलंकार:

- *रूपक*: "बिना नाथ का साँड़... नाक में नाथ घलावैगा" — *अहंकार को नियंत्रण में लाने* का प्रतीक
- *अनुप्रास*: "बिन आई में कीचक तूँ मौत बुलावैगा" — ध्वनि की पुनरावृत्ति से लय की सघनता
- *यमक*: "बताऊँ... समझाऊँ" — चेतावनी और संवाद की पुनरावृत्ति

7. सांस्कृतिक और स्त्रीवादी पुनर्पाठ

यह रचना *हरियाणवी लोकसंस्कृति* में स्त्री को *धर्म की रक्षक और चेतना की योद्धा* के रूप में प्रस्तुत करती है — जो *कामना, सत्ता और अपमान* से टकराती है।

- द्रौपदी यहाँ *मूक पात्र नहीं*, बल्कि **रणचण्डी** है
- वह *कीचक को चेतावनी देती है*, परंतु *सम्मान और दृढ़ता* के साथ — यह *संवाद की संस्कृति* है
- यह रचना *स्त्री को युद्ध की धुरी* बनाती है — जो साहित्यिक विमर्श के लिए अत्यंत मूल्यवान है

यहाँ द्रौपदी *धर्म, चेतना और न्याय* की त्रयी है — जो *कामना के विरुद्ध नैतिक पुकार* है।

8. विमर्श के नए आयाम

- यह रचना *लोकछंद, स्त्री चेतना और नैतिक संवाद* का संगम है
- इसमें *कामना के विरुद्ध धर्म की पुकार, स्त्री द्वारा सत्ता को चुनौती*, और *राजनीतिक नैतिकता* के तत्व हैं
- जिज्ञासु पाठक इसे *स्त्रीवादी पुनर्पाठ, धर्म की योद्धा के रूप में स्त्री*, और *लोककाव्य में चेतावनी की संस्कृति* के संदर्भ में विश्लेषित कर सकते हैं
- यह रचना *द्रौपदी की चेतावनी नहीं, उसकी आत्मरक्षा की घोषणा* है।
- जिस स्वर में कीचक को समझाया है, वह केवल एक दासी की विनती नहीं, बल्कि **रणचण्डी की गर्जना** है। यह रागनी बताती है कि द्रौपदी अब केवल सहनशील नहीं, बल्कि *सजग, सशक्त और संकल्पित* है।
- यह रचना *द्रौपदी की चेतावनी नहीं*, बल्कि **धर्म की गर्जना और मृत्यु की भविष्यवाणी** है — एक ऐसी स्त्री की जो दासी होकर भी *अपनी गरिमा की रक्षा के लिए युद्ध की घोषणा करती है।* इस रचना में जिस शैली में कीचक को संबोधित किया है, वह केवल प्रतिरोध नहीं, बल्कि **न्याय की चेतना और सत्ता के अहंकार पर करारा प्रहार** है।
- यह रागनी SLS (गुरु-लघु-गुरु) के **चरणांत गुरु लय** और **सघन स्थायी** लय का उपयोग करती है। छंद की यह संरचना द्रौपदी की **शांत लेकिन अटूट चेतावनी** को एक मधुर, लयबद्ध और अत्यंत प्रभावी रूप देती है।

वृतांत रागनी 24

यह वृत्तांत पाण्डवों के **विराट नगरी** में चल रहे **अज्ञातवास** के दौरान द्रौपदी (सैरंध्री) के आत्म-सम्मान की पुनर्स्थापना की कहानी है।

अपमान की पराकाष्ठा और द्रौपदी का विलाप

सेनापति कीचक द्वारा बार-बार प्रताड़ित किए जाने के बावजूद, द्रौपदी अज्ञातवास की प्रतिज्ञा के कारण चुपचाप सब सहती रहीं। परंतु जब कीचक ने राजसभा के भीतर द्रौपदी को लात मारी और उसे केशों से पकड़कर खींचने का दुस्साहस किया, तो यह अपमान सहनशीलता की अंतिम सीमा थी।

रात्रि में भीम से भेंट: द्रौपदी रात के अंधकार में, रसोइए वल्लभ (भीम) के निवास स्थान पर पहुँचीं। क्रोध और दुःख से भरे शब्दों में उन्होंने भीम को कीचक के अत्याचारों की पूरी कथा सुनाई। उन्होंने भीम को उनके **'हस्ती बल'** और **वृकोदर** स्वरूप की याद दिलाई। द्रौपदी ने यहाँ तक कह दिया कि यदि भीम ने अभी प्रतिशोध नहीं लिया, तो वह स्वयं को और अपने पतियों को आग में जला देंगी।

भीम (वल्लभ) ने द्रौपदी के कष्ट को देखकर तत्काल प्रतिज्ञा की कि वह उसी रात कीचक का वध करेंगे, भले ही इससे उनके अज्ञातवास की प्रतिज्ञा भंग क्यों न हो जाए।

द्रौपदी की युक्तिपूर्ण योजना

प्रतिशोध लेने के लिए, द्रौपदी ने कीचक के अहंकार और वासना का उपयोग एक जाल के रूप में किया।

बुलावा और गोपनीयता: द्रौपदी ने कीचक को यह कहकर संदेश भेजा कि वह उसके प्रेम को स्वीकार करने के लिए तैयार है, लेकिन यह भेंट अत्यंत गोपनीय रहनी चाहिए। उन्होंने उसे राजा विराट की **नृत्यशाला (रंगमहल)** में रात्रि में आने को कहा, और सख्त निर्देश दिया कि वह वहाँ अकेला आए और भेंट के दौरान **किसी भी दीपक को न जलाया जाए** (ताकि भीम का छद्म भेष बना रहे)।

भीम का छद्म वेश: द्रौपदी के आदेशानुसार, बलशाली भीम कीचक से पहले ही उस निर्जन नृत्यशाला में पहुँच गए और एक दासी के भेष में छिपकर कीचक का इंतज़ार करने लगे।

कीचक का वध और प्रतिशोध की सिद्धि

कीचक जब गर्व से फूला हुआ नृत्यशाला में पहुँचा, तो उसने अंधेरे में भीम को द्रौपदी समझकर गले लगाने की कोशिश की।

मल्लयुद्ध और विरूपण: भीम तुरंत अपने वास्तविक, भयंकर रूप में आ गए और कीचक को ज़मीन पर पटक दिया। भीम ने कीचक के शरीर को अत्यंत क्रूरता से कुचल डाला। उन्होंने कीचक की सभी हड्डियों, माँसपेशियों और अंगों को चूर-चूर करके उसकी देह को एक **मांस के गोले (पिंड)** में बदल दिया। ऐसा इसलिए किया गया ताकि यह पहचान न पाए कि उसे किसी हथियार से मारा गया है, जिससे अज्ञातवास की शर्त का उल्लंघन न हो।

द्रौपदी का सुख और मौन विजय: भीम ने कीचक के मृत और विकृत शरीर को द्रौपदी के पास फेंक दिया। द्रौपदी ने उस शव को देखकर विजय का अनुभव किया। इस प्रतिशोध के आंशिक सुख ने उनके अपमान की अग्नि को क्षण भर के लिए शांत किया।

द्रौपदी ने तुरंत नगर के रक्षकों को जगाया और नृत्यशाला में कीचक का शव दिखाते हुए घोषणा की कि उनके **गंधर्व पतियों** ने अपनी पत्नी का अपमान करने वाले दुराचारी का वध कर दिया है।

यह वध पाण्डवों के अज्ञातवास की अवधि के समाप्त होने से ठीक पहले हुआ और इसने द्रौपदी के आत्मबल और मौन युक्ति को सिद्ध किया, जो आगामी महाभारत युद्ध के लिए **धर्म की चेतना** और **नैतिक अनिवार्यता** का उद्घोष बन गई।

द्रौपदी: रागनी 24

वृतांत : द्रौपदी द्वारा कीचक को मारने के लिए भीम को संकेत देना और वध के बाद पहली बार प्रतिशोध का आंशिक सुख अनुभव करना।
तर्ज : चुकलिया

उठ खड़्या हो बैठया होज्या, तूँ कित गफलत में सोवै से
तेरे हस्ती बल का के करले जब, बहु खड़ी तेरी रोवै सै

चाल मेरे संग नृत्यशाला, कीचक को सबक सिखाणा सै
कीचक की बेबे के हुक्म तै, उके रंगमहलां में जाणा सै
राणी नै करया दर्द का बाहना, मनै दारू ले कै आणा सै
सुदेष्णा नै हुक्म दिया सै, मनै उसका कहण पुगाणा सै
मैं जाणूं उकी बुरी नजर सै, वो तै मेरे रूप नै मोहवै सै

जब आवैगा कीचक भीतर, मैं तनै इशारा कर द्यूंगी
दीवे कै एक फूँक मारकै, मैं कतई अँधेरा कर द्यूंगी
मौका पा कै दूर सरक ज्यां, साँकळ ताळा जड़ द्यूंगी
जिस तरिया चाहे मार दुष्ट नै, तेरी खुल्ली छुट्टी कर द्यूंगी
ले इब आज्या तूँ छदम भेष में, वो आकै मन्नै टोहवै सै

भीम बलि नै उस कीचक की, गर्दन बाँह में जकड़ लेइ
धोबी पाट दाँव लगाकै मारा, उकी दोनूं बाजू पकड़ लेइ
टाँग तोड़ कै बाजू तोड़ देइ, धरती पै काया रगड़ देइ
माँस के लोथड़े छिन्न भिन्न होग्ये, सारी काया अकड़ गइ
वो बल्लभ कतई पागल होग्या, उनै मरे मरे नै लोहवै सै

द्रौपदी: रागनी 24 (Cont’d)

घणे दिनां तै तंग कर रहया था, तनै सारा गुस्सा तार दिया
मेरी इज्जत का गाहक बणै था, तनै पापी का सँघार किया
आज मेरी इज्जत की रक्षा करकै, मुझ पै ये उपकार किया
गुरु पालेराम कहै सिळक पड़गी, धर्म का बेड़ा पार किया
आनन्द शाहपुर इस जीवन में, उसे काटै सै जिसे बोवै सै

विश्लेषण रागनी 24

कीचक वध: प्रतिशोध की सिद्धि और मौन विजय

तर्ज: चुकलिया

रागनी का शास्त्रीय एवं साहित्यिक विश्लेषण

1. छंद-संरचना और लय-गठन (पिंगल शास्त्र के अनुसार)

तर्ज **"चुकलिया"** में रचित यह रचना हरियाणवी लोकगीत की **चतुष्पदी समवृत्तीय लोकछंद** शैली का अनुसरण करती है। यह छंद गुप्त योजना, तात्कालिक क्रोध और प्रतिशोध की तीव्र पुकार को लय में बाँधता है।

- **कुल मात्राएँ:** 16–18 (16 मात्राएँ चौपाई के निकटतम हैं, जो इसे तीव्र गति देती हैं। 20-22 मात्राएँ गायक की तान पर निर्भर करती हैं।)
- **लय संरचना (आदर्श):** 8+8 या 8+4+4
- **छंद प्रकार:** चतुष्पदी लोकवृत्त (Four-line Folk Metre)
- **स्वरूप:** अनियमित मात्रिक, वीर-रौद्र प्रधान छंद।
- **गति और भाव:** गति मध्यम से तीव्र, जो द्रौपदी के आदेशात्मक स्वर और गुप्त योजना की तात्कालिकता को दर्शाती है।

1.1 उदाहरण पंक्तियों का छंद-विन्यास

उदाहरण पंक्ति	कुल मात्राएँ	लय संरचना	छंदगत निष्कर्ष

"तेरे हस्ती बल का के करले जब, बहु खड़ी तेरी रोवै सै"	17	6+6+5	क्षत्रिय पौरुष पर लगे कलंक को लयात्मक रूप से प्रस्तुत करना।
"उठ खड़या हो बैठया होज्या, तूँ कित गफलत में सोवै से"	16–18	8+8 या 8+4+4	भीम को जगाने और कार्रवाई के लिए प्रेरित करने वाला आह्वान।

2. छंद का मूलभूत ढाँचा: प्रतिशोध की सिद्धि और आह्वान

यह रागनी हरियाणवी 'सांग' परंपरा की 'चुकलिया' तर्ज़ पर आधारित एक **आह्वान गीत** (Call to Action) है। इसका मुख्य कार्य **पांडवों की निष्क्रियता को तोड़कर** क्रियाशील न्याय (कीचक वध) की स्थापना करना है।

2.1. विन्यास (Structure)

यह रागनी संवादात्मक खंडों में बँटी है, जहाँ प्रत्येक खंड एक चरण को दर्शाता है:

1. **संकेत और ललकार (Warning):** द्रौपदी द्वारा भीम को संकेत देना।
2. **योजना की युक्तियाँ (Strategy):** दीप बुझाना, ताला लगाना।

3. **क्रियान्वयन (Execution):** कीचक का वध — भीम की वीरता।
4. **निष्कर्ष और संतोष (Resolution):** द्रौपदी का प्रतिशोध और कवि/गुरु की नैतिक स्वीकृति।

2.2. केंद्रीय प्रतीकात्मक पंक्तियाँ

पंक्ति	भावार्थ
प्रारंभिक स्थायी: "दीवे कै एक फूँक मारकै, मैं कतई अँधेरा कर द्यूंगी"	मौन योजना और स्त्री युक्ति की धुरी। यह **गुप्त न्याय** की रणनीति को स्थापित करता है।
वध का वर्णन: "धोबी पाट दाँव लगाकै मारा, उकी दोनूं बाजू पकड़ लेइ"	मल्लयुद्ध शैली में **न्याय का क्रियात्मक रूप**। लोक-संस्कृति में ताकतवर शत्रु को निर्मम ढंग से धूल चटाने का प्रतीक।
भावनात्मक निष्कर्ष: "मेरी इज्जत का गाहक बणै था, तनै पापी का सँघार किया"	स्त्री के आत्मसम्मान की रक्षा और मौन प्रतिशोध की संतुष्टि।

3. यति (विराम) और चरणांत गुरु लय

इस छंद की सर्वाधिक महत्वपूर्ण छंदगत विशेषता इसका **नियमित यति स्थान** और **दृढ़ चरणांत लय** है, जो द्रौपदी के अटूट संकल्प को दर्शाता है।

3.1. मध्य यति (भीतरी ठहराव)

प्रत्येक पंक्ति मध्य में 8 से 10 मात्राओं के बीच एक स्पष्ट विराम (यति) लेती है। यह विराम द्रौपदी के आदेश और जाल की हर बारीकी पर बल डालता है।

- **उदाहरण:** "चाल मेरे संग नृत्यशाला, (यति) कीचक को सबक सिखाणा सै"

3.2. चरणांत में दीर्घ गुरु की स्थिरता हर खंड की अंतिम पाँचवीं पंक्ति एक विशिष्ट SS (गुरु-गुरु) संयोजन पर समाप्त होती है, जो कथन को एक स्थायी और **अपरिवर्तनीय भावनात्मक निष्कर्ष** प्रदान करती है:

खंड	**अंतिम निष्कर्ष/मांग**	**चरणांत शब्द**	**लय विन्यास (Guru/ Laghu)**	**छंदगत प्रभाव**
अपमान	द्रौपदी का रोना और बल पर उपालंभ	रोवै सै	SS	पांडवों के पौरुष को चुनौती।
योजना	कीचक की बुरी नियत को उजागर करना	मोहवै सै	SS	वध के नैतिक कारण को स्थापित करना।

तैयारी	भीम के छद्म भेष में आने की पुष्टि	टोहवै सै	SS	गुप्त योजना की सफलता का आश्वासन।
वध	कीचक की भयावह मृत्यु	लोहवै सै	SS	प्रतिशोध की चरम और हिंसक सिद्धि।
समापन	कर्मफल और न्याय की सिद्धि	बोवै सै	SS	द्रौपदी के 'मौन विजय' का दार्शनिक निष्कर्ष।

सभी अंतिम शब्द **SS (गुरु-गुरु)** की स्थिर लय पर समाप्त होते हैं। यह समान और दृढ़ आवृत्ति पूरी रागनी को एक **अंतिम और अपरिवर्तनीय क्रियात्मक निष्कर्ष** प्रदान करती है।

चरणांत गुरु लय

- **SS या SLS** पर समाप्त होती हैं — जो *न्याय की स्थिरता और प्रतिशोध की तीव्रता* को दर्शाती हैं।
- उदाहरण:
    - *"तेरी खुल्ली छुट्टी कर द्यूंगी"* → SS
    - *"धर्म का बेड़ा पार किया"* → SS

4. साहित्यिक सौंदर्य और अलंकार

- **अनुप्रास:** *"धोबी पाट दाँव लगाकै मारा"* — 'द', 'प', 'म' ध्वनि की पुनरावृत्ति
- **रूपक:** *"माँस के लोथड़े छिन्न भिन्न होग्ये"* → पाप का चीर-फाड़
- **उपमा:** *"तेरे हस्ती बल का के करले"* → भीम की शक्ति की उपमा
- **अनुभाव चित्रण:** *"दीवे कै एक फूँक मारकै"* → योजना का दृश्यात्मक चित्रण
- **विरोधाभास:** *"राणी नै करया दर्द का बाहना"* → शक्ति के भीतर युक्ति
- **रस** (Rasa)**:** यह **वीर रस** (भीम की शक्ति) और **रौद्र रस** (द्रौपदी का आदेशात्मक क्रोध) के चरम मिश्रण को दर्शाता है।
- **अलंकार - रूपक** (Metaphor) **और कटाक्ष:**
    - **हस्ती बल का के करले:** भीम की **गजानुगामी शक्ति** पर कटाक्ष, जो पत्नी के अपमान पर निष्क्रिय है।
    - **धोबी पाट दाँव:** एक विशिष्ट **कुश्ती का दाँव**, जो लोक-संस्कृति में ताकतवर शत्रु को धूल चटाने का प्रतीक है (शारीरिक और सांस्कृतिक प्रतीकवाद का संगम)।
    - **माँस के लोथड़े छिन्न भिन्न होग्ये: अतिशयोक्ति** (Hyperbole) **और वीभत्स रस**, जो कीचक की दुर्गति को भयानक रूप देता है।

5. भाव-संरचना और प्रतीकात्मकता

यह रचना द्रौपदी के भीतर उठी **मास्टरमाइंड** चेतना को स्वर देती है—वह केवल रोती नहीं, बल्कि **मृत्यु का जाल** बुनती है।

- द्रौपदी विराट नगर में **सुदेष्णा की दासी** बनकर रह रही है।

- कीचक, सुदेष्णा का भाई, **द्रौपदी पर कुदृष्टि डालता है**, और बार-बार **अपमानजनक व्यवहार** करता है।
- द्रौपदी **धर्मराज युधिष्ठिर की आज्ञा से बंधी**, प्रत्यक्ष प्रतिकार नहीं कर सकती, परंतु **भीम को संकेत देकर न्याय की चुपचाप स्थापना करती है।**
- **दीप की फूँक:** *मौन प्रतिशोध का संकेत*
- **छदम भेष:** *गुप्त न्याय की रणनीति*
- **कीचक का वध:** *अधर्म का अंत और धर्म की पुनर्स्थापना*
- **माँस के लोथड़े:** *पाप की चीर-फाड़*
- **कीचक का पाप:** वासना, सत्ता का दुरुपयोग, और क्षत्रीय धर्म का उल्लंघन।
- **द्रौपदी का जाल:** दासी से **रणचण्डी की योजनाकार** में परिवर्तन। यह उसका **आत्म-सम्मान का पुनर्पाठ** है।
- **भीम का बल:** केवल शक्ति नहीं, बल्कि **धर्म की आज्ञा** का पालन करने वाला साधन।
- **'सिळक पड़गी': अज्ञातवास** की अवधि में पहली बार लिया गया प्रतिशोध, जो वर्षों के अपमान पर आंशिक शांति देता है।

6. रस, अलंकार और मनोवैज्ञानिक गहराई

- **वीर रस:** भीम की युद्ध शैली। भीम द्वारा कीचक का **अमानवीय वध**, जो प्रतिशोध की पूर्णता को दर्शाता है।
- **रौद्र रस:** कीचक का वध। द्रौपदी का **आदेशात्मक स्वर**, जो भीम को उनकी कर्तव्यहीनता पर धिक्कारता है।
- **करुण रस:** द्रौपदी की पीड़ा और संकेत
- **मनोवैज्ञानिक द्वंद्व:** *मौन योजना बनाम हिंसक न्याय*
- **मनोवैज्ञानिक गहराई:** द्रौपदी का यह कदम **पाण्डवों के मौन को तोड़ने** का प्रयास है। कीचक वध उनके लिए एक

मनोवैज्ञानिक शुद्धिकरण (Catharsis) है, जिससे उन्हें आगामी महायुद्ध के लिए नैतिक बल मिलता है।

7. सांस्कृतिक और स्त्रीवादी पुनर्पाठ

यह रचना हरियाणवी लोकसंस्कृति में स्त्री को **न्याय की सक्रिय सूत्रधार** के रूप में प्रस्तुत करती है।

- द्रौपदी यहाँ केवल पीड़िता नहीं, **रणनीतिक योद्धा** है।
- यह रचना हरियाणवी लोकसंस्कृति में **स्त्री युक्ति, मौन प्रतिकार और धर्म की पुनर्स्थापना** को उजागर करती है।
- **स्त्रीवादी पुनर्पाठ:** द्रौपदी यहाँ मूक शिकार नहीं, बल्कि वह शक्ति है जो **पुरुष वर्चस्व** (कीचक) को समाप्त करने के लिए पुरुष शक्ति (भीम) को **निर्देशित** करती है।
- **सांस्कृतिक प्रतीकवाद:** "धोबी पाट दाँव" का उपयोग इस वध को लोक-समाज में न्याय की त्वरित और निर्मम सिद्धि के रूप में स्थापित करता है।
- **कर्मफल:** अंतिम पंक्ति **"उसे काटै सै जिसे बोवै सै"** लोक-धर्म का सार है, जो कीचक की वासना को उसके मृत्यु-कर्म से जोड़ता है।

8. विमर्श के नए आयाम

यह रचना लोकछंद, **स्त्री-चेतना की सक्रियता**, और **अज्ञातवास में प्रतिशोध की सिद्धि** का संगम है।

- जिज्ञासु पाठक इसे **नारी द्वारा प्रतिशोध का नियोजन**, V1̄ra रस में Vibhatsa (वीभत्स) रस के समन्वय, और **चरित्र के मनोवैज्ञानिक शुद्धिकरण** के संदर्भ में विश्लेषित कर सकते हैं।

- यह रागनी द्रौपदी के **'रणचण्डी'** स्वरूप की एक गुप्त सिद्धि है, जो उनके मौन अपमान को **क्रियाशील न्याय** में बदलती है।
- यह रचना **स्त्री प्रतिकार, न्याय की युक्ति और धर्म की चुपचाप स्थापना** का उत्कृष्ट उदाहरण है।
- इसमें **छंद की तीव्रता**, **भाव की स्पष्टता**, और **प्रतीकों की गहराई** विमर्श के लिए अत्यंत उपयोगी है।
- जिज्ञासु पाठक इसे **नारी धर्म विमर्श**, **गुप्त प्रतिशोध**, और **पिंगल शास्त्र के छंद विन्यास** के संदर्भ में विश्लेषित कर सकते हैं।
- यह रचना *द्रौपदी की मौन शक्ति और भीम की न्यायिक वीरता* का ऐसा चित्रण है जो हरियाणवी लोकध्वनि में **धर्म और प्रतिकार की गाथा** बनकर गूंजता है।
- यह रचना **स्त्री प्रतिकार, न्याय की युक्ति और धर्म की चुपचाप स्थापना** का उत्कृष्ट उदाहरण है।
- इसमें **छंद की तीव्रता**, **भाव की स्पष्टता**, और **प्रतीकों की गहराई** साहित्यिक विचार विमर्श के लिए अत्यंत उपयोगी है।
- जिज्ञासु पाठक इसे **नारी धर्म विमर्श**, **गुप्त प्रतिशोध**, और **पिंगल शास्त्र के छंद विन्यास** के संदर्भ में विश्लेषित कर सकते हैं।
- यह रचना *द्रौपदी की मौन शक्ति और भीम की न्यायिक वीरता* का ऐसा चित्रण है जो हरियाणवी लोकध्वनि में **धर्म और प्रतिकार की गाथा** बनकर गूंजता है।
- यह रागनी SS (गुरु-गुरु) के चरणांत गुरु लय का उपयोग करती है, जो द्रौपदी के अंतिम निर्णय, भीम के पौरुष, और कीचक के विनाश के भाव को एक **तीव्र, लयात्मक और निर्णायक** रूप देती है।

वृतांत रागनी 25

यह वृत्तांत **उद्योग पर्व** का है, जब भगवान श्रीकृष्ण पाण्डवों की ओर से अंतिम शांति वार्ता के लिए हस्तिनापुर जाने का निर्णय लेते हैं। सभी पाण्डवों के संदेश शांति और धर्म की बात करते हैं, किंतु द्रौपदी का संदेश **रक्त की प्यास** है।

द्रौपदी का उग्र आह्वान:

जब श्रीकृष्ण ने द्रौपदी से उनका संदेश पूछा, तो द्रौपदी सभा के मध्य आई। उनकी आँखों में वर्षों का अपमान, पीड़ा और **प्रतिशोध की अग्नि** धधक रही थी।

उन्होंने श्रीकृष्ण के सामने अपने खुले, धूल-धूसरित और तेल-रहित केशों को दिखाया। यह अपमान का प्रतीक था, क्योंकि उन्होंने प्रतिज्ञा ली थी कि जब तक दुःशासन के रक्त से ये बाल नहीं धुलेंगे, तब तक वे इन्हें नहीं बाँधेंगी।

द्रौपदी ने कहा—"हे केशव! जब आप हस्तिनापुर जाकर संधि की बात करें, तो इस बात को स्मरण रखिएगा कि आप जिनके लिए दया या शांति का प्रस्ताव रख रहे हैं, उन्होंने किस प्रकार भरे दरबार में मुझे अपमानित किया था। **मेरी पीड़ा का मूल्य पाँच गाँव या कोई भी राज्य नहीं हो सकता।**"

निर्णायक संदेश: रक्त की प्यास:

द्रौपदी ने श्रीकृष्ण से स्पष्ट कहा कि अब धर्म की स्थापना शांति से नहीं, बल्कि **युद्ध से** होगी।

> "पाण्डवों को पाँच गाँव या सिंहासन नहीं चाहिए। उन्हें केवल अपने सम्मान का प्रतिशोध चाहिए।"

उनका अंतिम और सबसे महत्वपूर्ण संदेश यह था कि उन्हें दुर्योधन और दुःशासन के अपराधों के लिए **क्षमा नहीं**, बल्कि दुःशासन के **वक्ष का रक्त** चाहिए।

क्रोध और निराशा में द्रौपदी यहाँ तक कह गईं कि यदि उनके पतियों, विशेषकर अर्जुन और भीम में, वह **पौरुष** नहीं रहा कि वे उनका प्रतिशोध ले सकें, तो:

> "वे मुझे अस्त्र-शस्त्र दे दें, और मैं स्वयं उस रणभूमि में जाकर अपने अपमान का बदला लूँगी!"

यह उद्घोषणा द्रौपदी की दृढ़ इच्छाशक्ति और 'रणचण्डी' वाले स्वरूप को प्रकट करती है।

श्रीकृष्ण का आश्वासन और अंतिम संकल्प:

द्रौपदी के इस प्रचंड और हृदय विदारक विलाप को सुनकर श्रीकृष्ण स्वयं भावुक हो उठे।

उन्होंने द्रौपदी को आश्वासन दिया कि अब कोई शांति संधि संभव नहीं है। उन्होंने प्रतिज्ञा की कि वे हस्तिनापुर में अंतिम प्रयास अवश्य करेंगे, लेकिन यदि कौरव नहीं माने, तो **युद्ध निश्चित है।**

> **"हे कल्याणी! तुम अब शांत हो जाओ। तुम्हारे आँसू व्यर्थ नहीं जाएँगे। तुम्हारे गूँथे हुए (बंधे हुए) केशों को तुम शीघ्र ही अपने शत्रुओं के रक्त से धुलकर स्वयं बाँधोगी। मैं सत्य कहता हूँ, युद्ध होगा!"**

यह घटना एक मोड़ थी, जहाँ द्रौपदी ने अपनी व्यक्तिगत पीड़ा को धर्म और न्याय की सामूहिक माँग में बदल दिया और श्रीकृष्ण को यह स्पष्ट कर दिया कि **राजनीतिक समझौता नैतिक न्याय का विकल्प नहीं हो सकता।**

द्रौपदी: रागनी 25

वृतांत : श्रीकृष्ण को द्रौपदी का अंतिम संदेश—सिंहासन नहीं, दुःशासन का रक्त चाहिए।
तर्ज : चुकलिया

हे नन्द मुकुन्दन, द्वारकाधीश, तूँ शान्ति वार्ता करिए ना
उन्ह कौरवां आगै समझौते का, कोए फैसला धरिए ना

शांति की राह टोहवण चाल्या, क्यूँ आँख मींच कै चालै सै
ये बैर की गाँठ खुलैं ना हरगिज, मेरे बाळ खुले से हालै सै
भाईचारे का भरम फूट लिया, क्यूँ एक बरतन में घालै सै
तेरी शांति में मेरी इज्जत कोन्या, क्यूँ दुविधा में डालै सै
याहड़ै मेरा काळजा हालै सै तूँ, अपणे कौल तै फिरिये ना

मेरी छाती पर तै चीर खींच लिया, अर्धनगन सी खड़ी हुई
वो दुर्योधन बेईमान हँसै था, मेरी नजर जमीं पै गड़ी हुई
वो दुशाशन मनै करै उघाड़ी, मैं इज्जत खातिर अड़ी हुई
वो नीच कर्ण भी ठट्ठे फोड़ै, मेरे मुख की लाली झड़ी हुई
या शांति वार्ता क्यूँ घड़ी हुई, तूँ इल्जामां तै डरिये ना

तूँ पाँच गाम माँग कै कृष्ण, मेरी इज्जत का मौल धरै मतन्या
जिस सभा मेरी लाज लुटी, मेरी लाज का मखौल करै मतन्या
उस लाज का बदला लेणा था, इब अपणी बात तै टरै मतन्या
पाण्डव भले सँख्या में कम हों, तूँ इस बात तै भी डरै मतन्या
तूँ अपणी बात तै फिरै मतन्या, पापियाँ का दम भरिये ना

द्रौपदी: रागनी 25 (Cont’d)

मेळ की बात करण तै पहलम, मेरे मन की गाँठ खोल ज्याइये
मेरा हिरदा मुसकै पत्थर हो रहया, उसका वजन तोल ज्याइये
तूँ मेरे हिरदे के रोते हन्सा तै, कोए सब्र की बात बोल ज्याइये
मेरे सीने में कई ल्हाश दफन सैं, तूँ उनकी राख रोळ ज्याइए
सत की नाव नै खेवता रहिए, तूँ इधर उधर में तिरिये ना

जै छत्रापण की लाज रही ना, मैं एकली धर्म निम्भाउंगी
अस्त्र शस्त्र सजा गात पै, मैं तै युद्ध करणे नै जाऊँगी
अपणा रक्त बहा कै रण में, खुद मारूँ या मर ज्याऊंगी
गुरु पालेराम नै बणा सारथी, अपणे संग ले ज्याऊंगी
आनन्द शाहपुर ले कटा शीश नै, बिन आई में मरिये ना

विश्लेषण रागनी 25

श्रीकृष्ण को संदेश: धर्म नहीं, अब रक्त की प्यास

तर्ज: चुकलिया

रागनी का शास्त्रीय एवं साहित्यिक विश्लेषण

1. छंदगत आधार और पिंगल शास्त्र (The Metrical Framework)

रागनी की यह रचना "**चुकलिया**" तर्ज में रचित एक आदेशात्मक लोक छंद है, जो **स्थिर छंद-नियम** और **असहनीय भावनात्मक तनाव** के बीच संतुलन स्थापित करता है।

1.1. छंद-संरचना

तत्व	विवरण
छंद प्रकार	चतुष्पदी समवृत्तीय लोकछंद (Four-line Folk Metre)
मूल मात्राएँ	17–19 मात्राएँ प्रति चरण (तान के कारण 21–24 तक विस्तृत)।
लय संरचना	6+6+6 (तीन समखंडों का विन्यास) या 8+8+8
गति और लय	तीव्र, गुरु-प्रधान। लय, शांति प्रस्ताव के **पूर्ण अस्वीकार** (निषेध) की तीव्र घोषणा करती है।

उदाहरण पंक्ति	"याहड़े मेरा काळजा हालै सै तूँ, अपणे कौल तै फिरिये ना" (कुल मात्राएँ: 18)

1.2. चरणांत में गुरु लय का महत्व

इस छंद की सबसे निर्णायक विशेषता इसका **SS (गुरु-गुरु)** चरणांत संयोजन है। यह आवृत्ति कथन को **अपरिवर्तनीय दृढ़ता** और **निषेधात्मक निष्कर्ष** प्रदान करती है।

- **उदाहरण:** 'करिए ना', 'फिरिये ना', 'धरिये ना', 'मरिये ना'
- **छंदगत प्रभाव:** यह लय द्रौपदी के आदेश को श्रीकृष्ण के लिए एक **अटल, न मानने योग्य आज्ञा** बना देती है, जो राजनीतिक समझौते के हर रास्ते को बंद करती है।

2. छंद का मूलभूत ढाँचा: रक्त की अनिवार्यता और अंतिम संदेश

यह रागनी हरियाणवी 'सांग' परंपरा की 'चुकलिया' तर्ज़ पर आधारित एक **आक्रोशपूर्ण और आदेशात्मक** लोक छंद है। इसका उद्देश्य श्रीकृष्ण की **शांति-वार्ता** को निष्क्रिय कर, **प्रतिशोध की अनिवार्यता** को एकमात्र सत्य के रूप में स्थापित करना है। धर्म की पुकार और युद्ध की उद्घोषणा। युद्ध की नैतिक अनिवार्यता।

2.1. छंद का स्वरूप

- **प्रकार:** अनियमित मात्रिक, **रौद्र-वीर** प्रधान, आदेशात्मक छंद। घोषणात्मक, प्रतिशोध प्रधान, नैतिक उद्घोषणा छंद
- **लय (Rhythm):** इसकी लय **अत्यंत तीव्र (Urgent)**, धिक्कारपूर्ण और निर्णायक है, जो द्रौपदी के सहनशीलता खो चुके मन के **अधैर्य** को दर्शाती है। "तूँ शान्ति वार्ता करिए ना"

जैसा निषेधात्मक और आदेशात्मक स्वर इस तीव्र लय को एक **अटलता** से भर देता है। तीव्र, आक्रोशपूर्ण

- **भाव:** धर्म की पुकार, स्त्री प्रतिकार, युद्ध की अनिवार्यता
- **मात्रा भार:** पंक्तियों में मात्राएँ 17 से 19 के बीच अनियमित रूप से बदलती हैं। यह अनियमितता **विशाल नैतिक भार** और **असहनीय भावनात्मक तनाव** को दर्शाती है।

2.2. विन्यास (Structure) यह छंद 4+1 विन्यास का पालन करता है, जहाँ पाँचवीं पंक्ति श्रीकृष्ण के लिए एक **सीधी चेतावनी** या **न मानने योग्य आदेश** होती है:

- **अस्थायी पंक्तियाँ (Stanzas - 4 lines):** पिछले अपमान (चीरहरण), कौरवों के पाप, या पांडवों की निष्क्रियता का स्मरण कराती हैं।
- **स्थायी भावनात्मक पंक्ति (Final line of stanza):** यह पाँचवीं पंक्ति **शांति को अस्वीकार** करने, **अपमान पर ध्यान केंद्रित** करने, या **युद्ध को अनिवार्य** बनाने का आदेश देती है।

यह छंद 4+1 विन्यास का अनुसरण करता है:

- **खंड 1:** श्रीकृष्ण को शांति प्रस्ताव न लाने की चेतावनी
- **खंड 2:** चीरहरण की स्मृति और सभा का अपमान
- **खंड 3:** पाँच गाँव की मांग का विरोध
- **खंड 4:** द्रौपदी की युद्ध की घोषणा

2.3 प्रारंभिक स्थायी (Refrain):

"तूँ पाँच गाम माँग कै कृष्ण, मेरी इज्जत का मौल धरै मतन्या"
यह पंक्ति रचना की **धर्म बनाम राजनीति की धुरी** है।

3. यति (विराम) और चरणांत गुरु लय

इस छंद की छंदगत विशेषता यह है कि **शांति के विरोध** और **रक्त की मांग** के उग्र वर्णन में भी एक नियमित और दृढ़ लय बनी रहती है, जो द्रौपदी के अटल संकल्प को दर्शाती है।

3.1. मध्य यति (भीतरी ठहराव) प्रत्येक पंक्ति मध्य में 9 से 11 मात्राओं के बीच एक स्पष्ट विराम (यति) लेती है। यह विराम द्रौपदी के **तर्क** और **आरोप** पर बल डालता है। **उदाहरण:** "तूँ पाँच गाम माँग कै कृष्ण, (यति) मेरी इज्जत का मौल धरै मतन्या" "वो दुशाशन मनै करै उघाड़ी, (यति) मैं इज्जत खातिर अड़ी हुई"

- अधिकांश पंक्तियाँ 10–12 मात्राओं पर यति लेती हैं, जिससे **धर्म और अपमान के द्वंद्व** को स्पष्ट किया गया है।
- उदाहरण:
  "मेरी छाती पर तै चीर खींच लिया, अर्धनगन सी खड़ी हुई"
  यति के बाद अपमान का दृश्य

3.2. चरणांत में दीर्घ गुरु की स्थिरता हर खंड की अंतिम पाँचवीं पंक्ति एक विशिष्ट SS (गुरु-गुरु) संयोजन पर समाप्त होती है, जो कथन को एक स्थायी और **निषेधात्मक निष्कर्ष** प्रदान करती है:

खंड	**अंतिम निष्कर्ष/मांग**	**चरणांत शब्द**	**लय विन्यास (Guru/ Laghu)**	**छंदगत प्रभाव**
परिचय	शांति वार्ता न करने का आदेश	धरिए ना	SS	**अटल निषेध** की घोषणा।

अपमान	श्रीकृष्ण को अपने वचन से न फिरने की चेतावनी	फिरिये ना	SS	व्यक्तिगत अपमान को याद दिलाना।
तर्क	पाँच गाँव मांगकर अपमान को **तुच्छ** न बनाने का आदेश	भरिये ना	SS	युद्ध के नैतिक कारण को बल देना।
अंतिम चेतावनी	अपवित्र मृत्यु से बचने की मांग	मरिये ना	SS	आत्म-बलिदान और पौरुष की अंतिम चुनौती।

सभी अंतिम शब्द **SS (गुरु-गुरु)** की स्थिर लय पर समाप्त होते हैं। यह समान और दृढ़ आवृत्ति पूरी रागनी को एक **अंतिम, आदेशात्मक और अपरिवर्तनीय** भावनात्मक निष्कर्ष प्रदान करती है।

चरणांत गुरु लय

- **SS या SSS** पर समाप्त होती हैं — जो *धर्म की स्थिरता और युद्ध की अनिवार्यता* को दर्शाती हैं।
- उदाहरण:
  - *"तूँ इल्जामां तै डरिये ना"* → SS
  - *"बिन आई में मरिये ना"* → SS

4. साहित्यिक सौंदर्य और अलंकार

- **अनुप्रास:** *"मेरे मुख की लाली झड़ी हुई"* — 'म', 'ल', 'झ' ध्वनि की पुनरावृत्ति
- **रूपक:** *"मेरी इज्जत का मौल धरै मतन्या"* → सम्मान का मूल्यांकन
- **उपमा:** *"वो तै माटी में दबकै भी चमकै"* → द्रौपदी की आत्मशक्ति
- **अनुभाव चित्रण:** *"अस्त्र शस्त्र सजा गात पै"* → युद्ध की तैयारी का दृश्य
- **विरोधाभास:** *"रक्त की प्यास"* बनाम *"शांति वार्ता"*
- **रस (**Rasa**):** यह **रौद्र रस** (शांति के विरुद्ध क्रोध) से शुरू होकर **वीर रस** (स्वयं युद्ध में जाने की प्रतिज्ञा) पर समाप्त होता है। करुण रस (अतीत का दुःख) पृष्ठभूमि में लगातार बना रहता है।
- **अलंकार - रूपक (**Metaphor**) और प्रतीकात्मकता:**
    - **बाळ खुले से हालै सै:** यह रागनी का केंद्रीय **रूपक** है। खुले बाल (केश) केवल अपमान नहीं, बल्कि एक **जीवित प्रतिज्ञा** और **बैर की गाँठ** का प्रतीक हैं, जो शांति के हर रास्ते को अवरुद्ध करते हैं।
    - **इज्जत का मौल धरै मतन्या: अतिशयोक्ति (**Hyperbole**)**, जहाँ पाँच गाँवों की राजनीतिक मांग को द्रौपदी की लाज के बदले मोलभाव करने जैसा बताकर तुच्छ सिद्ध किया गया है।
    - **मेरा काळजा हालै सै: मानवीकरण** (Personification) **और भावाभिव्यक्ति**, जो आंतरिक, असहनीय पीड़ा को व्यक्त करता है।

5. भाव-संरचना और प्रतीकात्मकता

यह रचना द्रौपदी को **शांति की सबसे बड़ी विरोधी** और **युद्ध की अनिवार्य प्रेरणा** बनाती है।

- **शांति प्रस्ताव:** *राजनीतिक समझौते की अस्वीकृति*
- **चीरहरण की स्मृति:** *न्याय की मांग और अपमान की गहराई*
- **पाँच गाँव का विरोध:** *धर्म की कीमत पर समझौता अस्वीकार्य*
- **अस्त्र-शस्त्र धारण:** *स्त्री योद्धा का उदय*
- **गुरु की सारथी भूमिका:** *धर्मयुद्ध की नैतिक स्वीकृति*
- **खुले केशों का प्रतीक:** यह **स्त्रीवादी प्रतिज्ञा** है कि जब तक दुःशासन का रक्त प्राप्त नहीं होता, तब तक सामाजिक गरिमा (बंधे केश) प्राप्त नहीं होगी। यह एक सार्वजनिक और राजनीतिक बयान है।
- **इज्जत बनाम गाँव:** द्रौपदी राजनीतिक लाभ (पाँच गाँव) के प्रस्ताव को सीधे तौर पर अपने **सम्मान का मखौल** मानकर अस्वीकार करती है। उसका उद्देश्य न्याय की पुनर्स्थापना है, न कि सत्ता का पुनर्वितरण।
- **चरम धमकी:** "मैं एकली धर्म निम्भाउंगी"—यह पांडवों के पौरुष पर अंतिम कटाक्ष है, और युद्ध को अपरिहार्य बनाने का अंतिम भावनात्मक दाँव।

6. रस, अलंकार और मनोवैज्ञानिक गहराई

- **रौद्र रस:** युद्ध की घोषणा। द्रौपदी का क्रोध न केवल कौरवों पर है, बल्कि **निष्क्रिय धर्म** (पांडवों) और **समझौतावादी राजनीति** (श्रीकृष्ण) पर भी है।
- **वीर रस:** युद्ध की तैयारी
- **करुण रस:** अपमान की स्मृति
- **मनोवैज्ञानिक द्वंद्व:** *राजनीतिक शांति बनाम नैतिक प्रतिशोध*

- **मनोवैज्ञानिक गहराई:** द्रौपदी वर्षों के अपमान और पीड़ा को **सार्वजनिक मांग** में बदलकर अपना मानसिक बोझ हल्का करती है। वह स्वयं को **पीड़ित** से **न्याय की अधिष्ठात्री** के रूप में रूपांतरित करती है।
- **संघर्ष:** यह रागनी **धर्म-संकट** (नैतिकता बनाम प्रतिशोध) को उजागर करती है, जहाँ द्रौपदी न्याय के लिए **रक्तपात** को धर्म से ऊपर रखती है।

7. सांस्कृतिक और स्त्रीवादी पुनर्पाठ

यह रचना हरियाणवी लोकसंस्कृति में स्त्री को **'रणचण्डी'** और **'रण-हुँकार'** की उद्घोषिका के रूप में प्रस्तुत करती है।

- द्रौपदी यहाँ केवल पीड़िता नहीं, **धर्म की उद्घोषिका और योद्धा** है।
- यह रचना हरियाणवी लोकसंस्कृति में **स्त्री प्रतिकार, धर्म की पुकार और युद्ध की नैतिकता** को उजागर करती है।
- **स्त्रीवादी पुनर्पाठ:** द्रौपदी स्वयं को दाँव पर लगाकर पुरुषों की **निष्क्रियता** को चुनौती देती है। वह युद्ध की राजनीति को एक **व्यक्तिगत सम्मान** के मुद्दे से जोड़ती है।
- **धर्म की पुनर्परिभाषा:** द्रौपदी धर्म को **शांति** से हटाकर **प्रतिशोध की अनिवार्यता** में परिभाषित करती है—वह धर्म जो केवल **दुःशासन के रक्त** से ही पूरा हो सकता है।
- **सारथी की भूमिका:** "गुरु पालेराम नै बणा सारथी"—यह संकेत देता है कि वह अब केवल **भीम की शक्ति** पर नहीं, बल्कि **दैवीय और गुरु-बल** पर निर्भर होकर स्वयं युद्ध की कमान संभालने को तैयार है।

8. विमर्श के नए आयाम

यह रचना लोकछंद, **युद्ध की अनिवार्यता**, और **व्यक्तिगत अपमान के राजनीतिकरण** का संगम है।

- जिज्ञासु पाठक इसे **शांति-वार्ता के प्रति स्त्री का विरोध**, **खुले केशों का राजनीतिक प्रतीकवाद**, और Raudra रस में लिपटे **युद्ध के उत्प्रेरक** के रूप में विश्लेषित कर सकते हैं।
- यह रागनी द्रौपदी को **मौन victim** से **सक्रिय force** में रूपांतरित करती है, जो श्रीकृष्ण जैसे देवदूत को भी शांति की राह छोड़ने का आदेश देती है।
- यह रागनी द्रौपदी के चरित्र के सबसे निर्णायक क्षणों में से एक को दर्शाती है, जहाँ वह अपनी **पीड़ा को युद्ध की प्रेरणा** बना देती हैं। श्रीकृष्ण को दिया गया यह संदेश शांति के हर रास्ते को बंद कर देता है और महाभारत को अनिवार्य कर देता है।
- यह रचना **स्त्री प्रतिकार, धर्म की नैतिक पुकार और युद्ध की अनिवार्यता** का उत्कृष्ट उदाहरण है।
- इसमें **छंद की तीव्रता**, **भाव की स्पष्टता**, और **प्रतीकों की गहराई** विचार विमर्श के लिए अत्यंत उपयोगी है।
- जिज्ञासु पाठक इसे **नारी धर्म विमर्श**, **राजनीतिक बनाम नैतिक न्याय**, और **पिंगल शास्त्र के छंद विन्यास** के संदर्भ में विश्लेषित कर सकते हैं।
- यह रचना *द्रौपदी की युद्ध उद्घोषणा* है — जिसमें वह श्रीकृष्ण से कहती है कि अब सिंहासन नहीं, **दुःशासन का रक्त चाहिए।**
- यह रागनी SS (गुरु-गुरु) के चरणांत गुरु लय का उपयोग करती है, जो द्रौपदी के **अंतिम आदेश**, **अटल प्रतिज्ञा**, और **रक्त की माँग** के भाव को एक तीव्र, लयात्मक और निर्णायक रूप देती है।

वृतांत रागनी 26

यह वृत्तांत महाभारत के **उद्योग पर्व के समापन** और **भीष्म पर्व के आरंभ** के बीच का है। कुरुक्षेत्र में दोनों सेनाएँ आमने-सामने खड़ी हैं। धर्म, कर्तव्य और कुल-नाश के भय से पाण्डवों का मन गहरे संशय और मोह से भरा हुआ है।

पाण्डवों का विषाद और धर्म-संकट:

युद्ध आरंभ होने से ठीक पहले, जब अर्जुन ने अपने समक्ष खड़े पूज्य गुरुजनों (द्रोण, कृप) और पितामह (भीष्म) को देखा, तो वे **विषाद** (गहरे दुःख और मोह) से भर गए। धर्मराज युधिष्ठिर ने भी कुल का नाश होने की कल्पना करके युद्ध की नैतिकता पर संदेह व्यक्त किया।

उनका मन शांति और समझौते की ओर झुक रहा था, यह सोचकर कि सिंहासन पाने के लिए इतने बड़े नरसंहार का पाप क्यों मोल लिया जाए। पाण्डव, धर्म और प्रतिज्ञा के बीच फँसकर, अपने ही कुटुंब पर शस्त्र उठाने से विचलित हो रहे थे।

द्रौपदी का अंतिम और तीखा आह्वान:

ठीक इसी समय, द्रौपदी पाण्डव शिविर में आईं और उन्होंने अपने **खुले, धूल-धूसरित केशों** के साथ पाण्डवों को अंतिम बार संबोधित किया। उनके केश, जो तेरह वर्षों से नहीं बँधे थे, स्वयं एक **अग्नि-स्वरूप आह्वान** बन चुके थे।

द्रौपदी ने पाण्डवों को चीरहरण के क्षण की याद दिलाई। उन्होंने दुर्योधन का व्यंग्य, दुःशासन का बल प्रयोग, और कर्ण के उपहास को शब्दशः दोहराया। उन्होंने कहा कि उनके ये खुले बाल, **प्रतिशोध की अंतिम और अटल माँग** हैं:

> **"इज्जत का सौदा नहीं! न मुझे सिंहासन चाहिए, न पाँच गाँव। मुझे केवल दुःशासन का रक्त चाहिए ताकि मैं अपने केश धोकर अपनी प्रतिज्ञा पूरी कर सकूँ।"**

द्रौपदी ने स्पष्ट किया कि अब शांति प्रस्ताव या क्षमा केवल **कायरता** है। उन्होंने तर्क दिया कि न्याय की प्रतीक्षा में धर्म का हनन करना स्वयं में सबसे बड़ा अधर्म है।

पौरुष को चुनौती और अटल निर्णय:

अपने पतियों के संशय को देखकर, द्रौपदी ने उन्हें अंतिम रूप से चुनौती दी। उन्होंने कहा कि यदि उनमें क्षत्राणी की लाज की रक्षा करने का **पौरुष** शेष नहीं रहा है:

> **"तो तुम सभी शस्त्र त्याग दो। यह युद्ध केवल राज्य के लिए नहीं है, यह धर्म की पुनर्स्थापना और एक स्त्री के आत्मसम्मान की अंतिम परीक्षा है।"**

द्रौपदी के इस अग्नि-स्वरूप उद्घोष ने पाण्डवों, विशेषकर भीम और अर्जुन, के मन से संशय का अंतिम आवरण हटा दिया। भीम ने एक बार फिर प्रतिज्ञा ली कि वह दुःशासन का रक्तपान करेंगे और दुर्योधन की जाँघ तोड़कर ही अपनी प्रतिज्ञा पूरी करेंगे।

द्रौपदी यहाँ केवल प्रेरक नहीं, बल्कि **रण की नैतिक उद्घोषिका** बनकर खड़ी थीं—जहाँ युद्ध अब केवल प्रतिशोध नहीं, अपितु क्षत्रिय धर्म की अंतिम अनिवार्यता थी।

द्रौपदी: रागनी 26

वृतांत : युद्ध शुरू होने से ठीक पहले, द्रौपदी का पांडवों को संशय त्यागकर युद्ध करने का आदेश देना।
तर्ज : चुकलिया

न्याय बराबर धर्म नहीं फेर, क्यूँ युद्ध करणे तै डरता
इस कुणबे के मोह में फँसकै, तूँ तै भाई भाई करता

रणभूमि तै क्यूँ घबराओ, क्यूँ इसे मोह के धागे ताणो
चीरहरण का दुख ना भूलूँ, इस दुख नै तुम्ह भी जाणो
कुटुंब कबीलां का नाश होवैगा, बेतलब प्रीत ना ठाणो
तेरा साल की म्हारी दासता, इब क्यूँ नान्ही माड़ी छाणो
नाकारा लाचार मनुष नै तै, बिना करे भी सरता

शांति नहीं इब रक्त बहैगा, धर्म का पाळा प्यासा
मेरा धीरज टूट गया इब, क्यूँ मोह का फैंकों पासा
जै पांचों भाई पाछै हटगे, तो थारे जीवन में रासा
राणी नहीं मैं दासी ठीक सूं, यो बेमतलब का झाँसा
धर्म की राह पै हो समझौता, मेरा कोन्या पेटा भरता

दुःशासन दुर्योधन का लहु, पी कै प्यास बुझाणी सै
तुम्ह पाँचों भाई कदम बढ़ाओ, साथ खड़ी छत्राणी सै
इस युद्ध में इन्ह कौरवां तै, बस एकै बात सिखाणी सै
जिसनै दासी समझो थे वा, उस इन्द्रप्रस्थ की राणी सै
वो तै माटी में दबकै भी चमकै, कदे सोना कोन्या जरता

द्रौपदी: रागनी 26 (Cont'd)

ना राजपाट ना पाँच गाम बस, इज्जत का बदला प्यारा सै
जब तक पापी ना रळै रेत में, मेरा जीवन भी खारा सै
थारे पिता नै इस धृतराष्ट्र तै, यो दिया राज उधारा सै
उस हस्तिनापुर के सिंहासन पै, पहला हक भी थारा सै
शेर बणां म्ह राज करया करै, वो तै घास कदे ना चरता

मेरी आँख्यां का नीर देखकै, ना रण में कदम बढ़ाइयो
जब थारा पौरष देवै गवाही, तब हथियार उठाइयो
गुरु पालेराम कहै थारा पौरष सोग्या, जाकै उनै जगाइयो
कुल का मान मर्यादा त्यागकै, ना माँ का दूध लजाइयो
आनन्द शाहपुर थारी गैल गोपाला, वो सबके दुख नै हरता

विश्लेषण रागनी 26

युद्ध से ठीक पहले: रण के लिए अटल संकल्प

तर्ज: चुकलिया

रागनी का शास्त्रीय एवं साहित्यिक विश्लेषण

1. छंदगत आधार और पिंगल शास्त्र (The Metrical and Rhythmic Foundation)

यह रागनी 'चुकलिया' तर्ज में रचित एक आदेशात्मक लोक छंद है, जिसका उद्देश्य पांडवों के 'मोह' को तोड़कर उन्हें युद्ध के लिए बाध्य करना है। छंद की लय **संकोच से संकल्प** तक की तीव्र भावनात्मक यात्रा को दर्शाती है।

1.1. छंद-संरचना

तत्व	**विवरण**
छंद प्रकार	चतुष्पदी समवृत्तीय लोकछंद
मूल मात्राएँ	17–19 मात्राएँ प्रति चरण
लय संरचना	6+6+6 (एक सुव्यवस्थित त्रिखंडीय विन्यास)

गति और भाव	तीव्र, धिक्कारपूर्ण और प्रश्नवाचक। प्रश्न जैसे "क्यूँ युद्ध करणे तै डरता" लय को निर्णायक और आक्रामक बनाते हैं।

1.2. चरणांत गुरु लय (SS Frequency)

हर खंड की अंतिम पंक्ति **SS (गुरु-गुरु)** संयोजन पर समाप्त होती है ("सरता", "भरता", "चरता")। यह समान और दृढ़ आवृत्ति पांडवों के **संशय पर एक निर्णायक विराम** लगाती है, जिससे द्रौपदी का संदेश एक अटल आदेश के रूप में स्थापित हो जाता है।

2. छंद का मूलभूत ढाँचा: युद्ध का आदेश और दासता का भय

यह रागनी 'चुकलिया' तर्ज़ पर आधारित एक **आक्रामक और निर्णायक** लोक छंद है। इसका उद्देश्य पांडवों के **भावनात्मक मोह** और **युद्ध टालने की इच्छा** को सीधे चुनौती देकर युद्ध को अनिवार्य बनाना है। युद्ध की नैतिक उद्घोषणा।

2.1. छंद का स्वरूप

- **प्रकार:** अनियमित मात्रिक, **वीर-रौद्र** प्रधान, धिक्कारपूर्ण छंद। घोषणात्मक, प्रेरणात्मक, धर्म-प्रेरित छंद
- **लय (Rhythm):** लय **तीव्र और प्रश्नवाचक** है। "क्यूँ युद्ध करणे तै डरता" या "क्यूँ मोह के धागे ताणो" जैसे प्रश्न द्रौपदी के **अधैर्य** और **आक्रोश** को दर्शाते हैं। तीव्र, निर्णायक।
- **मात्रा भार:** 17 से 19 के बीच अनियमित रूप से बदलती मात्राएँ **नैतिक दबाव** और **निर्णायक क्षण** की गंभीरता को दर्शाती हैं।
- **भाव:** संशय का त्याग, धर्म की पुकार

2.2. विन्यास (Structure) यह छंद 4+1 विन्यास का पालन करता है, जहाँ पाँचवीं पंक्ति प्रत्येक खंड के **निर्णायक निष्कर्ष** को प्रस्तुत करती है:

- **खंड 1:** पांडवों के संकोच पर द्रौपदी की आलोचना
- **खंड 2:** चीरहरण की स्मृति और युद्ध की अनिवार्यता
- **खंड 3:** शांति प्रस्ताव का विरोध और द्रौपदी की युद्ध उद्घोषणा
- **खंड 4:** इज्जत के बदले की मांग और सिंहासन का अधिकार
- **खंड 5:** पौरुष की पुकार और गुरु की नैतिक स्वीकृति
- **अस्थायी पंक्तियाँ (Stanzas - 4 lines):** चीर हरण, तेरहसाल की दासता, या प्रतिशोध की आवश्यकता का स्मरण।
- **स्थायी भावनात्मक पंक्ति (Final line of stanza):** यह पाँचवीं पंक्ति **निष्क्रियता पर धिक्कार, समझौते की अस्वीकृति** या **पांडवों के पौरुष पर संदेह** व्यक्त करती है।

2.3 प्रारंभिक स्थायी (Refrain):

"शांति नहीं इब रक्त बहैगा, धर्म का पाळा प्यासा"

3. यति (विराम) और चरणांत गुरु लय

इस छंद में द्रौपदी द्वारा दिए गए 4 प्रमुख आदेशों या चेतावनियों को चरणांत गुरु लय द्वारा दृढ़ता दी गई है।

3.1. मध्य यति (भीतरी ठहराव) प्रत्येक पंक्ति मध्य में 8 से 10 मात्राओं के बीच एक स्पष्ट विराम (यति) लेती है, जो द्रौपदी के **कथन को प्रभावशाली** बनाता है। **उदाहरण:** "ना राजपाट ना पाँच गाम बस, (यति) इज्जत का बदला प्यारा सै" "इस युद्ध में इन्ह कौरवां तै, (यति) बस एकै बात सिखाणी सै"

मध्य यति

- अधिकांश पंक्तियाँ 10–12 मात्राओं पर यति लेती हैं, जिससे **धर्म और संकोच के द्वंद्व** को स्पष्ट किया गया है।
- उदाहरण:
  "मेरी आँख्यां का नीर देखकै, ना रण में कदम बढ़ाइयो"
  यति के बाद भावनात्मक आदेश

3.2. चरणांत में दीर्घ गुरु की स्थिरता हर खंड की अंतिम पाँचवीं पंक्ति SS (गुरु-गुरु) संयोजन पर समाप्त होती है, जो कथन को **अटलता** प्रदान करती है:

खंड	**अंतिम निष्कर्ष/मांग**	**चरणांत शब्द**	**लय विन्यास (Guru/ Laghu)**	**छंदगत प्रभाव**
संशय	निष्क्रियता को धिक्कारना	सरता	SS	**कायरता** पर आरोप।
अस्वीकृति	मोह को अस्वीकार करना	भरता	SS	**शांति** को अपूर्ण न्याय मानना।
उद्घोषणा	सम्मान की पुनःप्राप्ति की घोषणा	जरता	SS	**आत्म-मूल्य** का दृढ़ कथन।
चुनौती	राजपाट पर प्राथमिक अधिकार याद दिलाना	चरता	SS	**क्षत्रिय धर्म** को ललकारना।

यह SS आवृत्ति सुनिश्चित करती है कि द्रौपदी का संदेश एक **निर्णायक आदेश** के रूप में पांडवों तक पहुँचे, जो उनके संशय को समाप्त कर दे।

चरणांत गुरु लय

- **SS या SSS** पर समाप्त होती हैं — जो *धर्म की स्थिरता और युद्ध की अनिवार्यता* को दर्शाती हैं।
- उदाहरण:
- *"धर्म की राह पै हो समझौता, मेरा कोन्या पेटा भरता"* → SS
- *"ना माँ का दूध लजाइयो"* → SS

4. साहित्यिक सौंदर्य और अलंकार

- **अनुप्रास:** *"शेर बणां म्ह राज करया करै, वो तै घास कदे ना चरता"* — 'श', 'र', 'च' ध्वनि की पुनरावृत्ति
- **रूपक:** *"धर्म का पाळा प्यासा"* → धर्म की अधूरी स्थिति
- **उपमा:** *"वो तै माटी में दबकै भी चमकै"* → द्रौपदी की आत्मशक्ति
- **अनुभाव चित्रण:** *"मेरी आँख्यां का नीर देखकै"* → युद्ध की पुकार में भावनात्मक आग्रह
- **विरोधाभास:** *"राणी नहीं मैं दासी ठीक सूं"* → शक्ति के भीतर विनम्रता
- **रस (Rasa):** यह **रौद्र रस** (पतियों पर क्रोध) और **वीर रस** (स्वयं युद्ध करने का संकल्प और पतियों को प्रेरणा) का मिश्रण है।
- **अलंकार - रूपक (Metaphor) और प्रतीकात्मकता:**
    - **मोह के धागे ताणो: मोह** को एक **भौतिक बंधन** (धागा) का रूपक देना, जिसे काटने की आवश्यकता है।

    - **धर्म का पाळा प्यासा: धर्म** का **मानवीकरण**, उसे **रक्त का प्यासा** चित्रित करना। यह स्थापित करता है कि न्याय की कीमत अब रक्त ही है।
    - **सोना कोन्या जरता: अप्रस्तुत प्रशंसा** के माध्यम से आत्म-मूल्य का कथन। रानी का सम्मान सोने के समान है, जो मिट्टी में दबकर भी अपनी चमक (मूल्य) नहीं खोता, जबकि कायरता मिट्टी में दबकर खत्म हो जाती है।
- **बिम्ब (Imagery):** "मेरी आँख्यां का नीर देखकै" – यह **अश्रु-बिम्ब** द्रौपदी की पीड़ा को नहीं, बल्कि उनके **अटल संकल्प** को दर्शाता है, जिसके सामने पांडवों को झुकना पड़ता है।

5. भाव-संरचना और प्रतीकात्मकता

यह रागनी द्रौपदी को **राजनीतिक वार्ताकार** (रागनी 26 में) से **नैतिक उत्प्रेरक** में बदलती है।

- **धर्म बनाम मोह:** *संकोच का त्याग और धर्म की पुकार*
- **चीरहरण की स्मृति:** *युद्ध की नैतिक अनिवार्यता*
- **दासी से छत्राणी:** *स्त्री नेतृत्व का उदय*
- **शेर और घास:** *वीरता बनाम पलायन का प्रतीक*
- **गुरु की स्वीकृति:** *धर्मयुद्ध की लोक स्वीकृति*
- **इज्जत का बदला प्यारा सै:** यह द्रौपदी के उद्देश्य को **राज्य** से ऊपर **व्यक्तिगत सम्मान** (आत्माभिमान) तक सीमित करता है। यह युद्ध का सबसे शुद्ध और अटूट कारण बन जाता है।
- **राणी नहीं मैं दासी ठीक सूं:** यह **विपरीतभास (Paradox)** है। वह दासी होने का नाटक कर रही हैं ताकि पांडवों को राजपाट की इच्छा से अधिक **इज्जत की रक्षा** के लिए प्रेरित कर सकें।

- **पौरुष की ललकार:** अंतिम पद में, "ना माँ का दूध लजाइयो" और "थारा पौरष सोग्या, जाकै उनै जगाइयो" जैसे कथन पांडवों के **क्षत्रिय धर्म** और **मर्दानगी** को सीधी चुनौती देते हैं, जिससे युद्ध अपरिहार्य हो जाता है।

6. रस, अलंकार और मनोवैज्ञानिक गहराई

- **वीर रस:** युद्ध की पुकार
- **रौद्र रस:** अपमान का प्रतिकार
- **करुण रस:** द्रौपदी की पीड़ा
- **मनोवैज्ञानिक द्वंद्व:** *धर्म की पुकार बनाम भाईचारे का मोह*
- **मनोवैज्ञानिक दबाव:** द्रौपदी यह सुनिश्चित करती है कि युद्ध टालने का कोई भी प्रयास सीधे **कुल की मर्यादा** और **माँ के दूध** के अपमान से जोड़ा जाए। यह मनोवैज्ञानिक दबाव पांडवों को संशय से बाहर निकालता है।
- **संघर्ष:** यह छंद **अर्जुन विषाद योग** के विपरीत द्रौपदी का **युद्ध संकल्प योग** है, जो युद्ध को कर्तव्य (Duty) से बदलकर **शुद्धि (Purification)** और **आत्म-सम्मान (Self-respect)** के रूप में देखता है।

7. सांस्कृतिक और स्त्रीवादी पुनर्पाठ

- द्रौपदी यहाँ केवल प्रेरक नहीं, **धर्म की उद्घोषिका और योद्धा** है।
- यह रचना हरियाणवी लोकसंस्कृति में **स्त्री नेतृत्व, धर्म की पुकार और युद्ध की नैतिकता** को उजागर करती है।
- **स्त्रीवादी पुनर्पाठ:** द्रौपदी यहाँ केवल "दासी" या "रानी" नहीं है; वह **न्याय की धूरी** है। उनके केशों का खुलापन पूरे कुरु वंश पर लगा एक **नैतिक धब्बा** है, जिसे धोना ही एकमात्र धर्म है।

- **लोक-संस्कृति:** "शेर बणां म्ह राज करया करै, वो तै घास कदे ना चरता" - यह हरियाणवी लोककथाओं में प्रचलित **वीरता और नेतृत्व** के आदर्श को याद दिलाकर पांडवों को प्रेरित करता है।

8. विमर्श के नए आयाम

यह रागनी **युद्ध के अंतिम उत्प्रेरक** के रूप में द्रौपदी की भूमिका का प्रदर्शन करती है, जहाँ उनके Raudra रस ने Karuna (मोह) को पराजित किया।

- जिज्ञासु पाठक इसे **युद्ध से पूर्व के नैतिक संशय**, **स्त्री के आत्म-सम्मान की राजनीतिक शक्ति**, और **लोकछंद में धिक्कार की प्रभावी अभिव्यक्ति** के संदर्भ में विश्लेषित कर सकते हैं।
- यह रागनी **युद्ध की अनिवार्यता** और **प्रतिशोध के अटल संकल्प** को अत्यंत ओजस्वी ढंग से प्रस्तुत करती है। इस रागनी में द्रौपदी का पांडवों को दिया गया आदेश, अर्जुन के विषाद को दूर करने वाले किसी भी दार्शनिक उपदेश से अधिक प्रभावी है, क्योंकि यह **व्यक्तिगत अपमान** को **धर्म की कसौटी** बना देता है।
- यह रचना **स्त्री नेतृत्व, धर्म की नैतिक पुकार और युद्ध की अनिवार्यता** का उत्कृष्ट उदाहरण है।
- इसमें **छंद की तीव्रता**, **भाव की स्पष्टता**, और **प्रतीकों की गहराई** विमर्श के लिए अत्यंत उपयोगी है।
- जिज्ञासु पाठक इसे **नारी धर्म विमर्श**, **धर्म बनाम मोह**, और **पिंगल शास्त्र के छंद विन्यास** के संदर्भ में विश्लेषित कर सकते हैं।

- यह रचना *द्रौपदी की युद्ध उद्घोषणा* है — जिसमें वह पांडवों को कहती है कि अब संकोच नहीं, **धर्म के लिए रक्त बहाना होगा**।
- यह रागनी SS (गुरु-गुरु) के चरणांत गुरु लय का उपयोग करती है, जो द्रौपदी के **आदेश**, **धिक्कार**, और **अटल संकल्प** के भाव को एक तीव्र, लयात्मक और निर्णायक रूप देता है।

वृतांत रागनी 27

यह महाभारत के **स्त्री पर्व** का दृश्य है—अठारह दिनों के भीषण संहार के बाद का भयानक अंत।

रणभूमि का भयानक दृश्य:

कुरुक्षेत्र अब केवल रणभूमि नहीं, बल्कि एक युग का सबसे बड़ा शमशान बन चुका था। जहाँ तक दृष्टि जाती थी, वहाँ केवल रक्त की नदी बह रही थी, और क्षत्रिय वीरों, हाथियों और घोड़ों के कटे हुए अंग और हड्डियों के ढेर पड़े थे। रक्त और माँस की दुर्गंध से वातावरण भरा हुआ था।

गांधारी, कुंती, और द्रौपदी सहित दोनों पक्षों की विधवा स्त्रियाँ (जिन्होंने अपने पति, पुत्र और भाई खो दिए थे) इस भयानक मैदान पर अपने प्रियजनों को पहचानकर **सामूहिक विलाप** कर रही थीं। पाण्डवों की विजय का सारा उल्लास इस दृश्य को देखकर समाप्त हो गया। युधिष्ठिर पहले से ही उदास थे, और इस अपार संहार ने उनके मन में तीव्र **आत्मग्लानि** भर दी।

द्रौपदी का सबसे बड़ा आघात: पाँच पुत्रों का वध

द्रौपदी के लिए यह त्रासदी अभी पूरी नहीं हुई थी। दुःशासन के रक्त से अपने केश धोने के बाद उन्हें क्षणिक शांति मिली थी, किंतु विजय की रात ही उन्हें सबसे कड़वा फल मिला।

अश्वत्थामा ने द्रोणाचार्य के वध का प्रतिशोध लेने के लिए, अंतिम रात्रि को पाण्डव शिविर में प्रवेश किया। उसने धोखे से सोए हुए **द्रौपदी के पाँचों पुत्रों (उपपाण्डवों)**—प्रतिविंध्य, सुतसोम, श्रुतकीर्ति, शतानीक, और श्रुतसेन—को पाण्डव समझकर वध कर दिया। अभिमन्यु के बाद, द्रौपदी की कोख से जन्मे सभी दीपक बुझ चुके थे।

आत्म-ग्लानि और प्रतिज्ञा का बोझ:

जब द्रौपदी ने अपने पाँचों पुत्रों के कटे हुए सिर देखे, तो उनका **प्रतिशोध का सारा भाव** गहरे पछतावे में बदल गया। उनका क्रोध अब कौरवों से हटकर **स्वयं पर केंद्रित** हो गया।

उन्होंने विलाप करते हुए पाण्डवों से कहा:

> **"अपणे बदले के चक्कर में, मेरे अपणां की चिता दहगी।"**
>
> मैंने न्याय अवश्य माँगा था, किंतु मेरी उस प्रतिज्ञा ने इतनी
> बड़ी बलि ले ली! दुःशासन के रक्त से मेरे केश धुल गए,
> लेकिन मेरी कोख से जन्मे पाँच दीपक बुझ गए।

द्रौपदी ने महसूस किया कि यह विजय खोखली है। जिस धर्म की स्थापना के लिए इतना रक्त बहाया गया, उसी धर्म की राह पर चलते हुए उन्होंने अपने सारे पुत्रों को लुटा दिया। उन्होंने अपनी तीव्र इच्छा (प्रतिज्ञा) को एक ऐसी **रणचण्डी की ज्वाला** बताया जिसने दुष्टों के साथ-साथ उनके अपने वंश को भी भस्म कर दिया।

यह रचना उस निर्णायक मोड़ को दर्शाती है जब प्रतिज्ञा का जुनून टूटकर, विजय का एक **असहनीय बोझ** बन जाता है। द्रौपदी अब केवल योद्धा नहीं, एक माँ, एक स्त्री, और एक आत्मा बनकर युद्ध की अंतिम कीमत को नियति के हाथों में सौंप देती है। महाभारत युद्ध में कोई वास्तविक विजेता नहीं था; केवल अपार हानि और पीढ़ी दर पीढ़ी चलने वाली आत्मग्लानि शेष थी।

द्रोपदी : रागनी 27

वृतांत : प्रतिज्ञा की आग का सामूहिक संहार में बदलना और युद्ध के संहार का विस्मय और पछतावा
तर्ज : चुकलिया

इस कुरुक्षेत्र की धरती पै, ये खून के नाळ नदी बहगी
इतने माणस रण में मरग्ये, इज्जत धरी की धरी रहगी

याहड़ै चौगरदे नै ल्हाश पड़ी, माँ बाहण खड़ी रोवैं सै
जिन्हकी ल्हाश ढेर में दबगी, वे तै अपणां नै टोहवैं सै
जिन्ह बीरां के पति गुजरगे, वे खुद जिन्दगी नै खोवैं सै
कोए ल्हाश उठावै कोए जळावै, ते तै लाशां नै ढोवैं सै
जिन मरदां तै आस लगी थी, वे बुर्ज किले सी ढहगी

द्रोपदी नै तो न्या माँगया था, ना इतनी बलि चढ़ाणी थी
इन्ह खुले केशां के बदले में, इसी होळी नहीं जळाणी थी
अभिमन्यु सँग पाँच पुत्र गए, ना चाहिए कुणबा घाणी थी
सोच समझ कै कदम बढ़ाती, तूँ समझण जोगी स्याणी थी
अपणे बदले के चक्कर में, मेरे अपणां की चिता दहगी

न्या और धर्म की राह पै चलकै, अपणी कोख लूटा बैठी
पापी दुष्टों के सिर काटूँगी, पर अपणी नाड़ कटा बैठी
ग्यारा अक्षोहणी दल मारूँगी, पर अपणा दल घटा बैठी
मैं रणचण्डी बण फिरूँ समर में, अपणा खून चटा बैठी
जीवन मरण ना बस में तेरे, या बेमाता लिख कै कहगी

द्रोपदी : रागनी 27 (Cont’d)

होणी बणी होण की खातिर, इब जिन्दगी भर का रोणा सै
महाभारत के युद्ध का बोझा, मनै अपणे सिर पै ढोणा सै
गुरु पालेराम इस न्या के रस्ते, इबै धर्म का पेडा बोणा सै
कुछ ना बेरा के लिख्या भाग में, इबै आगै के के खोणा सै
आनन्द शाहपुर दुख दर्द जन्म में, या दुनिया के के सहगी

विश्लेषण रागनी 27

युद्ध के संहार का विस्मय और पछतावा

तर्ज: चुकलिया

वृतांत: प्रतिज्ञा की आग का सामूहिक संहार में बदलना

रागनी का शास्त्रीय एवं साहित्यिक विश्लेषण

1. छंद-संरचना और लय-गठन (Pingal Shastra के अनुसार)

तर्ज **"चुकलिया"** (जो आमतौर पर एक तीव्र और तालबद्ध लोक धुन है) में रचित यह रचना यहाँ अपनी मूल गति को त्यागकर, **शोक, विस्मय और पश्चात्ताप** के धीमे और गहरे भावों के साथ चलती है। यह छंद द्रौपदी के आंतरिक विलाप (Lament) को गेयात्मक (Musical) रूप प्रदान करता है।

- **उदाहरण:** "इस कुरुक्षेत्र की धरती पै, ये खून के नाळ नदी बहगी
  इतने माणस रण में मरग्ये, इज्जत धरी की धरी रहगी"
- **कुल मात्राएँ:** 16–18
- **लय संरचना:** 8+8 (लगभग सम मात्रिक विभाजन)।
- **छंद प्रकार:** आवर्ती सम मात्रिक द्विपदी/चतुष्पदी (Repetitive Iso-metrical Couplet/Quatrain) जिसके चरणांत में **स्थिर गुरु लय** है।
- **गति:** धीमी से मध्यम, गुरु प्रधान
- **प्रभाव:** यह छंद द्रौपदी के तीव्र आक्रोश (Raudra Rasa) से **करुण रस** में संक्रमण को दर्शाता है—जहां हर पंक्ति एक चेतावनी नहीं, बल्कि एक भारी सच्चाई की घोषणा है। युद्ध का विस्मय, आत्मग्लानि, धर्म की कीमत।

यह रचना महाभारत युद्ध के दृश्य को **विस्मय, पीड़ा और आत्मग्लानि** के भाव में प्रस्तुत करती है। छंद की लय **धर्म की आग से जनित संहार की गहराई** को समेटे हुए है।

'चुकलिया' तर्ज़ इस रचना में **धर्मयुद्ध के परिणामस्वरूप उत्पन्न पीड़ा और विस्मय** को प्रकट करने के लिए अत्यंत उपयुक्त है।

2. छंद का मूलभूत ढाँचा: विस्मय और पश्चात्ताप का गीत

यह रागनी हरियाणवी 'सांग' परंपरा के उस विरल पल को दर्शाती है जब संवाद (Dialogue) समाप्त हो जाता है और चरित्र **आत्म-संवाद (Monologue)** में डूब जाता है। संहार की गाथा और आत्मबोध।

2.1. छंद का स्वरूप

- **प्रकार:** करुण और विस्मय रस प्रधान, आत्म-चिन्तनशील गीत छंद। विवरणात्मक, आत्म-विश्लेषणात्मक, करुण प्रधान छंद
- **लय (Rhythm):** मंद और भारी गति की। **युद्ध का बोझा** और **नियति की लिखाई** (बेमाता लिख कै कहगी) का भाव इस लय को स्थापित करता है। स्थिर, भावगर्भित
- **मात्रा भार:** पंक्तियों में मात्राएँ 16 से 18 के बीच हैं, जो इसे धीमी गति के बावजूद गेयता प्रदान करती है, लेकिन **शोक के कारण इसकी गति अवरुद्ध** महसूस होती है।
- **भाव:** युद्ध की कीमत, प्रतिशोध की परिणति

2.2. विन्यास (Structure)

यह छंद एक स्पष्ट **कारण (प्रतिज्ञा) और परिणाम (संहार)** विन्यास का पालन करता है:

- **मुखड़ा/स्थायी (Chorus/Refrain):** यह रागनी की विभीषिका को स्थापित करता है: कुरुक्षेत्र की भयावहता और सम्मान की निरर्थकता ("इज्जत धरी की धरी रहगी")।
- **अंतरा (Stanza):** प्रत्येक खंड एक नए शोक या पश्चात्ताप पर केंद्रित है।
    - **खंड 1:** युद्ध की भौतिक भयावहता और माताओं/बहनों का विलाप। युद्धभूमि का दृश्य और लाशों का ढेर
    - **खंड 2:** द्रौपदी की प्रतिज्ञा और उसकी परिणति पर आत्मग्लानि। आत्म-निंदा (Self-Reproach) का भाव: "अपणे बदले के चक्कर में, मेरे अपणां की चिता दहगी"।
    - **खंड 3:** नियति की स्वीकारोक्ति और कर्म-कांड का भाव: "जीवन मरण ना बस में तेरे, या बेमाता लिख कै कहगी"। धर्म की राह पर चलकर खोई हुई संतति
    - **खंड 4:** रणचण्डी की छवि और आत्मबलिदान

2.3 प्रारंभिक स्थायी (Refrain):

- *"द्रोपदी नै तो न्या माँगया था, ना इतनी बलि चढ़ाणी थी"*
  → यह पंक्ति रचना की **धर्म बनाम संहार की धुरी** है।

3. यति (विराम) और चरणांत गुरु लय

इस छंद की शक्ति इसके सुनिश्चित यति स्थानों और चरणांत में आई **करुण स्थिरता** में निहित है।

3.1. मध्य यति (भीतरी ठहराव)

अधिकांश पंक्तियों में 8 या 9 मात्राओं पर एक स्पष्ट और भारी ठहराव (यति) आता है। यह विराम द्रौपदी के हर कथन को एक **दार्शनिक वजन** देता है।

- **उदाहरण:** कोए ल्हाश उठावै कोए जळावै, (यति) ते तै लाशां नै ढोवैं सै
- सोच समझ कै कदम बढ़ाती, (यति) तूँ समझण जोगी स्याणी थी

मध्य यति

- अधिकांश पंक्तियाँ 10–12 मात्राओं पर यति लेती हैं, जिससे **धर्म की पुकार और उसकी कीमत** का द्वंद्व स्पष्ट होता है।
- उदाहरण:
  "अपणे बदले के चक्कर में, मेरे अपणां की चिता दहगी"
  → यति के बाद आत्मग्लानि का भाव

3.2. चरणांत में दीर्घ गुरु की स्थिरता

हर खंड का समापन दो भिन्न लेकिन समान लय वाले वाक्यांशों पर होता है, जो रागनी को एक अटूट दुखद निष्कर्ष प्रदान करते हैं।

चरणांत वाक्यांश	**चरणांत शब्द**	**लय विन्यास (Guru/ Laghu)**	**छंदगत प्रभाव**

धरी की धरी रहगी	रहगी	SS	सम्मान की निरर्थकता को बल देता है।
चिता दहगी	दहगी	SS	व्यक्तिगत बलिदान की घोषणा करता है
लिख कै कहगी	कहगी	SS	नियति की अटल शक्ति को स्थापित करता है
लिख कै कहगी	सहगी	SS	भविष्य के अज्ञात दुखों का विस्मय

यह S S (गुरु-गुरु) की आवर्ती चरणांत लय, 'चुकलिया' की तेज ताल के विपरीत, **स्थिरता और विलाप** का भाव लाती है, जो रागनी के 'विस्मय' नामक केंद्रीय भाव के अनुरूप है।

चरणांत गुरु लय

- **SS या SSS** पर समाप्त होती हैं — जो *धर्म की स्थिरता और संहार की गंभीरता* को दर्शाती हैं।
- उदाहरण:
  - *"जीवन मरण ना बस में तेरे, या बेमाता लिख कै कहगी"* → SS
  - *"या दुनिया के के सहगी"* → SS

4. साहित्यिक सौंदर्य और अलंकार

यहां अलंकारों का प्रयोग **विरोध (Irony)** और **विभीषिका (Hyperbole)** के माध्यम से भाव को गहरा करने के लिए किया गया है।

- **अनुप्रास:** *"कोए ल्हाश उठावै कोए जळावै"* — 'ल', 'ज', 'व' ध्वनि की पुनरावृत्ति
- **रूपक:** *"खून के नाळ नदी बहगी"* → युद्ध की भयावहता
- **उपमा:** *"बुर्ज किले सी ढहगी"* → वीरों की मृत्यु
- **अनुभाव चित्रण:** *"माँ बाहण खड़ी रोवैं सै"* → युद्ध के सामाजिक प्रभाव
- **विरोधाभास:** *"धर्म का पेडा बोणा सै" बनाम *"अपणा दल घटा बैठी"*
- **अतिशयोक्ति (Hyperbole):** "ये खून के नाळ नदी बहगी" (विनाश की सीमा को दर्शाने के लिए लोक शैली का सशक्त प्रयोग)।
- **रूपक (Metaphor):** "वे बुर्ज किले सी ढहगी" (महान योद्धाओं को बुर्ज/किले के रूप में चित्रित करना, जिनका पतन अविश्वसनीय है)।
- **विरोधाभास/विचित्रता (Paradox/Vismaya):** "इज्जत धरी की धरी रहगी" (इज्जत का बच जाना और सब कुछ का नष्ट हो जाना—एक क्रूर विडंबना)।
- **नाद सौंदर्य (अनुप्रास):** 'पालेराम इस न्या के रस्ते, इबै धर्म का पेडा बोणा सै' (ध्वनि की मधुरता)।

5. भाव-संरचना और प्रतीकात्मकता

यह रचना द्रौपदी को **प्रतिज्ञा की मूर्ति** से हटाकर **शोकग्रस्त माता** के रूप में प्रस्तुत करती है।

- **खून की नदी:** *संहार की भयावहता*

- **लाशों का ढेर:** *युद्ध की कीमत*
- **द्रौपदी की प्रतिज्ञा:** *धर्म की पुकार और उसकी परिणति*
- **रणचण्डी की छवि:** *स्त्री शक्ति और आत्मबलिदान*
- **गुरु की दृष्टि:** *धर्म की स्वीकृति और भविष्य की चेतावनी*
- **प्रधान रस: करुण रस**। इसका स्थायी भाव 'शोक' है।
- **प्रतीकात्मकता:**
    - **खून के नाळ नदी:** अब यह केवल रक्त नहीं, बल्कि **आँसुओं और पश्चात्ताप** का प्रतीक है।
    - **अपणी नाड़ कटा बैठी:** द्रौपदी का यह कथन दर्शाता है कि न्याय के लिए युद्ध में उसने अपनी ही आत्मा और भविष्य का गला घोंट दिया है।
    - **बुर्ज किले:** ये पतनशील शक्ति के प्रतीक हैं, जो युद्ध की निरर्थकता बताते हैं।
- **भाव:** स्थायी भाव **शोक** है, संचारी भावों में **विषाद, दैन्य (हीनता), चिंता** और **स्मृति (खोए हुए पुत्रों की)** प्रमुख हैं।

6. रस, अलंकार और मनोवैज्ञानिक गहराई

- **करुण रस:** युद्ध की पीड़ा
- **वीर रस:** रणचण्डी की छवि
- **शांत रस:** आत्मस्वीकृति और नियति का स्वीकार
- **मनोवैज्ञानिक द्वंद्व:** *धर्म की पुकार बनाम संतति का खोना*
- **मनोवैज्ञानिक गहराई:** यह रागनी द्रौपदी के आंतरिक संघर्ष को दर्शाती है—**क्या प्रतिशोध ही न्याय था?** वह अपने क्रोध (जो पहले रौद्र रस था) के विनाशकारी परिणाम को स्वीकार करती है ("अपणी कोख लूटा बैठी")।
- **विस्मय रस:** युद्ध के विशालकाय संहार को देखकर जो 'विस्मय' उत्पन्न होता है, वह अंततः उसे नियति की स्वीकारोक्ति तक ले जाता है ("बेमाता लिख कै कहगी")।

- **अलंकार-प्रयोग का शिखर: "अपणे बदले के चक्कर में, मेरे अपणां की चिता दहगी"**—यह पंक्ति प्रतिज्ञा के व्यक्तिगत उद्देश्य और उसके भयानक सामूहिक परिणाम के बीच के विरोधाभास का सार है।

7. सांस्कृतिक और स्त्रीवादी पुनर्पाठ

यह रचना हरियाणवी लोक चेतना में युद्ध के परिणामों पर सवाल उठाती है, जो इसे एक महत्वपूर्ण सामाजिक-आध्यात्मिक दस्तावेज़ बनाती है।

- द्रौपदी यहाँ केवल योद्धा नहीं, **धर्म की पुकार में खोई माँ** है।
- यह रचना हरियाणवी लोकसंस्कृति में **स्त्री प्रतिकार, धर्म की कीमत और युद्ध की सामाजिक पीड़ा** को उजागर करती है।
- **सांस्कृतिक आधार: 'कोख लूटा बैठी'** और **'कुणबा घाणी'** पर जोर देना, भारतीय/हरियाणवी संस्कृति में वंश और संतान के महत्व को रेखांकित करता है। द्रौपदी का शोक केवल व्यक्तिगत नहीं, बल्कि **सामूहिक वंशनाश** का शोक है।
- **स्त्रीवादी पुनर्पाठ:** द्रौपदी यहाँ 'रणचण्डी' (प्रतिशोधी) से 'प्रश्नकर्ता' बन जाती है। वह पुरुषों के बनाए गए 'धर्म' के नियमों पर सवाल उठाती है, जिनकी कीमत उसे एक माँ के रूप में चुकानी पड़ी है। वह 'बलि' को स्वीकार नहीं करती, बल्कि उसे 'व्यर्थता' मानती है।
- **निष्कर्ष:** यह पुनर्पाठ द्रौपदी को केवल महाभारत के केंद्रीय पात्र के रूप में नहीं, बल्कि **युद्ध के नैतिक और मातृत्व संबंधी आलोचक** (Moral and Maternal Critic of War) के रूप में स्थापित करता है।

8. विमर्श के नए आयाम

यह रागनी लोकछंद, मनोवैज्ञानिक विलाप, और युद्ध-विरोधी दर्शन का एक मार्मिक संगम है।

- यह रचना **धर्म की पुकार, युद्ध की कीमत और स्त्री आत्मग्लानि** का उत्कृष्ट उदाहरण है।
- इसमें **छंद की स्थिरता**, **भाव की गहराई**, और **प्रतीकों की सूक्ष्मता** साहित्यिक विचार विमर्श के लिए अत्यंत उपयोगी है।
- जिज्ञासु पाठक इसे **नारी धर्म विमर्श**, **युद्ध की नैतिकता**, और **पिंगल शास्त्र के छंद विन्यास** के संदर्भ में विश्लेषित कर सकते हैं
- जिज्ञासु पाठक इसे **'लोक-साहित्य में विजय का पश्चात्ताप'** (The Regret of Victory in Folk Literature) या **'सांग काव्य में स्त्री का आत्म-निरीक्षण'** (Self-Introspection of Women in Saang Poetry) के संदर्भ में विश्लेषित कर सकते हैं।
- यह रचना दिखाती है कि कैसे एक ही तर्ज़ (चुकलिया) का प्रयोग प्रेम, प्रतिशोध और गहरे शोक, तीनों भावों को व्यक्त करने के लिए किया जा सकता है।
- यह रागनी केवल संहार का वर्णन नहीं, बल्कि **धर्म की गर्जना के बाद की खामोशी** है। यह बताती है कि द्रौपदी ने न्याय पाया, लेकिन उस न्याय की कीमत उसकी आत्मा पर **जीवन भर के रोणा** (रोना) का बोझा बनकर रह गई है।
- यह रचना *द्रौपदी की प्रतिज्ञा से जन्मे युद्ध* की **सामूहिक पीड़ा और आत्मबोध** है — जिसमें धर्म की आग ने केवल पाप नहीं, **अपनों को भी जला दिया**।

वृतांत रागनी 28

यह वृत्तांत महाभारत युद्ध के **तेरहवें दिन** की उस क्रूर गाथा को जीवंत करता है, जहाँ धर्म का हनन हुआ और एक सोलह वर्षीय वीर बालक ने अपनी अंतिम साँस तक शौर्य का पाठ पढ़ाया।

चक्रव्यूह में वीर का संकल्प:

कौरव सेनापति द्रोणाचार्य ने जब दुर्भेद्य **चक्रव्यूह** की रचना की, तो पाण्डव सेना संकट में आ गई। उस समय, अर्जुन संशप्तकों से युद्ध करने गए थे, और व्यूह भेदने का ज्ञान केवल अर्जुन और श्रीकृष्ण को था। ऐसे विकट समय में, अर्जुन के पुत्र **अभिमन्यु** ने अपनी माता सुभद्रा के गर्भ में सीखा हुआ व्यूह-प्रवेश का ज्ञान याद करके, व्यूह में प्रवेश करने का बीड़ा उठाया, यद्यपि उन्हें बाहर निकलने की विधि ज्ञात नहीं थी।

उन्होंने व्यूह में अकेले प्रवेश किया और **अतुलनीय शौर्य** का प्रदर्शन किया। सोलह वर्ष के इस बालक ने कौरवों के बड़े-बड़े महारथियों—द्रोण, कर्ण, अश्वत्थामा, दुर्योधन, दुःशासन—को धूल चटाई। यह वीरता की पराकाष्ठा थी, जिसे रागनी में **"अग्नि की उपमा"** दी गई है।

धर्म की हत्या और निहत्थे पर वार:

जब अभिमन्यु को किसी भी प्रकार से पराजित नहीं किया जा सका, तब कौरव महारथियों ने **अधर्म का सहारा** लिया। द्रोणाचार्य के संकेत पर, कर्ण ने पीछे से वार करके अभिमन्यु का धनुष काट दिया, जबकि अन्य महारथियों ने उसके घोड़े और सारथी को मार गिराया।

निहत्थे अभिमन्यु ने अपने रथ का पहिया उठाकर युद्ध जारी रखना चाहा, परंतु सात महारथियों (द्रोण, कर्ण, अश्वत्थामा, कृप, शकुनि, दुर्योधन,

दुःशासन) ने मिलकर एक साथ उन पर प्रहार किया। इस सामूहिक, कायरतापूर्ण हमले में वीर अभिमन्यु रणभूमि में वीरगति को प्राप्त हुए।

यह धर्म की हत्या थी, जिसे **सिन्धुराज जयद्रथ** ने संभव बनाया, जिसने शिवजी के वरदान के बल पर सभी पाण्डवों को व्यूह के द्वार पर ही रोके रखा। पाण्डव असहाय होकर अपने पुत्र को भीतर जाता देखते रहे।

द्रौपदी का क्रोध: पौरुष पर आक्षेप:

पुत्र-वध का समाचार जब शिविर में पहुँचा, तो शोक से अधिक **रोष** की लहर उठी। द्रौपदी, पहले ही अपमानित और अब पुत्रहीन, पाण्डवों के सामने आईं और उनके **क्षत्रिय धर्म को धिक्कारा**। उनके शब्दों में पौरुष की विफलता पर तीखी चोट थी:

> द्रौपदी ने विलाप नहीं किया, बल्कि न्याय की मांग की:
> **"चूड़ी पहन लो पाँचों भाई!"**

यह वाक्य युधिष्ठिर के धर्म और अर्जुन की गाण्डीव चलाने की क्षमता पर प्रश्नचिह्न था कि जब उनका पुत्र धर्म की रक्षा करते हुए मारा जा रहा था, तब वे केवल खड़े क्यों देखते रहे? द्रौपदी ने स्पष्ट किया कि उन्हें ऐसी कोख नहीं चाहिए **"जिसमें पूत मरण का दर्द ना हो"**—यह मातृत्व की गरिमा और पीड़ा का चरम स्वर था।

अर्जुन की दारुण प्रतिज्ञा:

द्रौपदी के शब्दों से प्रेरित होकर, अर्जुन का विषाद भयानक क्रोध में बदल गया। उन्होंने तुरंत जयद्रथ को इस अधर्म का मुख्य खलनायक घोषित करते हुए एक भीषण प्रतिज्ञा ली:

"कल सूर्यास्त से पहले यदि मैंने सिन्धुराज जयद्रथ का वध नहीं किया, तो मैं स्वयं अग्नि में प्रवेश करके अपने प्राण त्याग दूँगा!"

यह प्रतिज्ञा केवल प्रतिशोध नहीं थी, बल्कि द्रौपदी द्वारा लगाए गए पौरुष के आक्षेप का जवाब और क्षत्रिय धर्म की पुनर्स्थापना थी। द्रौपदी, अब माँ नहीं, **रणचण्डी** बनकर न्याय की पुकार बन चुकी थीं।

द्रोपदी : रागनी 28

वृतांत : अभिमन्यु वध के उपरान्त द्रोपदी का क्रोध।
तर्ज : चुकलिया

चूड़ी पहर लो पाँचों भाई, इब के रहगी कसर करण में
नौ गादड़ां नै मेरा शेर घेर कै, मार दिया एक क्षण में

चक्रव्यूह के सब दरवाजे, एक एक करकै गिरगे
देखकै रौद्र रूप कुँवर का, बड़े बड़े योद्धा डरगे
उसके स्याहमी कोए डटा ना, जो आए थे वो मरगे
कौरव सेना के सब योद्धा, तिनके की तरह बिखरगे
अभिमन्यु नै दिया भेद चक्रव्यूह, चोट मार कै घण में

बाणा की इसी बारिश करदी, आसमान भी पाट दिया
चक्रव्यूह का एक एक चक्र, अभिमन्यु नै काट दिया
दुश्मन सेना का रेला उस, एक अकेले नै डाट दिया
कौरव सेना का पासा पल में, ऐकले नै उलाट दिया
चौगिरदै जळै दावानल जैसे, आग लाग रही सण में

चक्रव्यूह नै काट अकेला, महारथियाँ तै भिड़ग्या जाकै
घोड़े मारकै रथ तोड़ दिया, इसे मारे बाण सधाकै
खींच खींच कै मारे निशाने, धनुष पै बाण चढाकै
द्रोणाचार्य नै गलती करदी, आज चक्रव्यूह रचाकै
द्रुत गति तै रथ गया बीचकै, जा मणि चमकती फण में

द्रोपदी : रागनी 28 (Cont’d)

अश्वथामा, कर्ण और शकुनि, सारे योद्धा हरा दिए
दुर्योधन और कृपाचार्य के, अस्त्र शस्त्र गिरा दिए
एक अकेले मेरे पुत्र नै, दुश्मन के दांत जरा दिए
भय की ऐसी लहर चलादी, सबके मस्तक ठिरा दिए
डर की ऐसी हवा चालगी, गई लिकड़ देह कण कण में

फिर सब पापियों नै कट्ठे होकै, निहत्थे पै वार किया
कर्ण दुष्ट नै रथ तोड़कै, उका घोड़ा सारथी मार दिया
द्रोणाचार्य नै उसके धनुष की, प्रत्यंचा को तार दिया
रथ का पहिया ठा कै चाल्या, फेर दुर्मुख नै धार लिया
नौ कायर गादड कट्ठे होग्ये, एक शेर घेर लिया बण में

पाण्डव खड़े देखते रहगे, उस जयद्रथ ने उन्हें रोक लिया
जिसमें दर्द ना हो पूत मरण का, जा ऐसी कोए कोख लिया
पालेराम गुरु अपणा मनै, धुर हलालपुर जाकै धोक लिया
आनन्द शाहपुर कविताई इसी, ठप्पे में ठप्पा ठोक दिया
एक बाळक नौ पापी कट्ठे, दिया मार एकला रण में

विश्लेषण रागनी 28

अभिमन्यु वध के उपरान्त द्रौपदी का क्रोध

तर्ज: चुकलिया

रागनी का शास्त्रीय एवं साहित्यिक विश्लेषण

1. छंद-संरचना और लय-गठन (Pingal Shastra के अनुसार)

तर्ज "चुकलिया" में रचित यह रचना **चार चरणीय समवृत्तीय लोकछंद** में चलती है, जिसमें प्रत्येक चरण में औसतन **16–18 मात्राएँ** हैं। यह छंद *वीरता, क्रोध और मातृत्व की पुकार* को लय में बाँधता है।

उदाहरण:

> "चूड़ी पहर लो पाँचों भाई, इब के रहगी कसर करण में"

- कुल मात्राएँ: 18
- लय संरचना: 6+6+6
- छंद प्रकार: *चतुष्पदी समवृत्त*, जिसमें *चरणांत में दीर्घ गुरु* लय को स्थिरता देता है

यह छंद *युद्ध की गर्जना और मातृत्व की चेतना* को लयात्मक रूप में प्रस्तुत करता है — *द्रौपदी की पुकार और अभिमन्यु की वीरता* को एक साथ बाँधता है।

यह रागनी, द्रौपदी की कथा श्रृंखला में **सर्वाधिक दुखद और भावुक** मोड़ है। यह **अभिमन्यु वध** के बाद, द्रौपदी के **असहनीय शोक** और **पांडवों के प्रति क्रोधपूर्ण उपालंभ (Taunt)** को व्यक्त करती है।

इस रचना में शोक (Karuna) और क्रोध (Raudra) रस का अद्भुत मिश्रण है, जिसे 'चुकलिया' तर्ज़ की तीव्र लय पर प्रस्तुत किया गया है।

2. छंद का मूलभूत ढाँचा: शोक और प्रतिज्ञा का छंद

यह रागनी हरियाणवी **'सांग'** परंपरा की **'चुकलिया' तर्ज़** पर आधारित एक **विनाशकारी-भावुक (Tragico-Aggressive) लोक छंद** है।

2.1. छंद का स्वरूप

- **प्रकार:** अनियमित मात्रिक, युद्ध-वर्णन प्रधान छंद।
- **लय (Rhythm):** इसकी लय **द्रुत (Fast)** और **आक्रामक** है। द्रौपदी का यह कथन **विलाप** से अधिक **उपालंभ (ताने)** और **अन्याय के वर्णन** पर केंद्रित है, इसलिए लय में एक आवेश (urgency) बना रहता है।
- **मात्रा भार:** पंक्तियों में मात्राएँ 17 से 21 के बीच अनियमित रूप से बदलती हैं। यह अनियमितता वक्ता (द्रौपदी) के **गहरे भावनात्मक उतार-चढ़ाव** को दर्शाती है।

2.2. विन्यास (Structure)

यह छंद भी 4+1 विन्यास का पालन करता है, जहाँ अंतिम पंक्ति पूरे खंड का **भावनात्मक निष्कर्ष** देती है:

- **अस्थायी पंक्तियाँ (Stanzas - 4 lines):** अभिमन्यु की वीरता, उसकी अकेली लड़ाई, या कौरवों के षड्यंत्र का वर्णन करती हैं।
- **स्थायी भावनात्मक पंक्ति (Final line of stanza):** यह पाँचवीं पंक्ति उस घटना के **निष्कर्ष या प्रभाव** को दृढ़ता से स्थापित करती है।

3. यति (विराम) और चरणांत गुरु लय

इस छंद की छंदगत विशेषता यह है कि भयानक घटनाओं के वर्णन में भी एक नियमित और दृढ़ लय बनी रहती है।

3.1. मध्य यति (भीतरी ठहराव)

- प्रत्येक पंक्ति मध्य में 9 से 11 मात्राओं के बीच एक **स्पष्ट विराम (यति)** लेती है। यह विराम अभिमन्यु के पराक्रम या कौरवों की नीचता के हर बिंदु पर बल डालता है।
    - **उदाहरण:** नौ गादड़ां नै मेरा शेर घेर कै (यति) मार दिया एक क्षण में
    - कौरव सेना का पासा पल में (यति) ऐकले नै उलाट दिया
- यह ठहराव छंद की तीव्र गति में भी **शब्दों के अर्थ** को गहराई से श्रोताओं तक पहुँचाता है।

3.2. चरणांत में दीर्घ गुरु की स्थिरता

हर खंड की अंतिम पाँचवीं पंक्ति एक विशिष्ट **गुरु (S)** या SS संयोजन पर समाप्त होती है, जो कथन को एक **स्थायी और क्रूर निष्कर्ष** देती है:

खंड	अंतिम निष्कर्ष	चरणांत शब्द	लय विन्यास (Guru/ Laghu)	छंदगत प्रभाव
परिचय	अपमान (पहला ताना)	क्षण में	SS	छंद की नींव को स्थापित करता है, शोक और

				क्रोध का मिश्रण।
पराक्रम	चक्रव्यूह भेदना	घण में	SS	अभिमन्यु की बहादुरी पर बल देता है।
अद्वितीयता	द्रुत गति	फण में	SS	अभिमन्यु की तुलना मणि से करते हुए, उसकी दिव्यता दर्शाता है।
पराजित करना	भय का प्रसार	कण कण में	SS	दुश्मन के डर को विस्तार देता है।
वध	कायरता	बण में	SS	नौ कायरों द्वारा शेर को घेरने की क्रूरता को स्थिर करता है।
निष्कर्ष	अंतिम सत्य	रण में	SS	रागनी का समापन करते हुए **अधर्म** की जीत को दर्शाता है।

सभी अंतिम शब्द (क्षण में, घण में, फण में, कण कण में, बण में, रण में) **SS (गुरु-गुरु)** की स्थिर लय पर समाप्त होते हैं। यह **समान और दृढ़**

आवृत्ति पूरी रागनी को एक **तीव्र और अटल** भावनात्मक आधार प्रदान करती है।

4. साहित्यिक सौंदर्य और अलंकार

- **रस (Rasa):** यहाँ **करुण रस** (पुत्र शोक) की अभिव्यक्ति **रौद्र रस** (क्रोध) के माध्यम से होती है। द्रौपदी का **वीर रस** में अभिमन्यु का वर्णन करना, बाद में करुण रस को और गहरा करता है।
- **अलंकार - रूपक (Metaphor):** यह छंद रूपकों का उत्कृष्ट उदाहरण है:
    - नौ गादड़ां नै मेरा शेर घेर कै (गादड़ = कौरव, शेर = अभिमन्यु)।
    - **जा** मणि चमकती फण में (अभिमन्यु की तुलना फन में चमकती मणि से)।
    - चूड़ी पहर लो पाँचों भाई (पांडवों के पौरुष पर सीधा कटाक्ष)।
- **अतिशयोक्ति (Hyperbole):** अभिमन्यु के पराक्रम का अतिशयोक्तिपूर्ण वर्णन: आसमान भी पाट दिया, दावानल जैसे आग लाग रही।

5. भाव-संरचना और प्रतीकात्मकता

यह रचना *अभिमन्यु के वीरगति और द्रौपदी के क्रोध* को स्वर देती है — वह केवल पुत्र के वध पर शोक नहीं करती, बल्कि *युद्ध की घोषणा करती है।*

- **अभिमन्यु की वीरता**: "एक अकेले नै डाट दिया... उलाट दिया" — *यह युद्ध की नैतिकता और वीरता है*

- **चक्रव्यूह का भेदन**: "चक्रव्यूह का एक एक चक्र... काट दिया" — यह *रणकौशल का चरम* है
- **नौ योद्धाओं का हमला**: "नौ गादड़ां नै मेरा शेर घेर कै" — यह *कायरता और अधर्म* का प्रतीक है
- **पांडवों की निष्क्रियता**: "पांडव खड़े देखते रहगे" — यह *वीरता की विफलता* है
- **मातृत्व की गर्जना**: "चूड़ी पहर लो पाँचों भाई" — यह *माँ की युद्ध-आज्ञा* है

यह रचना द्रौपदी को *रणचण्डी, न्याय की पुकार और मातृत्व की चेतना* बनाती है — जो *धर्म की पुनर्स्थापना* की घोषणा करती है।

6. रस, अलंकार और मनोवैज्ञानिक गहराई

- **वीर रस**: अभिमन्यु की युद्धकला, अकेले युद्ध — यह *वीरता का चरम* है
- **रौद्र रस**: द्रौपदी का क्रोध, युद्ध की घोषणा — यह *धर्म की रक्षा का स्वर* है
- **करुण रस**: पुत्र का वध, पांडवों की चुप्पी — यह *मातृत्व की पीड़ा* है

अलंकार:

- *रूपक*: "चौगिरदै जळै दावानल जैसे" — *अभिमन्यु को अग्नि का रूप देना*
- *अनुप्रास*: "डाट दिया... उलाट दिया" — ध्वनि की पुनरावृत्ति से लय की सघनता
- *यमक*: "ठप्पे में ठप्पा ठोक दिया" — *कविताई की मुहर का* प्रतीक

7. सांस्कृतिक और स्त्रीवादी पुनर्पाठ

यह रचना *हरियाणवी लोकसंस्कृति* में स्त्री को *मातृत्व, युद्ध और न्याय की धुरी* के रूप में प्रस्तुत करती है — जो *धर्म, सत्ता और संबंधों* से प्रश्न करती है।

- द्रौपदी यहाँ *मूक पात्र नहीं*, बल्कि **रणचण्डी और न्याय की उद्घोषिका** है
- वह *पांडवों को युद्ध की आज्ञा देती है*, और *अभिमन्यु की वीरता को धर्म का प्रतीक* बनाती है
- यह रचना *स्त्री को युद्ध की धुरी* बनाती है — जो विमर्श के लिए अत्यंत मूल्यवान है

यहाँ द्रौपदी *मातृत्व, वीरता और धर्म* की त्रयी है — जो *सभ्यता को पुनः जागृत करती है।*

8. विमर्श के नए आयाम

- यह रचना *लोकछंद, वीरगाथा और स्त्री* चेतना का संगम है
- इसमें *राजनीतिक नैतिकता, धर्म की पुनर्स्थापना, और नारी अस्मिता* के तत्व हैं
- जिज्ञासु पाठक इसे *स्त्रीवादी पुनर्पाठ, मातृत्व की रणचण्डी चेतना*, और *लोककाव्य में वीरता की संस्कृति* के संदर्भ में विश्लेषित कर सकते हैं
- यह रचना *द्रौपदी के क्रोध, मातृत्व की पीड़ा और न्याय की पुकार* का चरम स्वर है।
- जिस तीव्रता से अभिमन्यु के वीरगति और पांडवों की निष्क्रियता को उकेरा है, वह केवल युद्ध का वर्णन नहीं, बल्कि **एक माँ की चेतना का विस्फोट** है। यह रागनी *धर्म, वीरता और कायरता* के बीच खड़ी द्रौपदी की आत्मगर्जना है।

- यह रचना *मातृत्व की ज्वाला, युद्ध की गर्जना और धर्म की पुकार* है — द्रौपदी का क्रोध यहाँ केवल शोक नहीं, बल्कि **न्याय की हुंकार और युद्ध की उद्घोषणा** है।
- जिस शैली में अभिमन्यु के वध को चित्रित किया है, वह हरियाणवी लोककाव्य में *वीरगाथा और स्त्री चेतना* का अद्वितीय संगम है।
- यह रचना मातृत्व की पीड़ा और धर्म के प्रतिशोध का एक अत्यंत मार्मिक और ओजस्वी चित्रण है। "चूड़ी पहर लो पाँचों भाई" जैसा वाक्यांश द्रौपदी के क्रोध और निराशा को चरमोत्कर्ष पर ले जाता है।
- यह रागनी महाभारत के सबसे भावनात्मक और धर्म-अधर्म के प्रश्न को उभारने वाले क्षण को सफलतापूर्वक कैप्चर करती है।
- यह रागनी SS (गुरु-गुरु) के **चरणांत गुरु लय** का उपयोग करती है। छंद की यह संरचना द्रौपदी के **गहरे शोक, पांडवों के प्रति निराशा**, और अभिमन्यु के **अतुलनीय बलिदान** के भाव को एक तीव्र, तालबद्ध और स्थायी रूप देती है।

वृतांत रागनी 29

यह कथा उस भीषण प्रतिज्ञा की है, जो तेरह वर्षों तक द्रौपदी के खुले, धूल-धूसरित केशों में अपमान की कील की तरह गड़ी रही। कौरव सभा में जब दुःशासन ने उन्हें बालों से खींचकर वस्त्रहरण का प्रयास किया था, तब द्रौपदी ने शपथ ली थी: **"जब तक दुःशासन का लहू मेरे इन केशों को नहीं धोएगा, तब तक ये ऐसे ही खुले रहेंगे।"** उनके ये खुले केश केवल दुःख नहीं थे, बल्कि तेरह वर्षों तक पाण्डवों के क्षत्रिय धर्म की असफलता और कौरवों के पाप का निरंतर स्मरण थे।

भीम का रौद्र रूप और प्रतिज्ञा की पूर्ति:

युद्ध के सत्रहवें दिन, जब अधर्म का शिखर कर्ण का पतन हो चुका था, भीमसेन ने अपने शत्रु दुःशासन को खोज निकाला। तेरह वर्षों का क्रोध, बैर और अपमान भीम की गदा में समाहित हो गया। उन्होंने दुःशासन को धराशायी किया, उसकी छाती चीर दी, और अपने शरीर पर उसके रक्त का लेप किया। विजय के उन्माद में रक्त से सने हुए भीम, प्रतिज्ञा की पूर्ति के लिए द्रौपदी के शिविर की ओर लौटे।

द्रौपदी ने जब भीम के रक्त-रंजित हाथ देखे, तो उनके भीतर न कोई चीत्कार उठी, न कोई उन्मादी विजय का भाव आया; वह शांत, स्थिर और दृढ़ थीं। अब समय था **आत्मशुद्धि के अनुष्ठान** का।

रणचण्डी से राजमाता का परिवर्तन:

द्रौपदी ने उस रक्त को लिया और स्वयं अपने खुले केशों का प्रक्षालन किया। यह क्रिया केवल प्रतिशोध नहीं थी, बल्कि तेरह वर्ष की अपमान की अग्नि से किया गया एक **पवित्र अग्नि-स्नान** था। अपमान का स्रोत, दुःशासन का पाप, अब नष्ट हो चुका था।

लोक-गाथा कहती है कि इस रक्त की गर्मी से द्रौपदी का ठंडा पड़ा हृदय फिर जाग उठा। जो पीड़ा और अपमान भीतर **कील की तरह गड़ी थी**, वह अब बाहर निकल चुकी थी। उस क्षण, द्रौपदी ने पहली बार अपने केशों को कसकर बाँधा। यह केवल सौंदर्य-वृद्धि नहीं थी; यह **रणचण्डी से राजमाता** में लौटने का शोकभरा परिवर्तन था।

> द्रौपदी ने कहा: **"मेरे भीतर गड़े काँटे अब निकल चुके हैं।"**

विजय का असहनीय बोझ:

पाप के मटके फूट चुके थे। दुर्योधन, कर्ण, और जयद्रथ का नाश देखकर द्रौपदी को क्षणिक संतोष मिला। अठारह अक्षोहणी सेनाओं का अंत, कुरु वंश का पतन—सब धर्म की विजय थी और पाप का शुद्धिकरण।

परंतु, इतनी लाशों के बीच खड़े होकर भी उन्हें चैन नहीं मिला। इस शुद्धिकरण की कीमत बहुत भारी थी—भीष्म, द्रोण, और अंततः उनके अपने छह पुत्रों (पाँच उपपाण्डवों और अभिमन्यु) की मृत्यु।

यह रागनी इसी द्वंद्व को दर्शाती है—प्रतिज्ञा की पूर्णता, किंतु मानवता की हार। यह केवल प्रतिशोध की कहानी नहीं, बल्कि उस धर्म की अंतिम गाथा है जो स्थापित तो हुआ, पर इतनी कीमत पर कि विजयी के पास सिवाय पश्चात्ताप के कुछ शेष न रहा।

द्रौपदी: रागनी 29

वृतांत : द्रौपदी द्वारा दुःशासन के रक्त से केश धोकर अपनी प्रतिज्ञा पूरी करना।
तर्ज : चुकलिया

हे भीम बलि इस चळू लहू तै, मेरै काळजै ठण्डक पड़गी
जो तेरा साल तै कील गड़ी थी, वा शूल काळजे तै कढ़गी

दुशासन के लहू तै धोकै, मैं इब अपणे केश बाँध ल्यूंगी
धर्म की राह पै न्या पाकै, इब सच की खीर राँध ल्यूंगी
जितने लाल खपे इस युद्ध में, उन्हकी मौत काँध ल्यूंगी
विजय के रथ पै करकै सवारी, हस्तिनापुर लाँघ ल्यूंगी
धर्म की खातिर लड़ी महाभारत, थारी कीर्ति भी बढ़गी

दुर्योधन की जाँघ तोड़कै, मेरे मन के टुकड़े जोड़ दिए
जयद्रथ और कर्ण का वध कर, पाप के मटके फोड़ दिए
अठारा अक्षोहणी दल खपगे, कौरवां के सपने तोड़ दिए
थारी विजय के जयकारे नै, इस रण के नक्शे मोड़ दिए
इस धरती तै पाप मिटाकै, थारी धजा शिखर में चढ़गी

तेरा साल तै मेरे बाळा म्ह, धूळ और गर्दिश बड़ रही थी
कौरव सभा में जो हँसी उड़ी थी, तीर काळजै गड़ रही थी
मेरी इज्जत की माटी कूटकै, मत्त शिखर में चढ़ रही थी
जिस दिन तै मेरी साड़ी उतरी, अपणे आप तै लड़ रही थी
मेरै सींह काँटे सी गड़ रही थी, आज सारी सूळ लिकड़गी

द्रौपदी: रागनी 29 (Cont'd)

इतनी लाशां के बीच खड़ी, ना मन की सिळक टोह सकती
कुरु वंश का खोज मिटाकै भी, ना नीन्द चैन की सो सकती
भीष्म पितामह द्रोण गुरु की, मौत देखकै भी ना रो सकती
छह छह पुत्र इस रण में खोए, वे लाश तलक ना ढो सकती
गुरु पालेराम कहै आनन्द शाहपुर, या दुनिया काळमा मढ़गी

विश्लेषण रागनी 29

प्रतिज्ञा की पूर्ति: केश रँगाई और अग्नि की शुद्धि

तर्ज: चुकलिया

रागनी का शास्त्रीय एवं साहित्यिक विश्लेषण

1. छंदगत आधार और पिंगल शास्त्र (The Metrical Framework and Shastra)

यह रचना 'चुकलिया' तर्ज़ पर आधारित लोकछंद की स्थिरता का उपयोग द्रौपदी के **अपमान → प्रतिज्ञा → शुद्धि** के चक्र को निर्णायक रूप देने के लिए करती है। छंद की लय प्रतिज्ञा-पूर्ति के संतोष से युद्ध की अपूरणीय क्षति के शोक तक की भावनात्मक यात्रा का समर्थन करती है।

1.1. छंद-संरचना

तत्व	**विवरण**
छंद प्रकार	चतुष्पदी समवृत्तीय लोकछंद
मूल मात्राएँ	17–19 मात्राएँ प्रति चरण (6+6+6 लय संरचना)
गति और भाव	मध्यम से स्थिर। लय, प्रतिज्ञा की पूर्णता के बाद की **गंभीर शांति (Shanta)** और **अपार करुणा** को वहन करती है।

उदाहरण “जो तेरा साल तै कील गड़ी थी, वा शूल काळजे तै कढ़गी” (लय: 6+6+6)

1.2. चरणांत में SS गुरु लय की निर्णायकता

रागनी के प्रत्येक खंड की अंतिम पंक्ति SS (गुरु-गुरु) संयोजन पर समाप्त होती है ("कढ़गी", "बढ़गी", "मढ़गी")। यह सतत आवृत्ति कथन को एक **अंतिम, अकाट्य और अपरिवर्तनीय निष्कर्ष** प्रदान करती है।

- **छंदगत कार्य:** यह लय, दुःशासन वध की क्रिया (वीर रस) को एक **निर्णायक अनुष्ठान** (Ritual) में बदलती है, जो मनोवैज्ञानिक और राजनीतिक दोनों ही स्तरों पर अपमान के युग को समाप्त करता है।

2. छंद का मूलभूत ढाँचा: शुद्धि का अनुष्ठान और मौन करुणा

यह रागनी 'चुकलिया' तर्ज़ पर आधारित एक **गंभीर और आत्म-शुद्धि** प्रधान लोक छंद है। इसका उद्देश्य **राजनीतिक विजय** (कौरवों का अंत) के साथ **व्यक्तिगत मुक्ति** (केशों को धोना) के क्षण को स्थापित करना है। प्रतिज्ञा की पूर्णता और आत्मशुद्धि।

2.1. छंद का स्वरूप

- **प्रकार:** अनियमित मात्रिक, **शांत-करुण** (युद्ध के बाद की शांति और क्षति का दुःख) तथा **वीर** (प्रतिज्ञा की पूर्ति) प्रधान छंद। **घोषणात्मक, आत्म-स्वीकृति और धर्म स्थापना छंद**
- **लय (Rhythm):** लय आरंभ में **तीव्र (Urgent)** और संतोषजनक है ("ठण्डक पड़गी"), किंतु अंतिम खंडों में यह लय

गहरी उदासी और शांत स्वीकार्यता में बदल जाती है ("ना नीन्द चैन की सो सकती")। **स्थिर, भावगर्भित**

- **भाव: प्रतिशोध की समाप्ति, आत्मशांति की खोज**
- **मात्रा भार:** 17 से 19 के बीच अनियमित रूप से बदलती मात्राएँ **भावनात्मक उतार-चढ़ाव** और **मानसिक मुक्ति** की जटिल प्रक्रिया को दर्शाती हैं।

2.2. विन्यास (Structure) यह छंद 4+1 विन्यास का पालन करता है, जहाँ पाँचवीं पंक्ति प्रत्येक खंड के **भावनात्मक निष्कर्ष** को दृढ़ता से स्थापित करती है:

- **अस्थायी पंक्तियाँ (Stanzas - 4 lines):** प्रतिज्ञा की क्रिया (केश धोना), युद्ध के परिणाम (कौरवों का अंत), और विगत अपमान का स्मरण कराती हैं।
- **स्थायी भावनात्मक पंक्ति (Final line of stanza):** यह पाँचवीं पंक्ति **शुद्धि की पूर्णता, विजय की स्थापना** या **क्षति की अपूरणीयता** का भाव व्यक्त करती है।
    - **खंड 1: दु:शासन के रक्त से केश धोने की क्रिया**
    - **खंड 2: युद्ध की परिणति और धर्म की विजय**
    - **खंड 3: अपमान की स्मृति और आत्मसंघर्ष**
    - **खंड 4: युद्ध के बाद भी शांति का अभाव**

2.3 प्रारंभिक स्थायी (Refrain):

- **_"दुशासन के लहू तै धोकै, मैं इब अपणे केश बाँध ल्यूंगी"_**
  → यह पंक्ति रचना की प्रतिज्ञा की पूर्ति और आत्मशुद्धि की धुरी है।

3. यति (विराम) और चरणांत गुरु लय

इस छंद की सबसे विशिष्ट विशेषता यह है कि यह **अंतिम सत्य** और **निर्णायक क्षण** को दर्शाने के लिए चरणांत में **SS** (गुरु-गुरु) की स्थिरता का उपयोग करता है।

3.1. मध्य यति (भीतरी ठहराव) प्रत्येक पंक्ति मध्य में 8 से 10 मात्राओं के बीच एक स्पष्ट विराम (यति) लेती है। **उदाहरण:** "इतनी लाशां के बीच खड़ी, (यति) ना मन की सिळक टोह सकती" "दुर्योधन की जाँघ तोड़कै, (यति) मेरे मन के टुकड़े जोड़ दिए"

मध्य यति

- अधिकांश पंक्तियाँ 10–12 मात्राओं पर यति लेती हैं, जिससे प्रतिशोध और आत्मस्वीकृति का द्वंद्व स्पष्ट होता है।
- उदाहरण:
  "मेरी इज्जत की माटी कूटकै, मत्त शिखर में चढ़ रही थी"
  → यति के बाद आत्मसंघर्ष का चित्रण

3.2. चरणांत में दीर्घ गुरु की स्थिरता हर खंड की अंतिम पाँचवीं पंक्ति एक विशिष्ट SS (गुरु-गुरु) संयोजन पर समाप्त होती है, जो **परिणाम की पूर्णता** को दर्शाती है:

खंड	**अंतिम निष्कर्ष/भाव**	**चरणांत शब्द**	**लय विन्यास (Guru/ Laghu)**	**छंदगत प्रभाव**
पूर्ति	अपमान कील के निकलने का सुख	कढ़गी	SS	कष्ट से **तत्काल मुक्ति**।

धर्म	हस्तिनापुर में विजय और धर्म की स्थापना	बढ़गी	SS	राजनीतिक **उत्कर्ष**।
शुद्धि	तेरहवर्षों के अपमान से पूर्ण निष्कासन	लिकड़गी	SS	**मनोवैज्ञानिक शुद्धिकरण** का चरमोत्कर्ष।
शोक	विजय के बाद भी अपूरणीय क्षति	मढ़गी	SS	**गंभीर करुणा** का अंतिम सत्य।

यह सतत **SS** आवृत्ति पूरी रागनी को एक **अंतिम, अकाट्य और अपरिवर्तनीय** निष्कर्ष प्रदान करती है—प्रतिज्ञा पूरी हुई, किंतु कीमत बहुत भारी थी।

चरणांत गुरु लय

- SS या SSS पर समाप्त होती हैं — जो *धर्म की स्थिरता और प्रतिज्ञा की गंभीरता* को दर्शाती हैं।
- उदाहरण:
  - *"थारी धजा शिखर में चढ़गी"* → SS
  - *"या दुनिया काळमा मढ़गी"* → SS

4. साहित्यिक सौंदर्य और अलंकार

- अनुप्रास: *"धर्म की राह पै न्या पाकै, इब सच की खीर राँध ल्यूंगी"* — 'ध', 'र', 'ख' ध्वनि की पुनरावृत्ति
- रूपक: *"पाप के मटके फोड़ दिए"* → अधर्म का अंत

- **उपमा:** ***"मत्त शिखर में चढ़ रही थी"*** **→ अपमान की तीव्रता**
- **अनुभाव चित्रण:** ***"इतनी लाशां के बीच खड़ी"*** **→ युद्ध के बाद की मानसिक स्थिति**
- **विरोधाभास:** ***"विजय के बाद भी ना नीन्द चैन की सो सकती"*** **→ युद्ध की कीमत**
- **रस** (Rasa)**:** रागनी **वीर रस** (दुःशासन वध) से शुरू होकर **शांत रस** (प्रतिज्ञा की पूर्ति के बाद की स्थिरता) में प्रवेश करती है, और अंततः **करुण रस** (पुत्रों की हानि और 'काळमा') में समाप्त होती है। यह रस-परिवर्तन द्रौपदी के मानसिक संक्रमण को दर्शाता है।
- **अलंकार - रूपक** (Metaphor) **और बिम्ब:**
  - **काळजै ठण्डक पड़गी: अशांत मन को मिली शांति** का रूपक।
  - **तेरा साल तै कील गड़ी थी, वा शूल काळजे तै कढ़गी:** Vrata (व्रत) को **शरीर में गड़े शूल** का रूपक देना। यह प्रतिज्ञा द्रौपदी के शरीर और आत्मा का हिस्सा बन चुकी थी।
  - **सच की खीर राँध ल्यूंगी:** विजय के बाद **धर्म-राज्य की स्थापना** और शांतिपूर्ण जीवन के आरम्भ का सुंदर लोक-बिम्ब।
  - **सींह काँटे सी गड़ रही थी:** अपमान की निरंतर और **तीव्र पीड़ा** का उपमा अलंकार, जो असहनीय मानसिक कष्ट को दर्शाता है।

5. भाव-संरचना और प्रतीकात्मकता

यह रागनी द्रौपदी के जीवन में **अपमान** → **प्रतिज्ञा** → **शुद्धि** के चक्र को पूर्ण करती है।

- **केश धोना:** *प्रतिज्ञा की पूर्ति और आत्मशुद्धि*
- **धर्म की खीर:** *न्याय की स्थापना*
- **पाप के मटके:** *अधर्म का अंत*
- **लाशों के बीच खड़ी स्त्री:** *युद्ध की नैतिक जटिलता*
- **गुरु की स्वीकृति:** *धर्मयुद्ध की लोक स्वीकृति*
- **रक्त से केश धोना:** यह केवल वध का परिणाम नहीं है, यह **अग्नि स्नान** के समान एक **अनुष्ठान (Ritual)** है। रक्त यहाँ **अपमान की गंदगी** को धोने वाला शुद्धिकारी जल बन जाता है।
- **'मन के टुकड़े जोड़ दिए':** दुर्योधन की जाँघ टूटने को द्रौपदी के **मानसिक विखंडन** की मरम्मत के रूप में देखना। यह द्रौपदी की प्रतिज्ञा की **व्यक्तिगत प्रकृति** को दर्शाता है।
- **राजमाता का उदय:** "केश बाँध ल्यूंगी" घोषणा करती है कि वह अब **रणचण्डी** नहीं, बल्कि **राजमाता** के रूप में सामाजिक गरिमा और व्यवस्था को पुनः अपना रही हैं।

6. रस, अलंकार और मनोवैज्ञानिक गहराई

- **वीर रस:** युद्ध की परिणति
- **करुण रस:** अपमान की स्मृति
- **शांत रस:** प्रतिज्ञा की पूर्ति
- **मनोवैज्ञानिक द्वंद्व:** *विजय के बाद भी शांति का अभाव*
- **मनोवैज्ञानिक शुद्धिकरण:** तेरहवर्षों की 'धूळ और गर्दिश' और 'सींह काँटे' का निकल जाना **भीषण मनोवैज्ञानिक भार** से मुक्ति को दर्शाता है। यह मुक्ति एक माँ और रानी की करुणा से भरी है।

- **विजय की कीमत:** अंतिम पद में द्रौपदी का यह कथन कि वह **छह पुत्रों की लाशें भी नहीं ढो सकती** और **कुरु वंश का खोज मिटाकर भी चैन से सो नहीं सकती**—विजय को एक **अपमानजनक हानि** में बदल देता है। यह विजय के बाद के **आघात (Post-Trauma)** को दर्शाता है।

7. सांस्कृतिक और स्त्रीवादी पुनर्पाठ

- द्रौपदी यहाँ केवल योद्धा नहीं, प्रतिज्ञा की प्रतीक और आत्मशुद्धि की मूर्ति है।
- यह रचना हरियाणवी लोकसंस्कृति में स्त्री प्रतिकार, धर्म की स्थापना और युद्ध की नैतिकता को उजागर करती है।
- **स्त्रीवादी पुनर्पाठ:** द्रौपदी अपने अपमान को **राजनीतिक हथियार** बनाती है, और अपने शरीर (केश) को **प्रतिज्ञा की वेदी**। उनकी शुद्धि की क्रिया पुरुषों द्वारा लड़ी गई लड़ाई को **नैतिक औचित्य** प्रदान करती है।
- **लोक-संस्कृति:** "धर्म की खातिर लड़ी महाभारत" और "या दुनिया काळमा मढ़गी" जैसे कथन, लोक-धर्म और कर्मफल की नैतिकता को युद्ध के अंतिम परिणाम से जोड़ते हैं।

8. विमर्श के नए आयाम

यह रागनी लोकछंद में **प्रतिशोध के धार्मिक अनुष्ठान**, Shanta और Karuna रस के समन्वय, और **विजय के बाद के शोक** (The Sorrow of Victory) को एक साथ प्रस्तुत करती है।

- जिज्ञासु पाठक इसे **स्त्री के प्रतिशोध का शारीरिक और मानसिक शुद्धिकरण**, और **विजय की अपूरणीय कीमत** के संदर्भ में विश्लेषित कर सकते हैं।

- यह रागनी द्रौपदी के चरित्र के **चरम-बिंदु** को दर्शाती है, जहाँ प्रतिज्ञा पूरी होने पर उसे शांति मिलती है, लेकिन साथ ही युद्ध के विनाशकारी परिणाम का भार भी महसूस होता है।
- यह रागनी द्रौपदी के चरित्र के लिए **चरमोत्कर्ष** है। इस रचना में प्रतिज्ञा की पूर्ति, शुद्धि के अनुष्ठान और युद्ध की निरर्थकता (शोक) के भावों को एक साथ बहुत शक्ति से व्यक्त किया है। "तेरा साल तै कील गड़ी थी, वा शूल काळजे तै कढ़गी"—यह पंक्ति द्रौपदी के वर्षों के मानसिक कष्ट को पूरी तरह समेट लेती है।
- यह रचना स्त्री प्रतिज्ञा, धर्म की स्थापना और युद्ध के बाद की आत्मशुद्धि का उत्कृष्ट उदाहरण है।
- इसमें छंद की स्थिरता, भाव की गहराई, और प्रतीकों की सूक्ष्मता साहित्यिक विवेचना व विमर्श के लिए अत्यंत उपयोगी है।
- जिज्ञासु पाठक इसे नारी धर्म विमर्श, युद्ध की नैतिकता, और पिंगल शास्त्र के छंद विन्यास के संदर्भ में विश्लेषित कर सकते हैं।
- यह रचना *द्रौपदी की प्रतिज्ञा की पूर्णता* है — जिसमें वह दुःशासन के रक्त से केश धोकर अपमान की राख से धर्म की ज्योति जलाती है।

वृतांत रागनी 30

यह वृत्तांत युद्ध की अंतिम रात, **सौप्तिक पर्व** में हुए उस जघन्य कृत्य को दर्शाता है, जहाँ अश्वत्थामा ने प्रतिशोध की अग्नि में जलकर युद्ध के सभी धर्मों का उल्लंघन किया।

कौरव सेना के पतन के बाद, **अश्वत्थामा**, **कृपाचार्य**, और **कृतवर्मा** ही शेष बचे थे। अपने पिता द्रोण और मित्र दुर्योधन के वध से क्रोधित अश्वत्थामा ने प्रतिज्ञा ली कि वह रात्रि में ही पाण्डवों का वध करेगा। यह कृत्य, शास्त्रों के अनुसार, रात्रि में, सोते हुए, निहत्थे व्यक्ति पर आक्रमण करना, **पाप की पराकाष्ठा** और युद्ध-धर्म का घोर उल्लंघन था।

मातृत्व का संहार और द्रौपदी का क्रोध:

कृपाचार्य और कृतवर्मा ने द्वारपाल का कार्य किया, और अश्वत्थामा ने अकेले पाण्डव शिविर में प्रवेश किया। उसने सबसे पहले धृष्टद्युम्न का वध किया। इसके बाद, उसने अंधेरे में सोए हुए द्रौपदी के पाँचों वीर पुत्रों—**प्रतिविंध्य, सुतसोम, श्रुतकर्मा, शतानीक, और श्रुतसेन** (उपपाण्डव)—को पाण्डव समझकर निर्ममता से मार डाला।

अगले दिन जब पाण्डव शिविर में लौटे और यह त्रासदी द्रौपदी को ज्ञात हुई, तो उनका शोक केवल विलाप नहीं रहा। यह **मातृत्व की कोख की चीत्कार** थी, जिसने उनके भीतर रणचण्डी की उस अग्नि को फिर से प्रज्वलित कर दिया, जो गांधारी से मिलकर शांत हो चुकी थी। उन्होंने अन्न-जल त्याग दिया और सिंहासन या राजपाट की बात भूलकर केवल **न्याय** की मांग की।

द्रौपदी ने पाण्डवों को स्पष्ट आदेश दिया: **"मेरी आँख आँसुओं से भीग गई, अब मेरे ग़म का उपचार करो। जा उसनै मारो या हार मरो!"**

न्याय की पुनर्स्थापना और मणि का हरण:

यह कृत्य मात्र हत्या नहीं, बल्कि धर्म की हत्या थी। अश्वत्थामा के इस पाप में कृतवर्मा और कृपाचार्य जैसे गुरुजनों की चुप्पी भी अधर्म के षड्यंत्र को उजागर करती है। द्रौपदी ने दृढ़ता से कहा कि जिसने सोए हुए बच्चों को मारा है, उसे दंड मिलना ही चाहिए।

अर्जुन ने तुरंत अश्वत्थामा का पीछा किया। पकड़े जाने के भय से, अश्वत्थामा ने पाण्डवों के विनाश के लिए अंतिम और सबसे भयानक अस्त्र—**ब्रह्मास्त्र** (या ब्रह्मशिरा अस्त्र)—चला दिया, जिसे उसने उत्तरा के गर्भ (पाण्डवों के इकलौते शेष वंश) पर भी निर्देशित कर दिया। श्रीकृष्ण ने अपने योग बल से उत्तरा के गर्भ की रक्षा की और भावी राजा **परीक्षित** को जीवनदान दिया।

कृष्ण के आदेश पर, अर्जुन ने अश्वत्थामा को बंदी बनाया। उसका वध न करके, अर्जुन ने उसे जीवित रहने का सबसे कठोर दंड दिया। उसके जन्मसिद्ध कवच, उसके मस्तक पर स्थित **दिव्य मणि (चूड़ामणि)** को खुरचकर निकाल लिया गया।

द्रौपदी का हृदय यह न्याय चाहता था: **"जिस मणि पर भरोसा था, उसे खुरचो।"**

यह मणि द्रौपदी के समक्ष प्रस्तुत की गई। द्रौपदी ने उस मणि को युद्धिष्ठर को दे दिया जिसने उसे अपने मस्तक पर धारण किया—यह उनके लिए केवल प्रतिशोध नहीं, बल्कि **मातृत्व की गरिमा** और **धर्म की अंतिम शरण** की विजय थी। अश्वत्थामा को शाप मिला कि वह 3000 वर्षों तक

पृथ्वी पर भटकता रहेगा। इस क्षण, द्रौपदी केवल एक माँ नहीं, बल्कि न्याय की देवी बनकर सामने आती हैं, यह सिद्ध करते हुए कि **"मेरी कोख का न्याय होगा।"**

द्रोपदी : रागनी 30

वृतांत : अपने पाँचों पुत्रों के वध के उपरान्त द्रोपदी का क्रोध।
तर्ज : दुकलिया

जिस मणि भरोसै वो निर्भय हो रहया, वा मणि खुरच कै तार धरो
मेरे सूते लाल मार दिए जिसनै, उस अश्वथामा नै गिरफ्तार करो

उस अश्वथामा निष्ठुर पापी नै, कल रात में रोप दिए चाळे
मेरे पाँच पुत्र धोखे तै मारकै, उनै बाह दिए रक्त नदी नाळे
मेरी आत्मा पै इसे पड़गे छाळे, तुम्ह उस पापी का सँघार करो

मध्यरात्रि सब थक कै सोगे, यो पापी हाँडै था टाह में
कृतवर्मा और कृपाचार्य भी, दोनूं आण मिले राह में
वे तै पाण्डव मारण के थे चाह में, जाओ सेना नै तैयार करो

प्रतिविंध्य सुतसोम मार दिए, मारया शतानीक प्यारा
श्रुतकर्मा श्रुतसेन मार दिए, इसा अधर्म पाप गुजारा
मेरा दुःख ना जाता इब टारा, जा उसनै मारो या हार मरो

पाँचों के सिर धड़ तै तार कै, संग में गर्दन लेग्या
उस मरणासन्न दुर्योधन नै वो, चैन काळजै देग्या
मेरी आँख आँसुआँ तै भेग्या, मेरे गम का तुम्ह उपचार करो

गुरु पालेराम हलालपुर आळे, मेरी कोख का न्या कर दो
जै थारे बस की बात रही ना, ये भाले तीर गदा धर दो
आनन्द शाहपुर नै भक्ति वर दो, बस इतना सा उपकार करो

विश्लेषण रागनी 30

पाँचों पुत्रों के वध के उपरान्त द्रौपदी का क्रोध

तर्ज: दुकलिया

रागनी का शास्त्रीय एवं साहित्यिक विश्लेषण

1. छंद-संरचना और लय-गठन (Pingal Shastra के अनुसार)

तर्ज "दुकलिया" में रचित यह रचना **तीन चरणीय समवृत्तीय लोकछंद** में चलती है, जिसमें प्रत्येक चरण में औसतन **16–18 मात्राएँ** हैं। यह छंद *क्रोध, मातृत्व और युद्ध की पुकार* को लय में बाँधता है।

उदाहरण:

> "जिस मणि भरोसै वो निर्भय हो रहया वा मणि खुरच कै
> तार धरो"

- कुल मात्राएँ: 18
- लय संरचना: 6+6+6
- छंद प्रकार: *त्रिपदी समवृत्त*, जिसमें *चरणांत में दीर्घ गुरु* लय को स्थिरता देता है

यह छंद *न्याय की पुकार और मातृत्व की चेतना* को लयात्मक रूप में प्रस्तुत करता है — *द्रौपदी की गर्जना और अश्वथामा के पाप* को एक साथ बाँधता है।

यह रागनी द्रौपदी के जीवन के **चरम दुःख** को दर्शाती है—महाभारत युद्ध के अंत में **पाँचों पुत्रों का अश्वत्थामा द्वारा धोखे से वध**। यह शोक इतना गहरा है कि यह पांडवों के प्रति **अंतिम उपालंभ** (Final Taunt)

बन जाता है, जहाँ वह उन्हें कायर कहकर अपनी **मातृ-कोख के न्याय** की मांग करती है।

इस रचना में शोक (Karuna) रस और क्रोध (Raudra) रस अपने चरम पर हैं, जिसे **'दुकलिया' तर्ज़** की धीमी लय पर प्रस्तुत किया गया है।

2. छंद का मूलभूत ढाँचा: मातृ-शोक और अंतिम उपालंभ

यह रागनी हरियाणवी **'सांग'** परंपरा की **'दुकलिया' तर्ज़** पर आधारित एक **अति-भावुक और आक्रोशपूर्ण (Highly Emotional and Aggressive) लोक छंद** है। इसका उद्देश्य अश्वत्थामा के जघन्य पाप और पांडवों की निष्क्रियता पर द्रौपदी के क्रोध को स्थापित करना है।

2.1. छंद का स्वरूप

- **प्रकार:** अनियमित मात्रिक, शोक-प्रधान छंद।
- **लय (Rhythm):** इसकी लय **अत्यंत तीव्र (Very Fast)** और **असंयमित (Uncontrolled)** है, जो द्रौपदी के असहनीय दुःख और आवेश को दर्शाती है। **"चूड़ी पहर लो पाँचों भाई"** जैसा कटाक्ष इस तीव्र लय को एक तीखेपन से भर देता है।
- **मात्रा भार:** पंक्तियों में मात्राएँ 17 से 21 के बीच अनियमित रूप से बदलती हैं। यह अनियमितता शोक की गहराई और **भावनात्मक विवशता** को दर्शाती है।

2.2. विन्यास (Structure)

यह छंद भी 2+1 विन्यास का पालन करता है, जहाँ पाँचवीं पंक्ति अश्वत्थामा के अपराध या पांडवों की कर्तव्यहीनता के **भावनात्मक निष्कर्ष** को दृढ़ता से स्थापित करती है:

- **अस्थायी पंक्तियाँ (Stanzas - 2 lines):** अश्वत्थामा के कृत्य, उनके सहायक, या मारे गए पुत्रों का नाम बताती हैं।
- **स्थायी भावनात्मक पंक्ति (Final line of stanza):** यह अंतिम पंक्ति **शोक, भय या पांडवों से की गई माँग** को स्थापित करती है।

3. यति (विराम) और चरणांत गुरु लय

इस छंद की छंदगत विशेषता यह है कि भयानक घटनाओं के वर्णन में भी एक नियमित और दृढ़ लय बनी रहती है।

3.1. मध्य यति (भीतरी ठहराव)

- प्रत्येक पंक्ति मध्य में 9 से 11 मात्राओं के बीच एक **स्पष्ट विराम (यति)** लेती है। यह विराम द्रौपदी के हर शब्द और माँग पर बल डालता है।
  - **उदाहरण:** मेरे सूते लाल मार दिए जिसनै (यति) उस अश्वथामा नै गिरफ्तार करो
  - मेरे गम का तुम्ह उपचार करो (यति) जा उसनै मारो या हार मरो
- यह ठहराव छंद की तीव्र गति में भी **अंतिम प्रतिशोध** की माँग को प्रभावी ढंग से रखता है।

3.2. चरणांत में दीर्घ गुरु की स्थिरता

हर खंड की अंतिम तीसरी पंक्ति एक विशिष्ट **गुरु (S)** या SS संयोजन पर समाप्त होती है, जो कथन को एक **स्थायी और अंतिम माँग** का निष्कर्ष देती है:

खंड	अंतिम निष्कर्ष/मांग	चरणांत शब्द	लय विन्यास (Guru/ Laghu)	छंदगत प्रभाव
परिचय	मणि छीनने का आदेश	गिरफ्तार करो	SS	छंद की नींव को स्थापित करता है: पुत्र वध का प्रतिशोध।
विलाप	संहार की मांग	सँघार करो	SS	अश्वत्थामा के विनाश की दृढ़ मांग।
पापी सहयोग	तैयारी का आदेश	तैयार करो	SS	पांडवों को तुरंत कार्रवाई के लिए उकसाना।
पुत्रों का नाम	हार या वध	हार मरो	SS	पांडवों के पौरुष को चुनौती देना।
सिर कटना	उपचार की मांग	उपचार करो	SS	पुत्रों के वियोग का 'उपचार' केवल प्रतिशोध से संभव है।
समापन	न्याय/भक्ति की मांग	उपकार करो	SS	अंतिम निर्णय (न्याय या भक्ति) को दृढ़ता देता है।

सभी अंतिम शब्द (गिरफ्तार करो, सँघार करो, तैयार करो, हार मरो, उपचार करो, उपकार करो) **SS (गुरु-गुरु)** की स्थिर लय पर समाप्त होते हैं। यह **समान और दृढ़ आवृत्ति** पूरी रागनी को एक **अंतिम और अपरिवर्तनीय** भावनात्मक निष्कर्ष प्रदान करती है।

4. साहित्यिक सौंदर्य और अलंकार

- **रस (Rasa):** यह **करुण रस** (पुत्र वध का दुःख) से शुरू होकर तुरंत **रौद्र रस** (क्रोध) में बदल जाता है।
- **अलंकार - रूपक (Metaphor) और कटाक्ष:**
    - मणि खुरच कै तार धरो (अश्वत्थामा की जीवन रेखा/सम्मान छीनना)।
    - चूड़ी पहर लो पाँचों भाई (पांडवों के पौरुष पर सबसे तीखा और अंतिम कटाक्ष)।
    - रक्त नदी नाळे (बहाए गए खून की अधिकता को दर्शाना)।
- **अतिशयोक्ति (Hyperbole):** मेरी आत्मा पै इसे पड़गे छाळे (आत्मा पर घाव पड़ जाना)—शारीरिक से अधिक मानसिक और आत्मिक पीड़ा को दर्शाना।

5. भाव-संरचना और प्रतीकात्मकता

यह रचना *द्रौपदी के भीतर उठे प्रतिशोध* को स्वर देती है — वह केवल शोक नहीं करती, बल्कि *अश्वथामा, कृपाचार्य और कृतवर्मा* को युद्ध की चुनौती देती है।

- **अश्वथामा का पाप**: "रक्त नदी नाळे" — यह *धोखे से किया गया नरसंहार* है
- **मातृत्व की पीड़ा**: "मेरी आत्मा पै इसे पड़गे छाळे" — यह *कोख की चीत्कार* है

- **राजनीतिक षड्यंत्र**: "कृतवर्मा और कृपाचार्य भी" — यह *धर्म के पतन में सहभागी हैं*
- **पाँचों पुत्रों का नामोल्लेख**: यह *मातृत्व की गरिमा और स्मृति* है
- **द्रौपदी की पुकार**: "जा उसनै मारो या हार मरो" — यह *धर्म की अंतिम चेतावनी* है
- **दुर्योधन को चैन देना**: "चैन काळजै देग्या" — यह *पापियों की सांठगांठ* का संकेत है

यह रचना द्रौपदी को *मातृत्व, प्रतिशोध और धर्म की पुकार* बनाती है — जो *न्याय की रणचण्डी* है।

6. रस, अलंकार और मनोवैज्ञानिक गहराई

- **रौद्र रस**: द्रौपदी का क्रोध, युद्ध की घोषणा — यह *धर्म की रक्षा का स्वर* है
- **करुण रस**: पुत्रों का वध, मातृत्व की पीड़ा — यह *नारी की चीत्कार* है
- **वीर रस**: युद्ध की तैयारी, सेना का आदेश — यह *न्याय की तैयारी* है

अलंकार:

- *रूपक*: "जिस मणि भरोसै... वा मणि खुरच कै तार धरो" — *अश्वथामा की दिव्यता का खंडन*
- *अनुप्रास*: "मेरी आँख आँसुआँ तै भेग्या" — ध्वनि की पुनरावृत्ति से लय की सघनता
- *यमक*: "जा उसनै मारो या हार मरो" — *धर्म और युद्ध की दोहरी पुकार*

7. सांस्कृतिक और स्त्रीवादी पुनर्पाठ

यह रचना *हरियाणवी लोकसंस्कृति* में स्त्री को *मातृत्व, युद्ध और धर्म की धुरी* के रूप में प्रस्तुत करती है — जो *धर्म, सत्ता और संबंधों* से प्रश्न करती है।

- द्रौपदी यहाँ *मूक पात्र नहीं*, बल्कि **रणचण्डी और न्याय की उद्घोषिका** है
- वह *पांडवों को युद्ध की आज्ञा देती है*, और *अश्वथामा को मृत्यु की चेतावनी* देती है
- यह रचना *स्त्री को युद्ध की धुरी* बनाती है — जो साहित्यिक विमर्श के लिए अत्यंत मूल्यवान है

यहाँ द्रौपदी *मातृत्व, प्रतिशोध और धर्म* की त्रयी है — जो *सभ्यता को पुनः जागृत करती है।*

8. विमर्श के नए आयाम

- यह रचना *लोकछंद, स्त्री चेतना और युद्ध की घोषणा* का संगम है
- इसमें *राजनीतिक नैतिकता, धर्म की पुनर्स्थापना*, और *नारी अस्मिता* के तत्व हैं
- जिज्ञासु पाठक इसे *स्त्रीवादी पुनर्पाठ, मातृत्व की रणचण्डी चेतना*, और *लोककाव्य में न्याय की पुकार* के संदर्भ में विश्लेषित कर सकते हैं
- यह रचना *मातृत्व की चीत्कार, धर्म की पुकार और प्रतिशोध की गर्जना* है।
- जिस तीव्रता से द्रौपदी के पाँचों पुत्रों के वध के बाद उसकी आत्मा को स्वर दिया है, वह केवल शोक नहीं, बल्कि **न्याय की माँग और युद्ध की उद्घोषणा** है। यह रागनी *द्रौपदी की*

कोख से उठी रणचण्डी का रूप है—जो अब केवल माँ नहीं, बल्कि **धर्म की याचिका और यज्ञ की अग्नि** है।

- द्रौपदी को केवल शोकाकुल माँ नहीं, बल्कि **धर्म की रणचण्डी** के रूप में प्रस्तुत किया है — जो अपने पाँचों पुत्रों के वध के बाद *मौन नहीं*, बल्कि **न्याय की माँग और युद्ध की उद्घोषणा** करती है।
- यह रागनी द्रौपदी के चरित्र के सबसे दर्दनाक और न्यायपूर्ण अध्याय को दर्शाती है। अश्वथामा द्वारा सोते हुए पुत्रों का वध, महाभारत के सबसे जघन्य अपराधों में से एक है, और इस रचना में द्रौपदी का क्रोध, एक माँ का क्रोध, रौद्र रूप ले लेता है। "मणि खुरच कै तार धरो" वाला वाक्य अश्वथामा की दैवीय पहचान को चुनौती देने का एक शक्तिशाली प्रतीक है।
- यह रागनी SS (गुरु-गुरु) के **चरणांत गुरु लय** का उपयोग करती है, जो द्रौपदी के **अंतिम दुःख, अश्वत्थामा के प्रति घृणा**, और पांडवों के **पौरुष को चुनौती** देने के भाव को एक तीव्र, लयात्मक और निर्णायक रूप देती है।

वृत्तांत रागनी 31

यह वृत्तांत कुरुक्षेत्र के अठारह दिवसीय महासंहार की समाप्ति के बाद के उस हृदय विदारक दृश्य का चित्रण करता है, जब धर्म की स्थापना रक्त और राख के ढेर पर हुई।

युधिष्ठिर के नेतृत्व में पाण्डवों ने धरा तो जीत ली, किंतु यह विजय आत्म-ग्लानि और निराशा से सनी हुई थी। धृतराष्ट्र के साथ कुरुवंश की सभी स्त्रियाँ, जिनमें राजमाता **गांधारी** और पाँच पत्नियाँ **द्रौपदी** शामिल थीं, युद्धभूमि में अपने-अपने अपनों के क्षत-विक्षत शवों का अंतिम दर्शन करने पहुँचीं।

शोक का धागा और रणचण्डी का रूपांतरण:

अपनी आँखों पर आजीवन पट्टी बाँधकर धर्म का पालन करने वाली गांधारी, अपने सौ पुत्रों के शवों पर विलाप करती हुईं, उस सर्वनाश के लिए सर्वशक्तिमान होते हुए भी युद्ध न रोकने के कारण भगवान श्रीकृष्ण को शाप देती हैं। गांधारी का यह शोक केवल एक माँ का नहीं, बल्कि उस कुल का अंतिम दुःख था जिसका उन्होंने विनाश होते देखा था।

इसी क्षण, द्रौपदी के भीतर तेरह वर्षों से धधक रही **'रणचण्डी'** की ज्वाला शांत हो जाती है। दुःख यह नहीं था कि प्रतिशोध पूरा हुआ या नहीं; दुःख यह था कि प्रतिशोध की अंतिम कीमत उन्हें **अपने ही पाँचों पुत्रों** (उपपाण्डवों) की धोखे से हुई हत्या के रूप में चुकानी पड़ी थी। इस पुत्र-वियोग ने उनकी 'जीत' को पूर्ण रूप से खोखला कर दिया।

द्रौपदी, अब वैर (शत्रुता) और द्वेष को त्यागकर, उस शोकाकुल माता गांधारी के पास पहुँचती हैं। यह महाभारत का सबसे मार्मिक आत्मबोध है: दोनों विपरीत पक्षों की स्त्रियाँ नहीं थीं, बल्कि एक ही पीड़ा और **'मातृत्व'**

के धागे से बंधी हुई दो छायाएँ थीं। द्रौपदी, गांधारी के सौ पुत्रों के दुःख में अपने पाँच पुत्रों के दुःख को देखती हैं, और घोषणा करती हैं कि अधर्म का नाश तो आवश्यक था, पर इस सर्वनाश के बाद, राजपाट जीतना पूर्णतः निरर्थक है।

यह विलाप इतिहास के सबसे बड़े सत्य को उद्घाटित करता है:

> **"हे माता, देखो! मेरी जीत कोने में पड़ी रो रही है।**
> **इस प्रतिशोध की कीमत बहुत भारी थी।"**

> **"कौरव पाण्डव की लाशां पै, मनै अपणा काळजा**
> **कूट लिया।"**

यह रचना विजय के भीतर छिपी पराजय को सजीव करती है—**"राजपाट लिया जीत धरा का, पर जीतकै भी दास होग्ये।"** द्रौपदी का यह अंतिम आत्मबोध, बैर को भक्ति और करुणा में बदलते हुए, यह स्थापित करता है कि मृत्यु और शोक के सामने जीत और हार का कोई महत्व नहीं है, और अंततः, केवल ईश्वर की शरण ही सत्य है।

द्रौपदी: रागनी 31

वृतांत : युद्ध के बाद द्रौपदी का गांधारी के साथ मिलकर शोक करना और विजय की निरर्थकता पर विलाप (गांधारी से साझा विलाप)।
तर्ज : चुकलिया

तेरे सौ पुत्र थे पाप के भागी, अरी मत रोवै गन्धारी माता
घोर अधर्मी रहया पाप में सांझा, ना तेरी समझ में आता

मेरा बदला पूरा होग्या, पर कोए खुशी बाकी कोन्या
सौ पुत्र का शोक तनै पर, मेरे पाँच भी बाकी कोन्या
देखकै तेरा दुख भीतर का, मेरै बैर भी बाकी कोन्या
रणचण्डी बणकै आई थी, मेरा छोह भी बाकी कोन्या
तेरी ममता के आगै माता, मेरा पाट काळजा जाता

या जीत पड़ी कूण में रोवै, यो म्हारा सुख उजाड़ दिया
इसी बैर की आंधी चाल्यी, म्हारे कुल का पेडा पाड़ दिया
राजपाट माटी में मिलग्या, सबका नक्शा झाड़ दिया
तायस पित्तस बहू भोटळी, सबकै नश्तर गाड़ दिया
बैर बाँध कै इस दुनिया में, ना कोए सुखड़ा पाता

मेरी कोख का न्या होग्या, पर न्याय नै सब कुछ लूट लिया
तेरी कोख का सब कुछ मिटग्या, भीतरला कति टूट लिया
मेरी इज्जत तै खेळणिया का, इस रण में भाँडा फूट लिया
कौरव पाण्डव की लाशां पै, मनै अपणा काळजा कूट लिया
कुटुंब कबीला भाई बंधू, सब मिटग्या कुल का नाता

द्रौपदी: रागनी 31 (Cont'd)

जिन्हनै नीम धरी अधर्म की, वे काळ का ग्रास होग्ये
जिन पांचां नै न्याय कमाया, वे जीवन तै उदास होग्ये
राजपाट लिया जीत धरा का, पर जीतकै भी दास होग्ये
गुरु पालेराम कहै सब झूठी माया, सारे सर्वनाश होग्ये
आनन्द शाहपुर भक्ति कर इब, ईश्वर के गुण गाता

विश्लेषण रागनी 31

गांधारी से साझा विलाप

वृतांत: युद्ध के बाद द्रौपदी का गांधारी के साथ मिलकर शोक करना और विजय की निरर्थकता पर विलाप।

तर्ज़: चुकलिय़ा

रागनी का शास्त्रीय एवं साहित्यिक विश्लेषण

1. छंदगत आधार और पिंगल शास्त्र (Metrical Foundation and Pingal Shastra)

तर्ज़ 'चुकलिया' पर आधारित यह रागनी त्रासदी, आत्म-विलोपन और तत्वज्ञान के गंभीर भावों को व्यक्त करने के लिए धीमी और स्थिर लय का उपयोग करती है। यह छंद विलाप, आत्मबोध और शांत रस की ओर संक्रमण के लिए उपयुक्त है।

1.1. छंद-संरचना

तत्व	विवरण
छंद प्रकार	करुण/शांत रस प्रधान लोकवृत्त, संवादात्मक मात्रिक छंद
मूल मात्राएँ	21–24 मात्राएँ प्रति चरण (स्थिर और भारी लय)

लय संरचना	7+7+7 या 8+8+8 — त्रासदी के विशाल मंच और साझा शोक की भावना स्थापित करना।
गति और भाव	धीमी, शोकाकुल और चिंतनशील। द्रौपदी यहाँ विजयी नहीं, बल्कि विलाप करती हुई माँ हैं।

1.2. चरणांत में SS गुरु लय की स्थिरता

अधिकांश पंक्तियाँ **SS (गुरु-गुरु)** या SLS विन्यास पर समाप्त होती हैं ("जाता", "पाता", "गाता")।

- **छंदगत कार्य:** यह स्थिर आवृत्ति रागनी को एक अपरिवर्तनीय दार्शनिक सत्य (बैर की निरर्थकता) पर विराम देती है। यह लय शोक की गहराई और नियति की अपरिहार्यता को दर्शाती है।

2. छंद का मूलभूत ढाँचा: विजय की निरर्थकता (Futility of Victory) स्वरूप

यह रचना हरियाणवी 'सांग' परंपरा की एक **दार्शनिक और अंतिम निष्कर्ष** देने वाली छंद है, जो 'चुकलिया' तर्ज़ के अत्यंत गंभीर स्वर पर आधारित है। शोकप्रधान संवाद छंद

2.1. छंद का स्वरूप

- **प्रकार:** आत्म-आलोचनात्मक और तत्वज्ञान पर आधारित मात्रिक छंद। संवादात्मक, करुण प्रधान लोकछंद
- **लय (Rhythm):** लय **धीमी, शोकाकुल और बोझिल** है। द्रौपदी का स्वर यहाँ **एक विजयी रानी** का नहीं, बल्कि **एक**

विलाप करती हुई माँ का है, जो गांधारी के दुख में अपना दुख देखती है। स्थिर, भावगर्भित

- **मात्रा भार:** पंक्तियों में मात्राएँ 19 से 24 के बीच हैं, जो **शोक की गहराई** को प्रभावी ढंग से व्यक्त करती हैं।

2.2. विन्यास (Structure)

यह छंद 4+1 विन्यास का पालन करता है, जहाँ प्रत्येक खंड **विनाश के चरण** और उसके **दार्शनिक अर्थ** को दिखाता है:

- **खंड 1 (बैर का त्याग):** द्रौपदी का यह स्वीकार करना कि गांधारी का शोक देखकर **उनका बैर समाप्त हो गया है** और प्रतिशोध का **छोह** (क्रोध) बाकी नहीं रहा।
- **खंड 2 (कुल की हानि):** जीत की **निरर्थकता** ("जीत कूण में पड़ी रोवै सै") और परिवार के **जड़ से उखड़ जाने** (पेडा पाड़ दिया) का वर्णन।
- **खंड 3 (न्याय का मूल्य):** न्याय (अधर्मियों का वध) तो हुआ, लेकिन **न्याय ने सब कुछ लूट लिया**—अपने पाँच पुत्रों की हानि को **साझा त्रासदी** के रूप में स्वीकार करना।
- **खंड 4 (अंतिम सत्य):** अधर्म करने वाले (कौरव) और न्याय पाने वाले (पांडव) दोनों ही **उदास** हैं। सब कुछ झूठी माया है, इसलिए अब केवल **ईश्वर भक्ति** ही सत्य है।

2.2 प्रारंभिक स्थायी (Refrain):

- *"मेरा बदला पूरा होग्या, पर कोए खुशी बाकी कोन्या"* → यह पंक्ति रचना की **विजय की निरर्थकता और शोक की धुरी** है।

3. यति (विराम) और चरणांत गुरु लय

इस छंद की छंदगत विशेषता **शोकाकुल मध्य यति** और **दार्शनिक चरणांत** है।

3.1. मध्य यति (भीतरी ठहराव)

कुछ पंक्तियों के मध्य में 10 से 12 मात्राओं के बीच एक **अत्यंत भावुक विराम** लेती है। यह विराम दुःख के हर पहलू पर जोर देता है।

- **उदाहरण:** मेरी इज्जत तै खेळणिया का (यति) इस रण में भाँडा फूट लिया यह ठहराव **प्रतिशोध की सिद्धि** और उसकी **क्षणिक संतुष्टि** के बीच के द्वंद्व पर जोर देता है।
- जबकि कुछ पंक्तियों में 8–10 मात्राओं पर यति, जिससे **विलाप की स्पष्टता और भाव की गहराई** बनी रहती है।
  उदाहरण:
  "कौरव पाण्डव की लाशां पै, मनै अपणा काळजा कूट लिया"
  → यति के बाद शोक का विस्फोट।

3.2. चरणांत में दीर्घ गुरु की स्थिरता

इस रागनी में SS (गुरु-गुरु) की स्थिर लय का उपयोग होता है, जो कथन को एक **अंतिम और अपरिवर्तनीय सत्य** देता है:

अंतिम क्रिया/निष्कर्ष	चरणांत शब्द	लय विन्यास (Guru/ Laghu)	छंदगत प्रभाव

पाट काळजा **जाता**	जाता	SS	**साझा मातृत्व** के कारण हृदय का टूटना।
ना कोए सुखड़ा **पाता**	पाता	SS	**बैर की निरर्थकता** का अंतिम निष्कर्ष।
कुल का **नाता**	नाता	SS	**पारिवारिक विच्छेद** की पूर्णता।
ईश्वर के गुण **गाता**	गाता	SS	**पारिवारिक विच्छेद** की पूर्णता।

यह SS की आवृत्ति रागनी को एक **स्थायी और अंतिम सत्य** (Sarvnash) पर विराम देती है।

अधिकांश पंक्तियाँ **SS या SLS** पर समाप्त होती हैं — जो *विलाप की स्थिरता और नियति की अपरिहार्यता* को दर्शाती हैं। उदाहरण:

- *"सब मिटग्या कुल का नाता"* → SS
- *"ईश्वर के गुण गाता"* → SS

4. साहित्यिक सौंदर्य और अलंकार

- **अनुप्रास:** "बैर बाँध कै इस दुनिया में, ना कोए सुखड़ा पाता" — *'ब', 'स'* ध्वनि की पुनरावृत्ति
- **रूपक:** *रणचण्डी बणकै आई थी* → प्रतिशोध की मूर्ति
- **उपमा:** *"इस रण में भाँडा फूट लिया"* → न्याय की विफलता

- **अनुभाव चित्रण:** *"मनै अपणा काळजा कूट लिया"* → शोक का सजीव चित्रण
- **अलंकार - विरोधाभास (Contradiction):** या जीत कूण में पड़ी रोवै सै (जीत का रोना)—यह विजय की **क्षणिकता और भारी कीमत** का सबसे शक्तिशाली रूपक है।
- **रूपक (Metaphor):** बैर की आंधी चाल्यी (वैर को सर्वनाशी आँधी बताना)।
- **शोक का चित्रण:** कूंट लिया (छाती पीटना), नश्तर गाड़ दिया (तीव्र मानसिक और भावनात्मक आघात)।
- **चरित्र का निष्कर्ष:** द्रौपदी यहाँ **युद्ध-विजेता** के रूप में नहीं, बल्कि एक **मानवतावादी** के रूप में सामने आती है, जो अपनी शत्रु के दुख को अपना मानती है।

5. भाव-संरचना और प्रतीकात्मकता

- **गांधारी और द्रौपदी का संवाद:** *विरोधी पक्षों की माताओं का साझा शोक*
- **रणचण्डी से छोह तक:** *प्रतिशोध से करुणा की यात्रा*
- **लाशों पर विलाप:** *विजय की निरर्थकता और कुल का सर्वनाश*
- **झूठी माया:** *राजपाट और सत्ता की क्षणभंगुरता*
- **भक्ति का आह्वान:** *शोक के बाद आध्यात्मिक शरण*
- **जीत का रोना:** यह प्रतीक है कि **नैतिक और पारिवारिक हानि** भौतिक लाभ (राजपाट) से कहीं अधिक बड़ी है।
- **न्याय का लूटना:** यह विरोधाभास दर्शाता है कि न्याय की स्थापना के लिए भी **इतना बड़ा बलिदान** देना पड़ा कि अब कुछ भी शेष नहीं है।

- **लाशां पै काळजा कूट लिया:** यह **अपमान का बदला पूरा होने** और उसके बाद बची **भयंकर शून्यता (Emptiness)** का प्रतीक है।

6. रस, अलंकार और मनोवैज्ञानिक गहराई

- **करुण रस:** युद्ध के बाद का शोक और आत्मस्वीकृति
- **शांत रस:** अंत में भक्ति और ईश्वर की शरण
- **विप्रलंभ श्रृंगार:** खोए हुए पुत्रों की स्मृति
- **मनोवैज्ञानिक द्वंद्व:** *"मेरी कोख का न्या होग्या, पर न्याय नै सब कुछ लूट लिया"* — न्याय बनाम मातृत्व
- **रस:** सर्वत्र **करुण रस** (शोक और विलाप), जिसका अंतिम क्षण **शांत रस** (भक्ति) में विलय होता है।
- **मनोवैज्ञानिक गहराई:** यह रागनी **साझा आघात (Shared Trauma)** के सिद्धांत को दर्शाती है। जब युद्ध समाप्त होता है, तो शत्रुता गौण हो जाती है, और **मातृत्व का दुःख** सर्वोपरि हो जाता है।

7. स्त्रीवादी और सांस्कृतिक पुनर्पाठ

- यह रचना हरियाणवी लोकसंस्कृति में **विजय की निरर्थकता, मातृत्व की पीड़ा और धर्म की सीमाओं** को उजागर करती है।
- द्रौपदी और गांधारी यहाँ केवल विरोधी नहीं, **एक ही पीड़ा की दो छायाएं** हैं।
- यह रचना *धर्म, प्रतिशोध और करुणा* के त्रिकोण को एक साथ प्रस्तुत करती है।
- यह रचना हरियाणवी लोकसंस्कृति में दो **अधिकार-प्राप्त स्त्रियों** को एक ही धरातल पर लाती है, जो यह सिद्ध करती हैं

कि युद्ध का अंतिम बोझ पुरुषों की जीत या हार पर नहीं, बल्कि **स्त्रियों के दुःख** पर पड़ता है। द्रौपदी और गांधारी का यह संवाद उन्हें **महाभारत की सर्वोच्च नैतिक आवाज़** के रूप में स्थापित करता है।

8. विमर्श के नए आयाम

- **विजय बनाम शोक** — युद्ध के बाद की स्त्री दृष्टि
- **द्रौपदी और गांधारी** — प्रतिशोध से करुणा तक की यात्रा
- **राजपाट और कुल का सर्वनाश** — लोक चेतना में सत्ता की आलोचना
- **गुरु और भक्ति की शरण** — धर्म की अंतिम आश्रय भूमि
- यह रचना **स्त्री शोक चेतना, युद्ध की नैतिकता और आध्यात्मिक पुनर्पाठ** का उत्कृष्ट उदाहरण है।
- इसमें **छंद की स्थिरता**, **भाव की गहराई**, और **प्रतीकों की सूक्ष्मता** साहित्यिक विचार विमर्श के लिए अत्यंत उपयोगी है।
- जिज्ञासु पाठक इसे **नारी धर्म विमर्श**, **विजय की आलोचना**, और **पिंगल शास्त्र के छंद विन्यास** के संदर्भ में विश्लेषित कर सकते हैं।
- यह रागनी **युद्ध की निरर्थकता, प्रतिशोध की शून्यता, और मातृत्व के साझा दुःख** के संदर्भ में शोध के लिए मूल्यवान है। यह लोककाव्य में एक **विजेता** के अंतिम दुःख और **ईश्वर-शरणागति** के रूप में मुक्ति को दर्शाती है।
- यह रचना *महाभारत के युद्ध के बाद की राख में बैठी दो माताओं की आत्मा का विलाप है* — जिसमें **द्रौपदी और गांधारी** दोनों *विजय की निरर्थकता*, *अपनों की क्षति*, और *धर्म-अधर्म के भ्रम* पर शोक करती हैं।

- इस रचना में *शोक, क्षमा, और आत्मबोध* को जिस हरियाणवी लोकध्वनि में पिरोया है, वह *इतिहास की सबसे करुण गूंज* बनकर उभरता है।
- यह रचना **युद्ध की निरर्थकता** और **मातृत्व की साझा पीड़ा** का मार्मिक चित्रण करती है। यह द्रौपदी के चरित्र का सबसे परिपक्व पहलू है, जहाँ प्रतिशोध समाप्त होता है और करुणा का जन्म होता है।

वृत्तांत रागनी 32

वृतांत: हिमालय यात्रा (महाप्रस्थान) में द्रौपदी का पतन और युधिष्ठिर द्वारा कारण बताना: **अर्जुन के प्रति विशेष मोह (Moh)**।

महाप्रस्थान में अंतिम पतन—धर्मराज का कठोर न्याय

यह वृत्तांत महाभारत के **'महाप्रस्थानिक पर्व'** के उस सर्वोच्च आध्यात्मिक क्षण को केंद्र में रखता है, जहाँ कर्म की कसौटी पर मन की शुद्धि को परखा गया।

कुरुक्षेत्र युद्ध में विजय, राजपाट, और संसार की नश्वरता को देखकर, पाण्डवों ने मोक्ष की अंतिम यात्रा—महाप्रस्थान—आरंभ की। यह यात्रा शरीर को गलाने और आत्मा को शुद्ध करने का सबसे कठिन मार्ग था। युधिष्ठिर, धर्म के प्रतीक, आगे चल रहे थे और उनके पीछे द्रौपदी सहित शेष पाण्डव।

इस हिमशीतल भूमि पर सबसे पहले **द्रौपदी** का पतन होता है। जब भीम यह प्रश्न करते हैं कि अग्नि से जन्मी और आजीवन धर्म का पालन करने वाली पांचाली सबसे पहले क्यों गिरीं, तो युधिष्ठिर बिना विचलित हुए, धर्म का कठोरतम निर्णय सुनाते हैं:

> **"पाँचाली के पाँच पति थे, पर एक अर्जुन में उका मोह था।"**
>
> *(यद्यपि उन्होंने सभी पतियों की सेवा समान भाव से की, किंतु उनके मन में अर्जुन के प्रति विशेष और अचल अनुराग (मोह) शेष था।)*

यह वृत्तांत द्रौपदी के जीवन की अंतिम और निर्णायक परीक्षा बन जाता है। उन्होंने पत्नी-धर्म के सभी कर्तव्यों का पालन किया, पर अपने 'मन' को नहीं जीत पाई। युधिष्ठिर का न्याय यह सिद्ध करता है कि मोक्ष के मार्ग पर कर्तव्य की पूर्ति पर्याप्त नहीं, बल्कि **मन का मोह-त्याग** अनिवार्य है।

मरते-मरते द्रौपदी की यह आत्म-स्वीकारोक्ति गूँजती है, जो उन्हें देवी नहीं, बल्कि संवेदनशील मानव बनाती है: **"मैं हाड़-मांस की नारी थी, मन्नै मन का मोल चुकाणा था।"** धर्मराज के इस अटल फैसले के सम्मुख, प्रेम और नियति का द्वंद्व समाप्त हो जाता है, और यह सिद्ध होता है कि धर्म की कठोरता को चाहकर भी टाला नहीं जा सकता। उनका पतन केवल अंत नहीं, बल्कि मोह और धर्म के बीच की अंतिम गाथा है।

द्रौपदी: रागनी 32

वृतांत : द्रौपदी का महाप्रस्थान में पतन और युधिष्ठिर द्वारा कारण बताना।
(हिमालय यात्रा में अंतिम पतन)
तर्ज : चुकलिया

हिमालय की बाट चालकै, यो सबने शरीर नै गलाणा था।
द्रोपदी धरती पै पड़ गई, इब आखिरी न्याय सुणाणा था।

द्रोपदी चली थी सबतै आगै, पर वा सबतै पहलम गिरगी
किसे की भी ना पार बसाई, वा मौत जाळ में घिरगी
चारों बूझण लागे बड़े तै वा इतनी जल्दी क्यूँ मरगी
वा तै अग्नि की ज्यूँ पवित्र थी फेर इसी के करणी करगी
न्याय का लेखा-जोखा होग्या, इब कर्म का भेद बताणा था।

युधिष्ठिर कहण लग्या सुण ल्यो ऊके, भीतरले में धोह था
पाँचाली के पाँच पति थे पर एक अर्जुन में उका मोह था
माता के कहणे तै बर लिए, पर ऊके इस बात का छोह था
उसका अहम ले कै डूब ग्या, म्हारे राजवंश का खोह था
जो भी कर्म करे जीवन में इस धरती पै चुकाणा था।

मरते मरते द्रोपदी बोली, हाँ मनै अर्जुन सबतै प्यारा था
उस वीर पुरुष नै सदा, मेरे दुःख-सुख में साथ सँवारा था
मनै पति धर्म कदे ना तोड़या, सबको एक समान पुकारा था
मेरी इज्जत का बदला रण में उस ऐकले अर्जुन नै तारा था
मैं हाड़-मांस की नारी थी, मन्नै मन का मोल चुकाणा था।

द्रौपदी: रागनी 32 (Cont’d)

आज क्रोध छोड़कै चाल पड़ी, पर प्रेम ना छोडया जाता
मोह-माया का बंधन आखिर, इस मन तै ना तोड़या जाता
धर्मराज का इसा फैसला, चाह कै भी ना मोड़या जाता
गुरु पालेराम कहै पाप कर्म का भाँडा फोड़या जाता
आनन्द शाहपुर की रचना में यो भेद भी खुलवाणा था

विश्लेषण रागनी 32

हिमालय यात्रा में अंतिम पतन

वृतांत: द्रौपदी का महाप्रस्थान में पतन और युधिष्ठिर द्वारा कारण बताना।

तर्ज़: चुकलिया़

रागनी का शास्त्रीय एवं साहित्यिक विश्लेषण

1. छंद-संरचना और लय-गठन (Pingal Shastra के अनुसार)

1. छंदगत आधार और पिंगल शास्त्र (Metrical Foundation and Pingal Shastra)

तर्ज़ 'चुकलिया' पर आधारित यह रागनी मृत्यु, आत्म-विश्लेषण और अटल नियति के गंभीर स्वर को वहन करती है। यह लय यात्रा की शांति से शुरू होकर अंतिम धार्मिक निर्णय की कठोरता पर समाप्त होती है।

1.1. छंद-संरचना

तत्व	विवरण
छंद प्रकार	कर्म-सिद्धांत प्रधान लोकवृत्त, दार्शनिक मात्रिक छंद
मूल मात्राएँ	21–24 मात्राएँ प्रति चरण (स्थिर और गंभीर लय)

लय संरचना	7+7+7 या 8+8+8 — यात्रा की गंभीरता और मृत्यु की अनिवार्यता स्थापित करना।
गति और भाव	धीमी, निर्णायक और अटल। युधिष्ठिर के 'धर्मादेश' की ध्वनि छंद में व्याप्त है।

1.2. चरणांत में दीर्घ गुरु की निर्णायकता

रागनी में **SSS (गुरु-गुरु-गुरु)** और **SS (गुरु-गुरु)** की स्थिर लय का उपयोग होता है ("सुणाणा था", "चुकाणा था", "खोह था")।

- **छंदगत कार्य:** यह लय महाप्रस्थान की पवित्रता और युधिष्ठिर के धार्मिक निर्णय की **अखंडनीयता (Inviolability)** को स्थापित करती है। यह कर्म के अंतिम न्याय (Final Judgement of Karma) की घोषणा का छंदगत रूप है।

2. छंद का मूलभूत ढाँचा: कर्म का अंतिम न्याय (The Final Judgement) स्वरूप

यह रचना हरियाणवी 'सांग' परंपरा की एक **दार्शनिक और विवरणात्मक** छंद है, जो 'चुकलिया' तर्ज़ के कठोर और अटल स्वर पर आधारित है। आत्मस्वीकृति और नियति छंद।

2.1. छंद का स्वरूप

- **प्रकार:** घोषणात्मक और आत्म-विश्लेषणात्मक मात्रिक छंद। आत्मनिवेदन प्रधान, मृत्युबोध लोकछंद।
- **लय (Rhythm):** लय **गंभीर और निर्णायक** है। यह द्रौपदी के **अंतिम समय** और युधिष्ठिर के **अटूट धार्मिक निर्णय** को दर्शाती है। स्थिर, भावगर्भित।

- **मात्रा भार:** पंक्तियों में मात्राएँ 19 से 24 के बीच हैं, जो **अंतिम रहस्योद्घाटन** (अर्जुन से मोह) की भावनात्मक तीव्रता को प्रभावी ढंग से व्यक्त करती हैं।

2.2. विन्यास (Structure)

यह छंद 4+1 विन्यास का पालन करता है, जहाँ प्रत्येक खंड **पतन और उसके कारण** को दिखाता है:

- **खंड 1 (पतन):** द्रौपदी का गिरना और पांडवों द्वारा युधिष्ठिर से कारण पूछना।
- **खंड 2 (युधिष्ठिर का निर्णय):** युधिष्ठिर द्वारा पतन का कारण **"धोह" (भेदभाव/छिपाव)** और **अर्जुन के प्रति विशेष मोह** बताना।
- **खंड 3 (द्रौपदी की स्वीकारोक्ति):** मरते-मरते द्रौपदी का यह स्वीकार करना कि **अर्जुन ही उन्हें सबसे प्यारा था**, लेकिन उन्होंने **पति धर्म** का पालन किया।
- **खंड 4 (दार्शनिक निष्कर्ष):** धर्मराज का फैसला अटल है, क्योंकि **मोह-माया का बंधन** अंत तक नहीं तोड़ा जा सका।

2.3 प्रारंभिक स्थायी (Refrain):

- *"द्रोपदी धरती पै पड़ गई, इब आखिरी न्याय सुणाणा था।"*
  → यह पंक्ति रचना की **नियति और आत्मबोध की धुरी** है।

3. यति (विराम) और चरणांत गुरु लय

इस छंद की छंदगत विशेषता **विवादास्पद मध्य यति** (मोह का रहस्योद्घाटन) और **निर्णायक चरणांत** है।

3.1. मध्य यति (भीतरी ठहराव)

कुछ पंक्तियों के मध्य में 10 से 12 मात्राओं के बीच एक **अटूट सत्य** पर विराम लेती है।

- **उदाहरण (युधिष्ठिर):** पाँचाली के पाँच पति थे (यति) पर एक अर्जुन में उका मोह था
- **उदाहरण (द्रौपदी):** मैं हाड़-मांस की नारी थी (यति) मन्नै मन का मोल चुकाणा था यह ठहराव **धर्म के नियम** और **मानवीय भावना** के बीच के संघर्ष पर जोर देता है।
- जबकि कुछेक पंक्तियों में 8–10 मात्राओं पर यति, जिससे **मृत्यु की स्वीकृति और कर्म की समीक्षा** स्पष्ट होती है।
  उदाहरण:
  "मैं हाड़-मांस की नारी थी, मन्नै मन का मोल चुकाणा था।"
  → यति के बाद आत्मस्वीकृति का भाव।

3.2. चरणांत में दीर्घ गुरु की स्थिरता

इस रागनी में SS या SSS की स्थिर लय का उपयोग होता है, जो **कठोर धार्मिक निर्णय** को स्थापित करती है:

अंतिम क्रिया/निष्कर्ष	चरणांत शब्द	लय विन्यास (Guru/ Laghu)	छंदगत प्रभाव
न्याय **सुणाणा था**	णा णा था	SSS	**कर्म के अंतिम न्याय** की घोषणा।

भेद **बताणा था**	णा णा था	SSS	द्रौपदी के **छिपे हुए दोष** को उजागर करना।
राजवंश का **खोह था**	खोह था	SS	द्रौपदी के दोष को **कुल के विनाश** से जोड़ना।
मोल **चुकाणा था**	णा णा था	SSS	**मानवीय प्रेम** की कीमत चुकाना।
भेद भी खुलवाणा **था**	णा था	SS	कवि द्वारा **चरित्र के इस रहस्य** को उजागर करने का उद्देश्य।

यह SS और SSS की आवृत्ति **गंभीरता और अनिवार्यता** का भाव देती है, जहाँ **धर्म** अंत में जीतता है, लेकिन **प्रेम** को भी उचित स्थान मिलता है।

अधिकांश पंक्तियाँ **SS या SLS** पर समाप्त होती हैं — जो *नियति की स्थिरता और धर्म की अपरिहार्यता* को दर्शाती हैं।
उदाहरण:

- *"इस धरती पै चुकाणा था"* → SS
- *"यो भेद भी खुलवाणा था"* → SS

4. साहित्यिक सौंदर्य और अलंकार

- **अनुप्रास:** "मोह-माया का बंधन आखिर, इस मन तै ना तोड़या जाता" — *'म', 'त'* ध्वनि की पुनरावृत्ति

- **रूपक:** *हाड़-मांस की नारी* → मानवीय कमजोरी की स्वीकृति
- **उपमा:** *"वा तै अग्नि की ज्यूँ पवित्र थी"* → द्रौपदी की तपस्विनी छवि
- **अनुभाव चित्रण:** *"मरते मरते द्रोपदी बोली"* → मृत्यु के क्षण का सजीव चित्रण
- **अलंकार - विरोधाभास (Contradiction):** सबतै आगै चली, पर सबतै पहलम गिरगी (आगे निकलने का प्रयास, लेकिन सबसे पहले पतन)।
- **रूपक (Metaphor):** मनै मन का मोल चुकाणा था (प्रेम और इच्छाओं को **चुकाने योग्य ऋण** बताना)।
- **चरित्र का रहस्योद्घाटन:** द्रौपदी के पाँच पतियों के प्रति **समान कर्तव्य** और **एक के प्रति विशेष प्रेम** के बीच का द्वंद्व।
- **तीव्रता:** वा तै अग्नि की ज्यूँ पवित्र थी (उनकी शुचिता की महत्ता पर जोर)।

5. भाव-संरचना और प्रतीकात्मकता

- **हिमालय यात्रा:** *मोक्ष की प्रतीकात्मक यात्रा*
- **द्रौपदी का पतन:** *मानवीय मोह और कर्मफल की परिणति*
- **अर्जुन के प्रति मोह:** *स्त्री मन की स्वाभाविक प्रवृत्ति*
- **युधिष्ठिर का निर्णय:** *धर्म की निर्लिप्तता और न्याय की कठोरता*
- **पाप कर्म का भाँडा:** *कर्मफल का उद्घाटन*
- **पतन (गिरना):** यह केवल भौतिक पतन नहीं, यह **अंतिम आध्यात्मिक अशुद्धि** (मोह) के कारण **स्वर्ग में प्रवेश** पाने में विफल रहने का प्रतीक है।

- **युधिष्ठिर:** वह केवल पति नहीं, वह **धर्म और अटल नैतिक संहिता** के प्रतीक हैं, जिनका निर्णय व्यक्तिगत भावना से परे होता है।
- **हाड़-मांस की नारी:** द्रौपदी का यह अंतिम कथन उन्हें **देवी** से नीचे लाकर **मानवीय** धरातल पर रखता है, जो अपने प्रेम को त्याग नहीं पाई।

6. रस, अलंकार और मनोवैज्ञानिक गहराई

- **करुण रस:** मृत्यु, मोह और आत्मस्वीकृति
- **शांत रस:** धर्म की स्वीकृति और नियति का स्वीकार
- **विप्रलंभ श्रृंगार:** अर्जुन के प्रति भावनात्मक लगाव
- **मनोवैज्ञानिक द्वंद्व:** *"आज क्रोध छोड़कै चाल पड़ी, पर प्रेम ना छोडया जाता"* — वैराग्य बनाम मोह
- **रस:** मुख्य रूप से **शांत रस** (हिमालय की यात्रा, कर्म का नियम) और **करुण रस** (द्रौपदी का पतन और विलाप)।
- **मनोवैज्ञानिक गहराई:** यह रागनी **"मानवीय मोह"** को अंतिम **बाधा** के रूप में दर्शाती है। सभी तपस्या (रागनी 16, 19, 20) और क्रोध का त्याग करने के बावजूद, **प्रेम का सूक्ष्म बंधन** ही उनके मोक्ष में अंतिम रुकावट बना।

7. स्त्रीवादी और सांस्कृतिक पुनर्पाठ

- यह रचना हरियाणवी लोकसंस्कृति में **मृत्युबोध, कर्मफल और स्त्री मन की गहराई** को उजागर करती है।
- द्रौपदी यहाँ केवल तपस्विनी नहीं, **मानवीय मोह की स्वाभाविक मूर्ति** है।
- युधिष्ठिर का निर्णय लोक दृष्टि में **धर्म की कठोरता और न्याय की निर्लिप्तता** है।

- यह रचना हरियाणवी लोकसंस्कृति में द्रौपदी को **धार्मिक कर्तव्य** और **प्राकृतिक मानवीय भावना** के बीच फँसी हुई स्त्री के रूप में प्रस्तुत करती है। युधिष्ठिर का निर्णय कठोर होते हुए भी, द्रौपदी का **प्रेम** का अंतिम स्वीकार उनके चरित्र को **महान और मानवीय** बनाता है।

8. विमर्श के नए आयाम

- **महाप्रस्थान की स्त्री दृष्टि — मृत्यु के न्याय का लोकपाठ**
- **युधिष्ठिर का निर्णय — धर्म की निर्लिप्तता और नारी के मोह का मूल्यांकन**
- **द्रौपदी का आत्मस्वीकार — प्रेम, धर्म और मृत्यु के बीच की त्रासदी**
- **गुरु की दृष्टि और लोक चेतना — कर्म का भंडा और आत्मा का उजास**
- यह रचना **स्त्री आत्मस्वीकृति, कर्मफल और धर्म की अंतिम परीक्षा** का उत्कृष्ट उदाहरण है।
- इसमें **छंद की स्थिरता**, **भाव की गहराई**, और **प्रतीकों की सूक्ष्मता** नए विचार विमर्श के लिए अत्यंत उपयोगी है।
- जिज्ञासु पाठक इसे **नारी धर्म विमर्श**, **मृत्युबोध**, और **पिंगल शास्त्र के छंद विन्यास** के संदर्भ में विश्लेषित कर सकते हैं।
- यह रागनी **धर्म और प्रेम के बीच का शाश्वत द्वंद्व, महाप्रस्थान की नैतिक परीक्षा, और लोककाव्य में 'मोह' की अंतिम बाधा** के संदर्भ में इस दिशा में नई खोज के लिए मूल्यवान है। यह द्रौपदी के **अंतिम, सबसे अंतरंग सत्य** को दर्शाती है।
- यह रचना *महाप्रस्थान की हिमशीतल भूमि पर द्रौपदी की आत्मा का अंतिम विलाप* है — जिसमें **मोह, धर्म, और मृत्यु के बीच का अंतिम संवाद** गूंजता है।

- इस रचना में जिस भाव से *द्रौपदी के पतन और युधिष्ठिर के न्याय* को हरियाणवी लोकध्वनि में पिरोया है, वह *नारी मन की गहराई और धर्म की कठोरता* को एक साथ उजागर करता है।
- यह रचना *मोक्ष की ओर बढ़ती आत्मा की अंतिम स्वीकृति* है — जिसमें द्रौपदी अब केवल रानी नहीं, *कर्म की दर्पण* बन जाती हैं।
- **यह रागनी सिद्ध करती है कि द्रौपदी, तमाम तपस्या और कर्तव्यपरायणता के बावजूद, अंततः मोह के बंधन से मुक्त नहीं हो पाईं, जो उनके मानवीय स्वरूप की पराकाष्ठा है। युधिष्ठिर द्वारा दिया गया कारण—"एक अर्जुन में उका मोह था"—और द्रौपदी की स्वीकारोक्ति—"मैं हाड़-मांस की नारी थी, मन्नै मन का मोल चुकाणा था"—इस साहित्यिक काव्य को एक दार्शनिक और मानवीय अंत देती है।**

द्रौपदी: एक लोक चेतना काव्य का आलोचनात्मक सार-संश्लेषण

कवि आनन्द कुमार आशोधिया द्वारा रचित **द्रौपदी: एक लोकचेतना काव्य** (32 रागणियाँ) हरियाणवी 'सांग' परंपरा की सर्जनात्मक ऊँचाई को दर्शाती एक महत्वपूर्ण कृति है। यह केवल महाभारत के एक केंद्रीय पात्र का पुनर्कथन नहीं है, बल्कि लोक चेतना के भीतर धर्म, प्रतिशोध, मोक्ष और मानवीय नियति के गहन दार्शनिक सत्यों का कलात्मक अन्वेषण है। यह कृति सिद्ध करती है कि लोक-साहित्य भी गंभीरतम आध्यात्मिक और नैतिक प्रश्नों को सहजता से वहन करने की क्षमता रखता है।

I. काव्य की अंतर्वस्तु: द्रौपदी के चरित्र का आध्यात्मिक उन्नयन

कवि आनन्द कुमार आशोधिया की रागणियाँ द्रौपदी के जीवन को केवल घटनाओं की एक श्रृंखला के रूप में नहीं, बल्कि क्रमिक भावनात्मक एवं आध्यात्मिक विकास की एक यात्रा के रूप में प्रस्तुत करती हैं। इस साहित्यिक काव्य की अंतर्वस्तु पाँच प्रमुख आयामों से निर्मित है:

1. रस की उदात्तता: रौद्र से शांत की ओर

यह कृति द्रौपदी के चरित्र को रौद्र रस (चीरहरण के पश्चात उत्पन्न प्रलयंकारी क्रोध और प्रतिज्ञा) के उत्कट शिखर से उठाकर शांत रस के विराट आकाश तक ले जाती है। पूरी कथा में विभत्स (युद्ध की विभीषिका) और करुण (अभिमन्यु व अन्य पुत्रों का वध) जैसे रसों की गहन अनुभूति होती है, जो अंततः हिमालय की ओर द्रौपदी के महाप्रस्थान के साथ मोक्ष की ओर उन्मुख होती है। यह क्रमिक रस-परिवर्तन द्रौपदी की त्रासदी को एक साधारण प्रतिशोध की गाथा से ऊपर उठाकर आध्यात्मिक विरक्ति (Asceticism) के चरम बिंदु में रूपांतरित करता है।

2. लोकपाठ की मार्मिकता और सहज संप्रेषणीयता

कवि आनन्द कुमार आशोधिया ने हरियाणवी बोली के मुहावरों (जैसे 'काळजा कूट लिया', 'धोह') का कुशलतापूर्वक उपयोग किया है, जिससे काव्य की भाषा लोक-हृदय के अत्यंत निकट आ गई है। यह लोकभाषा काव्य के जटिल नैतिक और दार्शनिक विषयों (जैसे मोह और कर्तव्य का द्वंद्व) को बिना दुर्बोध बनाए, सीधे श्रोता की आत्मा तक पहुँचाती है। इस प्रकार, यह कृति संस्कृत के 'देवभाषा' काव्य की परंपरा को 'जन-जन के लोकपाठ' की भूमिका सौंपती है।

3. विजय का भग्नावशेष और मातृत्व की पराकाष्ठा

रागनी 31 ('गांधारी से साझा विलाप') इस काव्य का नैतिक केंद्र है। द्रौपदी और गांधारी का साझा शोक-संवाद इस शाश्वत सत्य को स्थापित करता है कि युद्ध में कोई विजयी नहीं होता; अंतिम सत्य केवल अपूरणीय मानवीय क्षति है। प्रतिशोध की ज्वाला शांत होने पर, दो माताओं (गांधारी) और पुत्रवधू (द्रौपदी) की साझी पीड़ा, राजनीतिक जीत की निरर्थकता पर मानवता और मातृत्व की महत्ता को स्थापित करती है।

4. कर्म का सूक्ष्म सिद्धांत: मोक्ष में मोह की अंतिम बाधा

रागनी 32 ('हिमालय यात्रा में अंतिम पतन') इस काव्य का दार्शनिक निष्कर्ष है, जो द्रौपदी के चरित्र को मानवीय बनाता है। युधिष्ठिर द्वारा उनके पतन का कारण अर्जुन के प्रति 'मोह' बताना, धर्म के उस कठोर नियम को रेखांकित करता है कि मोक्ष के लिए केवल बाहरी तपस्या या कर्तव्यनिष्ठा पर्याप्त नहीं है; सूक्ष्म भावनात्मक बंधन (Attachment) का पूर्ण त्याग अनिवार्य है। यह चित्रण द्रौपदी को केवल 'देवी' नहीं, बल्कि मानवीय प्रेम के ऋण से बंधी एक तपस्विनी के रूप में प्रतिष्ठित करता है।

5. गुरु का हस्तक्षेप और धर्म का भाष्य

रचना में गुरु पालेराम और आनंद शाहपुर की उपस्थिति मात्र कवि-परिचय न होकर, कथा के साथ-साथ चलने वाला एक **नैतिक भाष्य** (Ethical Commentary) है। ये गुरु-शिष्य की आवाजें सुनिश्चित करती हैं कि कथा का प्रत्येक नाटकीय मोड़—चाहे वह अपमान हो या युद्ध—अंततः एक धर्मसम्मत और आध्यात्मिक निष्कर्ष पर पहुँचे। यह परम्परा काव्य को केवल कलात्मक अभिव्यक्ति तक सीमित न रखकर उसे एक धर्म-ग्रंथ की पवित्र भूमिका भी प्रदान करती है।

II. साहित्यिक महत्व और सांस्कृतिक योगदान

1. लोक-कला का दार्शनिक उत्थान

यह काव्य हरियाणवी 'सांग' परंपरा की उस अपार क्षमता को दर्शाती है, जिसके तहत वह लोक-छंदों और संगीत के माध्यम से संस्कृत महाकाव्यों की दार्शनिक जटिलताओं को लोक-काव्य (Folk Poetry) का रूप देती है। यह कृति 'सांग' को केवल मनोरंजन के माध्यम से ऊपर उठाकर उसे सामाजिक आलोचना, नैतिक शिक्षा और गहन चिंतन का एक सशक्त वाहक सिद्ध करती है।

2. महाभारत के स्त्री पात्रों का नवीन पुनर्पाठ

यह कृति द्रौपदी को 'अग्निपुत्री' या 'दुर्भाग्य की मूर्ति' की रूढ़ छवि से मुक्त करती है। रागणियों में द्रौपदी एक संघर्षशील, भावनात्मक और अंततः आत्म-आलोचनात्मक मानवीय नायिका के रूप में प्रस्तुत की गई हैं। यह विश्लेषण दिखाता है कि लोकसाहित्य किस प्रकार स्त्री-मन की गहराई और जटिलता को दर्शाकर, मुख्यधारा की काव्य परंपरा में अनुपस्थित स्त्री विमर्श (Feminist Discourse) को मुखर करता है।

3. धर्म और मानवतावाद का समन्वय

काव्य धर्म के कठोर नियमों (जैसे मोह का त्याग) को स्वीकार करता है, लेकिन साथ ही द्रौपदी के प्रेम को मात्र 'पाप' के बजाय एक 'मानवीय त्रासदी' के रूप में चित्रित करता है। यह संतुलन साहित्य और धर्मशास्त्र के बीच एक सहज सेतु का निर्माण करता है, जो दर्शाता है कि लोक चेतना में धर्म का झुकाव कठोरता से अधिक मानवीय संवेदनाओं और करुणा की ओर है।

समापन संदेश: लोक-चेतना का उद्घोष

"द्रौपदी: एक लोक चेतना – रागनी, समीक्षा और पुनर्पाठ"

यह कृति केवल 32 रागणियों का संग्रह नहीं है; यह हरियाणवी लोक-साहित्य और **राष्ट्रीय अनुशासन** के संगम से उपजा एक **सांस्कृतिक संकल्प** है। यह ग्रंथ **द्रौपदी** को उसके क्रोध, उसके अहंकार, उसके तप और उसके अंतिम मानवीय सत्य के साथ प्रस्तुत करता है।

ग्रंथ का मूल संदेश

1. **द्रौपदी—एक लोक चेतना:** द्रौपदी इस ग्रंथ में 'अग्निकन्या' से 'लोक-चेतना' का प्रतीक बनती हैं। वह सिखाती हैं कि अन्याय के विरुद्ध **प्रतिरोध की आग** जलाना भी धर्म है, और प्रतिशोध की पूर्ति के बाद **करुणा** और **संयम** धारण करना भी परम धर्म है।
2. **युद्ध का दार्शनिक निष्कर्ष:** पुत्रों के वध पर द्रौपदी का विलाप और गांधारी के साथ उनका साझा शोक हमें बताता है कि धर्मयुद्ध में भी **पीड़ा और क्षति** का सत्य समान होता है—विजय का अहंकार निरर्थक है।
3. **मानवीय अपूर्णता:** महाप्रस्थान में द्रौपदी का पतन उनकी मानवीय अपूर्णता (अर्जुन के प्रति आंशिक **मोह**) को स्थापित

करता है, जो उन्हें देवी नहीं, बल्कि एक **त्रुटियुक्त और संवेदनशील मानव** बनाती है।

लेखक का आह्वान

लेखक, जो लेखनी को **साधना** मानते हैं और संस्कृति को अपनी **आत्मा**, का ध्येय है—हरियाणवी रागनी की इस ओजस्विता को राष्ट्रीय और वैश्विक मंच तक पहुँचाना।

हमारा आह्वान है: इस ग्रंथ को केवल पढ़ा न जाए, बल्कि **गाया जाए** और **जीया जाए**। द्रौपदी की यह अग्नि-गाथा हर पीढ़ी को आत्म-सम्मान और धर्म के लिए संघर्ष करने की **अविस्मरणीय प्रेरणा** देती रहेगी।

आनन्द कुमार आशोधिया

सन्दर्भ ग्रन्थ सूची (Bibliography)

पुस्तक: द्रौपदी: एक लोक चेतना – रागनी, समीक्षा और पुनर्पाठ

यह संदर्भ ग्रंथ सूची उन प्रमुख साहित्यिक और सांस्कृतिक स्रोतों का उल्लेख करती है, जिनका उपयोग इस पुस्तक के वृतांत-विश्लेषण और साहित्यिक समीक्षा खंडों में निहित सैद्धांतिक अवधारणाओं को विकसित करने के लिए किया गया है।

खंड	**लेखक**	**शीर्षक**	**प्रकाशक का नाम**	**अनुमानित प्रकाशन वर्ष/संस्करण**
I. प्राथमिक पाठ	व्यास, महर्षि वेदव्यास	श्रीमद्भागवत महापुराण	गीता प्रेस, गोरखपुर	2018 (पुनः मुद्रण)
	व्यास, महर्षि वेदव्यास	महाभारत	गीता प्रेस, गोरखपुर	2018 (सेट)
	व्यास, महर्षि वेदव्यास	महाभारत कथा: द्रौपदी पर्व	गीता प्रेस, गोरखपुर	[महाभारत के संस्करण में निहित]

II. काव्यशास्त्र, छंद और लोक-कला	मम्मट	काव्यप्रकाश (अनुवादक एवं व्याख्याकार : आचार्य विश्वेश्वर)	चौखम्बा सुरभारती प्रकाशन, वाराणसी / भारतीय विद्या प्रकाशन	2023 (आधुनिक संस्करण)
	भटनागर, डॉ. सुरेश	पिंगल शास्त्र: छंद और अलंकार की विवेचना	[विभिन्न प्रकाशन गृहों में उपलब्ध]	[नवीनतम संस्करण]
	गुप्ता, डॉ. शिवानी	हरियाणवी लोक-गायन शैली और रागनी परम्परा: स्वरूप एवं विकास	[विभिन्न प्रकाशन गृहों में उपलब्ध]	[नवीनतम संस्करण]
	शर्मा, डॉ. रामेश्वर	भारतीय लोक-नाट्य और संगीत का सांस्कृतिक पक्ष	[विभिन्न प्रकाशन गृहों में उपलब्ध]	[नवीनतम संस्करण]

III. आधुनिक आलोचना	करवे, इरावती	युगान्त: महाभारत पर एक अध्ययन	देशमुख आणि कंपनी पब्लिशर्स प्रा. लि. (मराठी मूल) / राजकमल प्रकाशन (हिंदी अनुवाद)	1967 (मूल मराठी) / 1969 (अंग्रेजी)
	पाण्डेय, डॉ. मृणाल	स्त्री अस्मिता और महाभारत	राधाकृष्ण प्रकाशन	2017 (संबंधित निबंध संग्रह)
	अज्ञेय, एस. एच. वात्स्यायन	त्रिशंकु	सूर्य प्रकाशन मंदिर, बीकानेर	1973 (पुनः मुद्रण)

पारिभाषिक शब्दावली (Glossary)

ग्रंथ: द्रौपदी: एक लोक चेतना – रागनी, समीक्षा और पुनर्पाठ

यह शब्दावली इस काव्य ग्रंथ में प्रयुक्त हरियाणवी लोक-शब्दों, काव्यशास्त्रीय (छंद एवं लय) तकनीकी शब्दों, और विशिष्ट साहित्यिक अवधारणाओं के अर्थ को स्पष्ट करती है।

भाग १: लोक-काव्य और हरियाणवी शब्दावली

शब्द	अंग्रेजी अनुवाद	अर्थ और संदर्भ
रागनी (Ragani)	Folk Ballad/Poetic Form	हरियाणवी लोक-गायन की सबसे लोकप्रिय विधा। यह मुख्यतः 'सांग' (लोक-नाट्य) का हिस्सा होती है, जिसमें किसी कहानी या वृतांत को छंदों में गाया जाता है।
सांगी (Sangi)	Folk Theatre Performer	वह कलाकार जो सांग या रागनी गाता और मंचित करता है।
तर्ज़/चाल (Tarz/Chaal)	Tune/Rhythm	रागनी गाने की विशेष धुन या गायन शैली। जैसे: 'चुकलिय़ा' व

		दुकलिया तर्ज़, जो तीव्र और ओजस्वी होती है।
वृतांत (Vrittant)	Narrative Context	रागनी के पद (स्टैंज़ा) शुरू होने से पहले की गद्य कथा या ऐतिहासिक पृष्ठभूमि।
ढाँस (Dhaans)	Stance/Attitude	अभिमान या अहंकार की मुद्रा, विशेषकर राजसी या क्षत्रिय अहंकार के संदर्भ में प्रयुक्त।
गारा (Gaara)	Blame/Curse	किसी पर दोष लगाना या शाप देना। (उदा. 'इस कुत्ते तै क्यूँ दिया गारा')
माँटी/माट्टी (Maati)	Earth/Dust/Clay	माटी या मिट्टी, जिसका प्रयोग अपमान, नाश या तुच्छता के अर्थ में होता है (उदा. 'माट्टी में रुलवावै सै')।
स्याहमी (Syaahmi)	In front of/Witness	सामने, उपस्थिति में। (उदा. 'सबकै स्याहमी बोल दिया')।

जाँगे (Jaange)	Search/Look out for	जाना, किसी चीज की तलाश करना या उसकी प्रतीक्षा करना।
झाँगे (Jhaange)	Endanger/Risk	अपनी जान जोखिम में डालना या किसी को परेशान करना।
बिसरूँगी (Bisrungi)	Forget	भूल जाना।
धण्या (Dhanya)	Destined	भाग्य में लिखा हुआ, नियत।
काढ़ दिया (Kaadh Diya)	Took out/Expressed	किसी भावना को बाहर निकालना या व्यक्त करना। (उदा. 'आँसू काढ़ दिया' - आँसू बहा दिए)।

भाग २: काव्यशास्त्र और पिंगल शब्दावली

शब्द	अंग्रेजी अनुवाद	अर्थ और संदर्भ
पिंगल शास्त्र (Pingal Shastra)	Prosody/Science of Metre	भारतीय काव्य में छंदों के नियमों का विज्ञान। यह गुरु-लघु, मात्रा और यति के आधार पर छंदों

		का विश्लेषण करता है।
छंद (Chhand)	Metre/Verse	कविता की रचना में अक्षर, मात्रा, यति और गति के निश्चित नियमों का समूह।
मात्रा (Maatra)	Syllabic Unit	किसी अक्षर के उच्चारण में लगने वाला समय। छंदशास्त्र में 'लघु' (मात्रा) और 'गुरु' (2 मात्राएँ) का महत्व होता है।
यति (Yati)	Pause/Caesura	छंद का पाठ करते समय बीच में लिया जाने वाला विराम।
चरण (Charan)	Line/Foot of Verse	छंद की एक पंक्ति। रागनी में प्रायः दो, चार या छह चरण होते हैं।
गुरु (Guru)	Long Syllable	दो मात्राओं वाला अक्षर, जिसे 'S' चिह्न से दर्शाया जाता है।

लघु (Laghu)	Short Syllable	एक मात्रा वाला अक्षर, जिसे 'I' चिह्न से दर्शाया जाता है।
त्रिपदी (Tripadi)	Three-Footed Metre	एक छंद जिसकी तीन पंक्तियाँ या चरण होते हैं।
चतुष्पदी (Chatushpadi)	Four-Footed Metre	एक छंद जिसकी चार पंक्तियाँ या चरण होते हैं।

भाग ३: साहित्यिक और विषयगत अवधारणाएँ

शब्द	अंग्रेजी अनुवाद	अर्थ और संदर्भ
लोक चेतना (Lok Chetna)	Folk Consciousness	जनमानस की सामूहिक सोच, भावनाएँ और किसी विषय (जैसे द्रौपदी की कथा) के प्रति उनकी नैतिक या सामाजिक समझ।
रौद्र रूप (Raudra Roopa)	Form of Fury/Rage	क्रोध का चरम रूप (जैसे द्रौपदी का चीर हरण के बाद का भयानक संकल्प)।

पुनर्पाठ (Re-reading/Reinterpretation)	Reinterpretation	किसी प्राचीन पाठ या चरित्र को वर्तमान सामाजिक, सांस्कृतिक या साहित्यिक परिप्रेक्ष्य में फिर से समझना और व्याख्या करना।
विच्छेदन (Dissection/Analysis)	Structural/Psychological Analysis	किसी चरित्र या घटना के विभिन्न पहलुओं को गहराई से तोड़कर उसका मनोवैज्ञानिक या संरचनात्मक विश्लेषण करना।
उपालंभ (Upalambh)	Gentle Reproach/Sarcastic Complaint	शिकायत, उलाहना, या व्यंग्यात्मक ढंग से किसी की निष्क्रियता पर कटाक्ष करना (जैसे द्रौपदी द्वारा युधिष्ठिर को दिया गया उलाहना)।
साहित्यिक समीक्षा (Literary Review)	Critical Assessment	किसी विषय या चरित्र पर पूर्व में किए गए लेखन (ग्रंथों, शोधों) का

		समालोचनात्मक मूल्यांकन।
शोध-संक्षेप (Abstract/Synopsis)	Summary of Research	पूरे शोध कार्य के उद्देश्य, विधि और निष्कर्षों का संक्षिप्त ब्यौरा।

लेखक परिचय

आनन्द कुमार आशोधिया *(कवि, लेखक एवं लोक-संस्कृति संरक्षक)*

व्यक्तित्व और कृतित्व का संगम

आनन्द कुमार आशोधिया — व्यक्तित्व और कृतित्व का वह अद्वितीय संगम हैं, जहाँ **राष्ट्रीय अनुशासन** का भाव **हरियाणवी लोक-संस्कृति** की गहरी संवेदना से एकाकार होता है। एक ओर उनका जीवन एक अनुशासित सैनिक के रूप में राष्ट्र सेवा का प्रतीक रहा है, वहीं दूसरी ओर वे एक सृजनशील साहित्यकार के रूप में **लोक-ध्वनि** के संवाहक बने हैं।

भारतीय वायु सेना में **वारंट अफसर** के रूप में वर्षों की अनुशासित सेवा उनके राष्ट्र-समर्पण का प्रमाण है। सेवाकाल के दौरान, उन्होंने लगातार आठ वर्षों तक **राजभाषा प्रोत्साहन सम्मान** से अलंकृत होकर प्रशासनिक स्तर पर हिंदी के संवर्धन में महत्त्वपूर्ण योगदान दिया।

शैक्षणिक पृष्ठभूमि और मूल चेतना

श्री आशोधिया ने अन्नामलाई विश्वविद्यालय से अंग्रेज़ी साहित्य में **स्नातकोत्तर उपाधि** प्राप्त की, परंतु उनकी रचनात्मक चेतना का मूल सदैव हिंदी और विशेष रूप से हरियाणवी लोक-भाषा व लोक-धुन में निहित रहा है।

आपका जन्म 01 **अप्रैल** को हरियाणा के गाँव **शाहपुर तुर्क (जिला सोनीपत)** में हुआ। आप स्व. श्री रघबीर सिंह एवं श्रीमती रतनी देवी की संतान हैं और वर्तमान में मुंबई में निवासरत हैं।

साहित्यिक अवदान और पहचान

सेवा-निवृत्ति के पश्चात आपने साहित्य को जीवन-धर्म बना लिया और हरियाणवी लोक-काव्य को अपनी लेखनी का केंद्र बनाया। उनकी साहित्यिक यात्रा 250 से अधिक रचनाओं की विशाल थाती है, जिसमें दोहा, गीत, गजल, लघुकथा, और विशेष रूप से **हरियाणवी रागनी लेखन** प्रमुख है।

उनकी प्रिय रचना **"कारगिल गौरव गाथा"** को राष्ट्रभक्ति और मानवीय संवेदना के अद्भुत समन्वय के रूप में व्यापक सराहना मिली है। इसके अतिरिक्त, आपने दो हरियाणवी नाटकों में अभिनय भी किया है, जो सांस्कृतिक माध्यमों पर लोकप्रिय हुए हैं। आप निस्वार्थी साहित्यिक मंचों से सक्रिय रूप से जुड़े हुए हैं और 11 से अधिक साझा संकलनों में प्रकाशित हो चुके हैं।

प्रमुख प्रकाशित कृतियाँ

एकल पुस्तकें (लोक-काव्य और संग्रह)

- **अधराजण** — हरियाणवी किस्सा (रागनी साँग शैली में)।
- **किस्सा भगत पूरणमल** — रागनी संग्रह (समीक्षा सहित)।
- **हीर राँझा** – हरियाणवी लोक रागणी संग्रह (पिंगल समीक्षा सहित)।
- **अविकावनी** — हरियाणवी रागणी संग्रह।
- **थारा मुद्दा थारी बात** — हरियाणवी लघु कविता सँग्रह।
- **द्रौपदी: एक लोक चेतना – रागनी, समीक्षा और पुनर्पाठ**।

सम्मान और पुरस्कार अपने साहित्यिक योगदान के लिए आप अनेक सम्मानों से विभूषित किए गए हैं, जिनमें **हरियाणा संस्कृति गौरव रत्न अवॉर्ड, कारगिल गौरव विजय सम्मान, परमवीर सम्मान, हरयाणवी साहित्य रत्न** 2025, **तिरंगा स्मृति सम्मान**, और **अति सक्रिय लेखक सम्मान** प्रमुख हैं।

दृष्टि और ध्येय

श्री आनन्द कुमार आशोधिया का दीर्घकालिक साहित्यिक संकल्प है कि हरियाणवी रागनी साँग किस्सों की **भावनात्मक और सांस्कृतिक विरासत** को अकादमिक और कलात्मक दृष्टिकोण से प्रस्तुत कर, इसे राष्ट्रीय एवं वैश्विक मंच तक पहुँचाया जाए। उनका लेखन केवल काव्य नहीं, अपितु संवाद, समीक्षा और **सांस्कृतिक संकल्प का एक जीवंत दस्तावेज़ है**। वे उन विरले रचनाकारों में से एक हैं जो लेखनी को **साधना** मानते हैं—और संस्कृति को अपनी **आत्मा**।